高校大学生
就业创业工作研究

第一辑

安徽省大中专毕业生就业指导中心　组编

Research on the Employment and Entrepreneurship of College Students

中国科学技术大学出版社

内容简介

本书精选了安徽省教育厅组织的安徽省第十一届高校大学生就业创业优秀论文评选的60篇获奖论文，相关内容具有一定的思想性、学术性和前瞻性，代表了安徽省高校就业创业理论研究的学术水平和最新方向，具有较强的实践指导意义。本书可供高校就业创业指导人员参考使用，以推动高校就业指导服务和创新创业教育工作发展。

高校大学生就业创业工作研究.第一辑/安徽省大中专毕业生就业指导中心组编.—合肥：中国科学技术大学出版社，2017.7

ISBN 978-7-312-04132-7

Ⅰ.高…　Ⅱ.安…　Ⅲ.大学—职业选择—研究　Ⅳ.G647.38

中国版本图书馆CIP数据核字(2016)第323622号

出版　中国科学技术大学出版社
安徽省合肥市金寨路96号，230026
http://press.ustc.edu.cn
https://zgkxjsdxcbs.tmall.com

印刷　合肥市宏基印刷有限公司

发行　中国科学技术大学出版社

经销　全国新华书店

开本　787 mm×1092 mm　1/16

印张　23.5

字数　601千

版次　2017年7月第1版

印次　2017年7月第1次印刷

定价　68.00元

序

高校毕业生是国家宝贵的人才资源。党中央、国务院高度重视高校毕业生的就业工作。在《教育部关于做好2017届全国普通高等学校毕业生就业创业工作的通知》(教学〔2016〕11号)文件中明确提出,要"进一步提升就业指导水平和服务能力,提升教师的政策理论水平和职业指导能力"。鉴于此,我们组织出版了这套《高校大学生就业创业工作研究》(第一辑、第二辑),里面的文章大多是从第十一届、第十二届安徽省大学生就业创业优秀论文评选活动中评选出的优秀作品,其中一部分文章还在教育部全国高等学校学生信息咨询与就业指导中心组织的全国大学生创新创业论文评选活动中荣获一等奖或二等奖。我坚信,本书的出版,必将对我省高校毕业生就业指导和创新创业工作起到一定的促进作用,本书必将成为我省高校毕业生就业指导教学人员和创新创业实践指导人员重要的参考资料和业务指南。

希望广大就业工作者,能认真研读、科学实践,将高校毕业生就业指导与创新创业工作与"三个强省"建设相结合,紧密结合"两学一做"学习教育,提高在经济发展新常态下的工作能力和职业水平,促进我省高校毕业生就业工作更高质量的发展。

解　平

2017年3月15日

目　录

信息不对称视角下的大学生就业难问题研究

黄广顺，马帅

摘要：在影响高校毕业生就业困难的众多因素中，信息不对称是造成当前就业困难的一个重要方面。在毕业生的就业过程中，既有宏观上的信息不对称，也有微观上的信息不对称。要解决由于信息不对称造成的就业难问题，必须构建相应的系统，从根本上解决信息不对称的问题。

关键词：毕业生；就业；信息不对称；市场

在高等学校教育大众化的趋势和背景下，每年高校毕业生就业难问题日益凸显。高校毕业生就业难，与近年来国家经济结构调整、经济发展方式转变、高等学校发展战略改变等大环境的改变有着密切的联系。在经济全球化、市场经济的冲击下，原有的就业模式受到了极大的冲击和挑战。在众多影响高校毕业生就业困难的因素中，信息的不对称是造成当前就业困难的一个重要方面。在一定程度上，信息的不对称愈发加剧了高校毕业生就业的困难。

一、信息不对称理论及其负面效应

信息不对称理论作为20世纪70年代提出来的一个著名的经济学理论，对世界经济发展和运行产生了重要的影响。该理论主要体现在市场交易的过程中，交易的一方由于各种原因对交易另一方的相关行为和思想无法获得完全的信息，或者为了尽量获得对方的信息所付出的成本超出正常范围，从而导致交易双方掌握的信息不对称。

信息不对称问题的存在可能造成信息占有优势一方经常会做出“败德行为”和信息占有劣势一方面临交易中的“逆向选择”，这两种行为的直接后果是扭曲了市场机制的基本作用，误导了市场信息，造成市场失灵或消失。在市场交易过程中，当市场交易一方由于无法掌握对方完整的信息，或是无法直接观测到交易的产品或服务的类型与质量，抑或交易的一方无法掌握到另一方的行为且这一掌握不到的行为可以直接影响双方交易的结果时，便可能会出现一方为了利己和掌握先机而做出损害对方利益的“败德行为”。一般而言，在买、卖双方信息不对称时，往往产品的卖方比买方掌握和拥有更多的产品信息，由于市场经济条件下无法用统一的标准对众多卖者做出限制，结果便会导致参差不齐、品质各异的商品充满市场。在信息不对称的情况下，买方无法根据市场价格的信息对产品的优劣做出正确的判断，这样便使得优等产品被劣质产品挤出市场，出现劣币驱逐良币的恶性循环状况。[1]

在目前的就业市场中，就业是一种双向选择，在就业招聘单位、学校和毕业生之间存在

［作者简介］ 黄广顺(1983—)，男，安徽理工大学教师，研究方向：大学生创业教育。

一定程度上的信息不对称现象,从而在一定程度上加剧和恶化了毕业生就业难的问题。如何才能解决这种由于信息不对称所造成的毕业生就业难问题,需要我们具体地分析和对待。

二、信息不对称在就业问题上的表现与原因分析

信息不对称作为造成现今毕业生就业难的一个重要因素,既体现在宏观上的信息不对称,也体现在微观上的信息不对称。具体来看主要体现在以下方面。

(一) 宏观上,由于信息不对称造成的就业难问题主要在于高校专业设置与社会市场需求的信息不对称,高校教学的理论与用人单位实践需求之间的信息不对称,以及部分高等学校的发展方向与当前我国所处经济社会发展阶段一定程度上的信息不对称

(1) 高校专业设置与社会市场需求存在着一定的脱节。高校在设置和开设相关专业时往往还存在着闭门造车的情况,即在没有做好充分的深入调研和掌握目前及可预期的将来市场需要的基础上,略显武断地设置相关专业,抑或是扩大某一专业或某一领域的招生规模,从而造成部分高校专业所培养的毕业生出现相对过剩的情况。

(2) 高校教学的理论与用人单位实践需求相分离。高校作为为企事业单位培养和输送人才的重要单位,往往存在着教授的理论与实际社会生产实践所需掌握的理论及用人单位所需相关技能的要求相脱节,因而很大程度上使得高校毕业生与用人单位所需要的能够立即上岗并带来相应效益的人才有一定的差距,导致相关用人单位更加倾向于招聘那些拥有实际工作经验的人才,而非高校的应届毕业生。

(3) 部分高等学校的发展方向与当前我国所处经济社会发展阶段有着一定程度上的不对等。当前我国正处于由人力资源大国向人才资源大国转变的过程中,这一转变过程需要大量的掌握深厚理论同时具有高技能的技术性人才,而目前部分高校在一味强调和注重理论教育的同时,却弱化甚至忽略了相关学生的职业意识和职业技术技能的培养。

(二) 微观上,信息不对称集中体现在企事业单位与毕业生之间信息的不对称

(1) 企事业单位用人需要与高校毕业生实际拥有的相关能力之间存在信息不对称。这种信息不对称直接造成逆向选择、差生驱逐优生等情况的出现。

(2) 以"90 后"为典型代表的高校毕业生个人定位有差异,无法正确对待自身实力与企事业单位需求之间的关系,导致信息不对称。

(3) 毕业生相对固化的就业理念与外部就业市场变化的信息不对称,造成就业难问题的产生。对于毕业生而言,就业理念的形成一方面源于自身的成长环境和成长经历,在长期的生活中通过自身体验不断积累并沉淀下来,最终形成相对稳定的就业观念;另一方面来自周围生活环境、社会舆论等对自己观念的影响等,以及其他因素的影响。多方面影响下形成的择业观念往往相对稳定,不易改变,或者说短时间内很难改变。比如对"90 后"大学生,大部分为独生子女,生活环境和生活条件往往相对较为优越,长大后很难吃得了工作中的"苦",因而在面对工作选择时,往往普遍倾向于相对轻松的工作,而不愿在相对较为艰苦的

工作环境中工作。这一点在土建类等“艰苦”行业中体现得尤为明显，土建类专业的工作往往处在相对艰苦的环境中，对于不能吃苦的同学而言，往往宁愿待业也不愿就业，宁愿“啃老”也不愿选择那些需要常年外派国外的相对艰苦的工作单位。当然这种现象的出现并非完全与学生不能吃苦有关，与国人长期形成的思想观念也密切相关，这便导致了目前土建类专业学生相对就业难的问题。大学生就业难问题的出现，不是没有岗位而是没有能够满足毕业生期望的相对较为理想的岗位。

三、信息不对称条件下的就业难对策

要想从根本上解决由于信息不对称或信息不对等造成的当前高校毕业生就业难的问题，必须从根本上畅通信息渠道，减少抑或消解信息不对称现象的存在。

第一，高等学校教育应理性回归市场，定位好自身发展方向，服务于社会，积极促进经济社会发展，不断强化和推广产、学、研相结合的教育培养模式。在教授学生高深理论的同时，让学生尽早认识和了解用人单位所需，同时在产、学、研教育模式下，使企业与高校进一步互通信息，不仅高校有利于掌握市场所需动向，同时也利于用人单位及时了解和掌握高校学生的培养质量，从而针对性地开展相应的产、学、研合作。第二，高校在培养人才过程中应强化理论与实践的结合，强调知行合一，注重和加强学生理论与实践能力的共同进步。第三，积极构建新媒体信息平台，减少信息不对称带来的就业、职业生涯发展规划过程中产生的负面影响。积极构建舆论感染机制，以良好的氛围促进信息的传递。[2]第四，积极贯彻和落实大学生的生涯规划，将生涯规划贯穿于高校学习的过程中，而非仅仅流于形式地用开设生涯规划课程代替真正意义上的大学生的职业生涯规划。第五，加强高校大学生的人生定位教育，在积极响应党和国家加强传统文化教育的过程中，做好当代大学生的人生修养等常识教育，帮助大学生正确地定位自身及其所处的社会位置。

高等学校在解决就业难的问题上，除了以上所提及的解决信息不对称所带来的就业难问题外，从学校发展和社会进步的长远角度考虑，还应注意立足本校、本地区，注重学校传统文化的传承，发挥学校优势，发展特色专业，在扩大原有强势专业的基础上，不断加强和提高综合化教育水平，促进文史类专业与理工类专业协同发展，避免跟风和不切实际地跃进式大搞特搞综合型大学建设。以学生为本，为了学生的一切，从立足学生的实际、立足社会的实际发展需要，考虑和谋划大学的发展，将就业问题纳入到学校发展的整体规划中。

参考文献

[1] 百度百科.信息不对称理论[EB/OL].http://baike.baidu.com/view/1302679.htm?fr=aladdin.

[2] 许文杰，金天星，郑曼.论新媒体视域下大学生就业信息的不对称[J].河北大学学报(哲学社会科学版)，2011，36(2)：139-141.

基于 ISM 的大学生就业影响因素分析

衡连伟

摘要: 高等教育大众化时代,加上经济形势波动,大学生就业已成为社会难题,受到社会各界的广泛关注。大学生就业工作是一项复杂的系统工程,受到社会、经济、政府、高校、用人单位、大学生个体及家庭等诸多因素的综合影响。本文借助解释结构模型(ISM)原理和方法,试图厘清诸多复杂影响因素之间的关系,剖析大学生就业影响因素的层级关系,为促进大学生就业提供有益指导。

关键词: 大学生就业;影响因素;解释结构模型(ISM);对策建议

一、引言

当前,我国面临的经济形势依然错综复杂,经济发展的下行压力加大,大学生就业形势依然十分严峻。2013 年,我国高校毕业生高达 699 万,创历史新高,而用人单位招聘岗位下降 10%～15%,堪称"史上最难就业年"[1]。2014 年经济蓝皮书认为,整体就业形势依然非常严峻,仍需要继续落实"就业优先战略"。

高校人才培养的根本目的是为社会和经济发展服务。大学生就业数量和质量是检验高校人才培养质量的重要尺度。我国高等教育快速发展,人才培养数量剧增,但培养的人才与社会和经济发展需要不相适应,大学生的就业质量不高。因此,系统分析大学生就业影响因素,剖析诸多影响因素之间的作用关系,对采取针对性的措施促进大学生就业工作具有重要的意义。

二、大学生就业影响因素提取

范明、安戈锋(2009)指出大学生就业难是教育问题、社会问题,是经济体制、教育体制及社会体制交错影响的结果[2];张晓东(2010) 认为要有针对性和前瞻性地研究大学生就业的影响因素,推动大学生就业工作[3];王芬(2012)通过问卷调查研究大学生就业趋势,认为通过加强校企合作、推动社会实践、就业指导师资队伍建设、扩大就业信息发布范围等方面的努力,可缓解大学生就业难的问题[4];黄敬宝(2012)采用 Logistic 回归模型分析了社会资本与大学生就业的关系,提出通过推进制度改革,限制社会资本的作用范围,营造良好的就业环境,促进大学生公平就业[5];汪霞、钱小龙(2012)借助搜寻理论,探究了高校课程结构调整与大学生就业的关系[6];陈迎明(2013)基于近 10 年 CNKI 核心期刊文献系统研究,总结出

[作者简介] 衡连伟(1986—),男,安徽理工大学电气与信息工程学院教师,研究方向:人力资本投资、思想政治教育。

大学生就业的影响因素主要有社会因素、学校因素、家庭因素及个体因素等[7]。

综上所述，学者们对大学生就业影响因素的研究较为深入，影响因素的归纳也较为全面，但是缺乏对大学生就业影响因素的系统分析，很少运用 ISM 理论剖析大学生就业影响因素层级结构。

本文基于大量的文献研究、问卷调查以及专家访谈等方法，再经专家论证，提取了大学生就业的主要影响因素有以下 5 大层面：

(1) 社会层面：经济形势、产业结构、就业歧视、社会资本、家庭状况等因素。

(2) 政府层面：法律法规、就业政策、就业服务、资金投入等因素。

(3) 高校层面：综合实力、培养模式、专业设置、课程设置、就业指导机制等因素。

(4) 用人单位：发展规模、管理理念、薪资福利、晋升机制、招聘者素质等因素。

(5) 学生层面：就业观念、所学专业、知识结构、实践能力、心理素质等因素。

三、大学生就业影响因素层级结构划分

(一) 绘制影响因素作用关系图

通过专家咨询、关键事件访谈、案例分析等方法，确定大学生就业影响因素之间的作用关系，如图 1 所示。

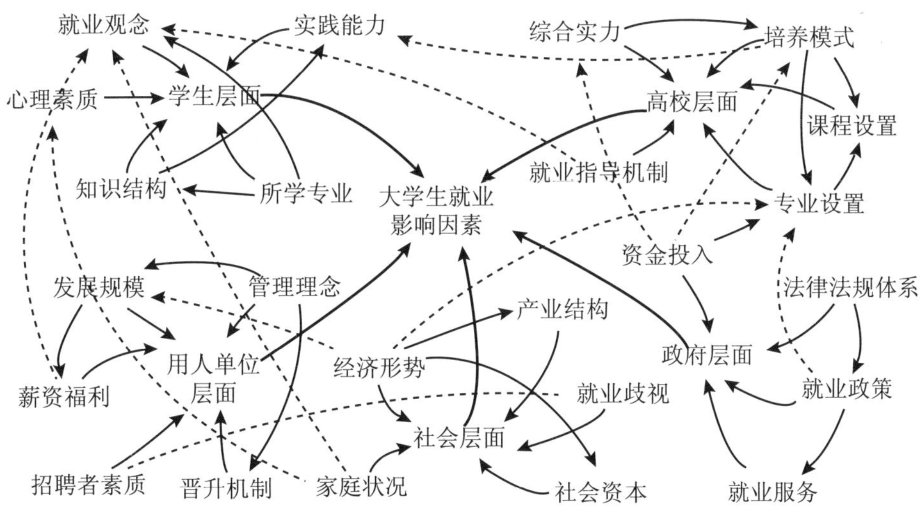

图 1　大学生就业影响因素之间的作用关系图

(二) 构建影响因素关系矩阵

1. 影响因素符号化

将大学生就业影响因素符号化，以便于用 MATLAB 识别和计算，如表 1 所示。

表 1　大学生就业影响因素符号化表

符号	影响因素	符号	影响因素	符号	影响因素
S_1	就业观念	S_{10}	就业指导机制	S_{19}	经济形势
S_2	心理素质	S_{11}	资金投入	S_{20}	管理理念
S_3	知识结构	S_{12}	法律法规体系	S_{21}	发展规模
S_4	所学专业	S_{13}	就业政策	S_{22}	薪资福利
S_5	实践能力	S_{14}	就业服务	S_{23}	招聘者素质
S_6	综合实力	S_{15}	产业结构	S_{24}	晋升机制
S_7	培养模式	S_{16}	就业歧视	S_{25}	大学生就业质量
S_8	课程设置	S_{17}	社会资本		
S_9	专业设置	S_{18}	家庭状况		

2. 关系矩阵构建

基于大学生就业影响因素之间的作用关系(见图 1),箭头指向表明两个影响因素之间存在直接作用关系的记为“1”,否则记为“0”,构建大学生就业影响因素的关联矩阵 $\boldsymbol{S}$ 为

$$
\boldsymbol{S}=\begin{bmatrix}
0&0&0&0&0&0&0&0&0&0&0&0&0&0&0&0&0&0&0&0&0&0&0&0&1\\
0&0&0&0&0&0&0&0&0&0&0&0&0&0&0&0&0&0&0&0&0&0&0&0&1\\
0&0&0&0&1&0&0&0&0&0&0&0&0&0&0&0&0&0&0&0&0&0&0&0&1\\
1&0&1&0&0&0&0&0&0&0&0&0&0&0&0&0&0&0&0&0&0&0&0&0&1\\
0&0&0&0&0&0&0&0&0&0&0&0&0&0&0&0&0&0&0&0&0&0&0&0&1\\
0&0&0&0&0&0&1&0&0&0&0&0&0&0&0&0&0&0&0&0&0&0&0&0&1\\
0&0&0&0&1&0&0&1&1&0&0&0&0&0&0&0&0&0&0&0&0&0&0&0&1\\
0&0&0&0&0&0&0&0&0&0&0&0&0&0&0&0&0&0&0&0&0&0&0&0&1\\
0&0&0&0&0&0&0&1&0&0&0&0&0&0&0&0&0&0&0&0&0&0&0&0&1\\
1&0&0&0&0&0&0&0&0&0&0&0&0&0&0&0&0&0&0&0&0&0&0&0&1\\
0&0&0&0&0&1&1&0&1&0&0&0&0&0&0&0&0&0&0&0&0&0&0&0&1\\
0&0&0&0&0&0&0&0&0&0&0&0&1&0&0&0&0&0&0&0&0&0&0&0&1\\
0&0&0&0&0&0&0&0&1&0&0&0&0&1&0&0&0&0&0&0&0&0&0&0&1\\
0&0&0&0&0&0&0&0&0&0&0&0&0&0&0&0&0&0&0&0&0&0&0&0&1\\
0&0&0&0&0&0&0&0&0&0&0&0&0&0&0&0&0&0&0&0&0&0&0&0&1\\
0&0&0&0&0&0&0&0&0&0&0&0&0&0&0&0&0&0&0&0&0&0&0&0&1\\
0&0&0&0&0&0&0&0&0&0&0&0&0&0&0&0&0&0&0&0&0&0&0&0&1\\
1&1&0&0&0&0&0&0&0&0&0&0&0&0&0&0&0&0&0&0&0&0&0&0&1\\
0&0&0&0&0&0&0&0&1&0&0&0&0&0&1&0&1&0&0&0&1&0&0&0&1\\
0&0&0&0&0&0&0&0&0&0&0&0&0&0&0&0&0&0&0&0&1&0&0&1&1\\
0&0&0&0&0&0&0&0&0&0&0&0&0&0&0&0&0&0&0&0&0&1&0&0&1\\
1&0&0&0&0&0&0&0&0&0&0&0&0&0&0&0&0&0&0&0&0&0&0&0&1\\
0&0&0&0&0&0&0&0&0&0&0&0&0&0&0&1&0&0&0&0&0&0&0&0&1\\
0&0&0&0&0&0&0&0&0&0&0&0&0&0&0&0&0&0&0&0&0&0&0&0&1\\
0&0&0&0&0&0&0&0&0&0&0&0&0&0&0&0&0&0&0&0&0&0&0&0&0
\end{bmatrix}
$$

（三）计算影响因素层级结构

1. 求解可达矩阵

编写可达矩阵求解代码，借助MATLAB软件计算出可达矩阵 $\boldsymbol{M}$。

$$\boldsymbol{M}=\begin{bmatrix}
1&0&0&0&0&0&0&0&0&0&0&0&0&0&0&0&0&0&0&0&0&0&0&0&1\\
0&1&0&0&0&0&0&0&0&0&0&0&0&0&0&0&0&0&0&0&0&0&0&0&1\\
0&0&1&0&1&0&0&0&0&0&0&0&0&0&0&0&0&0&0&0&0&0&0&0&1\\
1&0&1&1&0&0&0&0&0&0&0&0&0&0&0&0&0&0&0&0&0&0&0&0&1\\
0&0&0&0&1&0&0&0&0&0&0&0&0&0&0&0&0&0&0&0&0&0&0&0&1\\
0&0&0&0&0&1&1&0&0&0&0&0&0&0&0&0&0&0&0&0&0&0&0&0&1\\
0&0&0&0&1&0&1&1&1&0&0&0&0&0&0&0&0&0&0&0&0&0&0&0&1\\
0&0&0&0&0&0&0&1&0&0&0&0&0&0&0&0&0&0&0&0&0&0&0&0&1\\
0&0&0&0&0&0&0&1&1&0&0&0&0&0&0&0&0&0&0&0&0&0&0&0&1\\
1&0&0&0&0&0&0&0&0&1&0&0&0&0&0&0&0&0&0&0&0&0&0&0&1\\
0&0&0&0&0&1&1&0&1&0&1&0&0&0&0&0&0&0&0&0&0&0&0&0&1\\
0&0&0&0&0&0&0&0&0&0&0&1&1&0&0&0&0&0&0&0&0&0&0&0&1\\
0&0&0&0&0&0&0&0&1&0&0&0&1&1&0&0&0&0&0&0&0&0&0&0&1\\
0&0&0&0&0&0&0&0&0&0&0&0&0&1&0&0&0&0&0&0&0&0&0&0&1\\
0&0&0&0&0&0&0&0&0&0&0&0&0&0&1&0&0&0&0&0&0&0&0&0&1\\
0&0&0&0&0&0&0&0&0&0&0&0&0&0&0&1&0&0&0&0&0&0&0&0&1\\
0&0&0&0&0&0&0&0&0&0&0&0&0&0&0&0&1&0&0&0&0&0&0&0&1\\
1&1&0&0&0&0&0&0&0&0&0&0&0&0&0&0&0&1&0&0&0&0&0&0&1\\
0&0&0&0&0&0&0&0&1&0&0&0&0&0&1&0&1&0&1&0&1&0&0&0&1\\
0&0&0&0&0&0&0&0&0&0&0&0&0&0&0&0&0&0&0&1&1&0&0&1&1\\
0&0&0&0&0&0&0&0&0&0&0&0&0&0&0&0&0&0&0&0&1&1&0&0&1\\
1&0&0&0&0&0&0&0&0&0&0&0&0&0&0&0&0&0&0&0&0&1&0&0&1\\
0&0&0&0&0&0&0&0&0&0&0&0&0&0&0&1&0&0&0&0&0&0&1&0&1\\
0&0&0&0&0&0&0&0&0&0&0&0&0&0&0&0&0&0&0&0&0&0&0&1&1\\
0&0&0&0&0&0&0&0&0&0&0&0&0&0&0&0&0&0&0&0&0&0&0&0&1
\end{bmatrix}$$

2. 划分层级结构

编写影响因素层级结构划分代码，借助MATLAB软件划分出大学生就业影响因素层级结构，如图2所示。

四、大学生就业影响因素层级结构分析

依据大学生就业影响因素层级结构划分结果，得出以下结论：

(1) 就业观念、心理素质、实践能力、就业歧视及所学专业仅是影响大学生就业的表层因素。

(2) 社会层面中的产业结构、就业服务、社会资本，高校层面中的就业指导机制、资金投入、专业设置等，企业层面的发展规模、薪资福利、招聘者的素质、晋升机制以及个人的家庭情况、知识结构是影响大学生就业的较深层因素。

(3) 国家经济发展形势、法律法规体系、就业政策,学校的综合实力以及人才培养模式是影响大学生就业的深层因素。

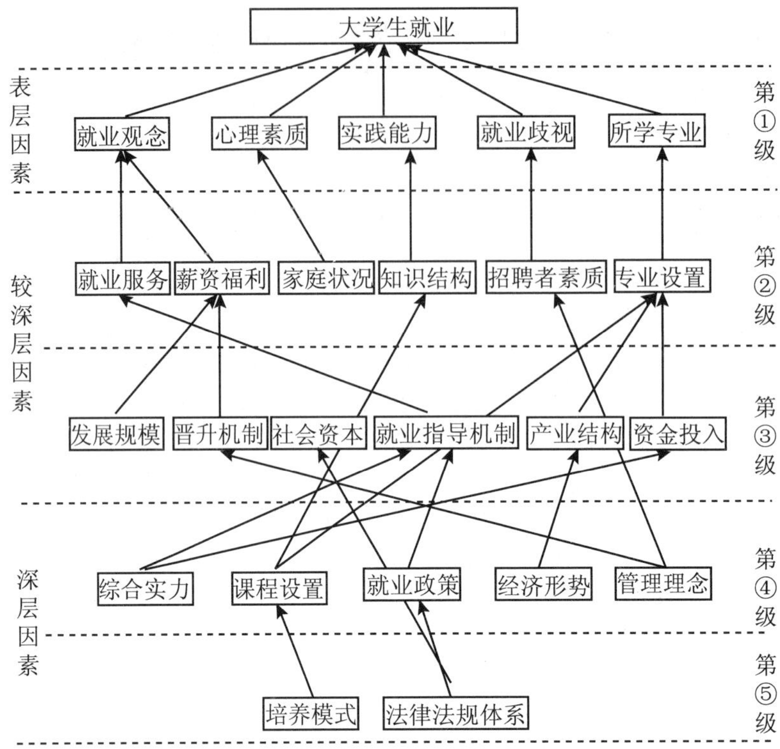

图 2 大学生就业影响因素层级结构图

(4) 从图 2 可见,大学生就业影响因素间有 3 条完整的作用路径:① 培养模式→课程设置→知识结构→实践能力→大学生就业;② 培养模式→课程设置→专业设置→所学专业→大学生就业;③ 法律法规体系→就业政策→就业指导机制→就业服务→就业观念→大学生就业。

五、结论

根据大学生就业影响因素的层级结构分析结果可知,国家法律法规体系、就业政策,高校的培养模式、课程设置等是影响大学生就业的深层影响因素,因此,必须加以重视和解决。我国应加快推进教育改革步伐,创新大学生培养模式;完善就业服务体系,促进大学生高效高质就业;优化高校课程体系,激发大学生学习兴趣;充分发挥网络新媒体优势,扩大就业信息发布的覆盖范围,最终促进大学生高效高质就业。

参考文献

[1] 新民网.2013 年就业形势严峻,700 万大军如何突出重围[EB/OL].(2013-05-21).http://shanghai.xinmin.cn/xmsq/2013/05/21/20349270.html.

[2] 范明,安戈锋.我国大学生就业困难的结构性原因分析[J].教育探索,2009(3):130-131.

[3] 张晓东.影响大学生就业因素研究现状分析[J].中国青年政治学院学报,2010(4):53-57.

[4] 王芬.高校大学生就业趋向及影响因素调查分析:以河南高校(北区)为例[J].生产力研究,2012(3):164-166.

[5] 黄敬宝.社会资本与大学生就业:基于 2010 年北京 18 所高校调查[J].生产力研究,2012(6):102-104.

[6] 汪霞,钱小龙.高校课程结构调整与大学生就业:基于工作搜寻理论的分析[J].清华大学教育研究,2012(6):21-27.

[7] 陈迎明.影响大学生就业因素研究十年回顾(2003～2013):基于 CNKI 核心期刊文献的分析[J].现代大学教育,2013(4):35-44.

职业教育背景下大学生就业实践能力提升途径及策略分析

——以黄山学院为例

张　丽

摘要：应用型本科职业教育精神对当前大学生就业有重要意义。本文通过对应用型本科职业教育精神对大学生就业意义的分析，根据当前黄山学院大学生就业实践教育发展现状调查，从取得的成绩和存在的问题这两个角度进行阐述，提出了提升大学生实践能力的途径和策略。

关键词：职业教育；就业实践教育发展现状；策略和途径

一、当前应用型本科职业教育精神对大学生就业意义的分析

2014 年全国高校毕业生有 727 万人，比 2013 年增加 28 万人，就业形势日趋严峻，大学生短期相对过剩与技术工人缺乏形成冰火两重天的就业形势反差。职业教育是对受教育者施以从事某种职业所必需的知识以及技能的训练，与高等教育相比较，职业教育侧重于实践技能和实际工作能力的培养。职业教育具有较强的经济效益和社会效益，注重人的潜能开发和素质、能力提升，符合产业需求和社会发展需要。应用型本科职业教育精神对当前大学生就业具有如下重要意义。

（一）有助于促进就业率提升

许多大学毕业生在毕业时遭遇“毕业即失业”的尴尬，2013 年大学毕业生有 699 万人，但就业率只达到 77.4%。在就业市场上，许多专家和用人单位不约而同地表示：大学毕业生必须具备很强的实践能力才有可能被录用。用人单位更注重于学生实在的能力，选拔适合需要的人才。在对黄山学院部分学生的调查中发现，45%的学生认为自己在实践能力方面是缺乏的，是造成不能获得岗位和赢得用人单位青睐的重要原因。

（二）促进大学生综合实践能力提升

大学生实践能力的培养从属于素质教育。大学生实践能力通常由一般实践能力、专业实践能力和综合实践能力构成。对于大学生来说，将书本教学知识转化为实际应用能力是提升就业竞争力的根本。如果说相关专业知识是当今大学生的“拳头产品”的话，那么社会实践能力则是当今大学生的“贫血学科”，我国大学生的社会实践能力普遍低下。在对黄山学院学生的随机调查中发现，有 50%的学生认为自己在综合素质和能力方面与社会要求、工作岗位要求还有差距。

［作者简介］　张丽（1985—），女，黄山学院文学院教师，研究方向：思想政治教育。

（三）有助于大学生了解社会和自我定位

目前，不少大学生就业前迷茫、就业后频繁跳槽的一个重要原因就是缺少对社会的了解和自我定位。如果能够尽早根据人生目标和市场需求找准自己的岗位定向，在校时有针对性地进行相关知识的补充和能力的培养，那么大学生的就业将更具有针对性。大学生通过社会实践，可加强对社会和自身的认识与了解，明确人生目标，进行自我定位，更好地进行职业生涯规划，树立科学的就业观念，缓解就业的心理压力，拓宽视野和就业渠道。

二、当前黄山学院学生就业实践教育发展现状调查

近年来，黄山学院着眼于应用型人才培养，不断深化教育教学改革，积极探索多样化的实践教育模式和个性化的教育模式，培养学生实践能力。经过多年探索，学校不断规范项目管理、加强创新创业教育、加大经费投入、重视实习实训基地建设，形成了具有特色的实践人才培养模式。黄山学院针对大学生综合素质和能力提升方面做出了一定的成绩，包括：

1. 学校出台相关制度规范促进大学生综合素质和实践能力提升

黄山学院出台了一系列促进大学生实践能力提升的制度，如出台《黄山学院素质学分综合测评方法》，把大学生实践与创新素质作为其中的一项重要内容，鼓励学生参与科研实践等相关活动，并给予优厚的加分和奖励规定；出台《黄山学院全日制本科学生创新实践学分认定与管理细则》，明确规定大学生在校期间必须修够 8 个创新实践学分，院部可结合地方特色和专业特色，制定院系实施细则；制定《黄山学院大学生竞赛项目管理办法》《黄山学院大学生创新创业训练计划项目管理方法》《黄山学院本科生劳动实践教学实施方法》等系列规定，从校规角度推进实施大学生综合素质和实践能力的提升。

2. 开展丰富的大学生学科竞赛、兴趣小组等创新活动

2010 年 6 月，以生命与环境科学学院为试点，成立创新兴趣小组。通过老师指导学生、老生带动新生的循环模式，使得学生的实践动手能力、查阅资料的能力大大提高。黄山学院经常举办各种学术活动，开设创新系列学术报告会，让学生了解最前沿的学科动态。创造宽松的科技创新环境，给学生的个性和创造力提供广阔的发展空间。注重大学生暑期社会实践，开展丰富多彩的暑期社会实践活动。组织多种形式的专业竞赛和学科竞赛，培养学生的主动性和创造性思维能力。构建开放式实验室，分院设立多个实验室和实训中心，使学生熟练掌握实验、实训技能。

3. 校内外实训基地的建立

在积极探索与实践能力培养模式的同时，学校还建设了若干个能力培养教育基地，如陶艺工作室，校办企业黄山天都园林实业有限责任公司，大学生食品生产、销售等经营一体化教育基地，DV 编创室，工程训练中心和信息技术创新实验室。自 2008 年以来，先后立项建设了 3 个省级示范实验实训中心和 4 个校级示范实验实训中心，加强校地校企合作，建立和完善产学研合作机制，共建了一大批校外实习、实训基地。2012 年底，黄山学院综合性创新创业实践基地获批为省级校企合作实践教育基地，该项目预期在 2017 年建设完成。①

① http://dfhz.hsu.edu.cn/s/56/t/85/80/82/info32898.htm.

4. 大学生创新创业素质提升

黄山学院的创新创业人才培养已经形成了规范化的体系。学校重视创新创业实践基地的建设,形成了教育、训练、实践三位一体的创新创业能力培养体系,不断加大经费投入,建设大学生创新创业项目,建设综合性创新创业实践基地,并与某市人社局合作建设了大学生创新创业园,这将成为大学生创新成果技术转化和创业孵化的平台。加强实践基地建设,保障项目实施。将学院管理的创新创业兴趣小组变为学校、学院、教师三级管理,以提高大学生创新创业项目的完成效果。2012 年,学校共推荐并获批 72 项国家级大学生创新创业训练计划项目;2013 年,学校推荐了 76 项大学生创新创业训练计划项目,并连续出台《黄山学院大学生创新创业训练计划项目管理办法》等多项文件,对项目的申报、建设、结项进行规范管理。

5. 课程体系改革

实践教学体系是保证和贯彻实践教学内容实施与发展的体系。黄山学院将实践教学环节通过合理配置,按基本技能、专业技能和综合技术应用能力等层次,安排实践教学内容,使学生获得实践知识,加深对理论知识的理解和掌握,进而在实践中对理论知识进行修正、拓展和创新。培养学生的基本技能和专业技术技能,包括四方面内容:一是实践能力,二是职业素质,三是创业能力,四是职业资格证书。

但是,在对黄山学院 190 名毕业生的调查中,有 60%的学生对于未来的求职信心不足,对找到合适的工作心存不自信。在对原因的分析中,有学生提出了能力不足、没有工作经验等问题。80%的同学在毕业之际认为自己在学科学习上的实践性不够或者在学生活动中参与性不高,实践能力和综合素质没有达到相关要求,因而在面对职场时出现不自信等问题。黄山学院大学生实践能力培养虽然取得一定成绩,但仍然存在一系列问题:

(1) 课程改革步伐相对较缓慢。

实践教学实施中存在难度。一方面,相关基础设施条件达不到要求;另一方面,教师缺乏实践方面的经验,导致课程改革推进缓慢,实践教学未能与岗位技能培训相结合,学生、教师、工程技术人员未能有效结合,不能做到以岗位技能要求指导实践教学,还需努力摸索出符合我院实践教学的方法。

(2) 部分院系缺乏实践教学体系详细计划。

黄山学院是一所应用型普通本科,专业体系完整,部分应用性较强的专业已建立较为完整的学生实践能力培养体系,但一些应用性不强的专业,目前学生实践性教育理念不突出,实践性学科建设正在转型,在相应实验室建设上、学生活动开展上、创新能力培养上、实习基地建设上都存在一定的问题。因而对于如何培养学生实践能力方面还存在定位不清晰、实践不全面和不完善、未落实到位的问题。

(3) 师资队伍的实践指导上不尽如人意。

实践教师是学院教师队伍的重要组成部分,主要包括担任实践教学管理的教师、指导实践教学的教师。高校中绝大多数教师都是从学校到学校,从理论到理论的,缺乏实践锻炼,实际经验不足,动手能力不强。目前,黄山学院指导实践教学的"双师型"教师和指导生产教学的"生产型"教师队伍的建设严重缺乏,未形成初、中、高级人员的合理实践培养师资结构。即使部分院系有实践教学人员,但实践教学人员缺乏明确的分工和相应的岗位职责。虽然他们按照各实践教学环节的管理规范,积极承担实践教学工作,努力完成各项实践教学任务,但也存在落实不到位、效果不明显的现象。在对黄山学院学生的调查中发现,有 55%的学生认为教师实践教育“过于死板，基本没用”，可见学生急切希望教育模式的改进。

(4) 实习趋于表面化和形式化，质量不高，有待加强。

实习是学生踏入社会之前重要的经验积累过程，在实习中学生会遇到各种问题，需要及时安抚学生情绪、了解学生动态、关注学生发展、为学生解决难题和进行指导。很多院系的实习学生处于“放养”状态，一方面院系了解不到学生目前的状态和问题，影响实习问题的发现和改进；另一方面学生处于孤立无援的状态，不利于学生成长成才和能力提升。

三、提升大学生实践能力的途径和策略分析

（一）大力推进应用型本科实践课程教学改革

1．建立科学的人才培养方案，突出实践能力培养

职业教育的转变是人才培养模式的改变，根据人才目标确立人才培养模式。围绕培养目标，适当压缩理论教学课时，提高实践教学的比例；教学方法上，采用项目教学手段、案例教学法、模拟教学法、实验教学法、研究教学法等；鼓励学生用自己的创意产生科研项目，及时给予指导；实践教学环节应形式多样，在由专业课程、选修课程、学术讲座、社会实践、文体活动等方面构成的大学常规人才培养体系的基础上，为大学生提供一个参与性、互动性更强的学习与实践的平台，包括教学实验、实习课程设计、业务实习过程实践、社会调查研究、课外科技活动、科研训练、组织各类学科竞赛、直接参加生产一线的劳动过程等，提高实习质量。

2．教师队伍实践性培养

对年轻教师进行教师职业知识与技能的培训；为教师提供继续受教育的机会；定期到有关部门、公司、企业参观锻炼，为教师进行科研和社会调查研究提供机会；聘请知名高校实践能力强、理论水平高的教授做兼职教授；聘请公司、企业实践能力强的专家与本校教师共同担任学生实践指导教师，提高实践教学效果。

3．建立新型的实践教学考核评价体系

在教学评价上既应重视课堂教学效果的评价，也应重视实践教学效果的评价；既应重视理论知识考试，也应重视实践动手能力考核。在理论知识考核中，也应从培养学生分析、解决问题的能力和创造能力出发，在考核内容中加大分析、创造能力方面的内容；在实践能力考核中，对学生参加各类科技竞赛活动、小发明、小制作、社会调查活动、社会科普宣传活动、课外科研活动、教师的科研课题，都应该根据工作量的大小、质量的高低给予相应的学分。

（二）建立完善的实习见习评价体系

收集实习、见习学生的反馈意见，加强与他们的沟通，建立完善的实习质量评价体系。尊重和听取学生意见，做到沟通反馈并行。实习单位、院系指导老师、院系、学校应通过多种方式，如网络、调查问卷、定期反馈、约谈等，加强与学生的沟通，了解学生的心态、情绪和所遇到的问题，及时帮助学生解决实习、见习中的问题，真正做到高效实习，为学生的进一步发展打下基础。建立完善的实习评价体系，了解、发现、处理实习中存在的问题，做到不断改进和提高。

(三)校内外实习实训基地建设

目前,黄山学院各院系都建立了比较完善的实习合作基地,但是依然存在着实习基地数量和质量都不高的问题,因此,需要不断拓展学生对口的实习基地建设,满足学生不同就业方向、就业意愿的需要,建立有效、高质量的合作机制,加强对实习生的管理,真正做到学生满意、实习单位满意、院系满意、家长满意。

其次,要加大经费投入,建立校内、外实践基地,包括模拟实验室的建设,以及通过校企合作共建等多种形式,建立各种相对稳定的校外实践基地,让学生活学活用,边学边用,从实践中提高理论知识。

(四)坚持课内与课外相结合,培养学生实践意识和能力

以实地考察、校友示范、形势讲座等方式,对学生进行与发展创业、就业能力密切相关的专项培训等。加强产学研合作研究,促进实践教学的发展。鼓励学生参加学术报告、小发明、小创造、各种学科竞赛活动,参加科研立项或参与教师科研课题的科研活动,参加社会实践调查活动、科技服务活动、科普宣传活动;通过各种活动诸如征文、演讲、朗诵、辩论、表演等对学生进行听、说、读、写等能力的训练;组织学生开展各种社团活动;组织学生自办报纸刊物;聘任高年级学生担任低年级学生班主任;选派部分学生到学校有关部门充当助理;利用假期开展社会调查、科技服务、勤工助学等活动;利用校外教学实习和毕业实习,策划并实施对口挂钩、献计献策、技术咨询等各种活动。加强学校教育同社会实际的联系,对促进学生全面发展、可持续发展是十分重要的。

参考文献

[1] 邓阿琴.创新高职实践教学过程管理模式研究:实践教学开放式能力模块管理模式初探[J].咸宁学院学报,2010,30(2):149-151.

应用型高校毕业生面向中小微型企业就业现状及对策研究

——以淮南师范学院化学与化工系为例

张晓艳

摘要：面对严峻的就业形势，应用型高校的办学定位应当以社会需求为导向，主动与市场接轨，中小微型企业给应用型高校毕业生提供了很多就业机会。然而，当前应用型高校毕业生对自我缺乏准确定位，中小微型企业也长期受人才匮乏的困扰。本文就"人才荒"与"就业难"的现实状况进行深入的探讨，并提出合理有效的应对措施。

关键词：应用型高校毕业生；中小微型企业；就业现状；对策

2014年2月《人力资源社会保障部关于做好2014年全国高校毕业生就业工作的通知》（人社部函〔2014〕24号）正式出台，文件要求各地、各部门要落实和完善鼓励中小微型企业吸纳高校毕业生就业的税收、金融、社保补贴等政策，积极引导高校毕业生到中小微型企业就业[1]。近年来，我国中小微型企业发展非常迅速，国家工商行政管理总局于2014年3月28日发布的《全国小型微型企业发展情况报告》显示，截至2013年底，全国共有小微企业1169.87万户，占企业总数的76.57%。若将4436.29万户个体工商户视作微型企业纳入统计，则小微企业在工商登记注册的市场主体中所占比重达到94.15%[2]。

应用型高校是在我国高等教育大众化和人才需求复合化的背景下应运而生的，人才培养要求体现专业性和应用型，更多强调的是科技意识和实践技能，办学目标应当主动与市场接轨，培养能够解决实际问题的复合型、高层次、应用型人才。我国中小微型企业的发展现状无疑给高校毕业生提供了更广泛的就业机会。然而近年来，众多应用型高校毕业生没有合理的职场定位，择业态度有误，就业道路狭窄，"非国企、大型外企、机关事业单位不进"的择业观加大了这部分学生的就业难度。而部分中小微型企业因为缺乏高学历、高层次的员工，长期受创新能力弱、管理滞后、发展后劲不足等问题的困扰。因此，我们要针对这种"两难"的社会背景进行分析，找出问题的原因，采取合理的应对之策。

一、应用型高校毕业生面向中小微型企业就业现状调查

淮南师范学院定位为应用型高校，其中，化学与化工系2014届本科毕业生共393人，由化学、应用化学、材料化学、化学工程与工艺4个专业构成，其中，化学为理科师范类专业，其余3个为工科专业。笔者以此为样本，通过访谈、查阅文献资料，编制了《淮南师范学院高校毕业生中小微型企业就业调查问卷（2014届）》，共发放问卷200份，回收180份。

〔作者简介〕 张晓艳（1984—），女，硕士研究生，助教，淮南师范学院党政办公室主任，研究方向：大学生思想政治教育。

图1展示了调查对象的性别、专业分布详情,工科类专业人数多于理科师范类专业人数。此外,由于理科师范类专业女生总人数偏多,进入企业的女生比例也就大于男生比例,对于其他三个工科专业,男生比例均大于女生比例。从总体上看,调查对象的性别、专业分布较为符合各专业的特点,具有较强的代表性。

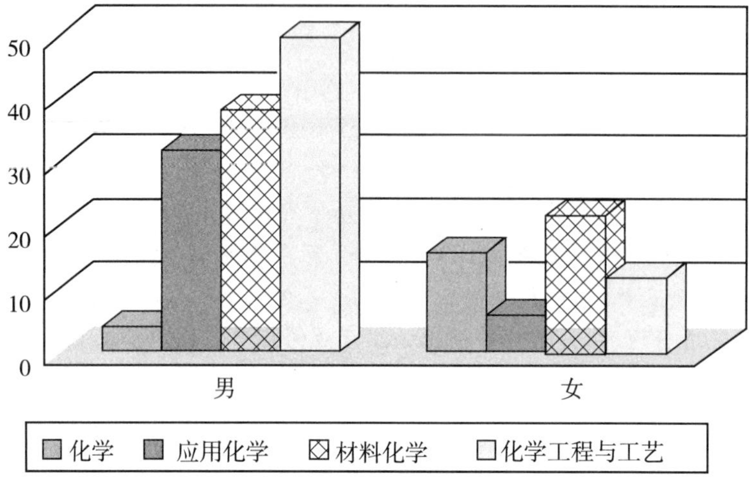

图1　调查对象性别、专业分布图

(一)对毕业生就业中主要问题的认识

调查显示(见图2),65%被调查者认为,由于就业定位不合理导致大学毕业生就业难是最主要的问题。此外,21%被调查者还认为,大学传统教育模式的弊端也给毕业生就业带来了问题。另有9%认为毕业生不具备符合企业要求的职业能力。然而,被调查者中很少有人认为企业对应届毕业生的需求总量减少。目前,中小微型企业对人才的需求较为迫切,吸纳毕业生就业的潜力是巨大的。

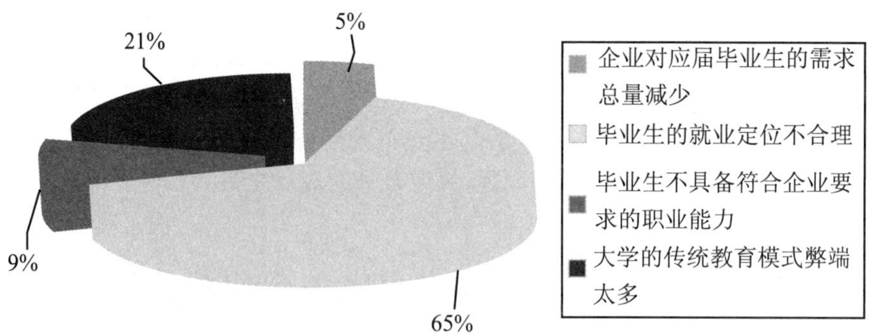

图2　当前大学生就业中的主要问题

(二)中小微型企业工作的优势、劣势

调查显示,当提及在中小微型企业就业的优势时(见图3),近半数毕业生认为中小微型企业成长空间大,31%的毕业生认为在中小微型企业就业能力会增强,还有部分同学提出了工作激情和专业技术的优势。当提及在中小微型企业就业的劣势时(见图4),毕业生提出了

就业态度、实践动手能力、工作经验、知识面和专业技术能力方面的不足，其中，更多的劣势表现在工作态度方面，35%被调查者认为很多毕业生进入中小微型企业眼高手低、不愿干基层工作。

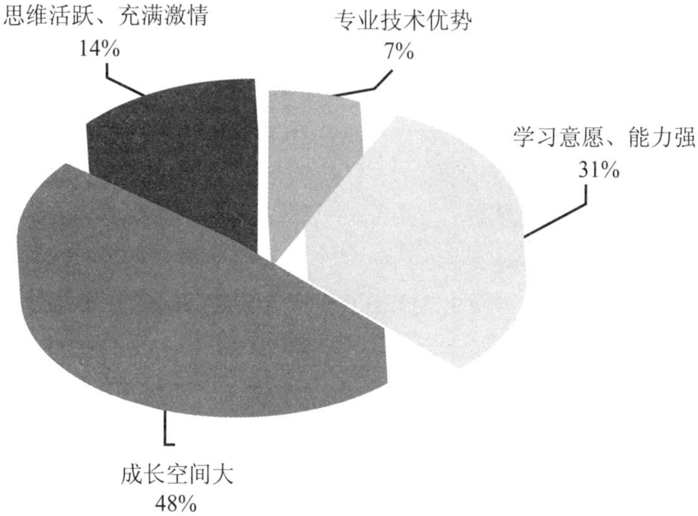

图3　中小微型企业就业的优势

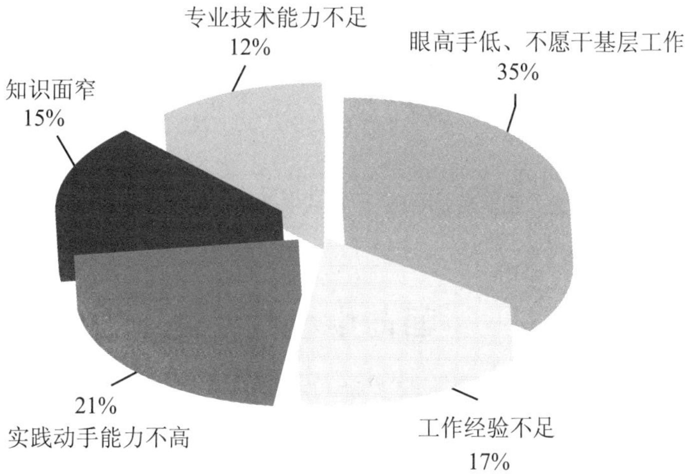

图4　中小微型企业就业的劣势

（三）毕业生选择到中小微型企业就业的原因及希望收获的成果

根据调查结果可知(见图5)，当前毕业生选择中小微型企业的原因各不相同，被调查者中37%的毕业生认为选择中小微型企业可以施展自己的才华；9%的毕业生认为中小微型企业机制灵活，更能实现自身价值；另有37%的毕业生希望先到中小微型企业锻炼自己，将来创业；还有17%被调查者毕业时没合适的地方去，准备先就业再择业。

当被问及希望从企业获得什么时(见图6)，37%的毕业生希望有更好的发展前途、实现自我价值，31%的毕业生希望获得较高的专业技能和行业经验，21%的毕业生希望获得良好的薪酬福利待遇，另有11%的毕业生希望获得较稳定的工作岗位。

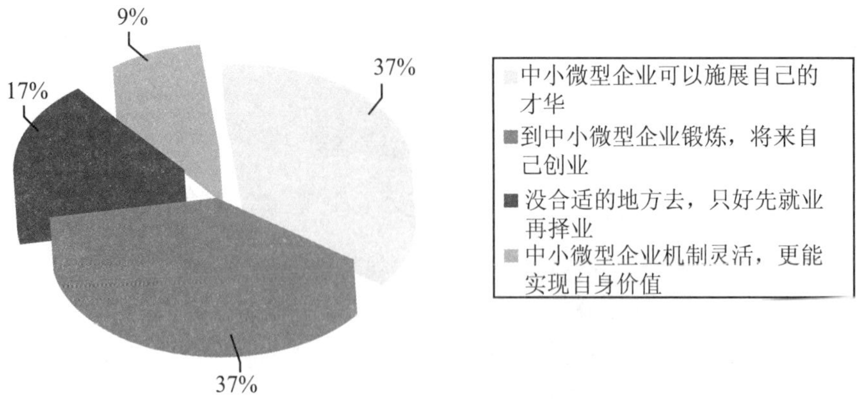

图5 毕业生选择到中小微型企业就业的原因

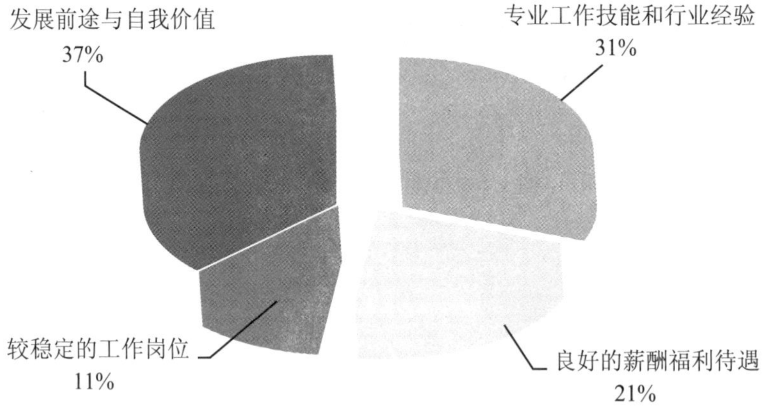

图6 进入企业后,毕业生希望从中小微型企业收获的成果

二、应用型高校毕业生面向中小微型企业就业的主要问题

到中小微型企业就业,是我国现阶段缓解大学生就业压力的重要途径。上述的就业现状调查发现,一些问题制约着应用型高校毕业生到中小微型企业就业。

(一)国家政策作用发挥不明显,毕业生缺乏职业安全感

为了鼓励高校毕业生到中小微型企业就业,中央、地方各省相继出台了一系列政策,尽管这些政策的鼓励作用显而易见,但是保障机制的不健全使得毕业生缺乏职业安全感。多数高校毕业生对国家出台的各类鼓励政策并不十分了解,导致政策的发挥存在严重的局限性。例如,从调查中可以看出,一部分毕业生选择到中小微型企业就业,是因为觉得毕业时没有合适的地方去,无奈只好先就业再择业。还有相当多的毕业生认为自己适合去中小微型企业就业,是因为想学习经营一家中小微型企业的各种运作模式,为将来自己创办企业打下坚实的基础,这种就业、创业的态度并非不妥,但从政府出台政策的初衷来看,这些政策并没有发挥其应有的作用。

（二）高校毕业生眼高手低，就业定位不合理

在市场经济调控资源配置的社会现实下，传统意义上的“白领岗位”远远不足以容纳庞大的毕业生数目，父母及毕业生自己希望获得的“稳定型职业岗位”数目也是屈指可数的，市场需要越来越多的毕业生做知识技能型的工人。调查显示，目前依旧存在“这个工作不想干，那个职位不适合做”的问题，许多毕业生职业定位过高，他们仍旧将自己看作“骄子”，忘记自己普通劳动者的身份。部分毕业生对薪酬的要求过高，超过了企业能够给予的标准，他们对人才市场行情、用人单位实力、自身价值等都没有清晰的了解。除此之外，“一次就业定终身”的择业态度牢牢锁定着毕业生及家长的思维，也存在“非行政事业单位不去”的偏见，这点从当前行政事业单位招录员工的考生人数便可以看出。这些现象不仅有悖于市场供求关系，也无疑给广大毕业生带来了巨大的就业心理压力，降低幸福指数。

（三）高校传统教育模式凸显弊端，有悖于应用型人才培养目标

面对人才供求急剧变化的社会趋势，高等教育向大众化快速推进，单一式精英教育模式已不适合普及化阶段的高校毕业生。淮南师范学院作为应用型高校，目前仍未摆脱涌入研究型高校行列的念想，包括培养结构、专业目标等，都留有精英化年代的影子。因此，高等教育受到来自各方的质疑，源于高等教育与市场需求的脱节。笔者从与几家企业的访谈中了解到，相比普通本科类高校，这些企业更倾向于招收高职类院校的毕业生，原因包括这类企业规模不大，学术性较强的研究型人才需求量较小，更多提供的是技工类岗位，普通本科类院校毕业生未必能安于现状；再者，对于少量的高端研究型岗位，普通本科类院校毕业生对知识掌握的深度和广度又不及重点高校培养的研究型人才；另外，高职类院校毕业生实践经验、专业技能较强，体现出一个“专”字，属于高性价比的高技能劳动者，更具有求职优势。

（四）中小微型企业的人力资源管理制度落后，凸显待遇问题

通过与被调查者进行面对面的访谈了解到，毕业生实习期被选拔到中小微型企业，实习期一过便会有半数左右的学生离开实习单位，这与人力资源管理制度和待遇问题是分不开的。首先，管理阶层人员的专业水平较低，缺乏高级管理者和技术骨干，那么人才的招录、使用必然缺乏预见性。其次，激励和约束机制不完备，薪酬待遇的发放缺乏科学的考核程序，企业员工的积极性、主动性和创造性难以发挥。再次，众多高校毕业生十分在意的一个因素就是未来的发展问题，自身能力的提高与否直接与此密切相关，然而企业往往重视利润的最大化，而吝啬于培训投资，忽视了对员工的培训和职业生涯规划，造成了员工的整体素质得不到提高的现实状况。

三、应用型高校毕业生面向中小微型企业就业存在问题的对策分析

（一）完善、落实好毕业生面向中小微型企业就业的各项政策，增强毕业生的职业归属感

良好的职业归属感是吸纳高校毕业生面向中小微型企业就业的一剂良药，这种归属感

来源于合法权益的维护和工作生活的保障，因此，国家政策的落实是前提。中小微型企业的流动人员人事档案的保管、落户，劳动合同的签订，工资待遇的兑现，社会保险的缴纳等都应当获得国家行政管理部门的切实监督。例如，毕业生从《高校毕业生就业政策百问》(2014版)中得知国家相关政策，如“高校毕业生到中小企业就业的，在专业技术职称评定、科研项目经费申请、科研成果或荣誉称号申报等方面，享受与国有企事业单位同类人员同等待遇”“劳动合同法规定，用人单位自用工之日起即与劳动者建立劳动关系，且应当订立书面劳动合同”“各地要简化高校毕业生就业程序，消除其在不同地区、不同类型单位之间流动就业的制度性障碍，要切实落实允许包括专科生在内的高校毕业生在就(创)业地办理落户手续的政策(直辖市按有关规定执行)”[3]。此外，地方政府可依据本地实际情况，配合国家政策，积极出台引导毕业生去中小微型企业就业的各类鼓励政策。

(二)发挥高校就业工作中的思想政治教育作用，引导毕业生进行合理的自我定位

国家、地方为高校毕业生出台相应鼓励政策的同时，学校也应当发挥应有的作用，做好毕业生的思想政治教育工作，鼓励毕业生面向中小微型企业就业。学校舆论的导向作用是至关重要的，对近年来的国家政策以及中小微型企业发展取得的成绩应当加大宣传，把在中小微型企业中就业的美好前景与学生传统就业观念中的“铁饭碗”、国企、大型企业相对比，找出中小微型企业的优势。例如，向学生摆出客观事实，引导学生主动思考，是愿意在大型企业中做一颗小小的“螺丝钉”，还是希望到小企业锻炼具备独当一面的能力。高校还可采取各种方式对学生进行思想政治教育：在专业教学中引导学生坚定职业理想；加强毕业生心理健康教育，调整好就业心态；以优秀校友的就业成功典型事例树立榜样等。

(三)创新高校教育模式，体现地方普通高校应用型人才培养模式的特色

在充分了解市场需求的前提下，从课程体系入手，改革教学模式，修订规划，决定知识体系的构建。要针对企业单位需求，调整专业设置，对急需用人的专业适当增加招生人数。在使学生掌握一定基础知识的基础上，强化实践、技能训练，培养学生动手和主动思考的能力，并结合评价机制，在评价与自我评价的基础上，使学生发展自我、完善自我。此外，校企合作与交流也有助于转型的实施。对于应用型高校而言，各专业多多少少都应与一些企业建立起合作关系，这些企业大多是中小微型企业，可以成为高校的就业、实习基地，对毕业生来说不仅是提高能力的场所，也是提前进入职业生涯发展的平台。同时，高校应重视企业对毕业生的反馈，弥补不足，发展优势。对于教师和学生的科研项目，应用型高校应当对产、学、研项目的申报多加鼓励，尤其是学生科研项目，应当鼓励在创新能力较强的指导教师的带领下，走出校门，走进企业，对具有实际应用价值的成果多给予资金和技术支持。

(四) 中小微型企业改善管理方式，引导员工进行自我价值的实现

戴尔·卡耐基曾说过：“假如我的企业被烧掉了，但把人留住，我在20年后还是钢铁大王。”可见，企业员工能力的高低是决定企业未来发展前景的重要因素，提高员工的质量可促进企业核心竞争力的提高，这需要了解毕业生的主体需求。

首先，以可观的薪酬待遇吸引高质量的毕业生，提高他们的幸福满意度，降低流动性。

其次，重视毕业生的职业生涯规划，让他们看到留在企业会有广阔的发展前景，增强工作动力，实现自我价值。再次，加强企业文化建设，形成良好的企业文化氛围，使毕业生以主人翁的心态对企业产生归属感，把对自己的职业规划延伸到对企业的长远发展而努力。

引导应用型高校毕业生到中小微型企业就业是解决就业难问题的有利举措，得到了社会的广泛关注，也在一定程度上得到了社会的支持，但依然存在许多问题。如何解决好这些问题，使高等教育完全与市场接轨，让更多的毕业生主动选择到中小微型企业就业，需要政府、高校、企业及学生的共同努力。相信在全社会的共同努力下，毕业生与中小微型企业的发展会呈现互利双赢的良好局面。

参考文献

[1] 中华人民共和国人力资源和社会保障部就业促进司. 人力资源社会保障部关于做好 2014 年全国高校毕业生就业工作的通知(人社部函〔2014〕24 号)[EB/OL]. (2014-02-26). http:www.he.lm.gov.cn/a/policy/rsb/201405/15/4252.html.

[2] 国家工商总局全国小型微型企业发展报告课题组. 全国小型微型企业发展情况报告[EB/OL]. (2014-03-28). http://www.cicn.com.cn/content/2014-03/28/content_138937.htm.

[3] 中国教育在线. 高校毕业生就业政策百问(2014 版)[EB/OL]. (2014-04-04). http://www.eol.cn/html/c/jybw/.

慕课视角下的淮南师范学院大学生创业指导课程建设研究

赵悦悦

加强大学生创业指导和服务是当前一项重要而紧迫的工作任务。党的十八大报告明确提出要“促进创业带动就业”的发展战略，不断提升大学生创业能力。积极推进大学生创业，不仅有利于带动和促进就业，更关系一代青年的健康成长，关系到国家和民族的未来。近年来我国大学生毕业人数年年攀升，2013 年毕业生人数达到 699 万，而 2014 年预计将达到 720 万，就业形势非常严峻。虽然国家提出大力倡导大学生自主创业，在政策、技术等方面提供支持。然而受大学生创业能力的限制，大学生普遍存在创业意识淡薄、创业能力不强、创业成功率不高等问题。大学生创业指导课程建设，关系到大学生就业创业的最终效果。因此，创业指导课程建设的主要内容必须从课程建设的根本目标、基本任务、关键环节、可靠保障四个方面加以努力，确保大学生创业指导课程的效果，提高大学生的创业能力和成功率。

一、慕课背景下的教学模式创新

“慕课”起源于美国，是英文 MOOC 的英译，即“大规模在线开放课程”（Massiverly Open Online Courses）的音译。[1]早在 1962 年，Douglas Engelbart 就曾在《增进人类智慧：斯坦福研究院的一个概念框架》中，解释了如何将个人计算机与互联的计算机网络结合起来，从而形成一种大规模的、世界性的信息分享的效应。2008 年，美国高校开设的第一门“慕课”教学，全球注册用户约 2300 个。2011 年这场大规模在线课程掀起了巨大风暴，目前以 Coursera、edX 和 Udacity 为基础的三大慕课平台，已拥有 600 多万学习者，并且遍布全球 220 多个国家。

2013 年 5 月以来，人民日报、光明日报等报刊纷纷在显著位置介绍了“慕课”的来历和影响，国内许多一流大学也纷纷加盟“慕课”三大平台。2013 年 5 月北京大学和清华大学宣布加入在线教育平台 edX；同年 7 月，复旦大学、上海交通大学与 Coursera 签约建立合作关系。中国高等教育学会会长瞿振元认为，面对异军突起的“慕课”，传统的课堂教学方法和手段必须要进行改革。[2]

“慕课”的强大优势不仅体现在在线资源共享，更重要的是它在学习内容和学习方式上呈现出灵活多样性，挑战了传统的教学模式，带来了教育理念和教学方式的深刻变化，将过去教师以“教”为主的教学模式向学生以“学”为主的学习模式转变，对教师和学生在教学中

［作者简介］ 赵悦悦(1980—)，女，硕士研究生，助教，淮南师范学院辅导员，研究方向：思想政治教育、大学生就业创业教育。

的地位和作用产生了重大影响。因此，在借鉴“慕课”内在教学模式的基础上，完善和改革创业指导课教学方法，能够更好地强调学生学习体验与互动，更加符合该课程应用性强的特点，具有一定的理论及实践意义。

二、慕课与创业指导课的内在逻辑联系

1989 年 11 月，在北京召开的“面向 21 世纪教育国际研讨会”上，首次提出创业教育这一概念。与会代表要求把事业心和开拓技能教育提高到目前学术性和职业性教育所享有的同等地位。[3]其中“事业心和开拓技能教育”这一概念，后被译成“创业教育”。在美国，创业教育已经形成了一个相当完备的体系，涵盖了从小学、初中、高中、大学专科、本科直到研究生的正规教育。我国创业教育起步较晚，始于 20 世纪 90 年代末期，2002 年 4 月教育部开始启动创业教育试点工作，2012 年教育部下发《普通本科学校创业教育教学基本要求》，将创业指导课地位进一步提升。

我国高校创业指导课程建设实施以来，广大高校教师纷纷开展形式多样的教学研究。这种改革与探索的主流模式是以教师为主导、以“教”为主的教学设计模式，重点研究教师的教学方法，即“教什么”和“怎么教”。它的优势在于教师能够更好地组织和把握整个教学活动进程，在一定程度上提高了创业指导课教学活动的感染力，确保了教学内容的完整性和规范性。然而教学过程并不是教师单方面的行为，还包括学生积极有效参与的双边活动，因此，教学方法应包括教师的“教法”和学生的“学法”两个方面。当前创业指导课的教学对象多为“90 后”大学生，这部分学生的特点主要体现在对信息获取的便捷性，学习方式的多样性以及思维方式的多元化。传统的教学方式必然与之产生不适应性。教师的“教法”不仅要以教学大纲为基础，还应以学生为中心，针对这部分学生的学习特点，运用现代教学技术，为“学”做好教学设计。

创业的本质是创新，创业指导课教学有别于其他课程的地方就在于创新。传统的课程教学偏向于传授固定职业所需的知识与技能，对创业环境下的知识技能培养较少涉及。创业指导课程应着重培养学生的创新意识，在引导学生自主学习的基础之上传授相应知识技能，这就要求在教学方法上进行改革和探索，利用现有的课程资源，运用现代教育技术，增强教师教学方式的适用性和发挥学生学习的主动性。而目前学界掀起的“慕课”风暴在教学理念、教学方式、教学内容、教学效果等各个方面都为创业指导课教学模式的改革和探索提供了借鉴意义。

创业指导课程具有系统性、实践性、应用性等特点，融理论阐释与实践操作于一体，课程内容较为丰富。在教育部 2012 年印发的《普通本科学校创业教育教学基本要求(试行)》中，明确要求课堂教学内容要模块化、项目化和参与式教学，实现从以知识传授为主向以能力培养为主的转变、从以教师为主向以学生为主的转变、从以讲授灌输为主向以体验参与为主的转变，调动学生学习的积极性、主动性和创造性。从近两年的教学经验和调研结果来看，只依靠教师的单一教法，依赖课堂教学的 45 分钟，并不能达到预期的教学目的。而通过运用现代教育技术，利用“慕课”这种全新的教育、学习模式，重新构建课程知识体系，将会在形式和内容上为学生提供更加优质高效的教育资源。

三、慕课视角下的大学生创业指导课程建设

1. 借助“慕课”的“微课程”设计形式实现翻转课堂

“慕课”的强大优势不仅体现在在线资源的共享,更重要的是在学习方式上更加适合数字化时代下的碎片化学习特点。[4]这种技术上的优势主要体现在对微课程的设计及应用上,其主要载体为教师录制的授课视频。这种教学形式的改变,实际上将传统教学过程中的知识传授和知识内化过程进行了颠覆,使得课堂学习过程中的各个环节也发生变化。“微课程”设计相较于传统教学设计最大的特点在于内容的精简和时间的短小。传统课程45分钟的单一授课容易引起学习者的注意力下降,影响学习效果。而利用“慕课”的“微课程”设计可以将45分钟的课堂时间划分为几个简短的5～10分钟的“微课程”。“微课程”的授课形式可以是多样化的,可以是教师授课式的PPT播放,也可以是情景剧式的创业案例分析。每个“微课程”结束后通常都会引出一个问题,并请同学们思考,通过巧妙的课程设计,能够有效激发学生对创业知识的进一步探索。

创业指导课“微课程”既可以在网上实现在线共享,也可以由教师在每次课堂授课的前几天拷贝给学生,对于一些重难点问题也可以在课堂上进行视频播放。学生的主要听课时间在课堂外,课堂内的主要侧重于分组讨论、分享成果,以及教师的总结和启发。以问题为导向的“微课程”教学设计,真正体现出创业指导课发挥学生的主动性和积极性特点,对有效实现教学活动的开展具有重要的促进作用。

2. 借助“慕课”理念,探索创业指导课教学设计改革的创新思路

对于创业指导课的教学模式改革,不能照搬照抄某一种先进的教学方法,而应结合各个高校实际情况,结合创业指导课的课程性质与特点,创新思维,发挥“慕课”的优势,探索教学模式改革的新思路。创业指导课教师在教学设计中除了可以利用“慕课”的教学形式外,对“慕课”的教学内在逻辑性也可以进行借鉴。在课程设计上,可以打破过去传统教学某一章、某一节的教学逻辑顺序,以问题逻辑为导向进行重新设计,围绕“什么是”“为什么”“怎么做”的逻辑顺序,进行课程的重新编排。[5]

例如,在创业指导课的第一章——“认识创业”中,主要目标是帮助同学们正确认识创业、培养创业意识。教师可以打破原有的章节顺序,结合学生的实际需求,提出三个递进问题,即什么是创业？为什么要培养大学生创业意识？怎样培养创业意识？这里每一个问题都由若干小问题组成,可以依次展开,每个大问题又层层相扣,而“微课程”设计的内容就由这些问题组成,辅之以多样化的教学形式,便于学生更好理解第一章内容。

由于“慕课”教学为学生主动参与学习讨论带来了极大的空间,那么教师同样可以利用课堂上学生提出的问题,对“微课程”进行进一步调整,体现教学的灵活性和及时性。例如,在高年级创业课堂中经常可以遇到这样的问题,“我不想创业,为什么要学习创业指导课?”这其实涉及的知识点就是培养大学生创业意识的重要性的问题。教师可以在课堂上适当引导并转换问题,如学习创业知识既是时代的客观需要,又是同学们实现自我价值的一个重要途径,并且辅之以生动的“微课程”案例进行阐述。在课堂上同时可以引入小组讨论的方式进行交流,也可以鼓励学生参与到微课程的制作中去,在搜寻创业案例素材的过程中,进一步启发学生,强化学生对创业知识的学习。

3．借助“慕课”教学设计理念，设计创业指导课教学模型

创业指导课教学设计模型主要借鉴了“慕课”的内涵以及系统化教学设计理论，分为课前、课中、课后三个模块，三个教学模块之间相互作用、有机衔接，实现了教学效果的最大化，如图1所示。

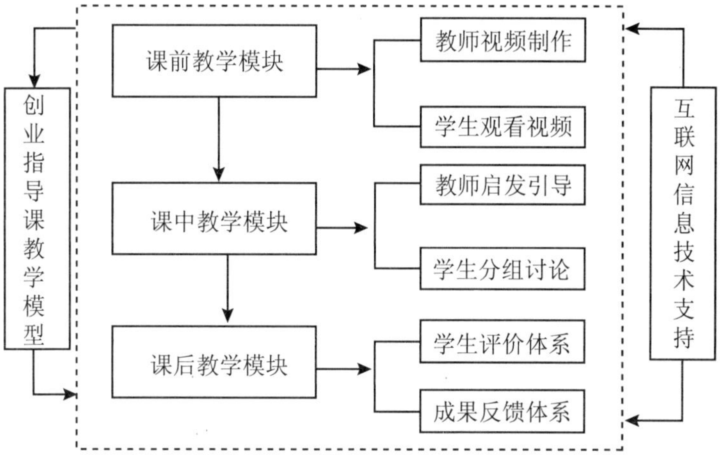

图1 创业指导课教学设计模型

课前教学模块要求教师亲自录制或使用网络上优秀的开放视频，要求教师在视频的准备过程中，结合本校学生实际，对教学内容进行针对性讲解，并且注重教学艺术，避免死板、单调的授课方式，合理设计“微课程”模块。学生在课前模块中除了要求观看视频，还要有针对性地完成教师布置的创业指导课程小测验。学生可以利用QQ群、微信群等网络平台与教师和同学们进行互动沟通。

在课中教学模块中，教师应做好启发和引导工作。首先根据学生的兴趣及个人意愿进行分组，小组成员各有分工，相互协作。在对问题的解答和学习过程中，可采用强化案例分析、小组讨论、角色扮演、头脑风暴等方法。在完成个人及小组任务后，可采用课堂成果交流的方式，如辩论会、创业模拟展示，对所学知识进一步巩固。

在课后教学模块中，主要是要做好对学生所学知识的反馈评价。这种评价包括教师、同学以及社会几个方面。对每个小组设计的创业案例，可以采用文字或视频的方式发布至互联网，请公众进行评价打分，并指出缺点和不足。对学生个人的学习情况，主要是结合定性和定量的评价原则，从教师测评、个人自评、小组测评三个方面进行测评打分，与过去传统的学生考评体系相区别，更加体现科学性、灵活性与系统性的原则。

四、创新教学模式的影响

在“慕课”背景下，结合我校的特色和优势，依托本校“大学生创业孵化基地”，整合有效资源，将理论知识应用到实践中，不断完善创业指导课的教学目标和课程体系。在设计与创作“微课程”教学单元时，将教材的逻辑体系转化为“微课程”教学设计的问题逻辑体系，探析新的教学方法。建立高校、专家、教师、学生的四级反馈评价机制，对教学效果进行科学评价。通过以上措施，有利于从以下三个方面提升创业指导课教学品质。

1. 转变教师角色,提升教师教学能力和创新能力

不同于传统教学过程中的主体地位,“慕课”时代下的创业指导教师的角色将发生转变,由知识的单一传授者,成为了学习的促进和指导者。创业指导教师应在学习知识、传播知识、创新知识三个方面实现能力的提升,促进师资队伍的进一步提升。

2. 转变学生角色,培养学生主动学习的积极性和创造性

现代技术的发展,使得学生们在学习过程中更加注重学习的便捷性和高效性。“慕课”时代下的创业指导课改革,使学生们得以高度参与进课堂学习。同时对创业具有浓厚兴趣的同学,在课程结束后还可以通过慕课平台不断扩展和创造深度知识,实现知识的自我延伸。

3. 重新分配课堂教学时间,实现教学效果的最大化

“微课程”设计带来的翻转课堂,在课下和课堂上实现学习的交流,有效扩展了个人学习时间,课堂交互性变得更加有效,符合创业指导课实践性强的课程特点,有利于学生更好地掌握知识。

4. 课程内容设计更加科学化、逻辑性强

创业指导课授课知识点较为分散,单靠传统的授课方式,无法高效地实现知识的传授,而以问题逻辑为导向,以学生为中心,对课程内容重新设计,实现授课内容的条理化、清晰化。

总之,将“慕课”的教学价值取向与传统教学方式相连,打造“教”与“学”相结合的混合教学模式。通过这种新型教学模式,一方面可以发挥学生学习创业指导课的积极性与主动性,另一方面可以促进教师不断提高综合素质,完善创业指导课程建设。这种尝试性的探索,为实现创业指导课建设提供了创新的视角,为提升大学生创新创业水平提供了新思路。

参考文献

[1] 曹继军,颜维奇.慕课来了,中国大学怎么办?[N].光明日报,2013-07-06.

[2] 吴晶,郑黎.中国高等教育学会:面对“慕课”,我们必须改革![EB/OL].(2013-11-06).http://news.xinhuanet.com/edu/2013-11/06/c_125656323.

[3] 顾骏.借力“慕课”,推动中国教育更快前行[N].中国教育报,2013-07-19.

[4] 杜杨.“慕课”对高校体制的五大挑战[N].光明日报,2013-08-21.

[5] 陈竹.中国大学“慕课”上线,要颠覆传统教育?[N].中国青年报,2013-09-24.

大学生就业偏见及其矫正对策

汪昌权

摘要:在求职和就业过程中,不少大学生对劳动性质、职位类别、就业区域、企业性质等抱有偏见。造成这些偏见的原因,是大学生受到社会环境、个人心理以及心理与环境交互作用等因素的影响。要矫正大学生的就业偏见,需充分发挥政府、高校、家庭、学生四个主体的协同作用。

关键词:大学生;就业偏见;就业;观念;矫正

大学生就业是一个备受社会关注的热点话题,特别是在近几年,关于"就业难"的讨论屡屡出现。大学生就业难的背后有各种主观和客观原因,从主观方面来看,大学生的就业偏见是一个重要原因。偏见观念深深印刻在头脑中,对大学生择业与就业具有误导作用。偏见产生的根由是什么?有哪些刺激因素?如何有效驱除或抑制偏见的负面效应?这些问题值得反思,下文将做具体分析。

一、大学生就业偏见的类型

一般认为,大学生在就业过程中易遭遇用人单位的偏见,即歧视。而事实上,求职和就业是一个双向的互选过程。用人单位在挑选大学生时,可能戴着有色眼镜。同时,大学生在选择用人单位时,也可能存有一定偏见。大学生就业偏见的类型多样,常见的有如下几种:脑力劳动高于体力劳动、行政职位优于技术职位、农村发展不如城市发展、民营企业不如国有企业。

1. 脑力劳动高于体力劳动

在劳动性质上,大学生就业偏见表现为"脑力劳动高于体力劳动"的观念。观念是人脑对客观事物的直接反映,是在对实践经验的分析和总结中形成的意识形态,对实践活动具有反作用。反映在大学生就业过程中,表现为两个方面。一是旧脑体倒挂时代遗留的就业偏见与误解。二是新脑体倒挂时代造成的就业困惑与迷茫。旧脑体倒挂时代的传统观念,认定脑力劳动是品质更高的劳动形式,而体力劳动具有低劣性,结果出现大学生就业向脑力劳动一边倒的现象。新脑体倒挂时代大学生没有摆脱旧观念的影响,在就业过程中依然对脑力劳动更为青睐。然而,收入水平差距的缩小与心理落差的增大,为"新"与"旧"的区分划清了界限。在新脑体倒挂时代,体力劳动者的收入不再明显低于初出校门的大学生,脑力劳动不过是劳动形式的一种,不再无端高贵。大学生也许可能领到比农民工更微薄的工资,心理

[作者简介] 汪昌权(1987—),男,硕士研究生,讲师,铜陵学院毕业生就业指导中心办公室副主任,研究方向:应用心理学、大学生就业心理。

很不平衡。但即便如此,他们仍旧没有完全摆脱偏见的影响,不太愿意从事与体力劳动相关的工作。

2. 行政职位优于技术职位

在职位类别上,大学生就业偏见表现为"行政职位优于技术职位"的观念。"技术"本应是个中性词,不带有任何的感情色彩。不带有感情色彩,自然也就不会有偏见。然而,在社会发展的不同阶段,社会环境与意识赋予了"技术"不同的内涵。在现代观念中,"技术"一词带有一定的褒义色彩。掌握一门核心技术的人,能够获得更多的工作机会,可以成为行业精英。在传统观念中,拥有技术并不是一件值得称道的事。受封建社会长期官本位思想的影响,士农工商之间有位次排列。技术工人至多被赞为能工巧匠,与商人一道被认为是"不务正业"者,其地位远在为官者之下。现在,商人与技术工人的地位有了大转变,但是大学生的就业观念却依然固守不变。大学生在择业的时候,更钟情于技术管理与经营管理类职位,而非技术操作与商品销售类职位。大学生受偏见观念潜移默化的影响,潜意识中仍然较为排斥技术职位,向往行政职位。

3. 农村发展不如城市发展

在就业地域上,大学生就业偏见表现为"农村发展不如城市发展"的观念。反映在择业过程中,一方面是对城市的优先选择和青睐,另一方面是对农村和基层就业的不屑。城市规模的大小和经济发达程度,成为影响大学生就业选择的重要因素。从客观实际来看,农村较城市偏远,远不如城市繁华。从传统观念来看,"静处养身,闹中取金"。人们一般认为,闹市之中潜藏着更多的就业机会与更大的发展空间。"农村不如城市"的观念是多少年来的历史遗留问题,深深地刻在人们的脑海中,一时难以转变。况且,尽管农村的发展有不断趋好的强劲势头,但是农村的资源、条件等方方面面从未超越过城市发展,这也是有目共睹且无可争辩的事实。这对大学生就业的影响后果是:不仅来自城市的大学生不愿意到农村和基层就业,而且来自农村土生土长的大学生也希望从农村走到城市中去。

4. 民营企业不如国有企业

在企业性质上,大学生就业偏见表现为"民营企业不如国有企业"的观念。大学生就业的渠道很多,考公务员、考事业单位、考研升学、出国留学、自主创业等,都是不错的就业形式。但对于多数学生来说,这些渠道往往不易实现。故而真正意义上的就业,落在了企业单位这一目标上。企业单位有多种性质,民营企业、三资企业、国有企业等。大学生往往看重国有企业的稳定收入和人事政策,而对民营企业的待遇、发展空间等持怀疑和不确定的态度。也有不少大学生对外资企业的薪资待遇和发展空间表现出极大的兴趣,但同时又对工作性质和劳动强度等方面表示担心。想要获得丰厚的回报,却又不愿尽最大的努力,不愿承受一定的工作压力,心高气傲、眼高手低,成了不少大学生的共同问题。国有企业成为大学生心目中理想化的就业单位。各类招聘会上,常见国有企业门庭若市、民营企业冷冷清清的现象。然而,国企毕竟吸纳能力有限,多数大学生最后只能带着偏见进入民营企业工作,导致的后果就是频繁跳槽。

二、大学生就业偏见的成因

偏见不是短时间内形成的,而是观念叠加和积累的长期过程。大学生就业偏见的形成受到多种因素的影响,从长期来看,与社会发展所遗留下来的种种传统观念有关;从短期来看，与大学生日常生活中积累的认知观念有关。

1. 社会环境因素

社会环境对认识观念的影响表现在宏观和微观两个方面，即通常所说的“大环境”和“小环境”的影响。大环境上，一是社会历史变迁的遗留问题造成了滋生偏见的客观事实。如“农村不如城市”“私企不如国企”，这些现象是过去农村和私企的真实境遇，有史为证，有据可查。二是社会意识变迁的遗留问题造成了偏见观念的顽固不化。如“体力劳动不如脑力劳动”“技术不如管理”，这些观念属于旧的社会意识范畴，已经跟不上社会历史变迁的步伐了。但是社会意识的变迁具有滞后性，一些顽固的观念并没有完全退出历史舞台，还正处于意识变迁的过程中，需要一定的转化时间。在转化过程中，落后的社会意识观念对社会历史发展具有能动的反作用，在大学生的就业偏见与择业行为之中反映出来。

小环境上，一是学校教育环境对大学生观念和行为的影响。如大学专业与课程设置有服务城市而忽略农村的倾向。“目前我国高校的专业设置明显带有城市指向性，其培养目标、教学计划、教学内容和教学方法等方面都具有为城市服务的特点。”[1]这样的教育环境对大学生择业与就业是一种无形的引导。二是家庭成长环境对大学生价值观和行为的影响。有学者明确指出：“家长所从事的工作及对有关就业的看法，会对孩子的心理产生潜移默化的影响。部分家长存在拜金主义、享乐主义、实惠主义，这容易使大学生产生‘工作轻松、工资收入较高、福利待遇好、不费多大力气就可以干一番大事业’的择业误区和一切以工资待遇为主的功利心理。”[2]

2. 个人心理因素

社会环境的影响往往是潜在的幕后因素，个人心理原因对大学生就业偏见的影响更为直接。大学生就业心理活动特别丰富，有正面的努力争取，也有负面的气馁逃避，有争取而无法得到的失望，也有逃避却忽然看到的希望。归结到形成偏见观念的原因上，可以从两个方面来理解。

一是急于独立的心理，导致就业观念与行为的进取性。很多大学生在经过几年的高等教育之后，迫切希望走向社会、独立成人。独立的最好标志是找一份让自己满意、让周围人满意、让社会看得起的工作。从积极的一面看，这是大学生自我实现的心理需要，是追求理想的尝试。从消极的一面看，急于独立的心理往往导致一系列问题，如自负的心理、虚荣的心理、期望的非理性、理想与现实的模糊不清、自我评价与社会认知的不足、急功近利的心理，等等。结果导致“有些大学生在择业时过分看重地位，一心只想进大城市、大机关，去沿海发达地区，到挣钱多、待遇好的单位”[3]。

二是过分依赖的心理，导致就业观念与行为的无主性。与急于独立的大学生恰好相反，一些大学生在走向社会时表现出退缩和缺乏主见。他们“不明确自己的就业目标，缺乏职业生涯规划，究竟自己想找什么样的工作？什么样的工作能实现自己的价值？没有明确答案”[4]，显然还没有准备好真正地走向工作岗位。这部分学生极易产生依赖心理和从众行为，不加辨别地接受来自父母长辈的观念，不加分析地接受其他同学的就业观念，如不少大学生来自城市，家庭经济宽裕，不用为解决生存问题发愁，有一定的先天优越感，不急于将自己推销出去。他们有条件安享一个求职延缓期，有更多时间资本去尝试高质量的就业，以便“既能满足自己心理上体面的需求，同时又不希望工作太累”[5]。

3. 心理与社会交互作用因素

个人心理与社会环境之间并非绝对孤立，而是紧密融合在一起的，并且形成交互强化的效果。个人心理上的某些偏见会将社会环境的影响放大,放大了的社会因素又会反过来强化心理上的偏见观念。一方面是社会环境所造成的真实而深刻的历史遗留问题,另一方面是个人心理所期盼的又好又快发展的未来生活境遇。两者相互影响,循环强化,导致了根深蒂固的刻板印象。“农村不如城市”的历史发展事实,强化了大学生城市就业的观念。城市就业观念又成为新的心理刺激因素,抑制了农村就业观念的发展。这是个体心理自身的无意识过滤,是个体心理趋利避害的自动筛选功能。

除了无意识自动筛选之外,个体心理还同时存在有意识的主动选择现象,以应对社会环境的变化。例如,大学生就业时要应对社会压力,会考虑社会舆论评价、家庭成员的观念与看法等因素。假如社会舆论贬低体力劳动,那么,大学生选择体力劳动的倾向性更低。假如整个家族成员瞧不起一线技术工人,那么,大学生从事技术职业就要冒更大的心理风险。为了满足心理安全与情感归属的需要,不与家庭产生心理隔膜,不被社会集体情感排斥,大学生更倾向于在就业时屈从于某些刻板的偏见。

三、矫正大学生就业偏见的对策

偏见产生的原因涉及个人心理与社会环境的方方面面,纠正偏见也应当从个人和社会的不同视角寻找行之有效的对策。政府、高校、家庭、学生是两种视角下的四个主体,主体能动性如何发挥,必将影响到大学生的就业观念与择业行为。

1. 政府应继续发挥政策引领和舆论导向作用

政府的作用主要体现在政策引领和舆论导向两个方面。政府已经制定和发布了不少政策措施,并利用网络、电视、报纸等传播媒介,引领大学生就业新潮流。例如,大学生志愿服务西部计划、农村特岗教师计划、大学生村官计划,以及各种地方性的人才引进计划、公益岗位计划,等等。这些计划的实行已取得一些不错的成效,正逐渐扭转大学生就业过程中对农村、基层、民营企业、技术岗位以及体力劳动的偏见。从纠正偏见的角度而言,这是一个良好的开端。然而,政策本身还存在一些问题,突出表现在政策的后续支持方面。政策的明朗程度如何?大学生的发展前途如何?政策的可持续性如何?大学生发展的可持续性如何?这些问题有待实践检验。要彻底纠正大学生就业偏见,依然任重而道远。

2. 高校应大力加强政策落实和教育引导工作

在纠正就业偏见的过程中,高校的作用体现在价值观教育和就业指导两个方面。一方面要注意大学生功利性价值观的蔓延,另一方面要注重引导大学生理性就业。高校应当强化大学生就业观念教育、引导大学生到基层就业、鼓励大学生自主创业、提升大学生就业能力[6]。然而,高校有时从自身利益出发,容易陷入盲目引导的歧途。例如,为提升所谓的就业质量,不考虑学生的实际情况,鼓励学生考研、考公务员、考事业单位、考金融机构,等等。高校的职责应当是培养自主的人,让每一位毕业生在即将走出校门时,具有独立选择的能力、自主选择的权力、充分选择的机会。就业关系到学生自己的未来,高校的教育应当培养学生综合分析、自主决策的能力,而不是规定或建议学生以后的路该怎么走;应当培养实实在在、有血有肉的人,而不只是随着指挥棒向东向西的精神奴仆。

3. 家庭应创设自由择业与理性就业的支持环境

家庭的作用主要是为纠正就业偏见建立起支持系统。家长应尊重和理解子女的选择,同时为子女的就业选择提供物质帮助或心理支持,避免过多干涉。首先,要全力摒除家长制作风。一些家长担心子女工作受苦受累，认为自己有能力解决子女的就业问题，能够通过自己的关系网络找到既轻松闲适又待遇不错的岗位，便一手包办子女的就业问题。殊不知，家长很满意的就业岗位，子女也许并不是很满意。结果导致子女在不感兴趣的工作岗位上消磨其才，并对家长抱怨不已。其次，要鼓励子女独立自主。有的大学生在就业时怀有严重的依赖心理，没有独立意识，不能自我决断。这样的学生在择业与就业时往往十分茫然，偏听偏信家长或同学的意见。对此，家长应鼓励子女自我决定，并引导子女在就业区域、就业性质、就业岗位等多方面综合分析、合理取舍，而不应当替子女做出决定。

4. 学生应注重提升理性就业能力

纠正就业偏见，最终要回归到大学生自己的意念和行为中。大学生是自己意念和行为的真正主人，应充分发挥主观能动性，在学习和实践中消除偏见和错误观念，提升就业能力。在消除偏见观念上，应特别注意不要成为意识的附庸。对于别人的观点和想法，要善于辨别和分析。在提升就业能力上，首先要树立希望和乐观的信念，勇于奋斗，乐于奋斗，在磨炼中成长，在锻炼中成才。其次要注意发现机会、把握机会，多途径就业、灵活就业。再次，要注意培养真才实学，学以致用，学有所用。

参考文献

[1] 王建武.对大学生“城市就业”的反思[J].教育探索，2011(1)：150-151.

[2] 郑云恒.大学生就业心理问题分析及对策[J].教育与职业，2011(1)：95-96.

[3] 何润民.当代大学生就业心理问题及解析[J].教育教学论坛，2012(28)：256-258.

[4] 王婕妤，于天红.大学生就业心理问题分析及应对策略[J].高教研究，2012(7)：205-206.

[5] 王晓黎.大学生就业心理问题分析及对策研究[J].大学教育，2012(7)：77-78.

[6] 张宏.当代大学生就业观转变探究[J].学校党建与思想教育，2011(1)：66-67.

发展大学生就业能力的路径选择

周文华

摘要：就业能力是指大学生通过在校期间的学习和素质培养而获得的实现就业目标，做好并保持工作，在工作过程中满足社会和个人需要，实现自我价值的能力。当今大学生就业难问题的关键在于大学生就业能力缺乏，产生了“就业鸿沟”。国家应从政策层面制定措施发展大学生就业能力，高校应根据市场需求发展大学生就业能力，大学生应努力提升综合素质，提高就业竞争力。

关键词：大学生；就业；就业能力

一、大学生就业现状分析

随着1999年的高校扩招，我国高等教育从精英化阶段逐步转入大众化阶段，高校毕业生人数大量增加。2003年，扩招后第一届大学毕业生进入就业市场，当年应届毕业生人数达到212万，随后毕业生人数飞速增长，2004年为280万，2005年为338万，2006年为413万，2007年为495万，2008年为559万，2009年为611万，2010年为631万。[1]教育部部长袁贵仁在2011年11月21日召开的全国普通高校毕业生就业工作视频会议上指出，2012年的毕业生将达到680万，比2011年又增加20万。[2]随着高校的扩招，大学毕业生就业难问题也越来越引起人们的关注。对于当前大学生就业难问题，人们通常从高校扩招上找原因，好像是由于高校扩招而使“大学生过剩了”。然而，无论从数据统计还是从实际状况看，我国大学毕业生并没有过剩。从高等教育毛入学率来看，我国与世界发达国家甚至与一些亚洲国家相比，仍然较低。《国家教育事业发展“十一五”规划纲要》中指出，2010年，我国高等教育毛入学率为25%，而美国为82%，日本、英国、法国等发达国家均在50%以上，韩国、印度也在30%左右。[3]从国民接受高等教育的比例来看，我国人口接受高等教育的比例仍然很小。《2009～2010全球竞争力报告》中指出，中国在科技能力和高等教育等方面竞争力有待提高，其中关键是要提高接受高等教育的人口比例。根据我国第六次人口普查，每10万人中有大学文化程度的为8930人，只占到8.93%，[4]而美国已超过了50%。从就业市场对高层次人才的需求来看，专业技术人才仍是供不应求的。中国人事科学院《2005中国人才报告》中指出，到2011年我国专业技术人才供应总量为4000万，而需求总量为6000万。[5]

从以上数据显示来看，我国大学毕业生应该还有很大的就业空间，并没有过剩。但是，这几年的高校毕业生就业率并不高，2007年是70%，2008年是68%，2009年是68%，2010

［作者简介］ 周文华(1972—)，男，硕士研究生，副教授，铜陵学院文学与艺术传媒学院专职辅导员，研究方向：马克思主义哲学、大学生思想政治教育。

年是 72.2%。[1]这就是说每年有将近 30%，即 100 多万的毕业生找不到工作。按照教育部高校学生司主持的“中国高等学校毕业生就业形势的分析与预测”课题组的划分标准，就业率在 90%以上表示毕业生供不应求；就业率在 70%～90%之间表示供求基本平衡；就业率在 50%～70%之间表示就业有一定压力；就业率在 30%～50%之间表示就业有一定困难；就业率在 30%以下表示可能产生就业危机。[6]从 2007 年到 2010 年，高校毕业生平均就业率略低于 70%，表明，大学生的就业压力越来越大。对此，有学者明确指出：“就业难的根源不在于大学的不断扩招，而在于企业与毕业生之间产生了巨大的‘就业鸿沟’，毕业生找不到合适的工作，企业招不到合适的人才。而大学生就业能力不足，正是出现‘就业鸿沟’的最主要原因。”[7]所以，我国高校毕业生数量并没有绝对过剩，而只是相对过剩，即毕业生的就业能力相对于适应就业市场的需求来说过剩了。因而，发展大学生就业能力是解决就业难的关键所在。

二、大学生就业能力内涵及其构成

就业能力（employability）这一概念源于就业，它最早由贝维瑞治（Beveridge）在 1909 年提出，这一概念提出的目的是为保证社会经济发展而培养合格的劳动者。虽然因时代不同，就业能力研究的角度表现出多样化特征，但总的来说都强调的是与职业相关的综合能力。国际劳工组织（ILO）认为，就业能力是个体获得和保持工作，在从事工作的过程中进步以及应对工作生活中出现的变化的能力。[8] Harvey 认为就业能力是被雇佣者具有并在劳动力市场上展示的，雇主所需和被认为有吸引力的技能总和，这些技能应该是让雇佣者相信他们在将来的岗位中能有效工作的行为特征。[9]荷兰心理学家海吉德等认为就业能力是“通过运用胜任力不断地实现、获得或创造工作”。[10]国内学者关于大学生就业能力的界定也众说纷纭。吴小玲认为就业能力是指一个人所具有的找到工作以及做好工作的能力。[11]赵颂平认为大学生就业能力是指大学生在校期间通过知识学习和开发综合素质而获得的实现就业理想、满足社会需求、在社会生活中实现自身价值的核心素质群。[12]朱新秤认为大学生就业能力是大学生满足社会和用人单位对人才需求、成功就业的能力。[13]

在就业能力具体构成方面，美国的 SCANS（1991）报告认为，就业能力包括 36 项能力，并将它们分为两大类：基础方面和工作胜任力。其中基础方面包括基本技能、思考技能和个体特质三个部分；工作胜任力包括资源、人际交往、信息、系统和技术等五个部分。[14] Yorke 和 Knight 认为，就业能力包括：对专业知识的理解力；具有工作所需要的通用和专业技能；效能信仰；体现战略反应和思考的元认知。[15]瑞士联邦大学 M·L·戈德斯密德教授所领导的研究小组在对大规模的大学生获得职业成功的调查研究的基础上，认为大学生顺利就业应具备五个要素：就业动机及良好的个体素质；人际关系技巧；丰富的科学知识；有效的工作方法；敏锐广阔的视野。[16]国内学者大多认为大学生就业能力不单纯指某一项技能，而是一种综合能力。代洪甫认为就业能力主要包括基本工作能力、专业能力和求职能力三个基本层次。[17]彭时代认为大学生就业能力体系包括道德性、技能性、心理性、竞争性、实践性、发展性和应聘性七个方面的就业能力。[8]朱新秤认为就业能力包括职业认同、专业知识与技能、社会资本、个人适应能力四个方面。[13]

综合国内外的研究成果，笔者认为，所谓大学生就业能力是指大学生通过在校期间学习和素质培养而获得的实现就业目标，做好并保持工作，在工作过程中满足社会和个人需要，实现自我价值的能力。虽然国内外学者的研究,基于各国经济发展的状况不同,对就业能力构成的侧重点有所不同,但基本的观点还是一致的,即认为就业能力是多种能力的集合,是一个综合的体系。对于一个体系,要分析其详细的具体构成,是一件很困难的事情。但是任何体系都有其核心内容。本文结合大学生群体的特征,即接受高等教育、面临择业、即将走向社会的实际情况,认为大学生就业能力体系主要包括五个方面的核心内容:

1. 基础性能力

基础性能力是大学生成功就业应该具备的基本素质,是用人单位挑选大学生的首要标准。它主要包括适应环境、人际交往、团队协作、外语和计算机运用、普通话、承受挫折和情绪控制等方面的能力,还包括良好的思想道德、责任心等。

2. 专业性能力

专业性能力是指大学生通过在校期间的专业学习和专业实践所掌握的理论和技能,并以此满足职业岗位需要的基本能力。它主要包括专业知识、职业岗位所需的特殊技能以及专业素养等。

3. 实践性能力

实践性能力是指大学生在实践活动中所表现出来的能力。它主要包括理论知识应用、组织管理、任务理解和执行、项目策划等方面的能力。

4. 求职性能力

求职性能力,简单地说,就是大学生顺利地找到一份工作的能力。大学生要想在人才市场中突显出来,必须具有竞争型的求职能力。求职是自身实力、信心和综合素质的运用,良好的求职技巧可以帮助大学生顺利就业。求职能力包括就业信息收集与处理、择业定位、自我表达、自我推销、职业规划等方面的能力。

5. 发展性能力

发展性能力是指大学生适应职场变化,特别是经济社会发展的需要,在工作过程中持续发展,实现自我价值的一种能力。它主要包括自主学习、创新创业、决策判断、把握机遇等方面的能力。

三、大学生就业能力发展的路径

(一)政府方面,制定促进大学生就业能力发展的政策

1. 政府应制定建立国家就业能力框架的政策

目前,世界上很多发达国家,诸如美国、澳大利亚、加拿大和英国等,为了提高国民的就业能力,已经制定了完善的就业能力政策和就业能力国家框架。因此,我国应从政策层面,将包括大学生群体在内的就业能力纳入国策。

2. 政府应从政策层面要求将大学生就业能力纳入高等教育课程体系

国外一些发达国家的国家就业能力框架已经取得实际效果,如英国政府要求将就业能力纳入职业教育课程,明确了大学毕业生的就业技能内容;澳大利亚政府将国家就业能力框架用在中小学阶段、职业教育和培训、高等教育阶段和成人教育中。因此,我国高等教育机构在课程设计中应涵盖就业能力内容,并通过政策指引,强化就业能力理念,切实提高大学生的就业能力。

3. 政府应制定鼓励性政策，支持和鼓励用人单位和社会职业培训机构与高校合作培养大学生的就业能力

如向与高校实现大学生就业能力培养工作对接的用人单位和社会职业培训机构提供税收等政策支持，以此加快大学生就业能力培训的路径建设。[18]

（二）高校方面，根据市场需求发展大学生就业能力

1. 改革人才培养机制

当前我国就业市场上企业找不到合适的人才，而高校毕业生又找不到合适的工作，这是大学生就业难的主要原因，这说明高校人才培养目标定位与市场的需求不相适应。因此，高校要以就业为导向，改革人才培养机制。一是依据市场需求调整专业设置。当前很多高校在专业设置上存在趋同现象，这对于大学生就业很不利。高校要有自己的办学特色，在专业设置上要体现差异性，并不是专业设置的越多越全就越好，应依据市场的具体需求而定：就业前景好的专业可扩大招生，就业前景不好的专业，可减少招生甚至停止招生。二是增加生产实习课和加强实践教学。目前高校注重理论教学，忽视实践教学，尤其是本科教学由五年制变成四年制后，本科生取消了生产实习，大学生的实践能力普遍下降，这成为影响学生就业的重要因素。因此，高校要依据市场需求选择授课内容，可考虑在大四上半年以集中或分散的形式安排三到四个月的生产实习课，设置学分，学生要撰写生产实习报告；另外，平时教学过程中要重视专业实践教学，提高学生的专业技能。

2. 加强就业指导

目前多数高校的就业指导课都是安排在学生毕业的当年进行，而且以举办几次讲座的形式了事，效果可想而知，学生参与的积极性也不高。就业指导课的重心应该前移，从大一入学时起，就应该通过职业生涯规划、课堂授课、就业讲座、就业咨询、经验交流等形式，有计划、分层次地帮助大学生明确职业目标，培养职业意识，提高职业素质。课堂授课内容应精心安排，采用案例教学、讨论教学等开放式的教学方式，提高学生参与的积极性。

3. 加强与地方单位的联系，开展校企合作教育

开展校企合作教育好处在于：一是高校能随时掌握用人单位对大学生就业能力的要求。二是高校能为大学生提供更多的实习实训机会，增强大学生的实践技能和社会适应能力。三是高校能有效利用地方企业的人才培训资源，现在，很多单位都有自己的人才培训中心，大学生如果能够按照企业培训员工的要求参加培训，可有效提高其就业能力。

（三）大学生本人，依据个人实际情况发展就业能力

1. 做好职业规划

当前大学生就业难的一个重要原因是缺乏合理的职业规划，在择业时显得比较盲目。一项有关大学生何时开始职业规划的调查表明，56.67%的学生选择尚未规划，20%的学生选择在大四开始，只有23.33%的学生选择从大一开始。[19]可见，大部分学生职业规划意识缺乏。职业规划要及早着手，大学生要结合自己的兴趣、性格、特长、能力等因素，制定切合实际的个人发展规划，有针对性地提高自身的能力，以适应未来市场的需求。

2. 转变就业观念

北京师范大学“毕业生就业意向与就业行为研究”课题组的调查表明：85%以上大学生希望在城市或沿海地区工作；65%希望到国家机关、外企和高新技术企业工作。[20]有些大学

毕业生宁愿在城市打临工、从事自己不喜欢的工作,也不愿意回农村基层就业,这就往往出现"有业不就"的现象。其实党政机关和事业单位以及大城市、高新企业就业竞争非常激烈,而且提供的岗位也有限;相反,农村、基层、中小企业,甚至私营企业,可以为大学生提供大量的就业岗位,也有利于大学生施展才华。因此,大学生要依据就业市场的实际需求,实现多元化就业,树立先就业、后择业、再立业的就业观;树立到西部、农村基层、中小企业,甚至到私营企业就业的观念。

3. 努力提高自身的综合素质

大学生就业在很大程度上体现为综合素质的竞争。调查显示,在用人单位看重毕业生的那些条件中,综合素质为92.5%,实践经验为60%,专业对口为58.23%。[21]可见用人单位招聘时更看重的是综合素质。因此,大学生要积极主动参加社会实践活动,增强在人际交往、语言表达、组织管理、科技创新、团结协作等方面的综合能力,以适应人才市场的需求。

大学生就业问题关系到经济社会的发展、高等教育的深入改革以及大学生及其家庭的切身利益,应当引起全社会的高度重视。当前,大学生就业难的根本原因是大学生的就业能力缺乏,不能满足社会对人才的需求,形成了"就业鸿沟"。解决人才市场这种供需矛盾的根本途径在于提高大学生的就业能力。大学生就业能力的发展是一项长期的系统工程,它需要国家、高校乃至大学生本人的共同努力,尤其是广大教育工作者,要认真研究影响大学生就业能力的各种因素,探寻发展大学生就业能力的有效措施。

参考文献

[1] 刘静,林荣日.对大学生就业难现象的理性审视[J].新课程研究,2011(4):112-114.

[2] 2012年高校毕业生将再增20万,达680万人[EB/OL].(2071-11-22).http://www.sznews.com/rollnews/2011-11/22/content_3357645129.htm.

[3] 谢志远.关于培养大学生就业能力的思考[J].教育发展研究,2005(1):90-92.

[4] 2010年第六次全国人口普查主要数据公报[N/OL].http://money.163.com/11/0428/10/72-NJ1E9I00253B0H.html.

[5] 2005中国人才报告[EB/OL].http://wenku.baidu.com/view/4ad723a8d1f34693daef3e3e.html.

[6] 刘娇艳.探析大学生就业难的原因与对策[J].商场现代化,2010(9):125.

[7] 范泽瑛,谢超.关于2006就业力问题及其培养模式的探索[J].中山大学学报论丛,2006(8):195-199.

[8] 彭时代.提升地方本科院校贫困大学生就业能力研究[J].云梦学刊,2010(4):120-125.

[9] Lee H. Defining and Measuring Employability[J]. Quality in Higher Education,2001,2(7):97-109.

[10] Heijde C M, Heijde B I. A competence-based and multidimensional operation and measurement of employment[J]. Human resource management, 2006(3):449-476.

[11] 吴小玲,柯锦泉.提升贫困生就业竞争力的对策思考[J].经济师,2009(11):97-98.

[12] 赵颂平.论大学生就业能力的发展[J].教育与职业,2004(21):65-66.

[13] 朱新秤.论大学生就业能力培养[J].高教探索,2009(4):124-127.

[14] Secretary's Commission on Achieving Necessary Skills . What requires of schools: A SCANS report for America 2000[R]. Washington,1991.

[15] Kinght P, Yorke M. Learning, curriculum and employability in higher education[M]. Routledge-Falmer,2004.

[16] 戈德斯密德.展望新世纪高等教育:理论学习与职业生涯的中介[J].中国高等教育,1999(6):97-99.

[17] 代洪甫.大学生就业能力的构成和提高对策[J].人力资源开发,2009(1):30.

[18] 刘丽玲,吴娇.大学毕业生就业能力研究:基于对管理类和经济类大学毕业生的调查[J].教育研究,2010(3):82-91.

[19] 陈惠娟.试论提高大学生就业能力[J].改革与开放,2010(9):120-121.

[20] 促进大学生就业:问题与对策[EB/OL].http://www.china.com.cn/info/zhuanti/08jylps/2008-05/06/content_15084849.htm.

[21] 李永苍.提升应用型本科院校大学生就业能力的调查与研究[J].中国高教研究,2010(8):67-69.

高校毕业生就业认知与态度分析

——以阜阳师范学院新闻学为例

王创业，徐春婷

摘要：随着我国高等教育尤其是新闻传播教育的发展，各类高校纷纷开始设立新闻传播学专业。数据显示，到目前安徽省内共有19家高等院校开设了新闻学专业。阜阳师范学院在2008年开设新闻学专业以来，已有两届毕业生走出学校。2014届毕业生即将毕业，面对严峻的竞争形势，新闻学专业学生在就业上思考得过于单纯，对于绝大多数学生来讲，进入新闻事业性单位是其主要选择。对于未来的职业，学生没有一个很好的规划，就业知识面狭窄。

关键词：就业认知；就业态度；就业意识

在我国高校毕业生就业问题不仅关系到每一位高校毕业生和其家庭，还关系到社会的稳定团结。随着高校的改革与扩招，高校毕业生的就业问题越来越严峻。国家从上到下都在为高校毕业生创造就业机会与就业条件，但是，当我们就大学生的就业认识、态度调查时却发现大学生热衷于选择公务员或事业单位，而一些私人企业、民营企业则少有人问津。所以说，有时候不是大学生找不到工作，而是就业意识和就业取向上有所偏颇。

本文以阜阳师范学院2010级新闻学专业学生为调查对象，试析其就业意识及就业取向。本文以问卷调查和访谈为主要形式，辅之以文献资料调查的方法。问卷调查法是根据研究目的和任务，事先编辑好调查问卷，再将问卷调查通过邮件发送给调查对象，请其填写完成后回传整理。根据论文的需要，问卷调查问题涉及就业选择和对于自身的认识方面。问卷调查多为闭合类问题，在访谈中则以开放式问题为主。2010级专业共有44人，访谈问卷以邮件形式发送给调研对象，有效回收率为71.5%。

本文期冀通过调查分析高校毕业生在就业的态度和认知上存在哪些问题或误区，并通过相关的办法予以解决。

一、就业生态环境分析

（一）高校扩招使得就业市场供大于求

随着市场的不断的开放，国家对教育业越来越重视。各地高校都在不断扩招，这样虽然缓解了学生的升学压力，但是却加大了他们的就业压力。正如人们常讲的“大学生不值钱了”。形成这种现象的原因，一个是越来越多的人读大学，第二个是越来越多的大学生找不

［作者简介］　王创业(1982—)，阜阳师范学院文学院教师，研究方向：舆情与城市形象、新媒体。

到工作,或者是找不到好工作。2014 年 3 月 9 日安徽蚌埠日报社招聘考试有 400 多人去参加应聘,而该单位只招 8 个人,其竞争激烈程度堪比公考。而像这样的公开招聘考试在安徽省却没有几家。

(二)学生技能与社会要求有差距,新闻媒体对毕业生要求不断提高

我国目前正处于社会的转型期,各个行业内部都在为了更加适应市场的需求,不断进行改革,新闻单位也是如此。正如《人物》杂志编辑林天宏在一篇文章中谈到《人物》杂志留下来的实习生中,每一个实习生都是名牌大学的本科生或是硕士生。在每个实习生身上都显示出扎实的专业功底、"不怕累,不怕死"的精神以及好学认真的态度①。阜阳日报社社长在做演讲时曾说过新闻单位更喜欢具有经济、法律等专业知识背景的新闻毕业生。

(三)传统新闻就业空间被压缩,新媒体就业市场尚待开发

在目前,传统新闻事业面临着内部外部的巨大挑战。从 2012 年上半年开始,国内的报业发行和广告市场呈现下降的趋势。2013 年的《传媒蓝皮书:中国传媒发展报告》显示,2012 年报纸广告刊例价下降 7.5%。② 一些靠市场发行的报纸,如晚报、都市报等都遭遇了整体下滑的形势。在电视媒体方面,虽然现在各家电视台综艺节目办得如火如荼,但是综艺节目"来也匆匆,去也匆匆",加之我国的电视台基本上采用制片人制度,很多节目是直接与收视率挂钩的,节目采用末位淘汰制,节目在,节目组就在,反之节目组就会解散,随之而来的人才需求也必然下降。据数据显示,截至 2014 年 3 月 2 日,在国内,北京、上海、广州提供的新闻职位最多,分别为 6262 个、4318 个、3578 个。

二、新闻学专业的就业意识分析

(一)就业意识不明确

就业意识是人们在谋求职业过程中所形成的思想观念在职业选择上的表现。③ 对于大学生而言,就业意识就是指大学生对于就业的一种心理活动,大学生在大学的学习阶段,支配自己的行动带有一定愿望和就业目的,它是大学生在生活、学习、工作过程中对事物的适应能力,判断力,工作应变能力,合理地运用文化科学知识、技术技能来实现就业目的等能力的概括。由此可见,新闻学专业大学生就业意识的强弱,对于自身能否顺利实现自己的价值有着至关重要的关系。在校期间对于国家就业政策的了解程度以及对于自身能力的满意程度都能折射出一个大学生的就业意识。

在校期间,因为新闻学专业学生在大三课时量很少,很多有着考研打算的学生在大三的时候就开始去自主实习,或者由专业老师介绍去实习。访谈结果显示有 80% 的学生在事业性新闻单位实习,一般从事文字记者、摄影记者或者是视频编辑。另外,有个别自主实习的学生选择在新型媒体,比如门户网站、杂志社等单位实习。另有一些在大三没有完成实习的

---

① 林天宏. 为什么留下的是他们:《人物》杂志四位实习生的故事[J]. 新闻与写作,2014(1):5-8.

② 崔保国. 传媒蓝皮书:2013 年中国传媒发展报告[R]. 北京:社科文献出版社,2013.

③ 刘伟春. 对 21 世纪体育学院系大学生培养就业意识的思考[J]. 广州体育学院学报,2003,23(3):107-109.

学生,在大四期间根据学校的安排实习。其中通过自主实习的方式,在事业性单位实习的学生,在调查问卷中偏向继续选择这类单位。

在调查中,对于“就业信息内容的关注”,很多学生都是关注本专业的就业信息。这样的选择结果与学生对于“今后就业单位性质”选择的结果是相一致的。在“就业单位性质”上有62.5%的学生选择事业性单位。这和新闻专业的性质是有联系的,但是也能体现出来,学校在课程设置上过于偏向传统媒体方面,这样导致学生在就业选择面上也很狭窄。新闻学专业虽然也开设了网页编辑或者是报刊编辑的课程,但是课时较少,而且软件没有办法给学生共享,造成很多东西都停留在书本教学上。同时,开设的广告学、公共关系学等课程理论性过强。在今后的工作实际运用中很少有作用。另外,在新型媒体与传统媒体之间,大部分学生关注的都是传统媒体的信息。众所周知,传统媒体的竞争压力很大,有着严格的用人制度,更有的就是其人员需求量很少。因此,在今后的课程设置上,学校还是要根据一些实际的情况来设置课程。还有就是,访谈的结果表明,很多学生对于社会的就业现状没有一个正确的认识。在学生心中“铁饭碗”还是有着很强大的影响力的。这样就会出现如上文说的蚌埠日报应聘考试之类的激烈竞争画面。

(二)就业信息获取能力差

在问卷调查中,对于就业信息的了解情况一项,选择“了解”的为0,选择“一般”的占75%,选择“不了解”的占30%,选择“无所谓”的为0,如图1所示。这说明学生对于就业信息的关注度有待提高。出现这种状况的原因,有可能一方面是学生自身在就业方面的关注度不够,另外一方面可能是学校的就业指导机构在讲解就业政策,帮助提高关注度方面做得不够。凭借学生自身去了解有关的制度,不管是在时间上还是理解能力上都会不足。学校在这一方面就要发挥其重要作用。

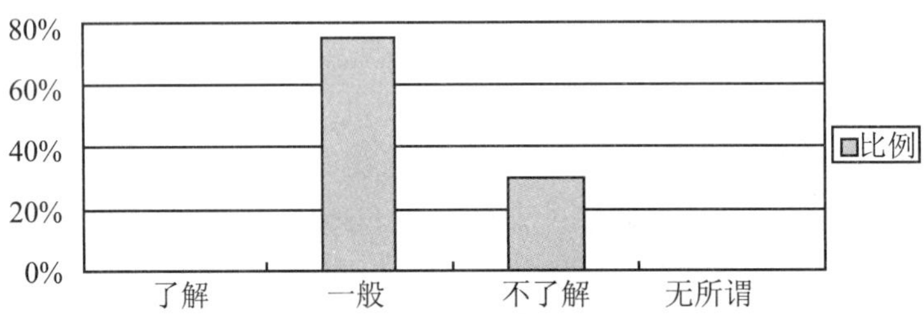

图1 就业信息了解情况分析

对于关注就业信息的时间以及对于今后的职业产生想法的时间调查表明,50%的学生在大三的时候才开始关注就业信息,37%的学生在大四时才开始关注。相对于“关注就业信息”的时间,“产生就业想法”的时间在整体上有所提前,仅有25%的学生在大四时才开始有就业想法,如图2所示。但是在访谈的过程中,很多学生对于“就业信息的关注”以及“就业的想法”只是一个模糊的轮廓,不带有任何的积极性。因此可以看出,新闻学专业的学生没有树立全过程的就业观念,很少系统地规划职业生涯,对自己没有一个准确的职业定位。在学校方面,学校开设的职业规划和相关指导课程往往不能够引起学生的重视,并且也只在高年级开设此类课程。在学校开设的校园招聘会现场,还会有限制,只允许毕业生参加。造成很多低年级学生形成就业和我无关、和现在无关的认知。

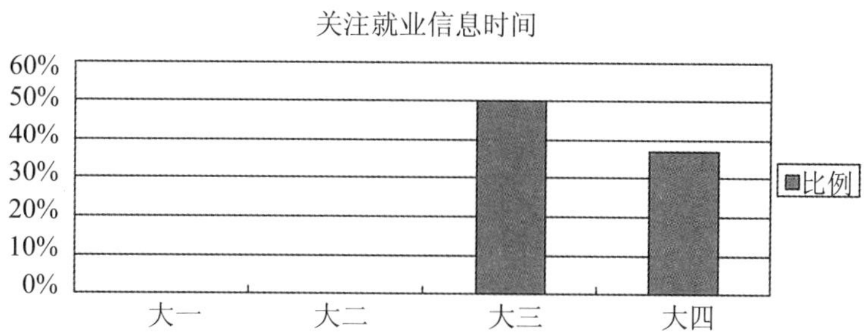

图 2　关注就业信息时间分析

（三）就业信息获取渠道有限

在“获取就业信息的方式”的多项选择中，87.5%的学生选择了通过网络形式获取就业信息，其中 85.7%的学生只选择了这一种方式。在调查者中仅有一位同学选择了学校就业信息网站。由此看出，新闻学专业的学生就业信息获取渠道十分狭窄，主要都是通过网络渠道。但是网络在提供便捷的同时，也造成了信息的泛滥和不真实。学生每次都要对网上的信息进行筛选，但是对于基本上不具备社会经验的大学生，面对五花八门的就业信息时根本无从下手。这一现象同时还反映出来，学生对于学校的就业指导信息缺乏了解。一方面是学生自身能力的不足，但是另一方面也映射到学校的就业信息的传播不力。一般学校的招聘会在大四第一学期的后阶段才会陆续展开，大型的招聘会在大四第二学期开学时才会召开。对于大四已经没有课程的学生来说，除了准备考研的学生还会在学校里，其余大部分的学生已经开始去找工作了，这个时候学校就没有考虑到新闻学专业学生的实际情况了。所以学校还是要特殊情况特殊分析。

由图 3 可知，学生选择学校就业信息网的占 5%，同时选择学校就业信息网及招聘网的占 5%，选择招聘网的占 88%，选择社会关系方式的占 15%，选择其他方式获取的占 5%。

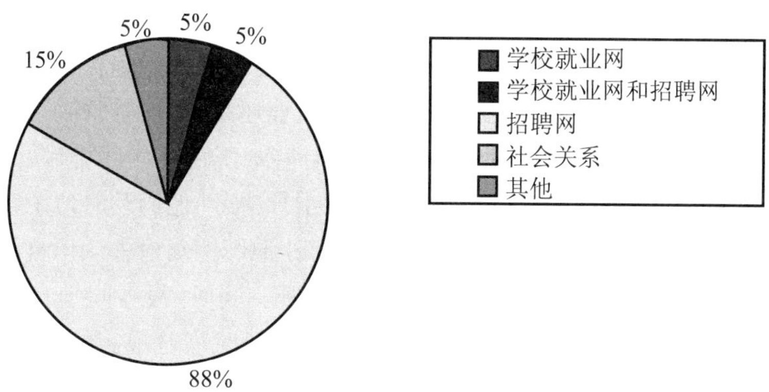

图 3　就业信息获取渠道分析

（四）就业能力的自我评价低

调查中新闻学专业学生对于“自身基本能力的满意程度”的回答，47%的学生认为自己专业能力一般,16%的学生对自己的专业能力感到满意,11%的学生对自己的专业能力感到非常满意。在非专业能力上,对学习能力感到非常满意和满意者共为68%,对于与人沟通能力非常满意与满意者共有25%,认为自己与人沟通能力一般的占到58%,如图4所示。作为新闻工作者,最重要的就是与人能够良好的沟通,然而数据显示大多数学生不是很擅长与人沟通,在考虑到自身的不足情况下,这样在今后职业选择上就会有所顾虑。独立处理事件等能力方面满意度相对较高。在问卷调查期间,很多学生已经结束了实习或者是已经找到了工作,对于自己专业能力感觉不是很满意的同学多是因为在实习或者工作中发现了不足。新闻单位在用人时不仅看重应聘人员的专业素养,同时也看重非专业素养。但是专业素养是新闻单位在面试时期的筛选条件之一。至于非专业素养更多的是在日常的工作中展现出来的。在专业能力上的不足会使得学生在面试的时候竞争力不足,从而与理想工作失之交臂。

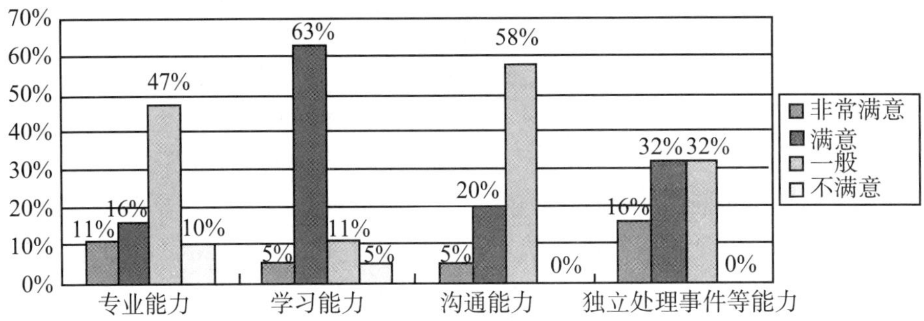

图4　就业能力的自我认识分析

(五)就业目的和目标不明确

对于个人就业目的的调查结果,选择“没想那么多”选项的同学占到了50%,31%的学生选择为了“实现个人价值”,另外选择“养家糊口”的同学有12.5%,选择“奉献社会”的为0,如图5所示。这说明在大四都要结束的时候,有很多人还没有认识到自己为什么要就业,同时也没有一个“付出”的概念。在他们的脑海里对于就业还是一片空白的。很多同学在心理上都没有做好充分的准备就开始盲目地去找工作,有些甚至还有一些排斥心理。所以学校在这时就需要对即将迈出校门的毕业生做好一定的引导,帮助他们及时地了解社会所需,尽早地找到自己的职业目标,做好自己的职业规划。要让他们正确地去认识自己,对自己有一个正确的评估,明白自己想要的是什么,然后全力以赴。同时,很多同学在面临毕业时,工作、学习甚至是感情方面的多重压力也是导致他们选择暂时逃避现实的原因。学校应该关注对毕业生的心理辅导建设,缓解毕业生的压力,帮助其顺利毕业。在调查结果中,没有人选择“奉献社会”。一是表现了很多学生没有把自己的就业作为社会奉献的一部分看待,另外从侧面体现了很多学生的责任心不是很高。但是在社会中,责任心是很重要的一部分。要学会奉献,学会为别人思考,才会赢得一些尊重。

通过对“就业信息内容的关注”的调查,选择结果与学生对于“今后就业单位性质选择”的结果是相一致的。在“就业单位性质”上,有62.5%的学生选择事业性单位。这和新闻学专业的性质是有联系的，但是也能体现出来，学校在课程设置上过于偏向传统媒体方面，这样导致学生在就业选择面上也很狭窄。新闻学专业虽然也开设了网页编辑或者是报刊编辑的课程，但是课时较少，而且软件没有办法给学生共享，造成很多东西都停留在书本教学上。同时，开设的广告学、公共关系学等课程理论性过强，在今后的工作实际运用中很少有作用。另外，在新型媒体与传统媒体之间，大部分学生关注的都是传统媒体的信息。众所周知，传统媒体的竞争压力很大，有着严格的用人制度，还有就是其人员需求量很少。因此，在今后的课程设置上，学校还是要根据一些实际的情况来设置课程。还有就是，访谈的结果表明，很多学生对于社会的就业现状没有一个正确的认识。在学生的心中“铁饭碗”还是有着很强大的影响力的。这样就会出现如上文说的蚌埠日报应聘考试之类的激烈竞争画面。

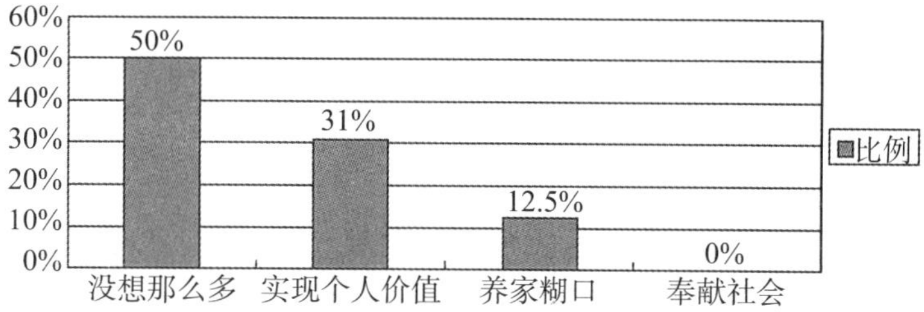

图 5 就业目的分析

三、具体的对策

（一）从学生角度出发

1. 提高学生对就业的认识

新闻专业作为非师范类专业，在今后的毕业选择和文学院其他的专业的学生是不一样的。因此就需要学生在整个学习期间就要对今后的就业做出一个规划，对自己大学生活的每一个阶段都要有一个明确的认识，而不能像其他专业的学生一样来规划自己的就业方向。目前，学校的新闻学专业一直都还处于一个摸索阶段，这就需要学生自身去做好一定的准备，并设置目标。

2. 提高自身的竞争能力

在竞争日趋激烈的情况下，新闻学专业学生要想获得在事业性新闻单位的工作机会，就要不断地提高自身的专业能力和非专业能力。在校学习期间要努力学好专业知识，同时要不断地扩充自己、完善自己、提高自己。不仅要熟练地掌握理论知识，同时还要有很强的运用能力。对于新闻学专业学生来说，要多参与实践活动，不管是在学校的社团还是一些通讯社、校报等部门或是通过自荐的形式到新闻单位去实习，这样都会对今后的应聘有帮助。在课程安排上，新闻学专业学生课时相对较少，那么就要充分利用时间去积累知识。要积极主动地参加学校组织的活动，扩大自己的人际圈，提高自身的沟通能力；提高自己的英语和计算机水平，尽早地通过必要的等级考试，要不断地提高自己。新闻人作为一个杂家，要求新闻专业的学生有着广阔的视野，要比别的专业的学生接触更多的事物，了解更多的行业信息。

(二) 从高校角度出发

1. 学校要提高引导意识,加强就业信息引导工作力度

学校要更加适应社会的需求,培养能够适应社会发展的人才,要站在学生的前面替学生来分析社会的选择。高中毕业进入大学,很多学生选择专业的依据往往出于兴趣或者是父母的选择。大学里,不管是学习内容还是形式都与以往完全不一样,学校要主动地做好引导工作,帮助学生去了解自己的专业,了解专业的就业形势,扩展学生的视野。

2. 动态调整人才培养方案

从学校的课程安排上,新闻专业课程偏向于传统媒体,这样导致学生在就业选择时自然存在弊端。因此,学校在课程安排上就需要有一定的调整,细化整个学科。在很多学校,新闻学作为单独学院开设课程,其中会细分为新闻学、传播学、广告学、编辑学等学科。而阜阳师范学院的课程安排没有一定的清晰度。因此就要明确自己想要打造的新闻专业的竞争力,打造出某个方面的精英,而不是为了全面丢了个性。

3. 增加师资力量,丰富新闻专业教师结构

根据上述观点,若想精化新闻学专业,使得术业有专攻,就需要很强大的师资力量。目前,学校只有5位新闻学专业课程老师,整个教师团队均偏向于传统媒体方向。学校需要多方向考虑应聘其他专业的老师,帮助新闻学学生拓展能力。

对于一些非传统媒体课程,如公共关系学、广告学、网页制作课程、视频制作课程等其他课程,学校在课时安排上过少,学生一个学期几乎学习不到很深入的知识。一些需要程序软件的课程学生只能在上课的时候使用练习,课时结束后,很多感兴趣的同学都没有机会去使用。这样对于新闻学专业学生来说很不利。有很多软件,在今后求职中都需要使用,但是学生却遇到不会的尴尬,到了公司之后需要从头开始学起。因此,学校可以考虑对一些需要不断练习操作的课程延长课时,或者是将软件与学生共享,使学生在课后能够经常使用这些软件。

参考文献

[1] 沈正赋,王雯雯,刘洋.安徽省高校新闻学教育现状的调查与思考[J].淮北师范大学学报(哲学社会科学版),2013,34(5):178-180.

[2] 赵楠.新的形势下高校毕业生就业意识的调查与分析[J].长春师范学院学报(自然科学版),2009,28(3):134-136.

[3] 刘伟春.对21世纪体育学院系大学生培养就业意识的思考[J].广州体育学院学报,2003,23(3):107-109.

[4] 刘春雷,陈龙.当代大学生就业取向及心理影响因素诌议[J].白城师范学院学报,2013(27):26.

[5] 洪佳士,陈亮,马妍妍,等.全媒体环境下新闻学专业就业动向与教改政策[J].浙江树人大学学报(人文社会科学版),2011(4):76-78.

[6] 何梓华.新闻学学科建设之我见[M].北京:经济日报出版社,2008.

[7] 赵海燕.大学生就业取向影响因素分析[D].长春:东北师范大学,2010.

[8] 叶伟俊.就业练习中的"肌肉与力量"[J].科技创新导刊,2011(12):248.

[9] 李春花.新闻学硕士研究生社会实践能力培养研究:以武汉高校为例[D].武汉:华中科技大学,2009.

[10] 陈兰芳.普通高校体育教育学与运动训练互动发展探讨[J].浙江体育学科学,2005,27(2):52-55.

基于应用型人才培养的旅游管理专业学生就业质量提升策略

——以应用型本科高校A为例

杨　帆

摘要：应用型本科高校旅游管理专业学生就业质量的提升对于社会、学校、家庭和学生具有重要意义，也影响了旅游产业和应用型旅游管理教育的可持续发展。在社会调查和实证数据比较的基础上，剖析了市场对应用型旅游人才的数量和质量需求，探讨了旅游人才市场供需中的结构性矛盾现象，对应用型本科高校旅游管理专业毕业生就业现状进行了调查，以应用型本科高校A为例，探析了就业中存在的问题，并从专业能力提升、专业意识教育两个维度提出解决措施，以期为进一步提升就业质量提供科学的思路。

关键词：就业质量；旅游管理专业；应用型人才；应用型本科高校；策略

应用型本科教育从发端到概念提出，就世界发达国家来说，经历了从20世纪50年代大力发展高职高专教育到六七十年代以工程教育为代表的应用型本科教育迅速崛起的过程。在中国，20世纪80年代中期，随着计划经济向市场经济的转轨，迫切需要知识与技能兼备的高层次应用型人才，从而促进了本科教育的跨越式推进。许多本科高校纷纷确立了应用型人才的培养目标来适应经济社会对人才多样化的要求，其所培养的本科人才相对于学术，更加突出应用型；相对于学科，更加突出专业性；相对于深造，更加突出就业力；相对于精英教育，更加突出教育大众化。[1]其中，诸多本科高校旅游管理专业以其实践性强的特点更加关注应用型人才的培养。黄成林认为，应成立与旅游市场需求耦合度高的旅游管理专业与方向，着重培养知识、能力复合的应用型本科专业人才。[2]庄华洁提出，根据适应社会发展趋势和地方区域经济的要求，构建旅游管理本科地方性、应用型人才培养模式。[3]何红从有效的旅游人才市场需求分析入手，提出强化“应用”特色，培养中高级复合型、普适性职业化、适用于地方的人才培养目标。[4]李因等认为，按照旅游行业市场需求，旅游管理专业本科培养的人才应是“上可以发展到管理、下可以指导技能”的“管理加技术”的应用型人才。[5]可见，在应用型教育的改革探索中，如何适应旅游业蓬勃发展的市场需求，服务社会与地方经济的发展，合理定位人才培养目标，提高就业质量就成为摆在应用型本科高校旅游管理专业面前的现实问题。

［作者简介］　杨帆（1985—），女，巢湖学院历史旅游文化系教师，研究方向：高等教育、史学。

一、应用型旅游管理专业人才就业市场调查

(一) 人才数量需求大

从全国就业市场需求形势看,中国旅游及行业增长速度居于全球第4,未来10年中国旅游及行业年增长率将达到10.9%。国家旅游局局长邵琪伟在2013年全国旅游工作会议讲话中指出,虽然受到全球金融危机的影响,但是全国旅游业保持了持续健康发展的态势,2012年旅游业总收入增幅为14%,预计2013年旅游业总收入约为2.85万亿元,增长11%。预计到2015年全国旅游行业吸纳就业人数近一个亿,其中直接就业人数为1700万,间接就业人数为8300万。旅游业逐渐成为朝阳产业,为毕业生就业提供了广阔空间。

在大旅游产业理论建构下,与旅游相关的吃、住、行、游、购、娱六大领域等对应用型人才的缺乏达到了惊人的地步。政府及旅游管理部门、酒店基层服务、新型住宿接待业、国际会议服务公司、旅游网站、旅行社、旅游文化娱乐业、涉外旅游劳务输出等为人才提供了极其广阔的舞台。旅游业在新世纪的火爆发展使得旅游专业人才炙手可热,就业方式、就业岗位多样。

(二) 人才质量要求高

随着旅游体验时代的到来,加上旅游者个人兴趣爱好、性格修养、知识程度、身体健康等存在的个体差异,使得旅游需求更加多元化,客观上增加了旅游服务的难度,因此,对旅游专业毕业生也提出了越来越高的要求:一是要求专业知识扎实,动手能力快,与市场及时接轨的复合型人才;二是要求有战略眼光,有长远职业规划的前瞻型人才;三是要求思维活跃的创新型人才;四是要求能吃苦耐劳的抗压型人才;五是要求对工作忠诚、对专业认同的专业对口型人才。邵琪伟也认为,我国目前的服务质量与人民群众的新期待有较大差距,人才队伍建设还远远不能适应战略目标的要求。

(三) 人才供需结构矛盾

作为典型的劳动密集型服务产业,其就业岗位应用型和服务性强,决定了对服务意识和服务技能过硬的一线人才的强烈需求。从高校供给层面看,高、中、低旅游人才教育应当形成一个金字塔形结构,但是在实际发展过程中却形成了纺锤形结构,处于中间层次的应用型本科高校毕业生数量居多,基本上能够满足市场数量需求[6]。但是有的应用型本科高校在制定旅游人才发展规划时整体性和前瞻性不足,有的在原有本科专业基础上进行了新专业转型,其人才培养对原有学科体系依赖性强,有的专业设置时间不长,有的存在资金投入不到位等原因,市场供需层面的结构性矛盾明显,造成了毕业生虽多,但并不能很好适应旅游市场发展的需求,毕业生有业不就现象突出,行业就业率低。

二、应用型本科高校旅游管理专业就业现状分析

高校毕业生就业质量是人才培养质量的重要反映,也是评估大学生就业状况的一个综合性指标。从微观角度审视,包括就业机会的可获得性,即就业率;从宏观角度探析,还包括

劳动关系的确立、职业发展前景、用人单位评估、工作的稳定性等相关的满意度指标。由于旅游管理专业就业门槛相对较低，工作可进入性强，就业率高，然而，就业质量往往体现职业发展情况的本质。[7]现结合应用型本科高校A旅游管理专业就业相关数据，对其就业现状作如下分析：

（一）就业质量不高

一方面，与实践性和应用性弱的传统专业相比，它的就业率遥遥领先。但是，临时就业没有签订正式就业协议的现象较多(见表1)。诚然，低签约率并不能完全代表学生就业的实际情况，国家对大学生也鼓励先就业后择业，但在普遍能够找到工作的情况下，学生不愿意签署正式就业协议，说明他们对自身以及职业未来发展等问题较为模糊。在对用人单位的调查中发现，临时雇佣而无劳动保障、保险的情况较多，他们在与学生签署正式就业协议时，也会根据学生特点综合考虑，使得毕业生在劳动关系确立上并非易事。

表1　应用型本科高校A近四届旅游管理专业毕业生就业数据统计

届别	毕业生人数(名)	初次就业率	年底就业率	正式签约率	备注(名)
2010	109	93%	97%	1.8%	另有升学2
2011	169	94%	97.6%	1.7%	另有升学5
2012	179	90.2%	98.2%	5.6%	另有升学6
2013	142	93.2%	98%	2.8%	另有升学2

（二）专业对口性不强

根据国家教育部制定的本科专业人才培养目标，旅游管理专业培养的是德、智、体全面发展的，具有旅游管理的专业知识，能在各级旅游行政管理部门、旅游企事业单位从事旅游管理工作的高级专门人才。但从就业实际看，旅游管理专业本科生进入旅游行业成为高级专门人才还需在今后的工作岗位上接受进一步锻炼，能真正从事旅游企事业单位中管理岗位的人数更是凤毛麟角。学生初次就业后基本上处于灵活就业状态，2010届、2011届、2012届、2013届毕业生灵活就业率都在88%以上，其中，近四届毕业生在旅游管理行业企业对口就业率分别为54%、52%、53.2%、52.9%。毕业生就业方向与所学专业对口率低，学非所用矛盾突出，造成了人力资本、社会资源的浪费式投入，极大程度上影响了毕业生岗位升迁和职业认同感。

（三）就业满意度不高

《英国核心能力指南》中指出："核心能力能使人找到工作，资格证只能使人获得面试的机会。"[8]核心能力在促进就业方面起着决定性的作用，它主要包括学习能力、交往与合作能力、组织管理能力、创新能力、计划和执行能力、承受能力等方面。而通过就业单位对A高校旅游管理专业毕业生的满意度调查发现，实践能力、自学能力、组织管理能力、分析解决问题能力、抗压力、沟通力、表达能力、创新能力等正是就业单位希望高校在人才培养上改进之处。

(四) 就业观念不合理

应用型本科高校旅游管理专业毕业生对自身就业方向、职业定位等认识不清。一是缺乏长远的职业生涯规划,旅游行业工作需要从基层做起,但学生很难从长远角度去考虑自我发展,在工作过程中发现升迁无望时,容易流失;二是没有长期从事服务业的心理动力,抱有一种不愿意服务于人的心理,觉得低人一等;三是认为旅游管理专业就业的多数人是吃青春饭的,待到年龄已高还是要跳槽,不如早作准备;四是自我就业意识相对薄弱,通过对A高校该专业毕业生的调查发现:有28%的学生觉得如果家庭及社会关系能够解决其就业,就依赖父母,有23%的学生选择依赖学校、老师、朋友等自己已有的资源,有12%的学生对就业路径的认识比较模糊,觉得要靠运气,只有37%完全选择依靠自己的能力主动找工作。

总而言之,以A高校为代表的应用型本科高校旅游管理专业在人才培养目标的要求下,已经较为有效地将毕业生推向市场,就业率呈现稳定、较高态势。但是依然存在就业质量不高、专业对口性不强、就业满意度不高、就业观念不合理等,这些都极大影响了就业质量的提升,也使得目前的就业状况尚未能满足高度发展的旅游业市场对毕业生的质量需求。

三、应用型本科高校旅游管理专业就业质量提升策略

根据目前市场需求和应用型本科高校旅游管理专业的就业现状,高校需进一步搭建就业平台,推进以能力提升为宗旨的专业教学改革,积极探索旅游管理专业就业质量提升策略。

(一) 确立地方性应用型人才培养目标

进一步合理利用现有资源,把握地方经济发展和旅游业市场对人才的需求,依托专业现有的学科资源优势,并整合学院已有优势学科资源,确立地方性应用型人才培养目标。由表2知,就业主要集中于服务地方和长三角区域。基于此,利用地方旅游市场,打造立足地方、辐射临近联系密切的长三角经济圈,直接为区域经济社会发展服务,既有扎实专业理论知识,又有较强实际操作能力与良好职业道德修养的应用型人才切实可行。培养目标的准确定位有利于学生树立明确的职业价值观,提高就业对口率。

表2 应用型本科高校A近四届旅游管理专业毕业生就业区域统计

届别	毕业生人数(名)	省内就业	江浙沪就业	其他地区就业
2010	109	32.1%	57.7%	7.2%
2011	169	44.9%	34%	18.7%
2012	179	35.2%	56.4%	6.6%
2013	142	51.4%	39.4%	7.2%

(二) 构建模块式课程体系

针对毕业生就业竞争力薄弱的问题,对教学内容和课程体系进行调整和完善,实行课程的整体优化,以人才培养为根本宗旨,以培养学生基本素养、专业基础能力、核心竞争力、专

业拓展创新能力为抓手，构建课程模块(见图1)。

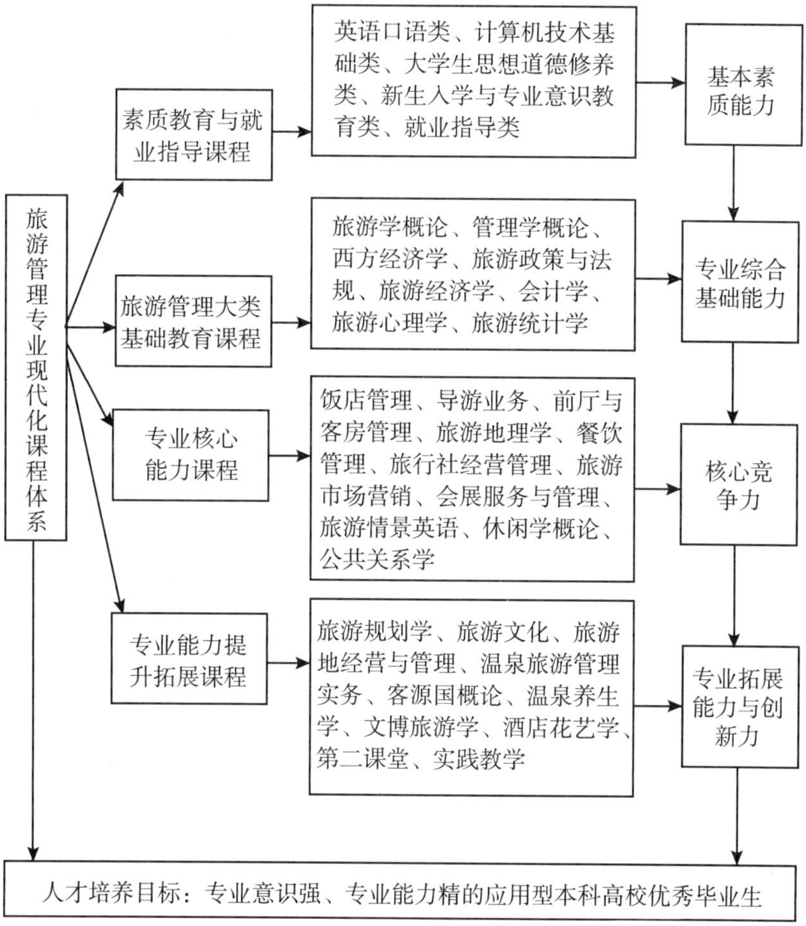

图1 应用型本科高校旅游管理专业“四模块”现代课程体系

在课程体系中，一要注意专业方向的细化。可以根据目前的师资力量和办学条件来设置适应时代要求的专业方向，在大方向下细分小方向，并以专业任选课、限选课和大学生素质拓展课程为载体展现，还应进一步根据大旅游产业下的市场需求及时更新和调整。二是优化各类课程之间的学时比例关系，适度调整学时比例，也可以根据学生的不同专业倾向、年级实行灵活学分制，以利于应用型人才培养目标的实现。

(三) 创新人才培养目标

一是依据人才培养目标定位和毕业生实践能力薄弱的特点，加强实践能力的培养，为学生在基层岗位脱颖而出打下基础。加强校内专业实训教育，可将课堂搬出教室到实训实验室或者到旅游单位参观学习，也可为学生提供较近的旅游公司等校外见习机会。通过校企合作建立一批相对稳定、涵盖面广的校外实习基地，充分发挥社会教育资源的效益来培养学生的专业实践操作技能，通过与企业、与社会的合作，让学生在高校自身所无法提供的真实的市场环境和工作场景中经受磨砺和考验，使其在投身工作后尽快能够成为为企业创造经济效益的“拿来即用型”人才。[9]二是以素质拓展类活动为抓手，指导学生积极参加课外学科竞赛活动,注重学生学科意识的强化和科学精神、人文精神的培养,促进学生知识、能力、素质协调发展;通过科研实践,在研究中拓展能力,结合实习经历和实地考察在研究中确定毕业论文的研究方向,使毕业论文成为更具综合性、设计性和创造性的实践环节。[10]开展专业性、拓展性第二课堂课程,建立"三元制"教学体系,实现"课程+科研创新+实践活动"融为一体的第二课堂教学目标。同时,借助旅游文化节、模拟导游大赛、旅游展板讲解、酒店礼仪风采大赛、职业规划大赛等学生乐于接受的素质拓展实践活动平台提高学生的操作能力。

(四)强化师资队伍建设

坚持"走出去,请进来"原则,加强"双师型"教师队伍建设。鼓励青年教师进行专业进修与提高,考取相关职业资格证书,到技能型岗位锻炼,将实践中所学返归教学。鼓励青年教师参与课程建设和教学改革,逐步形成结构合理、教学水平高、教学效果好的旅游管理专业"双师型"教师梯队。同时,针对《导游业务》《旅行社经营管理》《旅游资源开发》《旅游规划》《温泉旅游管理实务》等实践性强的课程,将实践部分与理论部分分开,实践部分邀请旅游企业中有经验的高级管理人员或优秀的一线工作者讲授,还可考虑返聘旅游企业的退休人员来校任教,或者采取专题讲座等形式。这样才能更好体现以学生成才为根本的教学目的。

(五)加强专业养成教育

针对毕业生职业生涯规划不明晰、专业思想不稳固、创新能力尚需提高等问题,建议实行"思想引导+专业辅导+创新拓展+就业指导"的导师制,构筑以导师制为依托的专业意识养成教育模式,需重点关注以下方面:

1. 通过思想教育提升专业认同度

尤其在新生入学时,加强归属感和爱的教育,帮助学生对学校、对专业、对就业岗位清楚认知,树立正确的价值观和就业观。学生只有确立了对专业的认同,产生了归属感,才会更好地奉献自己。

2. 通过专业辅导规划大学生涯

以专业教师、行业专家、优秀校友作为人生导师,向学生介绍专业前沿信息和发展趋势,指导学生熟悉人才培养方案及课程教学大纲、明确学习目标,制订科学的学习计划,传授深入浅出的学习方法等来帮助其规划大学生涯。

3. 高度关注与专业密切相关的创新教育

通过创新教育,学生认识到要成为一名优秀的旅游高级管理者需从最基层的工作中,培养自己的探索精神。可以从创业家素质和精彩创业案例入门,激发大学生创业意识和热情;开展创业准备、创业运营、创业拓展等系列课程,利用校内创业孵化基地建立"课程+指导+实训+投资"一体化创新创业教育模式。

4. 要重视学生职业意识教育

对于旅游管理专业学生而言,不仅指在课堂上接受知识教育,还包括在生活中、社会实践中自觉按照旅游行业的各种职业道德、规范标准提高自己的修养,养成自觉的意识、习惯和行为,以符合行业要求,使学生毕业后快速适应职业角色。

在就业质量的提升中,作为应用型本科院校应反思旅游管理专业就业中存在的问题,抓住市场需求,为地方与社会提供更多高质量的应用型人才,抓好学生"出口"问题。诚然,旅游人才培养与就业质量提升是一个综合系统工程,需要政府、社会、高校与大学生各方面共同努力，以科学发展观为指导，加快新型高等旅游教育模式的创建，使培养的人才更加适应市场需求，从根本上保证就业的高质量。

参考文献

[1] 陈小虎.新建应用型本科院校的特征及发展思考[J].中国大学教学，2010，6(6)：4-6.

[2] 黄成林.安徽省旅游高等教育发展研究[J].安徽师范大学学报(人文社会科学版)，2004，32(6)：728-731.

[3] 庄华洁.本科应用型人才培养模式的研究与实践：浙江大学城市学院教学改革创新纪实[J].高等教育研究，2004，25(6)：108-109.

[4] 何红.论地方本科院校旅游管理专业创新人才培养[J].教育与教学研究，2012，26(2)：56-58.

[5] 李因，江艳丽，梁磊，等.旅游院校人才培养模式的调查研究[J].旅游学刊，2009，24(7)：84-89.

[6] 纪培玲，路军.基于人才资源需求的旅游教育分层培养模式研究[J].旅游学刊，2005，12(2)：57-61.

[7] 范晓梅，康晓梅，刘斌.论高校旅游管理专业毕业生就业质量评价体系的构建[J].市场论坛，2013，106(1)：59-62.

[8] 张丽霞.高职院校旅游管理专业学生核心能力分析[J].科教文汇，2013，239(4)：131-133.

[9] 赵建军.地方高校特色化旅游管理人才培养模式新思维[J].旅游学刊，2005，12(12)：67-70.

[10] 王颖."十二五"背景下我国旅游管理专业人才培养模式构建研究[J].当代教育理论与实践，2013，5(4)：38-40.

安徽省高校大学生创业教育现状调研报告

谢康，张莉莉，李云牵

摘要：随着国家对大学生创业政策支持力度的加大，大学生创业热情空前高涨，各类创业计划比赛的参与度逐年上升，但创业计划的孵化成功率不高，高校创业教育的实效性尚有提升的空间。调研结果反映，安徽省高校学生对创业教育的接受程度较高，但在教育过程中，仍存在认知误区，且在创业教育形式、师资、实践活动和科学化水平方面仍有诸多不足，转变师生对创业教育的认识、强化创业教育师资队伍建设、推动产学研一体化等是增强安徽省创业教育质量的可行之策。

关键词：创业；创业教育；调研报告

一、调研背景

党的十八大报告指出："要引导劳动者转变就业观念，鼓励多渠道多形式就业，促进创业带动就业。"在政府和社会的积极推动下，创业热潮正在全国各地逐渐掀起。然而，对初出茅庐的大学生，在资金、经验、人脉等方面都有不足，创业无疑是一条充满艰辛和风险的路。自1999年第一家大学生公司成立之后，大学生创业成功的案例并不多，毕业后走自主创业之路的大学生也不多。这就使我们不得不面对一个严峻的现实：一方面，高校扩招后毕业生就业压力越来越大，加之传统的城乡二元结构下大批量的农民工亟待就业，社会迫切需要更多就业岗位；另一方面，作为受过高等教育的当代大学生，大多数又不愿意选择自主创业的道路。这是引起当前社会就业压力大的一个重要原因。欲解决这一矛盾，应加强对大学生的创业教育。

近年来，安徽省各高校均启动创新创业教育。以安徽某大学为例，学校已开设"创业教育"课程，开展GYB、SYB培训班，并以创业计划大赛为契机加强对学生的创业意识培养，提升学生创业能力。创业教育初显成效，学校涌现了多位创业成功者。但安徽省高校在创业教育认知、创业教育课程设置、创业教育师资配置和创业实践活动等方面还存在诸多问题，亟须我们对创业教育中存在的问题进行深入研究，并在此基础上形成一套符合实际、切实可行的创业教育体系，为提升高校创业教育的效果提供参考。

［作者简介］　谢康（1988—），男，硕士研究生，讲师/经济师，安徽师范大学人事处培训考核科科长，研究方向：人力资源管理。

张莉莉（1986—），女，硕士研究生，经济师，皖南医学院财务处综合管理科副科长，研究方向：财务管理。

李云牵（1993—），女，本科（在读研究生），南京师范大学硕士研究生，研究方向：人力资源与战略管理。

二、调研基本情况

（一）调查问卷的设计

本次调研共设计了三套问卷，分别针对创业教育的教师、相关部门工作人员和学生。具体如下：

创业教育教师用卷：包括已参与创业教育相关工作的老师，已参与创业教育的企业家，有意愿参与创业教育的老师。问卷内容主要包括：个人基本信息、创业教育认知、创业教育现状和创业教育建议等。

机关部门用卷：创业教育相关机构的工作者（如团委、学生工作处、教务处、创业（就业）指导中心、各类孵化机构等）。问卷内容主要包括：基本信息、创业教育认知、创业教育需求与供给、对创业教育的态度等。

学生用卷：在校本专科生。参加过相关创业教育培训的学生不低于调研样本总量的50%。问卷内容涵盖个人基本信息、创业教育认知、创业教育现状、创业意向调研、创业方向选择和创业实践准备等。

问卷在形式上，均以“客观题型为主，客观题型和主观题型相结合”为原则，力求做到不给被调查个体或单位增加很大的工作量，以保证问卷的回收率。

（二）调研对象

本次调研在安徽省部分高校开展。高校类别涵盖综合类、理工类、师范类、医药类、财经类等。具体为合肥工业大学、安徽大学、安徽师范大学、安徽农业大学、安徽财经大学、安徽工程大学、安徽理工大学、皖南医学院、黄山学院、宿州学院等10所本科院校和芜湖职业技术学院、安徽机电职业技术学院、马鞍山师范高等专科学校、安徽商贸职业技术学院、安徽中医药高等专科学校等5所专科院校。

（三）调研过程

调查前首先向被调查者所属的高校发函阐述此次调查的目的、意义和内容，并取得了高校的大力支持与配合；其次，以高校为单位进行问卷发放，并向调查对象阐明调查的意义、方法，并介绍量表的内容和填写要求；再次，问卷由调查对象独立完成，并要求其在规定的时间段内交回；最后，所有问卷资料全部输入电脑，通过统计软件 Excel、Eviews 等对有效问卷进行了统计分析。

（四）问卷发放和回收情况

本次调研共发放问卷1000份。其中创业教育教师用卷每校10份，共150份；机关部门用卷每校10份，共150份；学生用卷700份，分布如下：本科院校一年级10份，二年级10份，三年级15份，四年级15份，每校共50份，合计500份；专科院校一年级10份，二年级15份，三年级15份，每校共40份，合计200份。

收回问卷957份，其中创业教育教师用卷135份，机关部门用卷142份，本科学生用卷487份，专科学生用卷193份。

三、调研结果分析

(一) 样本的基本情况分析

样本基本情况分析仅针对学生问卷,具体情况如下:

(1) 调查对象的性别分布:收回的学生问卷中,男性 395 人,占样本数 58.09%,女性 285 人,占样本数 41.91%。

(2) 专业类别分布:被访学生中,专业为理工类的占 47.6%,专业为经管等人文与社会科学的占 38.5%,其他专业占 13.9%。

(3) 父母创业经历情况:父母有过创业经历的占 15.49%,没有创业经历的占 84.51%。

(二) 创业教育认知情况分析

本次调研的三类问卷均设置了"创业教育认知"类题目,具体调研结果如下:

1. 学生对创业教育的认知

学生问卷的第 6、7 题为学生对创业教育的态度,调研结果如图 1、图 2 所示。

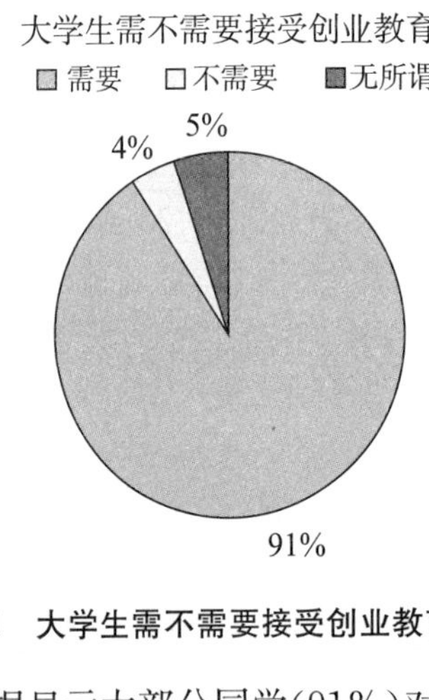

图 1 大学生需不需要接受创业教育的调研

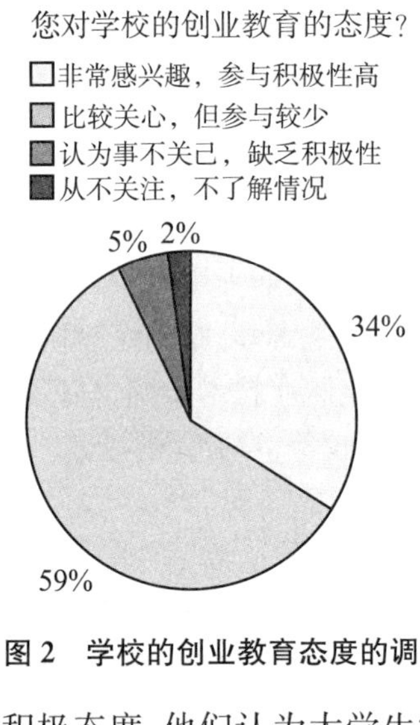

图 2 学校的创业教育态度的调研

调研数据显示大部分同学(91%)对创业教育持积极态度,他们认为大学生需要接受创业教育,他们对学校的创业教育非常关心,但部分同学的参与度有待提高。

问卷中问及创业教育的目的时,学生普遍认为学校进行创业教育的主要目的在于提高其综合素质,适应就业形势的需要(两项的选择比例为 76%)。如果后期选择创业,有 88% 的学生希望接受学校在创业教育方面的培训。

问卷的第 13 题为创业教育方式的选择方面,调研结果如图 3 所示。

调研结果显示,学生更倾向于以创业实践和创业模拟分析作为创业指导课程的主体,通过创业者或企业家现身说法的方式进行创业教育,他们对创业成功者的信赖程度较高。

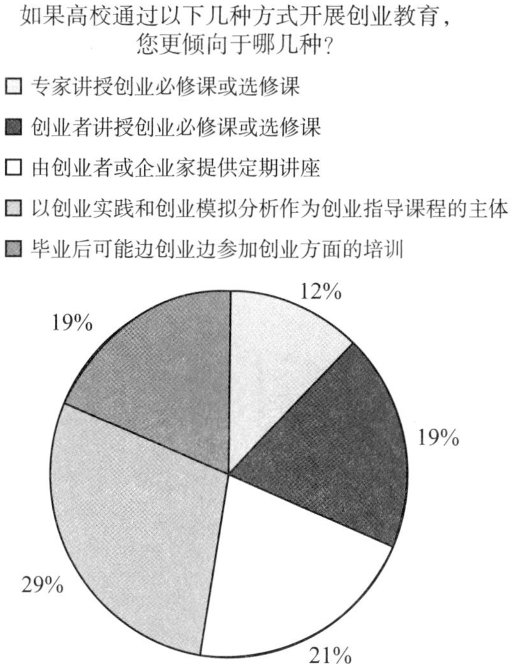

图 3 创业教育方式的选择

2. 教师或相关部门人员对创业教育的认知

教师和相关部门人员问卷的调研结果与学生问卷结果基本一致，创业教师全部认为在高校开展创业教育很有必要，相关部门人员中的绝大部分(83.67%)也支持在高校开展创业教育。但在目前开设创业教育课程的高校中，绝大部分教师都认为教育效果有待进一步提高，学生对于教学效果的认可度不高，仅有8%的学生认为很好。而校内创业文化氛围和校内创业师资的局限是目前高校创业教育的主要障碍(69%)，如图4、图5所示。

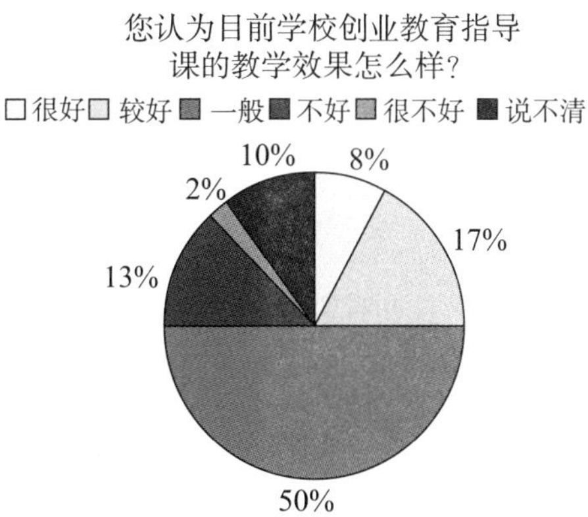

图 4 学校创业教育指导课的调研

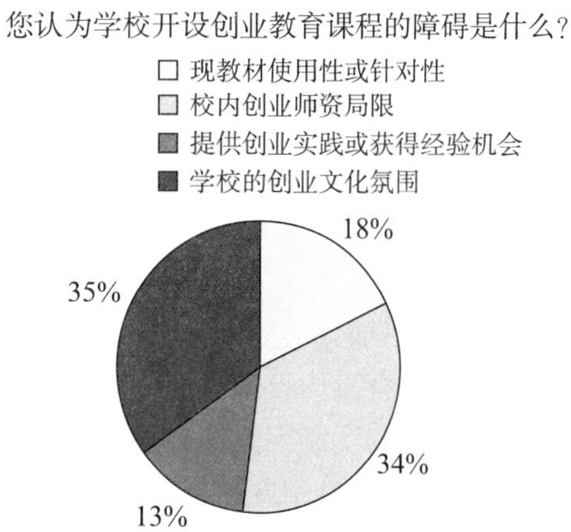

图 5 学校开设创业教育课程障碍的调研

(三) 创业教育现状分析

1. 创业教育的组织领导

创业教育的组织领导主要在创业教师问卷中涉及,我们从创业教育领导机构和创业教育机构的设置及创业教育规章制度的制定来进行调研,具体结果如图6、图7所示。

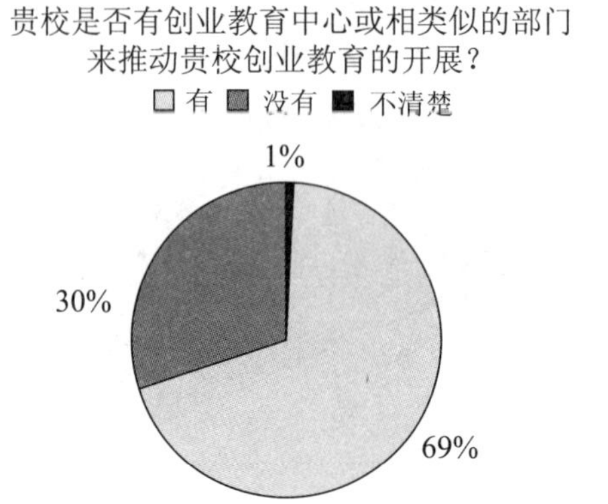

图6 是否有创业教育中心或相类似的部门的调研

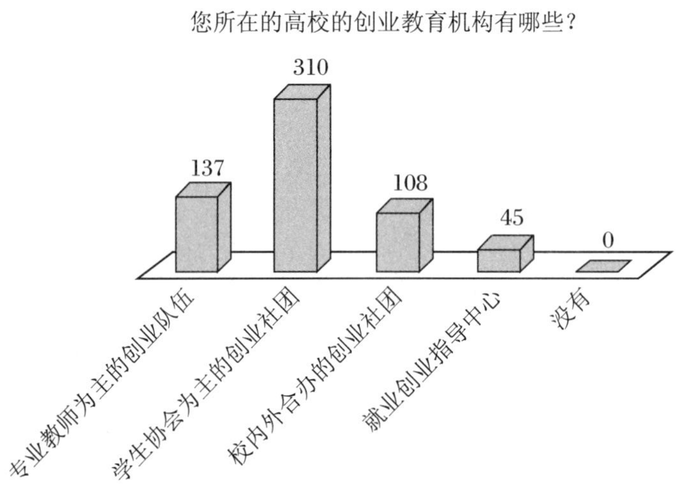

图7 高校创业教育机构的调研

调研结果显示部分学校尚未建立创业教育领导机构或学生对创业教育领导机构的熟知度不高,在创业教育机构设置方面多以学生社团和高校就业指导中心为主,缺少独立的创业教育指导机构,在制度制定方面,只有少数学校(33%)制定了创业教育规划或指导方案,创业教育工作考核和评价制度缺失较为严重,如图8、图9所示。

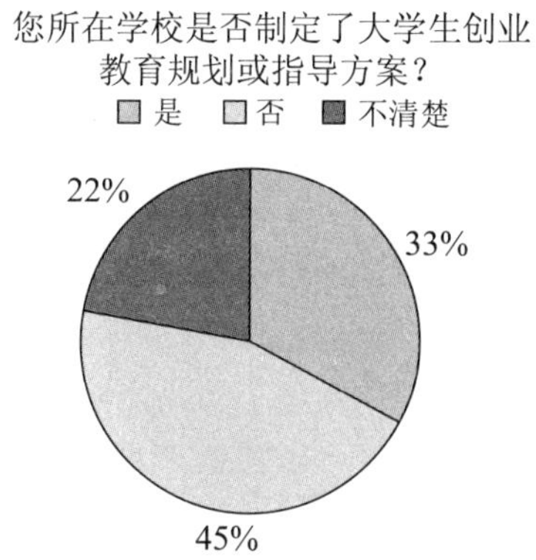

图8　学校是否制定大学生创业教育规划或指导方案的调研

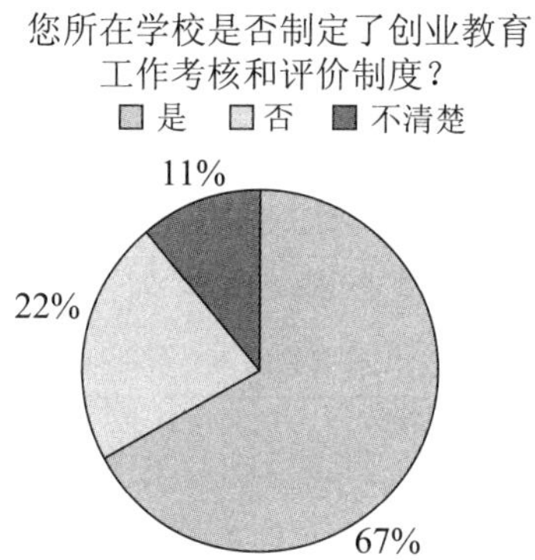

图9　学校是否制定创业教育工作考核和评价制度的调研

2．创业教育的师资队伍建设

我们的调研主要从师资现状和师资培训计划两个层面开展，具体结果如图10、图11所示。

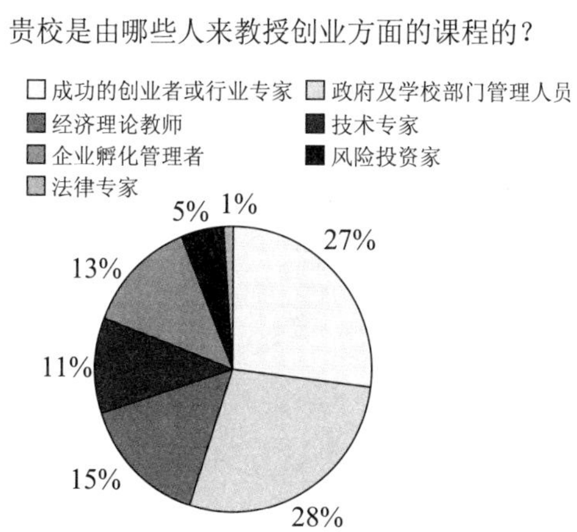

图10　师资现状的调研

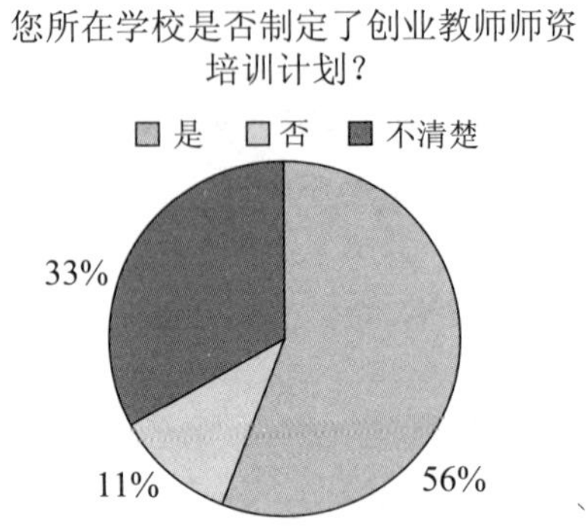

图 11　师资培训计划的调研

在问及创业教师的学科背景和创业、科研经历时,所得结果如表 1 所示。

表 1　调研结果

调研结果 / 学科背景和创业、科研经历	没有	少部分有	大部分有	不清楚
经管类学科背景	12.34%	54.45%	22.35%	10.86%
创业背景	34.52%	27.67%	15.25%	22.56%
申报创业教育相关研究课题	64.37%	22.45%	1.23%	11.95%

综合以上调研结果,我们可以发现,目前部分高校从事创业教育的教师来源以高校管理干部和成功的创业者为主,比例达到 55%,在学科背景上,部分创业教师缺少经管类学科背景,且创业教师的创业背景较缺乏,相关创业教育的研究课题申报不多,教师对创业教师师资培训计划的熟识度并不高,调研中近半数(44%)调研对象认为学校没有创业教师师资培训计划或不清楚。

3. 创业教育的教学组织

我们从创业教育的教学计划、方法、教材、考核方式等方面对创业教育的教学组织进行调查,结果如图 12~图 15 所示。

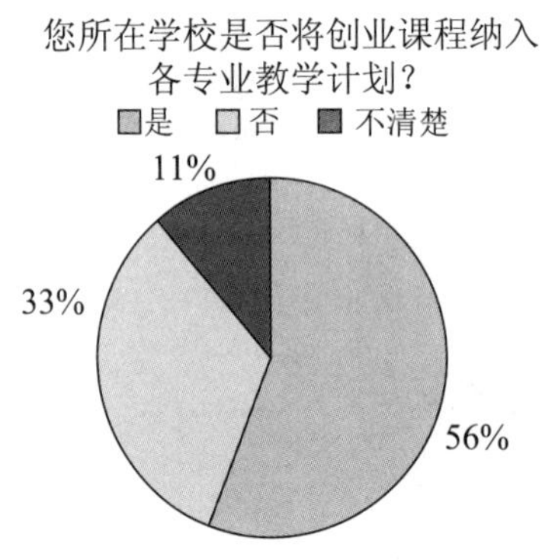

图 12　创业教育的创业课程调研

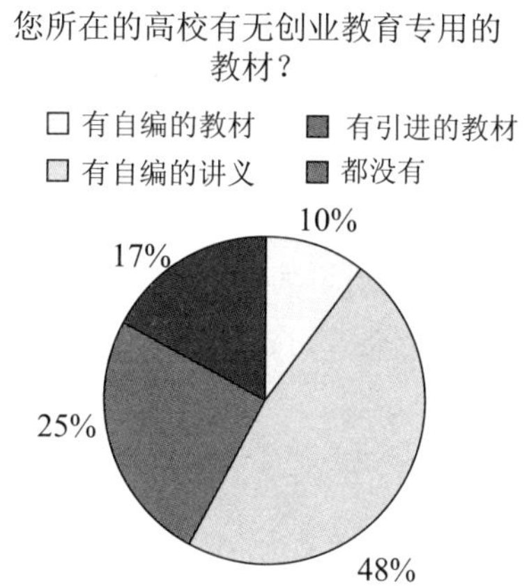

图 13 创业教育的教材调研

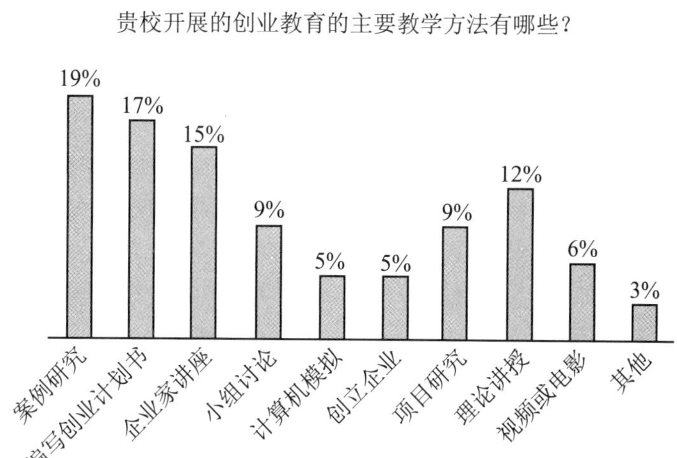

图 14 创业教育的教学方法调研

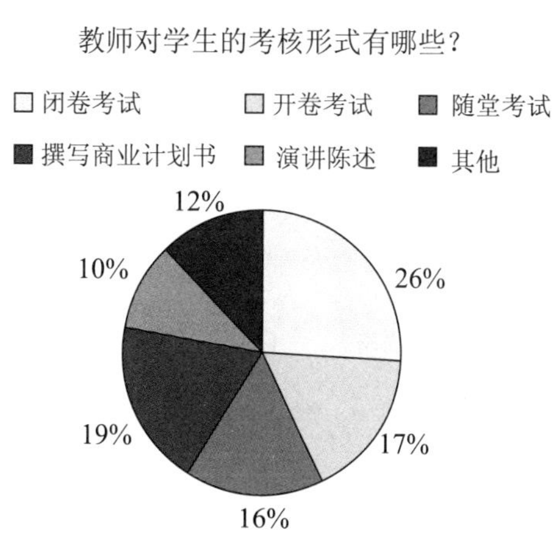

图 15 创业教育的考核方式调研

调研结果显示,安徽省目前部分高校尚未将创业教育课程纳入专业培养计划中,但有大部分高校已经纳入或将于今年纳入。教材选择方面仍以引进教材为主,辅助以自编的部分讲义,自编教材较少。创业教育的教学方法目前以案例研究、编写创业计划书和企业家讲座为主。考核方式仍以各类考试为主(43%),编写创业计划书是重要的考核辅助。

4. 创业教育实践活动情况

目前,安徽省高校创业教育实践活动主要包括创业实践基地实训和创业计划大赛两个方面,针对以上两个方面,调研结果如图16、图17所示。

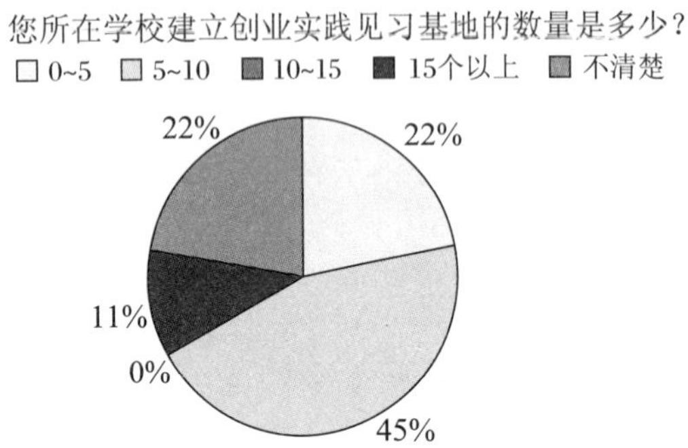

图16 创业实践基地的调研

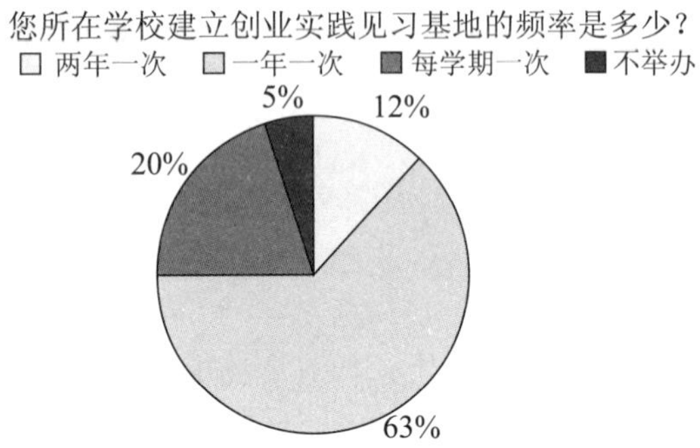

图17 创业计划大赛的调研

调研结果显示,安徽省高校目前建立的创业实践见习基地的数量基本上在10个以下(67%),作为创业实践教育主渠道的创业计划大赛在各高校的举办频率绝大部分(63%)为每年一次。但在问及大赛后是否对学生的项目进行跟踪时,超过半数的被调查者选择了"不清楚",仅有25%的学生选择"是"。此外,从学生参加创业计划大赛的目的和收获来看,仅有半数学生认为是为今后的创业打基础的。如图18、图19所示。

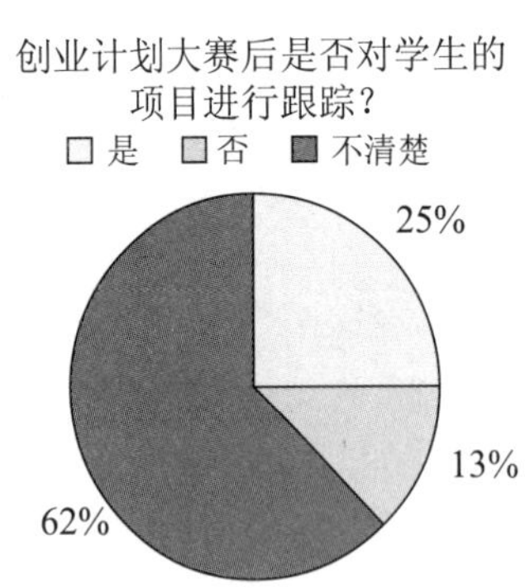

图18 赛后对学生项目进行跟踪的调研

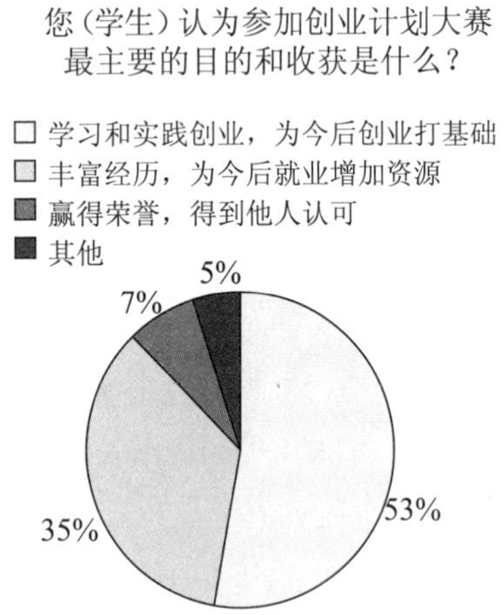

图19 参加创业计划大赛的目的和收获的调研

(四)调研对象对创业教育的建议

在收集调研对象关于创业教育的建议时,我们从教育对象、管理模式、教育重点及能力培养等方面开展调研,调研结果如图20~图22所示。

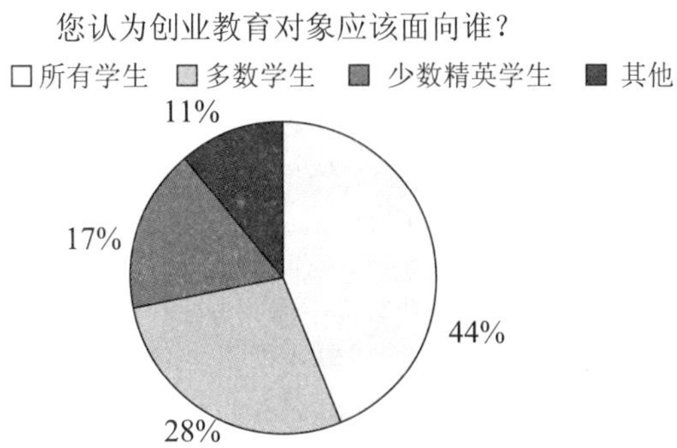

图 20　创业教育对象的调研

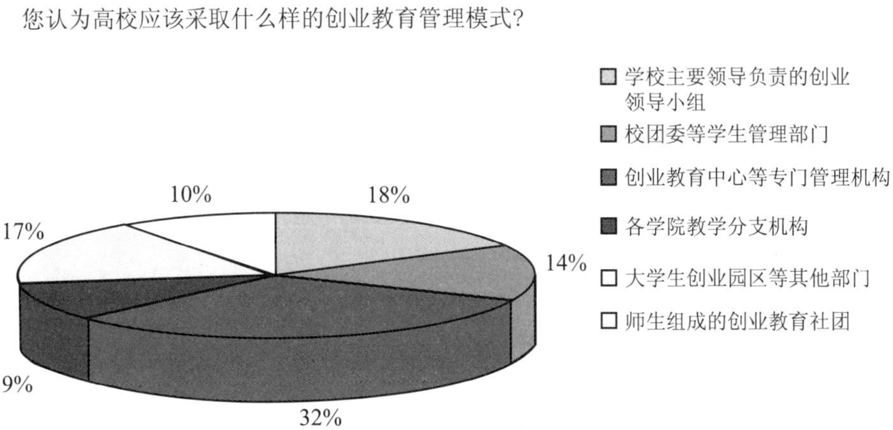

图 21　创业教育管理模式的调研

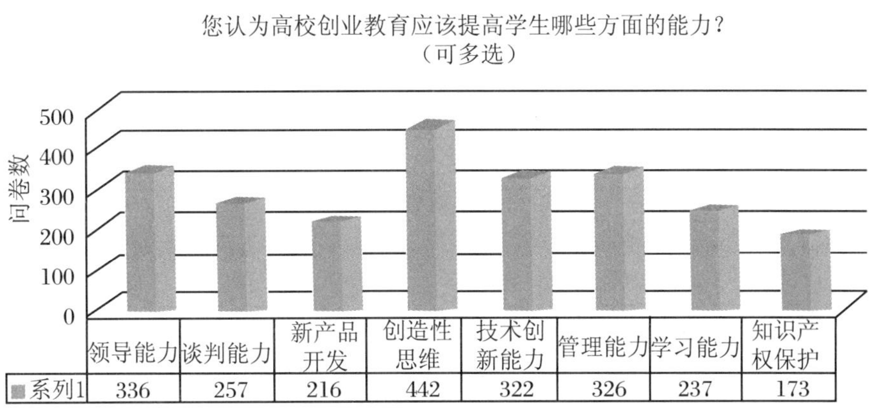

图 22　创业教育能力培养的调研

综合以上调研结果，我们发现调研对象普遍认为接受创业教育的群体要相对广泛，认为多数学生要接受创业教育的占总调研人数的72%。目前，创业基金的支持、创业教育的师资和创业个性辅导是高校创业教育中的最突出的问题。在问及“高校创业教育应该提高学生哪些方面的能力？”时，排在前三位的是创造性思维、领导能力和管理能力。在高校创业教育管理模式的选择方面,创业教育中心等专门管理机构、学校主要领导负责的创业领导小组和大学生创业园区等认可度较高。

此外,就未来高校在创业教育方面应做的工作,调研结果如下:

调研对象认为加大宣传力度、组织社会实践活动、将创业教育融入现有课程中、提供创业启动资金等是未来高校在创业教育方面的重点工作,如图 23 所示。

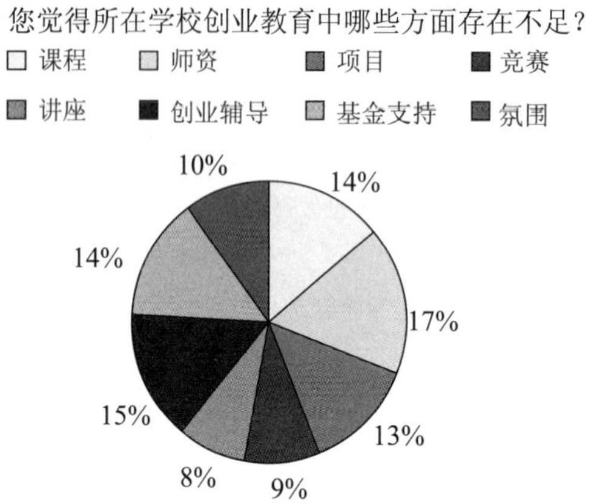

图 23　创业教育中存在的不足

四、调研结论及对策建议

(一) 调研结论

学校在扶持大学生创业方面应做的工作如图 24 所示。

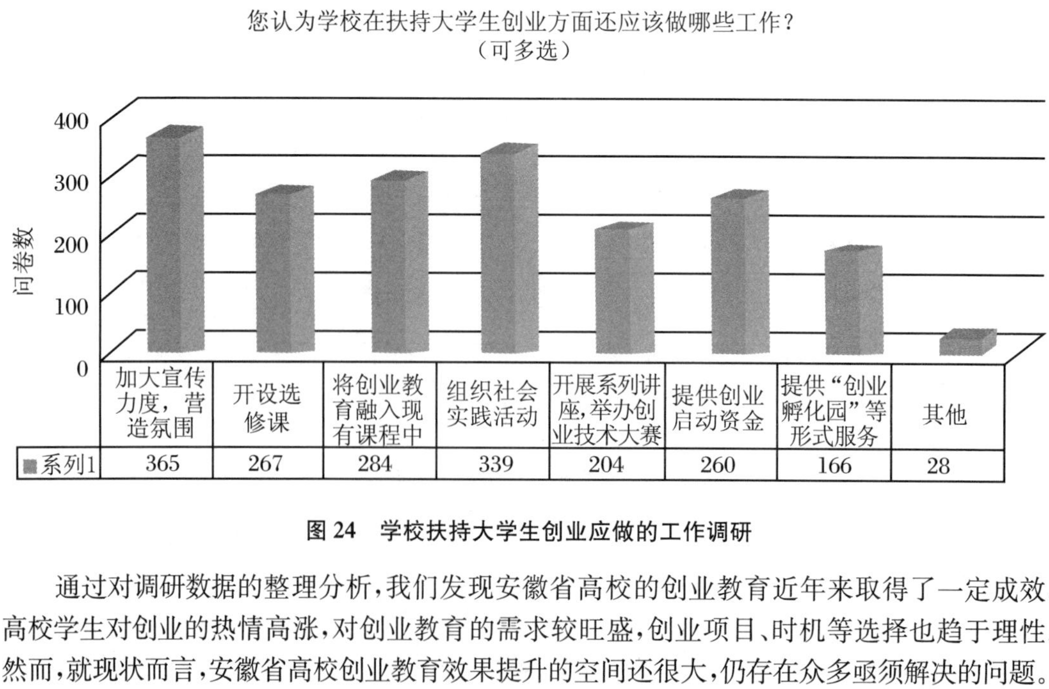

图 24　学校扶持大学生创业应做的工作调研

通过对调研数据的整理分析,我们发现安徽省高校的创业教育近年来取得了一定成效。高校学生对创业的热情高涨,对创业教育的需求较旺盛,创业项目、时机等选择也趋于理性。然而,就现状而言,安徽省高校创业教育效果提升的空间还很大,仍存在众多亟须解决的问题。

1. 创业教育的认知存在误区

本次调研的学生和教师问卷均设置了对创业教育认知方面的题目，从调研结果来看，调查对象对创业教育比较认同，但学生对于创业教育课程的需要大部分还只是停留在提高综合素质和适应就业形势方面，他们仅仅是从解决眼前就业难的角度去思考的，并未认识到这是未来的发展趋势，功利性普遍较强。此外，创业教师的认知也存在缺失，他们过多注重在创业能力上对学生给予指导，在教学过程中，对学生创新思维的培养有所不足。

2. 创业教育师资队伍建设有待加强

我们的调查显示，在"您认为学校在开设创业教育课程中的障碍是什么"的回答中，排名第二的是校内创业师资的局限。这说明创业教育师资的配备和培训仍是创业教育面临的重要困难之一。在目前的师资组成中，高校管理人员仍然占有较大部分比重，但高校管理人员因为专业和实践方面的原因，很少对创业非常了解，也鲜有曾经进行创业的，所以，对学生创业的指导缺少针对性。此外，调研结果显示，安徽省高校创业教育教师中有经管类专业背景、有创业经历和创业教育相关研究课题的比例较低，这也不利于提升创业教育的效果。

3. 高校创业教育与外界交流亟待增强

调研显示，目前，学生在创业过程中遇到的最主要的问题在于缺少资金和社会关系。这表明，学生创业初期，解决创业的现实问题是关键。而这些问题仅依靠高校是无法解决的。此外，在创业教育形式选择中，调研对象普遍反映，企业实践等校外教育方式必不可少，这也亟须高校加强和政府、企业等之间的联系，而目前，安徽省高校的创业教育仍在很大程度上依赖于校内的教学与活动，与外在的联系程度仍有不足。

4. 创业教育的科学化水平不足

本次调研，我们选取了不同类别的高校进行，分别为综合类、医药类、理工类、师范类和财经类。调研结果显示，不同类别高校的学生对创业教育的需要程度和方向有较大区别。理工类、财经类和艺术类专业的学生的创业需求较旺盛，而师范类、医药类等专业的学生的创业需求较弱，且二者对于创业教育知识的需求也有很大差别。而目前，安徽省高校在对不同专业学生开设创业教育课程时，无论从课程的设置、考核方式的选择等方面都没有根据学科的特点量身打造，相反，教育的一致性较强。这样，就导致学生关于创业知识的掌握程度参差不齐，教育效果受限。

（二）对策建议

结合调研分析的结果，我们认为安徽省高校应做好以下几个方面的工作：

1. 创业教育应以转变师生认知为先导

创业教育应改变现有的重能力轻观念的状况，应重视在教育过程中对创业观念的引导。一方面，要积极转变教育工作者对于创业教育的认识。要让所有的管理者和教师明白，创新创业教育是我国高等教育改革和发展的主要导向和基本价值观，做好这项工作是管理者和教师的分内工作，是时代给高等教育者提出的职业要求。另一方面是学生的观念。根据前文的调研结果，在问及学生是否有必要接受创业教育时，有 10%的学生持反对态度，18%的学生认为无所谓。这也就意味着，并非要强制所有学生都参与创业教育，但如果高校开设创业教育课程，可以选修课的方式进行。此外，如前文所述，在学生参与创业教育的动机上，功利性较强。因此，创业教育必须有所针对，处理好短期目标与长期目标、功利性目标与非功利性目标之间的关系，引导学生合理对待创业教育。

2. 要加强创业教育师资队伍建设

调研中,对于“如果学校开设创业教育的理论课程,你希望授课老师是哪些人”这一问题的回答中,选择“成功创业者”的占59%,选择“有创业经历的教师”的占41%,选择“企业孵化专家”的占35%,选择“风险投资方”的占36%,选择“经济理论学者”的占27%,选择“法律专家”的占21%,选择“技术专家”的占19%,这和目前省内高校创业教育师资现状的差别很大。我们发现成功创业者、行业专家和有实践经验的教师比较受欢迎。鉴于此,高校在创业教育师资队伍组成中,应逐渐减少学校管理人员的比重,增加成功创业者、行业专家和有实践经验的教师比重,此外,要加强对现有教师的师资培训,将创业教育教师的培训纳入师资培训计划中,并注重教师在实践中提升创业课程教学能力。

3. 强化与社会交流,推动产学研一体化

调查显示,绝大部分学生会选择有经验的合作伙伴进行创业,这说明大学生创业需要与外部对接,需要社会的支持,高校的创业教育应为大学生联系外界资源提供可能的契机。此外,调研结果表明,超过半数的学生认为,发现创业机会是大学生创业中的核心要素。而学生在教室内、寝室内想象的一些理想化的创业项目,往往到了社会上是没有价值或是不具备可操作性的,因此,这就要求高校的创业教育应开门办学、开放式办学,尤其是校企合作办学,让企业高管进校园为学生上课,开阔学生的视野,让他们了解市场。与此同时,如前文所述,学生即使有了好的创业项目,在创业过程中,还会面临很多实际问题,调研显示,资金和社会关系是首位。这就需要高校加强与政府、企业的交流,利用科技园、创业园等孵化平台的天然优势,为学生创业提供便利。

4. 因需施教、因材施教,提升创业教育科学化水平

如前文调查所述,来自不同学科专业的学生,对创业教育的认知水平是不一样的,同质化的教育模式是制约创业教育效果的重要因素,亟待解决。因此,高校在开设创业教育课程时,要针对不同学科背景的学生分别设置。对于理工科学生的创业教育应以技术孵化的技巧为主,促使他们将所持有的技术专利转变为实物,而对于文史类专业,特别是经管类专业的学生,则要注重企业管理运营方面的培训。同时,对创业教育课程分设初级班、中级班和实务班,针对低年级学生进行创业意识培训,对于遴选出的有真正创业意向的学生,则应加强创业实务的指导,只有分类教学、因材施教,才能真正使创业教育贴近现实、贴近生活、贴近学生。

参考文献

[1] 夏春雨.大学生创业教育的实践与思考[J].江苏高教,2004(6):106-108.

[2] 彭钢.创业教育学[M].南京:江苏教育出版社,2000.

[3] 王辉.中国大学创业教育研究现状、问题与对策[J].高教发展与评估,2005,21(6):16-18.

[4] 钱辉,林伟连,许为民.试论我国大学创业教育实施中存在的问题与对策[J].高等农业教育,2002(11):32-39.

[5] 衣俊卿.中国高校创业教育现状分析[J].教育:周刊,2006(18):56-57.

[6] 罗美萍.我国高校大学生创业教育的现状及对策[J].浙江工商大学学报,2006(2):74-78.

[7] 韩力争.试论大学生创业教育[J].南京经济学院学报,2003(3):94-97.

[8] 侯慧君,林光彬.中国大学创业教育蓝皮书:大学生创业教育实践研究[M].北京:经济科学出版社,2011.

基于数据挖掘技术的就业数据实证分析

——以宿州学院为例

王北阳，刘文波

摘要：就业数据分析是就业实施方案的最重要参考依据，本文以宿州学院为实证研究，运用数理统计中的假设检验、方差分析和对应分析等数据挖掘技术对宿州学院近三年的就业数据库进行实证分析，数据结果表明：宿州学院近年来人才培养基本符合地方型、应用型的人才培养定位，社会认可度较高，但也反映出就业工作的盲点。本文对继续探究就业工作实效方案提供了相应的对策，同时也为合理编制就业年度质量报告提供了新的思路。

关键词：对口就业率；考研率，就业区域分布；方差分析；对应分析

宿州学院是安徽省示范应用型本科高校建设单位，安徽省首批普通高校毕业生就业工作标兵单位。自升为本科高校以来学院坚持内涵发展，注重培养地方性、应用型人才，各相关部门、各工作人员同心协力，为实现毕业生能就业、就好业而不懈努力。多年来学校坚决贯彻落实教育部关于毕业生就业材料审核的通知精神，严格执行"四不准"要求，组织专门力量对各院(部)提交的就业材料进行逐份审核，建立了一个比较真实的、可信的原始材料统计数据库。为了挖掘数据库中的潜在信息，本文以此数据库为分析对象，利用相关的数理统计分析模型，对就业数据库进行了深入分析。

一、就业率分析

(一) 我校本科就业率的总体趋势分析

由表1和图1可以看出：2011～2013年来，我校毕业生数量持续增长，毕业生就业率呈现稳定增长趋势。2013年，我校毕业生数为2357，初次就业率同比增速3.20%，相比于2012年的初次就业率同比增速0.61%，提高了2.59%，2011～2013年初次就业率三年平均增速1.90%，按此速度，2014年初次就业率将有望达到93.68%；半年后，毕业生的就业机会的获得、就业率均有所提升，具体表现为三年来每年最终就业率均高于初次就业率，但2013年的最终就业率同比增速0.36%相对于2012年的2.71%下降了2.35%，增速稍微有所下降；与此同时，对口就业率在2011年的60.53%飞速狂增，于2012年达到了85.38%，增幅24.85%，经过猛增后的对口就业率在2012年后放缓速度，到2013年增幅仅为2.16%。

［作者简介］ 王北阳(1979—)，男，讲师，宿州学院招生就业处，研究方向：高校毕业生就业指导。

表 1 2011～2013 年毕业生就业率变化水平与速度

年份	毕业生数	初次就业率	最终就业率	对口就业率	初次就业率同比增速	最终就业率同比增速	对口就业率增幅
2011	2357	88.54%	94.36%	60.53%	×	×	×
2012	2893	89.08%	96.92%	85.38%	0.61%	2.71%	24.85%
2013	3148	91.93%	97.27%	87.54%	3.20%	0.36%	2.16%

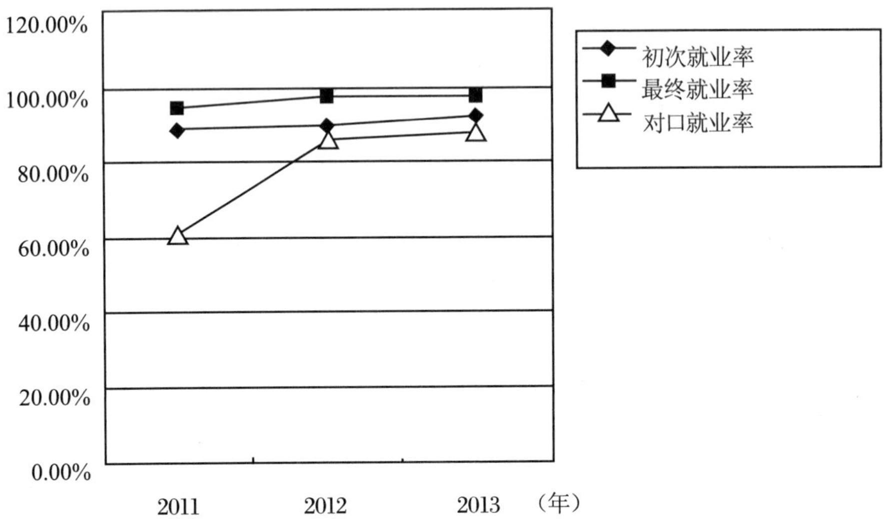

图 1 2011～2013 年毕业生就业率变化情况

(二) 我校本科就业率结构差异分析

1. 对口就业率分析(2011～2013 年)

宿州学院对口就业率统计的范围:按就业单位性质分的各行各业从事与本专业相关工作的就业人数与上本专业全部就业人数之比。

(1) 对口就业率年度对比分析。

从上面宏观分析的总体趋势得知,对口就业率在 2011～2012 年发生了显著的变化,2012～2013 年变化不大,但这只是总体趋势上的直观表象上,下面用多重比较 S 法,以 26 个专业为样本,检验 2011～2013 年任意两年之间的对口就业率是否存在显著性差异,如表 2 所示。

表 2 2011～2013 届宿州学院本科毕业生对口就业率(分专业)

专　业	学历	2011 年	2012 年	2013 年
资源环境与城乡规划管理	本科	55.56%	81.58%	82.58%
英语	本科	61.57%	89.40%	90.12%
应用化学	本科	48.57%	64.71%	70.25%
音乐学	本科	81.73%	84.44%	89.47%
艺术设计	本科	57.50%	82.02%	85.26%

续表

专　　业	学历	2011 年	2012 年	2013 年
体育教育	本科	52.35%	88.40%	90.65%
数学与应用数学	本科	74.51%	90.18%	92.35%
市场营销	本科	53.45%	72.88%	70.58%
生物科学	本科	28.57%	84.21%	82.35%
生物技术	本科	50.00%	87.64%	91.52%
人力资源管理	本科	80.31%	87.30%	88.54%
美术学	本科	41.94%	79.31%	78.25%
计算机科学与技术	本科	62.45%	91.60%	95.25%
会计学	本科	65.59%	91.04%	94.21%
汉语言文学	本科	68.02%	87.60%	94.31%
电子信息工程	本科	85.40%	86.09%	82.52%
电子商务	本科	65.22%	87.70%	87.15%
电气工程及其自动化	本科	62.20%	87.34%	90.24%
地质工程	本科	61.54%	79.41%	85.36%
地理科学	本科	54.05%	80.00%	85.32%
测绘工程	本科	×	88.99%	92.54%
自动化	本科	×	82.89%	85.54%
新闻学	本科	×	70.00%	72.34%
化学工程与工艺	本科	×	73.81%	75.65%
国际经济与贸易	本科	×	79.10%	85.54%
统计学	本科	×	×	90.15%

① 提出假设。

$$H_0:\mu_i = \mu_j,\quad H_1:\mu_i \neq \mu_j$$

② 列出因素各水平下指标均值的差数三角表。

第一列水平按从大到小、从上到下的顺序排列，第一行水平按其指标平均值从小到大、从左到右的顺序排列。表中“±”表示指标平均值按从大到小的第 i 个排列，A_i 表示 $\bar{x}_i$ 对应的水平。

③ 计算检验统计量。

因为$\dfrac{(\bar{x}_i-\bar{x}_j)^2}{MSE\left(\dfrac{1}{n_1}+\dfrac{1}{n_2}\right)(s-1)}\sim F(1,f_e)$，这里±，scheffe 证明了

$$\frac{(\bar{x}_i-\bar{x}_j)^2}{MSE\left(\dfrac{1}{n_1}+\dfrac{1}{n_2}\right)(s-1)} \approx F(s-1,n-s)$$

令

$$D_{i,j(\alpha)} = \sqrt{(s-1)F_\alpha(S-1,N-S)\left(\frac{1}{n_i}+\frac{1}{n_j}\right)MSE} \tag{1}$$

其中,$D_{i,j(\alpha)}$为 S 检验的临界值。

④ 判断。

对给定的检验水平 $\alpha = 0.05$, $\alpha = 0.01$, 由式(1)计算 S 的检验的临界值 $D_{i,j(0.05)}$、$D_{i,j(0.01)}$。

若$|\bar{x}_i - \bar{x}_j| \geqslant D_{i,j(0.01)}$,则认为在水平 α 下,A_i 与 A_j 的差异高度显著,记为"宿州";若 $D_{i,j(0.05)} \leqslant |\bar{x}_i - \bar{x}_j| < D_{i,j(0.01)}$,则认为 A_i 与 A_j 的差异显著,记为"＊";否则为不显著,不作标记。检验结果如图 2 所示。

水平	平均数	A_1	A_2	A_3
A_3	0.86314	0.21104××	0.025356	
A_2	0.83778	0.18568××		
A_1	0.6521			

图 2 检验结果

从检验结果可以看出,2012 年对口就业率与 2013 年没有显著性差异,且都与 2011 年对口就业率相比有显著性差异。下面就 2011 年与 2012 年对口就业率数据进行分析,探究存在对口就业率差异的成因。

猜想:新开设专业是否是引起 2011 年和 2012 年对口就业率存在显著性差异的因素。

为了探究猜想是否合理,剔除新开设专业的两年数据进行分析,如表 3 所示。

表 3 2011 年和 2012 年宿州学院本科毕业生对口就业率(剔除新开设专业)

专 业	学历	2011 年	2012 年
资源环境与城乡规划管理	本科	55.56%	81.58%
英语	本科	61.57%	89.40%
应用化学	本科	48.57%	64.71%
音乐学	本科	81.73%	84.44%
艺术设计	本科	57.50%	82.02%
体育教育	本科	52.35%	88.40%
数学与应用数学	本科	74.51%	90.18%
市场营销	本科	53.45%	72.88%
生物科学	本科	28.57%	84.21%
生物技术	本科	50.00%	87.64%
资源环境与城乡规划管理	本科	55.56%	81.58%
人力资源管理	本科	80.31%	87.30%

续表

专　　业	学历	2011 年	2012 年
美术学	本科	41.94%	79.31%
计算机科学与技术	本科	62.45%	91.60%
会计学	本科	65.59%	91.04%
汉语言文学	本科	68.02%	87.60%
电子信息工程	本科	85.40%	86.09%
电子商务	本科	65.22%	87.70%
电气工程及其自动化	本科	62.20%	87.34%
地质工程	本科	61.54%	79.41%
地理科学	本科	54.05%	80.00%

对上面数据进行方差分析结果如图 3 所示。

方差来源	偏差平方和	自由度	方差	F值	F_α	显著性
因素A(组间)	0.81828	2	0.40914	43.5319	3.1588	× ×
误差e(组内)	0.53572	57	0.0093987		4.9981	
总和	1.354	59				

图 3　2011 年和 2012 年的数据方差分析结果

2011 年和 2012 年对口就业率依然存在高度显著性差异，初步可以得出新专业的开设不是造成 2011～2012 年对口就业率提高的主要原因，而是老牌专业的自身对口就业率变化造成的。2011～2012 年对口就业率增幅如表 4、图 4 所示。

表 4　2011～2012 年对口就业率增幅

专　　业	对口就业率增幅
资源环境与城乡规划管理	0.2602
英语	0.2783
应用化学	0.1614
音乐学	0.0271
艺术设计	0.2452
体育教育	0.3605
资源环境与城乡规划管理	0.2602

续表

专　　业	对口就业率增幅
数学与应用数学	0.1567
市场营销	0.1943
生物科学	0.5564
生物技术	0.3764
人力资源管理	0.0699
美术学	0.3737
计算机科学与技术	0.2915
会计学	0.2545
汉语言文学	0.1958
电子信息工程	0.0069
电子商务	0.2248
电气工程及其自动化	0.2514
地质工程	0.1787
地理科学	0.2595
测绘工程	0.8899
自动化	0.8289
新闻学	0.7
化学工程与工艺	0.7381
国际经济与贸易	0.791
统计学	0

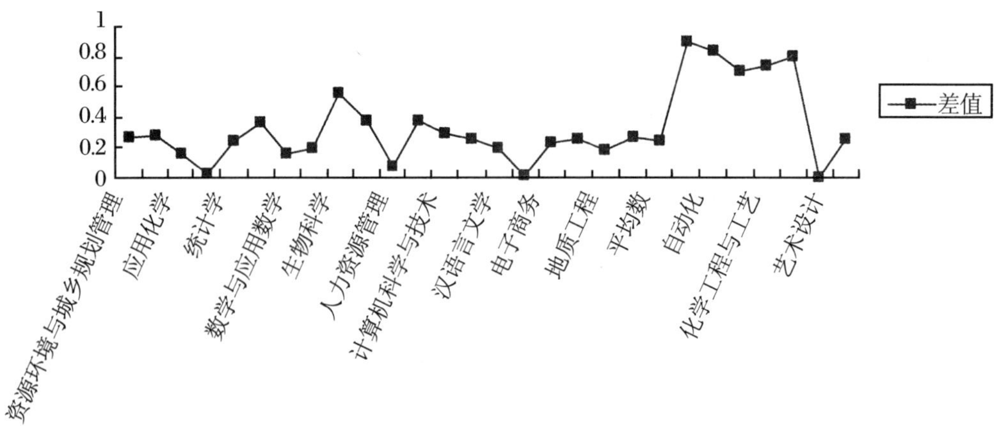

图 4　2011～2012 年对口就业率增幅

从表 4 可以看出，老牌专业平均增幅为 0.23616，和宿州学院各专业平均增幅为 0.2485，相差不大，方差分析结果合理；从图 4 中看出，除音乐学、人力资源管理、电子信息工程这 3 个专业增幅接近于 0 外，其他老牌专业的增幅大体上在平均增幅附近，进一步反映 2011～2012 年对口就业增长率大幅增长是由老牌专业整体增长引起的，其中生物科学对口就业增长率在老牌专业中最大。

(2) 对口就业率专业对比分析。

下面就各专业就业率平均趋势和差异情况进行分析，如表 5、图 5 所示。

表 5　2011～2013 年各专业对口就业率平均趋势及差异情况

专　　业	平均数	标准差系数
测绘工程	0.90765	0.019556
统计学	0.9015	0
数学与应用数学	0.8568	0.0927627
人力资源管理	0.853833333	0.0424313
音乐学	0.852133333	0.0376327
电子信息工程	0.8467	0.018261
自动化	0.84215	0.0157335
会计学	0.836133333	0.1532048
汉语言文学	0.8331	0.1338771
计算机科学与技术	0.831	0.1766256
国际经济与贸易	0.8232	0.0391156
英语	0.803633333	0.1654006
电子商务	0.800233333	0.1308362
电气工程及其自动化	0.799266667	0.1575248
体育教育	0.771333333	0.2275089
生物技术	0.763866667	0.2451384
地质工程	0.754366667	0.1341815
艺术设计	0.749266667	0.1654058
化学工程与工艺	0.7473	0.012311
资源环境与城乡规划管理	0.7324	0.1707853
地理科学	0.731233333	0.1868164
新闻学	0.7117	0.0164395
美术学	0.665	0.2612321
市场营销	0.656366667	0.1320646
生物科学	0.650433333	0.396685
应用化学	0.611766667	0.1503302

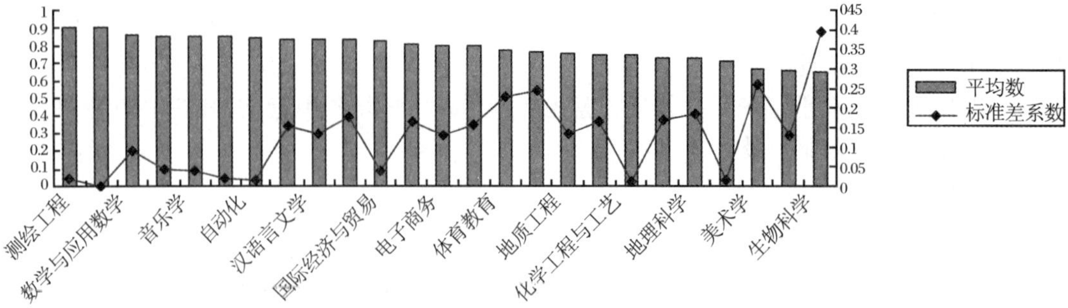

图 5　2011～2013 年各专业对口就业率平均数及标准差系数

图 5 较好地显示三年平均对口就业率较高的几个专业，如测绘工程、统计学、数学与应用数学、人力资源管理、音乐学、电子信息工程、自动化这 5 个专业三年平均对口就业率位于前列，并且标准差系数都相对较小，这说明这 5 个专业对口就业率从 2011～2013 年三年平均水平较高，波动幅度不大，增幅较为稳定。

图 6 是剔除新增专业后的图形，图中显示数学与应用数学、人力资源管理、音乐学、电子信息工程这 4 个专业位于前列，且三年波动不大。由此，可以得出这 4 个专业的就业形势还是比较乐观，社会需求量较大的，且近期变化不大；而对口就业率低的那些专业，这三年依旧表现出较大的波动，很不稳定，还不能断言这些专业毫无市场。

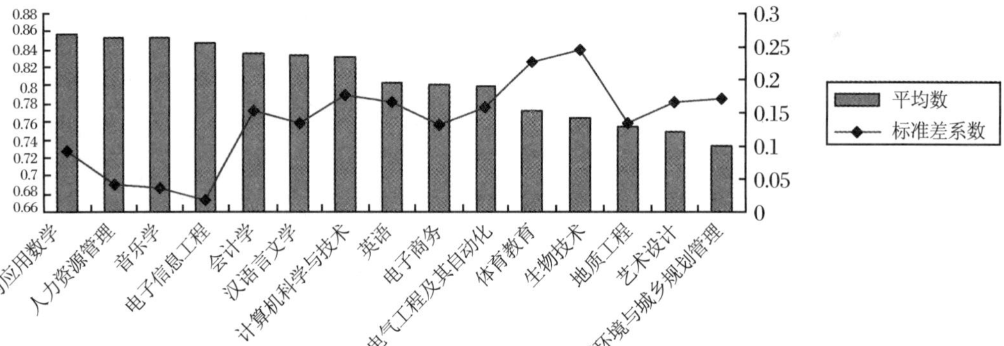

图 6　2011～2013 年各专业对口就业率平均数及标准差系数(剔除 2011 年之后的新增专业)

对比图 5 和图 6 发现，新增专业测绘工程、统计学、自动化的对口就业率也很乐观，已展现出其强大的市场需求。与此同时，化学工程与工艺、新闻学对口就业率较低，我校的这两个专业不是很好地被社会所需要，对口就业率有待提升。

2．最终就业率分析(2011～2013 年)

按照上面就业率的分析方法对最终就业率(分学院)进行分析，如表 6 所示。

表 6　2011～2013 届宿州学院本科毕业生最终就业率(分学院)

学院＼年份	2011	2012	2013
地球科学与工程学院	99.15%	92.92%	95.88%
管理工程学院	97.64%	95.24%	100.00%
化学与生命科学学院	97.57%	91.61%	98.01%
机械与电子工程学院	98.63%	87.79%	99.35%
经济管理学院	91.37%	84.63%	96.71%
美术学院	99.10%	89.12%	97.18%
数学与统计学院	90.85%	88.34%	98.18%
体育学院	89.41%	95.58%	98.73%
外国语学院	95.15%	90.32%	97.44%
文学与传媒学院	89.19%	86.24%	98.21%
信息工程学院	92.58%	83.60%	93.75%
音乐学院	94.23%	90.37%	93.68%

下面用单因素方差分析，以 2011～2013 年数据为样本，显著性水平 $\alpha=0.05$，检验 12 个学院的最终就业率是否存在显著性差异，方差分析结果如图 7 所示。

方差来源	偏差平方和	自由度	方差	F值	F_α	显著性
因素A(组间)	0.018139	11	0.001649	0.73099	2.2163	
误差e(组内)	0.054141	24	0.0022559		3.0944	
总和	0.07228	35				

图 7　2011～2013 年的数据方差分析结果

从方差分析表知，F 值$<F_\alpha$，学院对最终就业率无显著性差异，这基本可以得出，我校 12 个学院最终就业率大致一样，没有显著性差异的结论。

二、就业质量分析

(一) 毕业生就业去向分析

毕业去向分析的指标组成：出国、出境，读研，基层项目，应征入伍，自主创业，其他就业，待就业共 7 个指标。

1. 学生就业去向结构分析

2011～2013年宿州学院毕业生去向统计如表7所示。

表7 2011～2013年宿州学院毕业生去向统计

年份	基层项目	应征入伍	出国、出境	读研	自主创业	其他就业	待就业	合计
2011	3	0	0	311	2	1908	133	2357
2012	4	4	4	348	2	2442	89	2893
2013	7	19	5	340	3	2688	86	3148

从图8中可以看出，我校在2011年之后毕业生去向增加了应征入伍、出国出境两种途径；从图8中可以看出，我校毕业生毕业去向中其他就业、读研、待就业所占比例较大，其中其他就业的比例2011年和2012年没有变化，2013年下降4%；读研的比例从2011～2013年逐年下降1%；待就业从2011年的6%下降到2012年的3%，2013年没有变化；应征入伍在2013年占了一定的比例。

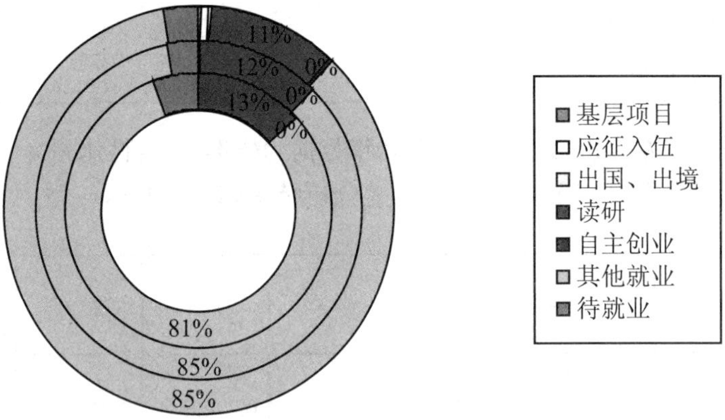

图8 2011～2013年毕业生去向比例图

从内到外依次表示2011～2013年

2. 各专业读研率的差异性分析

由于那些不好划分的毕业去向都归入了其他就业，研究这项数据就变得毫无意义了。然而，在图8中，读研在毕业生去向选择中占了很大的比重，下面就各个专业的读研率差异性进行研究，如表8所示。

表8 各专业平均读研率和标准差系数

专　　业	近三年平均读研率	标准差系数
生物科学	41.00%	0.370164
生物技术	37.00%	0.173759
地理科学	33.00%	0.087477
地质工程	26.00%	0.327112
资源环境与城乡规划管理	21.00%	0.262265
应用化学	19.00%	1.000462

续表

专业	近三年平均读研率	标准差系数
化学工程与工艺	19.00%	0.111648
体育教育	15.00%	0.30792
英语	14.00%	1.030158
数学与应用数学	13.00%	0.222058
电气工程及其自动化	12.00%	0.375771
电子信息工程	12.00%	0.292657
测绘工程	12.00%	0.648181
新闻学	12.00%	0.058926
人力资源管理	11.00%	0.189242
音乐学	11.00%	1.417132
自动化	10.00%	0.565685
汉语言文学	9.00%	0.501028
计算机科学与技术	9.00%	0.222222
市场营销	7.00%	0.719032
国际经济与贸易	7.00%	0.707107
美术学	6.00%	0.855267
电子商务	5.00%	0.757188
会计学	5.00%	0.416333
艺术设计	3.00%	0.83887
统计学	1.00%	0

从图9中可以看出,近三年平均读研率排名前10名的专业依次为生物科学、生物技术、地理科学、地质工程、资源环境与城乡规划管理、应用化学、化学工程与工艺、体育教育、英语、数学与应用数学,其中应用化学、英语标准差系数很大,都大于1,表明这两个专业近三年波动较大,很不稳定;地理科学、化学工程与工艺标准差系数很小,接近于0,表明这两个专业近三年波动较小,很稳定;这当中除此之外的专业标准差系数都在0.2~0.4之间,波动一般。近三年平均读研率排名后10名的专业依次是统计学、艺术设计、会计学、电子商务、美术学、国际经济与贸易、市场营销、计算机科学与技术、汉语言文学、自动化,其中除统计学无波动,计算机科学与技术波动较小,其他波动较大。

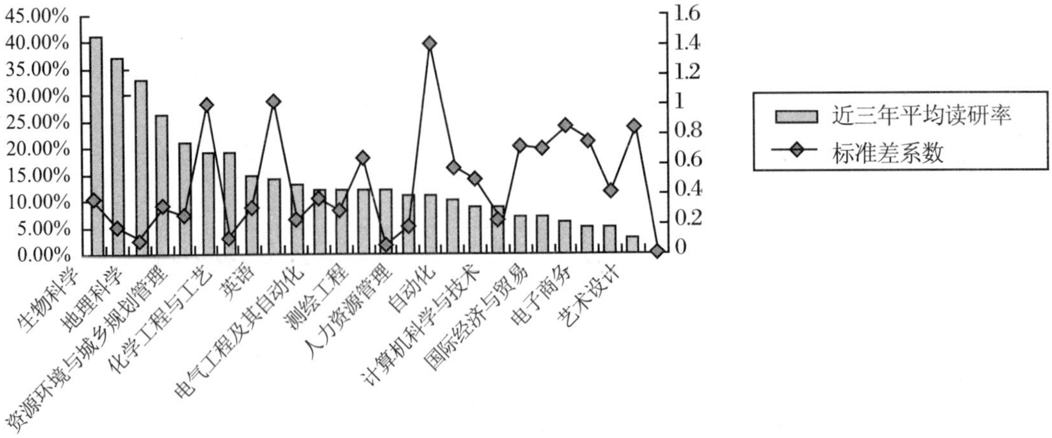

图 9　各专业读研率平均数和标准差系数分布图

(二) 就业区域分析

就业区域分布指标组成如下:

省内:宿州市,蚌埠市,亳州市,滁州市,阜阳市,淮北市,淮南市,六安市,宿州市,省内其他地区;

省外:长三角(江、浙、沪),珠三角(广东省),中西部地区,省外其他地区。

(1) 对 12 个学院近三年毕业生平均就业区域分布数据运用 SPSS 软件进行对应分析,如表 9 所示。

表 9　2011～2013 年毕业生平均就业区域人数分布

学　　院	宿州市	皖北	省内其他地区	长三角	珠三角	中西部地区	省外其他地区
地球科学与工程学院	39	78	121	46	5	18	18
管理工程学院	22	39	42	43	4	4	8
化学与生命科学学院	23	63	82	57	6	18	19
机械与电子工程学院	40	72	123	128	7	10	12
经济管理学院	44	84	131	115	11	11	18
美术学院	46	66	54	21	2	4	6
数学与统计学院	32	86	57	14	1	10	4
体育学院	27	51	60	31	0	2	12
外国语学院	49	110	74	43	4	5	8
文学与传媒学院	27	74	87	18	1	14	5
信息工程学院	25	38	63	123	6	5	8
音乐学院	48	83	33	7	2	4	3

利用 SPSS 软件进行二级学院和就业区域的对应分析,分析结果如表 10 所示。

表 10 二级学院与就业区域的对应分析

维度值	总惯量	卡方值	P 值	总惯量比例	
				单比例	累计比例
1	0.324	0.105		0.725	0.725
2	0.162	0.026		0.181	0.906
3	0.075	0.006		0.039	0.945
4	0.068	0.005		0.032	0.977
5	0.047	0.002		0.015	0.992
6	0.035	0.001		0.008	
总数		0.144	449.624.000a	1	1

表 10 给出了总惯量、χ^2 值及每一维度(公共因子)所解释的总惯量的百分比的信息。可知 χ^2 值为 449.624,P 值很小,接近于 0。这说明列量表的行与列之间有较强的相关性。惯量比例代表各维度分别解释总惯量的比例及累计百分比,从中可以看出,第一维和第二维的惯量比例占总惯量的 90.6%,因此,可以选取两维来进行分析。

各学院在二维平面上对应的坐标值如表 11 所示。

表 11 各学院在二维平面上对应的坐标值

学　院	总值	坐标系得分		各维度上的总惯量值		
		1	2	1	2	总数
地球科学与工程学院	0.104	0.115	0.595	0.06	0.869	0.933
管理工程学院	0.052	−0.25	−0.2	0.59	0.177	0.768
化学与生命科学学院	0.086	−0.17	0.551	0.11	0.573	0.683
机械与电子工程学院	0.126	−0.57	−0.08	0.94	0.008	0.949
经济管理学院	0.133	−0.4	0.039	0.91	0.004	0.914
美术学院	0.064	0.568	−0.36	0.73	0.142	0.874
数学与统计学院	0.066	0.755	0.027	0.9	0.001	0.901
体育学院	0.059	0.143	0.044	0.11	0.005	0.114
外国语学院	0.094	0.419	−0.36	0.68	0.254	0.929
文学与传媒学院	0.073	0.498	0.574	0.51	0.34	0.852
信息与工程学院	0.086	−1.05	−0.49	0.89	0.096	0.983
音乐学院	0.058	1.064	−0.73	0.8	0.185	0.983
活跃总数	1					

表 11 是 SPSS 输出结果给出的绘制最后叠加的散点图所需的行变量(学院)的点坐标表,例如,地球科学与工程学院(0.115, 0.595),管理工程学院(−0.25,−0.2)等,由各学院在两个维度上的总惯量值可知这两个维度提取大多学院将近 90%的信息。

各就业区域在二维平面上的坐标值如表 12 所示。

表 12　各就业区域在二维平面上的坐标值

区　域	总值	坐标系得分		各维度上的总惯量值		
		1	2	1	2	总数
宿州市	0.136	0.495	−0.489	0.612	0.299	0.911
皖北	0.271	0.567	−0.175	0.915	0.044	0.958
省内其他地区	0.298	−0.03	0.387	0.007	0.794	0.801
长三角	0.207	−0.97	−0.3	0.951	0.046	0.996
珠三角	0.016	−0.63	−0.071	0.502	0.003	0.506
中西部地区	0.034	0.178	1.138	0.035	0.714	0.749
省外其他地区	0.039	−0.22	0.602	0.084	0.323	0.408
活跃总数	1					

表 12 是 SPSS 输出结果给出的绘制最后叠加的散点图所需的列变量(区域类别)的点坐标表,例如宿州市(0.495，−0.489),皖北(0.567,−0.175)等,由各学院在两个维度上的总惯量值可知这两个维度提取大多数学院将近 80%以上的信息。

由以上两张坐标表可以得出如图 10 所示的叠加散点图。

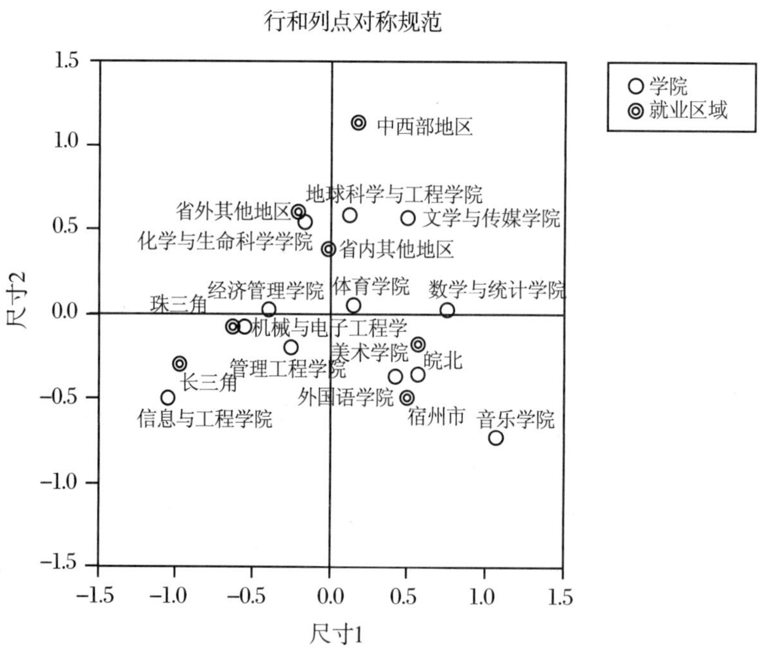

图 10　散点图

从上面的学院和就业区域的对应分析图中不难看出,信息与工程学院近三年毕业生就业区域主要在江、浙、沪等长三角地区,经济管理学院、机械与电子工程学院、管理工程学院近三年毕业生的就业区域主要在广东省等珠三角地区,化学与生命科学学院近三年毕业生的就业区域主要在省外其他区域,地球科学与工程学院、文学与传媒学院近三年毕业生主要在省内其他区域就业,数学与统计学院、体育学院近三年毕业生主要在皖北地区就业,音乐学院、美术学院、外国语学院近三年毕业生主要在宿州市、皖北地区就业。

(2) 26 个专业毕业生近三年平均就业区域分布的对应分析。

2011～2013 年毕业生平均就业区域人数分布如表 13 所示。

表 13　2011～2013 年毕业生平均就业区域人数分布

专　业	宿州市	皖北	省内其他地区	长三角	珠三角	中西部地区	省外其他地区
电子商务	6	15	26	40	2	2	6
电气工程及其自动化	10	27	46	46	2	5	5
应用化学	2	11	20	20	0	4	3
市场营销	4	9	9	30	2	3	2
地理科学	10	29	47	10	0	6	4
地质工程	6	18	17	10	3	5	8
美术学	12	24	20	2	0	1	2
生物科学	6	17	23	6	1	4	6
生物技术	12	18	20	15	5	9	6
人力资源管理	22	36	44	43	4	4	8
艺术设计	34	42	34	19	2	3	4
资源环境与城乡规划管理	10	19	26	12	1	4	3
数学与应用数学	25	77	49	9	0	9	4
电子信息工程	25	35	52	56	3	5	4
体育教育	27	51	60	31	0	7	13
音乐学	48	83	33	7	2	4	3
会计学	28	55	77	32	7	5	8
汉语言文学	26	66	74	7	0	12	5
计算机科学与技术	25	35	66	123	6	5	8
英语	49	110	74	43	4	5	8
测绘工程	19	24	42	21	1	6	3
国际经济与贸易	8	13	22	20	0	4	3
化学工程与工艺	4	21	32	24	1	1	6
统计学	21	26	24	14	1	2	1
新闻学	2	11	21	16	1	3	1
自动化	7	15	37	39	3	1	4

利用表 13 中各专业的就业区域分布数据，进行专业与就业区域的对应分析，运用 SPSS 做类似上述分析，得到专业和就业区域的对应分析关系如图 11 所示。

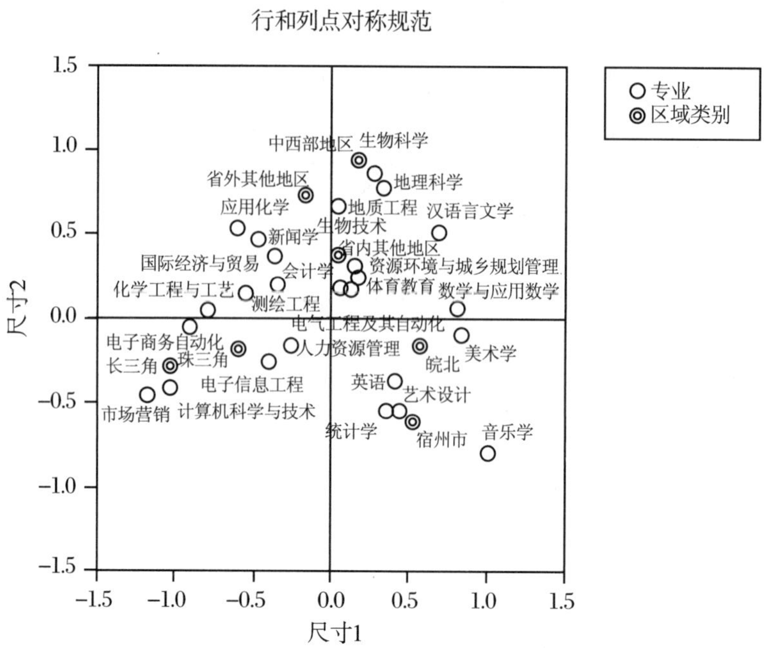

图 11 专业和就业区域的对应分析关系

从输出结果(图 11)中不难看出,市场营销、计算机科学与技术、电子信息工程、人力资源管理、电子商务、自动化专业的毕业生主要在江、浙、沪等长三角和广东省等珠三角地区就业,会计学、体育教育、资源环境与城乡规划管理、电气工程及其自动化、地理科学、地质工程、生物科学等专业的毕业生主要在省内其他区域就业,数学与应用数学、美术学、英语、艺术设计、统计学、音乐学等专业的毕业生主要在皖北和宿州市就业。

(三) 就业单位性质分析

指标组成:党政机关、国有企业、事业单位、教育机构、其他企业、社区农村、其他。2011~2013 年毕业生的就业单位性质分布如表 14 所示。

表 14 2011~2013 年毕业生的就业单位性质分布(全校)

年份	党政机关	国有企业	事业单位	教育机构	其他企业	社区农村	其他
2011	15	112	58	705	849	32	453
2012	30	135	72	720	1386	23	438
2013	23	117	71	686	1696	28	441

图 12 是宿州学院近三年毕业生的就业单位性质分布变化趋势。从就业单位性质结构逐年变化的分析中,可以看出在不同单位性质就业的差异情况逐年缩小,这充分说明了我校的办学定位和办学宗旨是正确的。

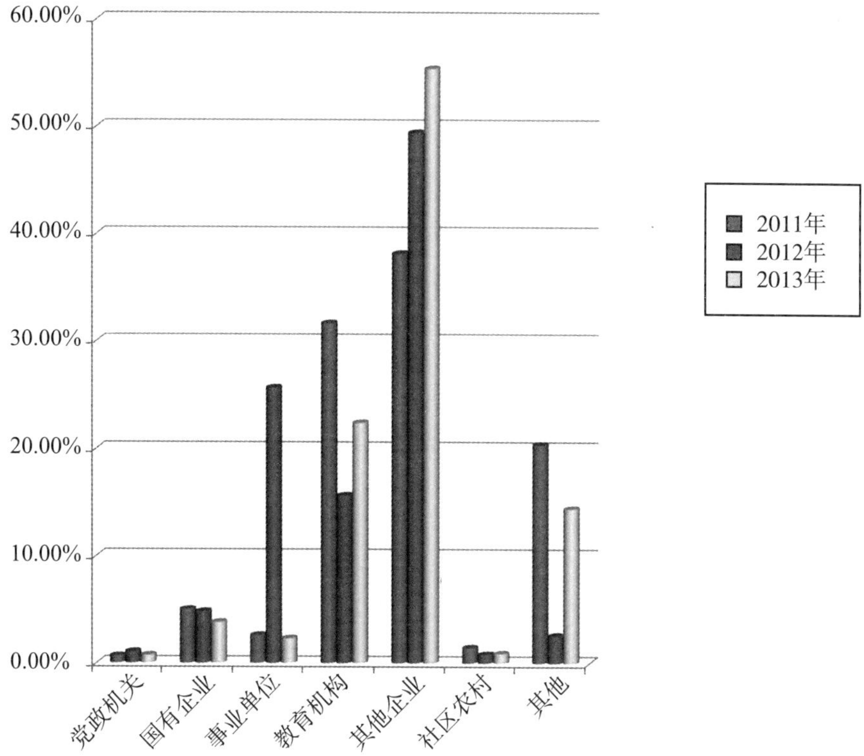

图 12 宿州学院近三年毕业生就业单位性质的分布变化趋势

图 13 是 2013 年宿州学院毕业生就业单位性质分布图。可以看出，在其他企业就业比例最高，占比 55.39%；其次是教育机构，占比 22.40%；国有企业和事业单位的占比相差不大；党政机关和社区农村的占比相差不大，这表明我校正逐步向应用型本科高校稳步推进。

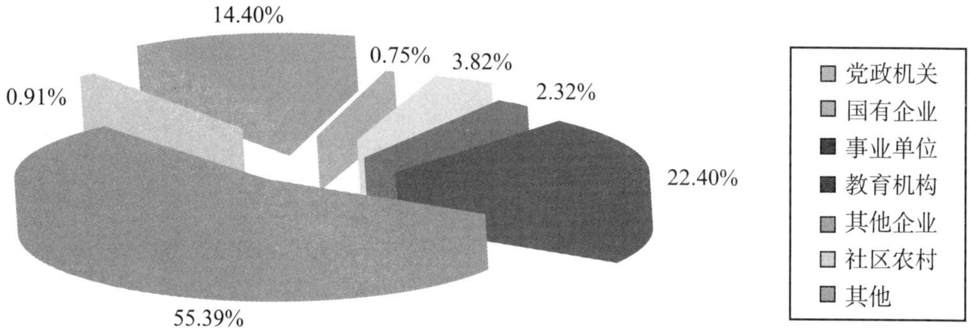

图 13 2013 年宿州学院毕业生就业单位性质分布

三、结论

（一）就业特点总结

1. 强化人才培养模式创新，以提高毕业生技能为核心，着力提升学生就业竞争力

作为全省示范应用型本科高校建设单位，学校根据行业和地方经济社会发展的需要，结合自身实际，在校企合作、工学结合方面进行了长期不懈的探索，形成了以“就业实训一体、教学实践合一”为特色的人才培养模式，提高了学生就业的核心竞争力。在专业设置上，学校紧紧围绕区域地质、煤炭资源开发、煤矿水害防治、煤矿自动化、新型花卉品种组培等皖北地区经济社会发展的新要求，适时提出了“以重点专业对接主导产业，以专业群对接产业群”和“专业跟着市场走，条件跟着专业走，经费跟着条件走”的学科专业改革建设新思路，大力培育和发展宿州与皖北地区急需的应用性学科专业，并把专业群建设作为学科专业建设的重头戏，发挥重点学科的带动效应、特色专业的品牌效应、专业群的合力效应，进一步提升服务地方发展的能力；在课程设置上，探索实施“项目课程实验—专业综合能力实训—校外顶岗实习”为主线的职业课程体系；在考核体系上，实行学历证书和职业资格证书的“多证”融通。

2. 大部分毕业生服务于地方，而“长三角”一直是主要省外地区流向

2013 年的毕业生有 73.91%在安徽省内就业，在皖北就业的比例为 26.81%，在宿州市就业的比例有 12.41%。这一数据与我校作为应用型本科院校的培养面向定位是一致的，说明我校很好地实现了“地方高校服务地方发展”的目标要求。

毕业生流向“长三角”地区的比例为 28.18%。结合多年来的工作实际情况，“长三角”一直是我校毕业生省外就业的首选地区，也是吸纳量最大的地区。分析原因有以下 3 条：① 毕业生综合素质高，能力强；② 江浙地区经济发达，是改革开放前沿阵地，需求量大；③ 就业环境好，毕业生愿意去。“长三角”无疑是我校毕业生就业市场开拓的重点地区，各院部要加强在该地区的就业实习基地建设。

另外，近几年我校毕业生也积极响应国家政策的引导和鼓励，逐步向中西部偏远城市倾斜，2013 年我校有 5%左右的毕业生选择了在中西部经济欠发达偏远城市就业。

（二）存在的问题

1. 整体就业质量有待提高，个别专业的就业面窄

2011～2013 年虽然全校完成了就业率目标，但就业工作发展到今天，各高校更加注重的是毕业生就业的质量。提高就业质量将是我校毕业生就业工作的重要内容，我们将逐步统计反映就业质量的指标，如薪资水平、单位规模、岗位性质和层次等。通过对 2013 年就业质量分析和就业竞争力分析，全校总体就业质量还有待进一步提高。各院部要有意识、有计划地提高毕业生就业质量，积极开拓市场，拓宽就业面。

2. 院部之间、专业之间就业工作发展不平衡

如果把各项就业统计数据看作是各院部就业工作的客观反映，那么经过规范处理过后的数据的显著差异，则表明院部间的就业工作开展不平衡。学科专业不同固然可能影响就业状况，但决定因素归根结底还是在于“人”，这种观点也是能从统计数据中找到支持依据的：有的专业，宏观就业形势看好，但统计数据却反常；有的专业，社会需求萎缩，就业形势严峻，但由于方法得当，措施得力，因而取得了比较好的成效。

（三）对策与建议

(1) 学校应进一步加强就业工作力度，进一步完善就业服务体制，进一步提高全校就业工作科学管理和规范服务的能力与水平。

(2) 进一步加大就业市场的开拓力度，加强实习就业基地的管理，重点建设专业性强的就业实习基地。

(3) 加大毕业生创业教育，建立大学生创业孵化基地，鼓励和引导毕业生自主创业，以创业带动就业。

(4) 切实执行“就业与招生、考评等工作适度挂钩”要求，着力调整专业设置，建立积极的运作机制，促进就业招生与学校发展的良性互动。

(5) 学校应根据市场需求，合理调整学科结构和专业设置，面向社会、面向市场办学。调整专业结构，使之与招生、毕业生的就业趋向相结合，加大社会急需专业的招生数量，并要求教学质量不高、设置不合理的专业减少招生数量，直至停止招生。

(6) 加强毕业生的就业指导工作。高校毕业生就业部门以及相应的管理人员应加强对大学生的就业指导，将就业指导工作贯穿于大学生的整个学习生涯，而不仅仅局限于临近毕业的同学。

(7) 建立一支高素质、专业化的就业指导队伍。高校就业指导队伍的整体素质对于推动整个大学生就业工作起着关键作用。这就要求对从事大学生就业指导工作的专职人员进行专业培训，提高其业务水平和综合素质。同时，积极吸收具有心理学、社会学、教育学、信息学等专长的老师充实到就业指导队伍中来。

(8) 以就业为导向，加快高校的教育与教学改革。学校内部调整自身教学内容和教学方法，改变过去重理论、轻实践，重知识、轻能力的培养模式，开设具有专业特点、实践性强的课程，使学生具备扎实的专业知识。同时关注社会发展对复合型人才的需求，加强对学生综合素质的培养。

参考文献

[1] 顾红.关于应用型本科院校创新型人才培养的研究[J].长春理工大学学报(社会科学版)，2004,17(3):95-97.

[2] 徐斌，吕传振.应用型本科院校毕业生就业状况调查[J].吉林省教育学院学报，2013(1):101-103.

[3] 邱毅.新建本科院校大学生就业问题分析[J].科教文汇(上旬刊)，2010(2):199-200.

[4] 刘静，郝文静，潘欣.新建本科院校就业工作新思路探索:以嘉兴学院商学院为例[J].中国电力教育，2012(1):139-144.

[5] 宋宗智.新建地方本科院校毕业生就业模式创新探索[J].中国大学生就业，2008(20):62-64.

[6] 21世纪教育研究院.中国教育发展报告(2014)[M].北京:社会科学文献出版社，2014.

[7] 陈晓峰.人才分布的结构矛盾与地方高校的就业对策[J].绍兴文理学院学报，2007,27(12):33-35.

[8] 何晓群.多元统计分析[M].北京:中国人民大学出版社，2015.

农村生源大学生“农转非”降温原因分析及其对就业的影响

田向阳

摘要： 大学生“农转非”降温是国家政策调整的结果，更多的是农村经济发展利益增多驱动的结果，还源于就业形势和就业派遣方式的变化。“降温”在减轻公安部门和学校工作负担、引导毕业生面向农村就业、促进社会主义新农村建设等方面都具有十分积极的意义。但也要看到“降温”也给高校农村生源毕业生在求职心态、就业行为选择和就业稳定性等方面带来负面效应。国家、各级政府、高校和农村大学生应采取有效措施解决“降温”带来的负面效应。

关键词： 农村生源；大学生；“农转非”；降温原因；就业影响

一段时间以来关于大学生“农转非”降温的报道屡见不鲜。[1,2]据报道，到 2011 年至少超过 60%以上的农村大学生入学时不愿意将户口迁入高校。随着时间的推移，愿意户口迁入高校的农村大学生越来越少。笔者所在高校农村生源比例超过 70%，2012 年全校招生 4100 人，当年新生户口迁入学校的有 194 人，其中农村籍新生户口迁入 154 人；2013 年招生 4300 人，户口迁入 193 人，其中农村籍学生户口迁入 152 人；2014 年招生 4500 人，户口迁入 96 人，其中农村籍学生户口迁入 83 人，农村大学生将户口迁入学校的比例已经下降到 2.6%。“降温”为什么会发生？对高校毕业生就业产生了哪些影响？这些都值得思考和分析。

一、农村生源大学生不愿意“农转非”的原因分析

1. 我国关于大学新生户口迁移政策的调整是农村生源学生“农转非”降温最直接的原因

根据《中华人民共和国户口登记条例》(1958 年)和有关部委的规定，被城市学校录取的农村学生，凭城市学校的录取通知书办理户口迁出手续，凭户口迁移证和学校的录取通知书在学校登记集体户口。虽然有的城市规定学生可按意愿迁移户口，但按照国家当时的户籍管理制度，凡是考上大学的学生必须将户口迁移到学校，才能享受高校所在地的“公粮”，才能保障学生在校的正常学习和生活。由于高校统招和国家统分政策与这种户口迁移制度相适合，农村大学生和大学生家长都认为，只要考上了大学就有“公粮”吃，就等于有了“铁饭碗”，只要将户口迁入学校就意味着“跳龙门”，就等于有了留在城市的“保险绳”。因此考上大学的农村大学生入学时将户口迁移到高校成为一种特定的心理模式和行为模式[3]。虽然大学生放弃了农村的土地、宅基地和农村集体福利等，但是获得远远大于付出，几乎没有农村大学生不将户口迁入高校的。毕业生由学校发给派遣证和户口迁移证，然后凭派遣证到

[作者简介] 田向阳(1970—)，男，副教授，淮北师范大学，研究方向：高校毕业生就业指导研究。

派遣单位报到后，由单位统一收取毕业生户口迁移证并向当地公安部门报批户口迁入手续。这一阶段农村高校大学生户口的迁入迁出基本上没有什么异议。公安部门也不存在接不接收户口的问题。到2001年国家正式取消了城镇居民口粮凭证定量供应制度，户口迁移与口粮供应脱钩，农村大学生户口迁入高校也不能“吃公粮”了，农村生源新生入学时“农转非”已失去其原来的意义。公安部2003年颁布的《户口管理七项便民利民措施》规定，考取大中专院校的新生入学时可以凭新生入学通知书自愿选择是否将户口迁往学校，未办理户口迁移的农业户口学生，根据本人意愿，户口可以就地办理“农转非”手续。随着这项政策的出台，农村大学生把户口迁移到高校的人数越来越少。

2. 经济利益驱动的结果

(1) 国家惠农政策影响。国家取消了农业税，发放农业补贴，户口留在农村的大学生仍可以有持续的经济收入。

(2) 农村地区的土地附加价值增加。农村大学生的承包地、宅基地的土地价值不断增值，预期收益不断增加。农村集体经济的分红带来了不断增长的经济效益。一些搞现代农业的地区，村民可以按土地入股分红，村里若征地办企业，也可以分红[4]。国家和地方政府征用农民土地给予较高的土地补偿费用。农村大学生担心“农转非”就意味着放弃农村土地和既得利益，所以不愿意将户口迁入高校。甚至有部分户口迁入学校的农村籍学生在户口迁入后不久又要求将户口重新迁回生源地。

3. 就业压力下未就业毕业生派遣方式变化的结果

随着高校毕业生人数的不断增加，就业压力不断增大。毕业时未落实就业单位的学生按照各省市的要求派遣回生源所在地，但由于各省规定的派遣回生源所在地的办法不同，很多省份规定派遣回生源地不是到农村大学生的家庭所在地，而是农村生源毕业生户口所在的省或地级市，即使是派遣回县级人事主管部门的农村毕业生，公安部门在户口迁入时也按照“城镇非农户口”进行办理。所以很多农村大学生一怕“麻烦”，二怕“回不去”，所以户口迁入学校的学生越来越少。

应该承认农村大学生“农转非”降温现象的发生有其积极意义，一方面在户口迁移问题上尊重了农村大学生的选择权，最大限度地保护了农村大学生的既得利益，减少了户口“空挂”现象的发生，减轻了公安部门和学校户籍管理部门的工作负担，对于引导毕业生面向农村就业、促进社会主义新农村建设[5]等方面都具有十分积极的意义。但是“降温”也对农村生源毕业生择业和后续职业发展产生了负面影响。

二、“农转非”降温对农村生源毕业生的负面影响分析

(一) 对农村生源毕业生求职定位产生负面影响

1. 对农村生源毕业生求职就业单位性质定位的影响

考虑“农转非”预期损失以及初入城市所需的巨额生活成本，农村生源毕业生在求职时，要求未来岗位具有收入高、工作稳定性好等特点，农村生源毕业生到非公有制企业就业被学生家庭视为“打工”，不到不得已大部分农村生源毕业生的就业第一选择不会选择非公有制企业。而公务员考试、事业单位编制考试等往往延时到毕业后，所以农村学生离校时就业率明显低于城市生源毕业生。定位的不准确严重影响了农村毕业生的及时就业。农村生源毕

业生的父辈很多有到城市做“临时工”的经历,打工不需要转户口,农村生源毕业生受其家庭的影响,大量的农村生源毕业生在毕业后即使在城市里落实了非公有制企业的工作也不愿意将户口转入所在城市。

2. 对农村生源毕业生就业区域定位的影响

因为大量的农村生源毕业生不愿意把户口迁出,觉得在哪里工作都是“打工”,因此在就业区域定位上,以打工收入的高低作为自己职业区域定位的主要标准,因此,农村生源毕业生在就业区域定位上,把选择省会城市作为第一选择,尤其是选择经济发达地区的省会城市。这些地区是毕业生就业竞争激烈的地方。同时毕业生在区域定位上考虑往返家庭的交通成本,一般选择离生源地较近的经济发达地区的省会城市作为自己的首先选择。

3. 对农村生源毕业生就业要求薪酬待遇定位产生影响

由于农村生源毕业生家庭教育投入占了家庭收入的很大比例,有的甚至超出 200%[6],且农村生源毕业生到城市工作支付高额的初始生活成本(如房租)有困难,再加上家庭和个人迫切需要回报的心理,求职时往往把薪酬待遇高低作为职业选择的第一标准。大量的农村生源毕业生不转户口,把到非公有制企业就业视为“打工”,因此,在求职时要求就业薪酬待遇的标准不低于真正的“农民工”,然而,农民工的月收入远超出初始就业高校毕业生已是不争的事实。对薪酬待遇的过高要求使农村生源毕业生就业滞后。

(二) 对农村生源毕业生求职行为产生负面影响

过去学生户口放在高校,学校和学校所在地公安部门要求毕业时要将户口迁移出去,落实不了就业单位的学校会把学生户口派遣回生源所在地,把户口迁回家庭所在地并成为“农转非”。那时的毕业生一般情况下会积极主动地参与就业竞争,大部分农村毕业生会在就业派遣前落实就业单位。而现在农村学生不把户口迁入高校,即使毕业时未落实就业单位也不需要考虑户口迁出和“农转非”的问题,所以找工作缺少紧迫性。农村大学生在求职时出现的不着急甚至消极等待等行为较为严重地影响到农村毕业生的及时就业。

(三) 对就业后工作稳定性产生负面影响

农村大学生毕业后,已签订规范就业协议的毕业生户口被派遣到用人单位上级主管部门,未签订规范就业协议的毕业生户口被派遣到生源所在地。毕业生户口由本人凭就业报到证迁转。农村生源毕业生缺少实践和工作经验,不知道自己是否能在城市立足,很多人抱着先到城市先试一试不行就回去的打算,所以暂不想迁户口。在试一试的心态指导下,农村生源毕业生在工作中碰到压力或人际关系发生障碍时首先考虑的不是如何解决问题和坚持工作,而是采取换一份工作继续试一试。所以农村大学生“跳槽”率居高不下,就业稳定性较差。经过 2～3 年的“跳槽”,农村生源毕业生积攒了一定的工作经验后才能稳定下来,一旦稳定下来,个人面临结婚购房等具体问题,当其满心欢喜准备按揭贷款时却被告知因无本地户口银行无法给予住房公积金贷款时,方才打算将户口迁入工作地。这时就业报到证早已过期,到生源地迁出户口和到工作地迁入户口都碰到了障碍,无奈之下只好继续将户口保留在农村。除支付高额全额购房款外,其后还会碰到子女户口、就学等具体问题,这时很多农村大学生后悔毕业时没有将户口迁入工作地。有的毕业生在碰到户口不能迁移的问题时干脆离开城市回到家庭所在地,由于其长期不从事农业生产,因此回到家庭所在地之后仍然会在附近城市重新就业,使这部分毕业生在很长时间里工作稳定性不高。

三、解决对策和建议

在“农转非”降温的大背景下，农村的大学生陷入了两难境地：“农转非”可能意味着放弃农村既得利益，不“农转非”又可能碰到城市购房不能公积金贷款、子女就学难等具体问题。解决好这一问题关系到广大农村大学生的切身利益，关系到农村大学毕业生的及时充分就业。国家、各级政府、高校以及农村生源大学生应该共同努力解决这一问题。

（一）国家和各级政府层面

1．国家层面

国家要完善农村土地流转政策，要对大学生户口迁出后土地流转作出具体规定[7,8]。我国尚未出台明确的大学生户口迁出后其承包土地、宅基地以及集体收益分红的管理办法。各地在执行过程中都按照自己的理解来做，有的地方认为农村大学生户口迁出即失去集体经济成员资格，自然也不享受相应收益，所以直接将土地收回而不给予其补偿。有的地方收回土地并给予其一定的经济补偿，并保留集体分红收益。有的地方不收回土地，保留大学生土地和相应收益。各地做法的不一致给农村大学生户口迁移带来不确定性。笔者认为，国家应该制定明确的政策，规定大学生毕业后要“农转非”，要退还承包土地给集体经济或转让给本集体经济内的失地农民。同时，集体经济应给予相应的经济补偿，保留宅基地。考虑到农业生产的特殊性，应给予户口迁出的大学生 1～2 年的出让缓冲期。同时，还可规定大学生可以“非转农”，畅通农村毕业生回村就业创业等渠道。实际上农村大学生回村从事农业生产的现象十分罕见，其土地成为其家庭成员的福利，与此同时，集体经济内的新生子女越来越多地成为失地农民，这就造成了实际上的社会不公平。农村大学生“农转非”应该成为解决部分失地农民获得土地的有效手段。这项制度实施后，可以使农村大学生获得经济补偿，较好地缓解初入城市生活成本巨大的压力，使农村生源大学生愿意“农转非”，同时让部分失地农民获得土地，缓解农村社会矛盾，具有积极意义。同时，国家应该制定更为合理的公积金贷款规定，使户口没有迁入城市的农村大学生也能够享受到改革的优惠。

2．各级政府层面

各级政府尤其是县、乡级政府应加强对集体经济收回大学生土地工作的监管力度，应建立土地转让价格评估机构，合理评估转让价格，防止出现集体经济故意压低转让价格、打“白条”等损害大学生利益的情况发生。贫困县应建立贫困乡镇大学生土地收回补偿专项基金，可以把收回的土地经营权拍卖，所有权归集体经济，但承包经营权拍卖的收益作为土地收回补偿基金来源，确保贫困乡镇农村大学生权益不受损失。

（二）高校

1．加强对农村大学生的就业指导

高校应通过就业指导课、专家讲座等形式加强对农村大学生开展就业指导，要向大学生宣传国家的土地流转政策和就业政策，让其了解毕业后“农转非”的利弊，减少求职心理误区，减少求职顾虑，实现充分就业。

2．高校要加强对农村学生的职业生涯规划教育

由于受到农村教育水平的限制，农村生源地大学生的职业生涯规划知识和理念滞后于城市学生,对于未来职业的了解也远滞后于城市学生,不愿意迁户口除了经济上的原因外,没有做好职业规划,不知道自己能不能在城市中立足,不知道自己在城市里适合做什么、能不能做好,求职中缺少自信和准确定位也是重要原因,因此,才会跳了“龙门”还恋“农门”[9]。高校应引导农村大学生积极做好职业规划,同时积极鼓励其在城市中参加社会实践,多了解城市,多了解职业,在加深了解城市和职业的情况下做好自己的职业规划,减少“农转非”带来的负面效应。

(三) 农村大学生

1. 要积极参加社会实践,做好自身职业生涯规划

要在求职季节到来之前做好就业定位问题,不要在要不要“农转非”和什么时候“农转非”的问题上犹豫不决, 促进自身及时合理就业。

2. 转变就业观念,做好家庭工作,形成积极合力,促进自身充分就业

农村生源大学生在“农转非”问题上存在认识误区,要尽快转变到非国有制经济单位就业是“打工”的观念,要尽快转变不愿意回农村就业的心态,积极做好家庭成员的思想观念转变工作,从而形成正确的择业观念,形成家庭合力,促进农村生源毕业生的及时就业。

参考文献

[1] 吴学安.大学生不再热衷“农转非”折射出城市生存困境[J].中国大学生就业,2011(5):16-17.

[2] 韩妹.大学生“农转非”悄然降温[N].西部时报,2011-10-18(10).

[3] 郭石磊.论我国高校学生的户籍管理制度[D].长沙:湖南大学,2008.

[4] 张建.高校农村籍大学生户籍迁移意识转变及原因分析[J].中外企业家,2012(3):150-151.

[5] 章思.农村籍大学生就业选择的影响因素研究[D].长沙:湖南农业大学,2012.

[6] 刘志强.城乡二元结构下农村大学生就业难问题分析[J].山东省青年干部管理学院学报,2008(1):42-44.

[7] 刘灵辉,刘晓慧,陈银蓉.农村大学生农转非土地承包经营权问题研究[C].2009 年中国土地学会学术年会论文集,2009.

[8] 叶芬.土地承包经营权新探:浅析农村大学生毕业后在原籍的权利主体问题[J].韶关学院学报,2011,32(11):144-147.

[9] 汤世亮,李树阳.农村大学生跳了“龙门”为何还恋“农门”? [N].桂林日报,2011-10-28.

经管类大学生就业指导创新的探索：构建“141”发展型模式

黄 伟

摘要：针对当前经管类大学生就业指导工作面临的现状和存在的问题分析，结合经管类大学生的专业特点和学科优势，进一步创新大学生的就业指导模式，探索经管类大学生就业指导的“141”发展型模式的基本内涵及其特点，并对其实现的途径展开探讨和研究。“141”发展型模式就是围绕学生的全面发展这一核心理念，坚持将全程就业指导与专业教育相结合，将系统理论体系与多渠道教育相结合，将职业生涯规划与个性咨询服务相结合，将个人职业发展与市场人才需求相结合的“四结合原则”开展就业指导，最终实现的目标是开发和培养经管类大学生的就业竞争力，实现个人与职业的和谐发展。

关键词：经管类大学生；就业指导；创新；发展型；模式

自1999年高校扩招以来，中国的高等教育进入了规模快速扩张时期，已经从精英教育迈入了大众教育的阶段，高校招生规模不断扩大，大学应届毕业生逐年增多，就业难问题日益突出。据人力资源和社会保障部数据显示，2014年全国高校毕业生人数为727万。相比2013年699万毕业生增长了28万人次，再创历史新高，被冠以“更难就业季”称号。在这样的背景下，作为热门专业之一的经管类专业，报考的人数每年都在水涨船高，学生的就业形势更加严峻。因此，积极创新大学生就业指导的工作思路，探索行之有效的经管类大学生就业指导模式具有重要的现实意义和指导意义。

一、经管类大学生就业指导现状分析

为了进一步了解经管类大学生就业的指导现状，本研究采用了问卷调查法，在某校经济管理学院发放问卷300份，收回有效问卷287份，有效回收率为95.6%。通过对调查结果的统计、归纳和分析，发现经管类专业大学生的就业指导主要存在以下四个方面的问题：

（一）就业指导与经管专业特色相脱节

就业指导工作的目的是帮助学生对本专业及个人情况具有正确的认识，使学生能够在社会大环境和个人小环境中准确定位，并形成健康的就业心理和科学的择业观[1]。然而，受当前现有教育模式、传统思想等原因的影响，经管类专业的就业指导与其他专业大同小异，依旧采用的是“不同专业，相同工作”的就业指导方式，没有结合学科专业特点，引导学生关

［作者简介］ 黄伟(1987—)，男，安徽农业大学教师，研究方向：大学生创业。

注所学专业前沿,培养学生的专业素质,这就会在一定程度上造成就业服务功能低效的局面。在调查过程中,有24.5%的学生认为学校的就业指导应该增加些专业就业前景的介绍,因此,科学有效的就业指导应该结合学生真正关心的问题,结合学生的专业教育和职业生涯发展来进行(见图1)。

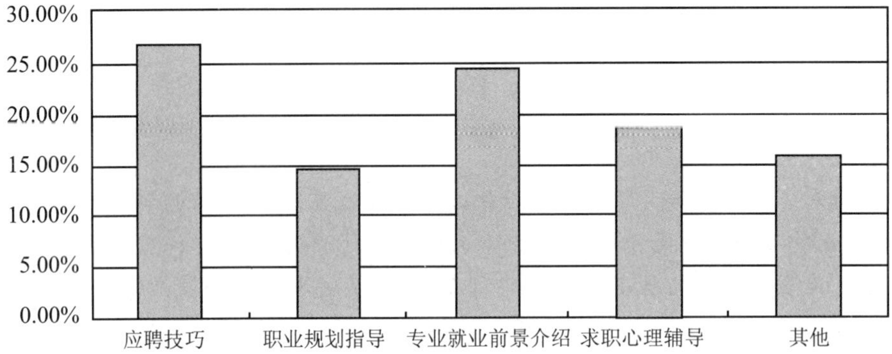

图1　学生希望就业指导提供的内容

(二) 就业指导与市场人才需求不匹配

近几年,随着经济发展方式的转变,产业结构的调整,用人单位在招聘的时候从最初单纯地看重学生的学业成绩向更加注重考量学生的综合素质转变。这就对经管类大学生的职业素养和就业能力提出了更高的要求。但是,当前高校就业指导模式并没有改变,培养的学生大多"重知识,轻能力"。调查数据显示,有超过47.5%的学生认为就当前实际情况而言,学习比参加社会实践活动显得更为重要(见图2)。另外,高校没有建立完善的实习制度,经管类学生很少有机会到企业实习,学生的实训和实践环节往往流于形式,这样就导致高校毕业生结构和质量与就业市场需要之间"不匹配、不符合、不适应"现象的发生。

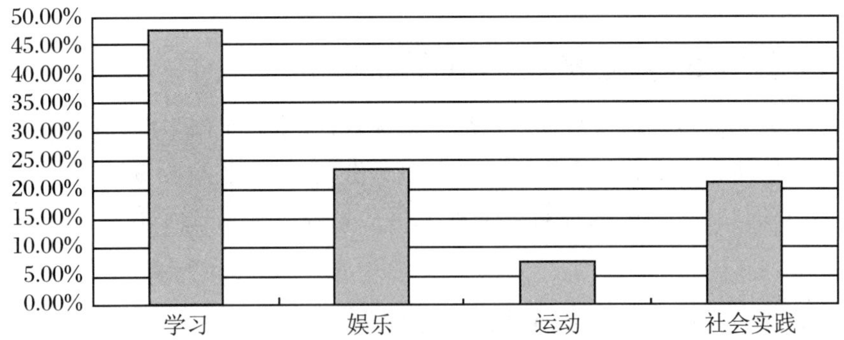

图2　课余时间学生主要做的事情

(三) 就业指导的内容体系相对单一

当前,各高校都已经开始非常注重就业指导,并在学校各年级开设就业指导课程。但调查显示,只有将近54.9%的同学认为学校的就业指导和服务是有作用的,其他同学都认为没有太大作用(见图3)。究其原因,大部分经管类专业的就业指导普遍缺乏系统的理论基础,就业指导教师只注重就业政策的宣讲和技巧性求职的介绍，就业服务大多是提供招聘信息和就业流程说明，就业指导的内容相对单一，没有结合经管类学生的求职需求，给予学生个性化指导，并进行实际的求职模拟操作，就业指导的针对性和实效性不强。

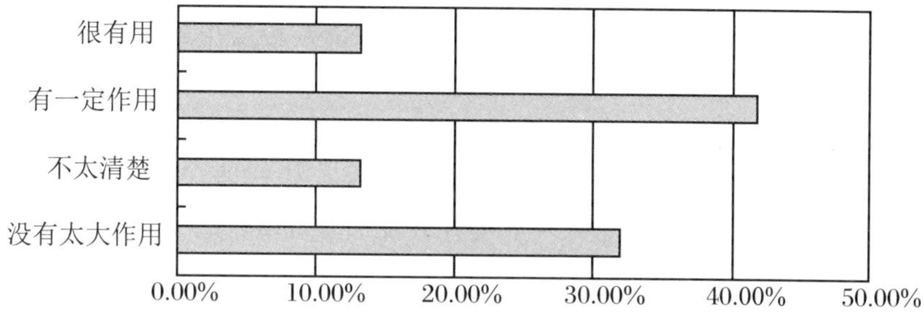

图 3　学生对学校就业指导作用的看法

（四）就业指导的教育手段缺乏多样性

调查数据显示，92.7%的经管类大学生所了解学校提供的就业指导形式是室内授课，对于模拟训练、商业实践、户外素质拓展、网上课堂等教育形式的了解少之又少(见图4)。由此可以看出，现阶段经管类大学生的就业指导普遍属于临时突击型，在指导过程中多数采取就业指导课、讲座、专题报告等形式进行，而且都是大课堂授课，上课人数多，教学效果差，使得不少学生不懂得结合上课内容，根据自己的能力与素质，进行自己的职业生涯规划，甚至错误地认为就业指导也就只是简单的几次课程、几次讲座。

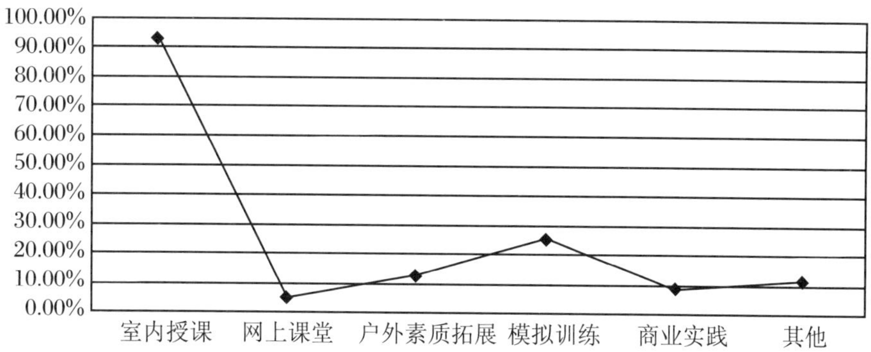

图 4　学生了解的学校就业指导的形式

二、经管类学生就业指导“141”发展型模式的内涵

（一）“141”发展型就业指导模式的内涵

我国现行的高校就业指导模式是 20 世纪 90 年代毕业生分配制度改革时期逐步形成的，就业指导的主要内容是帮助毕业生了解国家就业政策，了解就业程序和择业技巧“包装”，目的是帮助毕业生树立正确的就业观念，从而及时、顺利地找到满意的工作[2]，这样的

模式可以称之为“工作导向型”就业指导模式。这种模式缺乏系统的理论和科学的方法支撑，往往只注重就业指导的实用性、速效性、技巧性，忽视了就业指导的科学性、前瞻性和个性化[3]，难以指导大学生找准职业定位，制定合理的职业生涯规划，进而选择契合自己兴趣和研究方向，同时满足经济社会发展需求的职业道路。因此，创新大学生就业指导发展模式，构建发展型大学生就业指导模式，已成为高等学校进一步深化教育教学改革、加强就业工作的一项重要内容。

发展型就业指导模式，把“以人为本”的教育理念运用到就业指导工作中来，强调学生的潜能开发，注重学生的全面发展和可持续发展。这种指导模式要求就业指导工作适合当前我国经济社会发展的客观需要，把个人发展与社会发展有机结合起来，实现个人价值和社会价值的统一[4]。

在此基础上，针对当前经管类大学生就业指导存在的问题，结合自己就业指导工作的实践，本文提出面向经管类大学生就业指导的“141”发展型模式，如图 5 所示。“141”发展型就业指导模式围绕学生的全面发展这一核心理念，坚持将全程就业指导与专业教育相结合，将系统理论体系与多渠道教育相结合，将职业生涯规划与个性咨询服务相结合，将个人职业发展与市场人才需求相结合的“四结合原则”开展就业指导，目的是培养经管类大学生的就业竞争力，最终实现个人与职业的和谐发展。

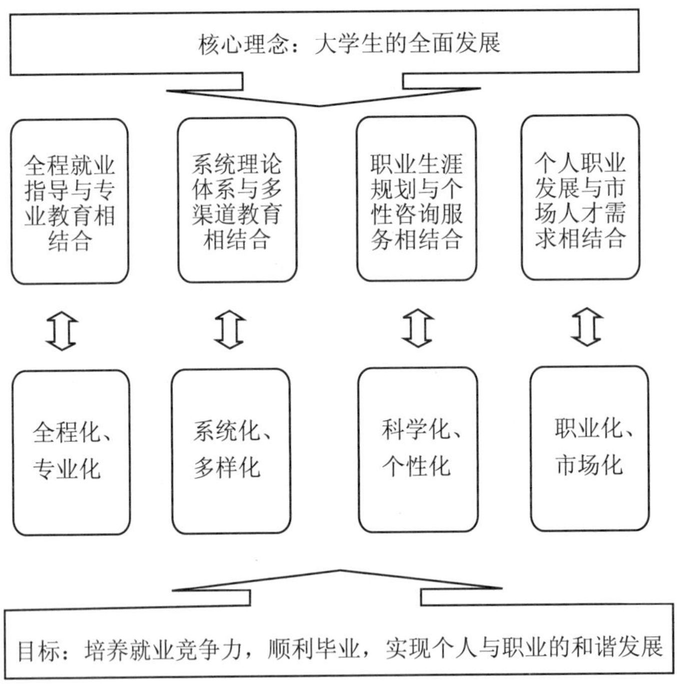

图 5 经管类大学生“141”发展型就业指导模式

（二）“141”发展型就业指导模式的特点

1. 全程化与专业化

“141”发展型就业指导模式强调将职业发展理念融入大学生专业教育的全过程。一方面把就业指导课列入教学计划，将就业培训贯穿于课堂教学中，结合课堂教学，引导学生关注所学专业前沿，培养学生的专业素质。另一方面，根据不同年级、不同阶段学生的特点，合理分配就业指导工作内容：一年级为自我探索期，学生在教师的指导下，认识职业生涯规划的理论，全面了解自我，为以后的职业规划打基础；二年级为职业思索期，学生要主动了解社会，了解专业和职业发展方向，制定属于自己的职业生涯规划；三年级为职业奋斗期，主要是加强专业学习，积极参与社会实践，不断提高自己的综合素质，进一步完善自己的职业生涯规划；四年级为职业行动期，在大学前三年职业生涯规划和学校就业教育的指导下，进入人才市场求职。

2. 系统化与多样化

“141”发展型就业指导模式是科学发展观的重要体现，把以人为本的理念运用到就业指导工作中来，根据经管类大学生的培养目标和教育要求，形成就业指导的目标系统、内容体系、理论体系等完整的教育理论体系，为做好经管类大学生的就业指导工作提供支持和保障。同时，将多种形式多样的就业指导教育形式结合起来，除了常规性的授课、讲座，还可以开展社会实践、就业能力实训、心理辅导、素质拓展、创业训练等，不但可以帮助学生树立正确的择业观和就业观，而且可以帮助学生形成健康的心理素质、积极进取的职业态度、敢于挑战自我极限的勇气和精诚合作的团队意识，培养和锻炼学生的综合职业能力[5]。

3. 科学化与个性化

“141”发展型就业指导模式是基于职业生涯发展与规划的理论架构体系，通过生涯发展的主线把全面发展与个性发展的理念贯穿于经管类学生的生涯认知、生涯规划、生涯探索和就业指导的过程之中。除此之外，在给经管类大学生就业指导过程中，要根据岗位需求，结合学生的专业特点和个性特点，运用职业能力测量、心理测试、性格、气质等一系列理论、方法和手段，给予学生不同的职业技能、就业指导、信息咨询等相关培训，塑造学生良好的心理素质，帮助学生确定适合的就业目标[6]。这样既具有科学化，又具有个性化的就业指导，符合教育的基本规律，适应大学生全面发展和个性发展的需求。

4. 职业化与市场化

“141”发展型就业指导模式面对的对象是经管类大学生。由于经管类专业的基础性、理论性和应用性等特征，决定了在经管类人才培养的过程中，不仅需要学生有扎实的专业知识，更要树立市场导向的就业理念，把个人需要与市场人才需要结合起来，走职业化发展道路。对于经管类专业学院，为了克服毕业生就业过程中的结构性矛盾，一方面要通过毕业生的追踪服务，反馈输送到市场上的人才培养质量，并依据调查结果调整在校大学生的就业指导体系；另一方面，要走出高校，积极寻求校企合作，安排学生到企业实习，将学习到的经济学和管理学的相关知识运用到实际中去，提早检验自己的学习成果，进而准确定位自己的职业目标。

三、“141”发展型就业指导模式的实现途径

（一）建立专业的就业指导教师团队

首先，要打造一支专业化、专家化的就业指导教师团队是发展型就业指导模式的重要基础。“141”发展型就业指导模式下的就业指导老师应该是由专业教师与精通生涯辅导、职业测评、心理咨询等内容的辅导员组成的一支专、兼职结合的教师团队。同时，依托社会资源，

将校外在企业从事人力资源管理的专家、知名专家吸收进就业指导教师团队,通过讲座和实践锻炼并重的方式,帮助学生制定正确的职业规划和人生发展规划。其次,学校要开展系列分层次、系统化、专业化的培训,通过提供专业的TTT(Training the Trainer to Train,培训培训师)等培训机会,让就业指导教师接受专业、系统的职业生涯规划和就业指导的理论培训,切实提高教师的教学能力和理论水平,提升教学质量。最后,引导就业指导教师主动了解经管类专业的学科特点,结合就业指导的相关知识,对学生进行个性化的、具有针对性和实效性的就业指导。

(二)打造立体的就业指导教育平台

1. 室内授课平台

室内授课形式的就业指导是"141"发展型就业指导模式的必要环节。开设的就业指导课程和相关讲座,要结合学生所学专业的实际就业情况和学生自身的特点,建立一整套全程化的职业生涯辅导方案,然后分层次、有重点地开展。

2. 能力实训平台

就业能力实训是"141"发展型就业模式的重要环节,包括素质拓展教育和职业能力训练两个方面。素质拓展教育主要通过体验式培训,帮助大学生发现自我潜能,提高就业能力。职业能力训练主要通过行业配需、情景模拟等形式,培养学生的综合能力。

3. 校友信息平台

很多校友对母校都有强烈的归属感,在学校发展、资金捐助等方面做出了巨大的贡献。因此,"141"发展型就业模式下可以邀请有需求的校友及校友企业来校参加校园招聘会,或者邀请知名校友来校成为兼职就业指导教师和生涯指导导师,充分挖掘校友的力量促进就业率和就业指导的提升。

4. 网络平台

通过院级就业网页、QQ、微信、微博等网络平台,发布就业政策、就业信息、职业测评、择业指导、职业规划等方面的内容,并开设留言板和交流区,实现网络互动,给经管类学生全方位的就业指导。

(三)建立与企业合作的就业指导机制

从就业指导的形式上来讲,要想培养出符合市场需求的高素质的大学生,就必须理论教学与实训操作双管齐下。因此,"141"发展型就业指导模式要建立与企业合作的就业指导,实现人才与市场的接轨,是大力提高育人质量,有针对性地为企业培养人才的重要手段。一要通过与企业合作,可以及时了解企业对经管类人才综合素质和专业技能上的要求,随时对就业指导的计划和内容进行调整,促进就业指导评价方法和评价手段的改革。二是在企业建立实习基地,学校依靠与企业的合作,为学生的校外实习实践、推荐就业提供机会,实现学生对自我素质和能力的再认识,从而提升毕业生就业能力。三是面向企业的就业指导模式,以市场需求为导向,按照企业的工作任务确定就业实践教学,按照学习项目确定实训内容,把模拟企业环境和企业式管理作为学生向职业人转变的方式,将理论教学和实训教学融于一体,从而实现了工作与学习的有机结合。

(四)开展全方位的创新创业教育

《国家中长期教育改革与发展纲要》明确指出,要大力推进高等学校创业教育工作。创新创业教育既是适应经济社会发展和高等教育自身发展需要应运而生的一种教育理念，也是融创新教育于人才培养全过程的一种教育模式。一是要在经管类大学生就业指导过程中，营造浓厚的创新创业教育氛围，把创新创业实践作为创新创业教育的重要教学途径，通过举办创新创业大赛、讲座、论坛、模拟实践等方式，引导学生较早地进入科研、进行实践，培养创新创业精神，激发大学生的学习兴趣和创业热情，促进大学生个性化发展和综合素质的提高。二是依托学校的创新创业项目，鼓励学校组建创新创业训练计划项目的学生团队，利用空余时间结合项目研究内容开展调研和实践活动，进行自主训练，在实践过程中增强创新能力和创业能力。

参考文献

[1] 刘靖媛.结合专业特色，做好就业工作[J].职业，2005，10(15)：43-45.

[2] 王秉琦，李寿国，彭璟.构建发展式大学生就业指导新模式探索[J].中国高等教育，2007(13)：60-61.

[3] 王芹，肖斌.高校个性化就业指导工作的难点与解决途径[J].广州大学学报(社会科学版)，2008，7(6)：66-68.

[4] 李寿国，彭璟.构建发展式大学生就业指导新模式的思考与探索[J].中国大学生就业，2007(4)：61-62.

[5] 金蕊.试论独立学院发展型就业指导模式[J].淮海工学院学报(人文社会科学版)，2012，10(4)：125-127.

[6] 郭开宇.经济管理类学生就业指导模式探索[J].中国电力教育，2013(3)：221-222.

基于大学生村官的毕业生基层就业导向研究

周　铃

摘要：本文结合目前安徽省大学生基层就业的情况，在归纳整理现有关于“大学毕业生就业”和“引导和鼓励大学毕业生到基层就业”等相关文献资料的基础上，以某校为例，揭示出影响大学生到基层就业的深层次原因并提出相应的解决对策，以期为政府和高校引导和鼓励大学生面向基层就业提供参考，促进高校毕业生面向基层就业、创业。

关键词：大学生；村官；基层就业；研究

高校毕业生是否选择到基层就业，其实是对就业地点的一种更为现实的选择。根据劳动力供给理论和劳动力流动理论，人们的就业行为以及择业行为主要受经济因素和非经济因素的驱动。在查阅了大量有关大学生基层就业的文献资料的基础上，笔者从安徽省高校毕业生参加国家和地方项目情况统计和就业单位性质着手分析，进一步以某校的毕业生为调研对象，从影响基层就业的比例因素和有利因素两个方面找到影响大学生下基层就业的症结所在。

一、安徽省高校毕业生就业状况分析

近年来，中央和安徽省先后出台了一系列政策措施（中办发〔2005〕18号、皖办发〔2006〕20号、皖政〔2009〕39号），大力引导和鼓励高校毕业生面向基层就业。安徽省各有关部门和高校认真贯彻落实中央和省的政策意见，积极组织实施“选调生”“选聘生”“三支一扶”、招募高校毕业生到乡镇卫生院工作、“大学生志愿服务西部计划”、在高校毕业生中招收大学生士官等项目计划，启动“农村义务教育阶段学校教师特设岗位计划”项目，通过项目示范和政策引导，使面向基层就业的人数逐年加大，基层已成为毕业生就业的主要去向。据统计，2010年安徽省本、专科毕业生到基层就业11.8万人，比2009年同期增加近1万人，增幅为8.4%。根据《安徽省普通高校毕业生就业工作年鉴》(2009～2011)做了如下统计：

(1) 近几年，安徽省逐步扩大国家和地方项目的规模，积极引导和鼓励高校毕业生到基层就业服务，通过项目示范和政策拉动，流向基层的就业人数逐年加大。

从表1、表2分析可见，安徽省通过国家和地方项目就业呈以下特点：

① 国家和地方项目带动就业的毕业生绝对数在增加，基层就业学生人数占毕业生的百分比也在逐年增加，可见基层已逐渐成为安徽省本、专科毕业生就业的主战场。

② 参加“三支一扶”和卫生系统招募计划的毕业生增幅较大。前者由2009年的700名增至2011年的1319名，后者由2009年的400名增至2012年的2948名（见表1）。可见，毕业生对发展前景好、优惠政策力度大的项目兴趣大，申报热情高。

〔作者简介〕　周玲(1982—)，女，安徽农业大学教师，研究方向：大学生就业。

表 1　2009～2012 年安徽省高校毕业生参加国家和地方项目情况统计表

年份	西部计划	选聘生	选调生	三支一扶	士官生	卫生系统招募	安徽基层政法干警	特岗计划	合计	
									人数	占毕业生的百分比
2009	209	640	385	700	697	400			3031	1.52%
2010	316	529	320	1000		884	899	4050	7998	3.73%
2011	232	1319	330	1319		2920	678	3808	10606	4.37%
2012	201	1730	410	1000		2948	447	4709	11445	4.38%

(2) 我们要正确看待大学生基层就业稳步增长的现象。一方面，由于近几年安徽省加强政策引导，加大了对基层就业的支持力度，实施了多个基层项目计划，并且部分高校在教育和引导大学生基层就业方面措施得力，对大学生基层就业起到了积极的正面导向作用；另一方面，安徽省基层单位占的比重大，毕业生选择"县及县以下单位"和"中小企业"以外单位的余地不大，如表 2 所示。

表 2　2010～2011 年安徽省高校毕业生就业单位性质流向分布

年份	单位性质	研究生占已就业毕业生比例	本科生占已就业毕业生比例	高职(专科)占已就业毕业生比例
2010	艰苦行业企业	0.45%	1.27%	2.1%
	国家地方基层项目	0.21%	1%	0.41%
	城镇社区	0.06%	0.21%	0.12%
2011	艰苦行业企业	0.45%	1.27%	1.09%
	国家地方基层项目	0.25%	0.51%	0.41%
	城镇社区		0.12%	0.21%

从表 1、表 2 分析可见，本、专科毕业生占了下基层就业人数的大多数。高职(专科)生 2011 年比 2010 年去艰苦行业企业就业人数缩减了一半，本科生 2011 年比 2010 年去国家地方基层项目的就业人数亦缩减了一半，而 2011 年研究生就没有去城镇社区工作的。可见基层的现实情况很难吸引大学生。

二、基于某校毕业生基层就业意向的调查研究

根据实际情况，笔者选取了安徽省属某一重点高校作为样本采集，在学校进行了深入调查和访谈。本次调查在该校内采取抽样调查的方式，针对 2009 级的本科学生以及 2010 级的研究生进行调查，并考虑到学校是农科类院校，理工农科类专业多于文法经管类、艺术类的实际情况，所以选取样本的过程中，抽取的理工农科类样本也是多于文法经管类、艺术类样本的，调查对象涉及全校 16 个本科学院，满足样本抽取的差异性和全面性的要求。与此同时，样本的采集也充分考虑到性别、政治面貌、生源地、家庭经济状况等情况，针对性地进行了相应区分和权衡比例。总计发放问卷 500 份，其中研究生问卷 100 份，共回收问卷 482 份，回收率达 96.4%，其中有效问卷 468 份，有效率达 93.6%，满足问卷的收集要求。

(一) 调研对象的基本信息统计

1. 性别

在工作稳定性方面,女性比较喜欢安逸;在就业期望值方面,女性的期望值比男性要低(见图 1)。

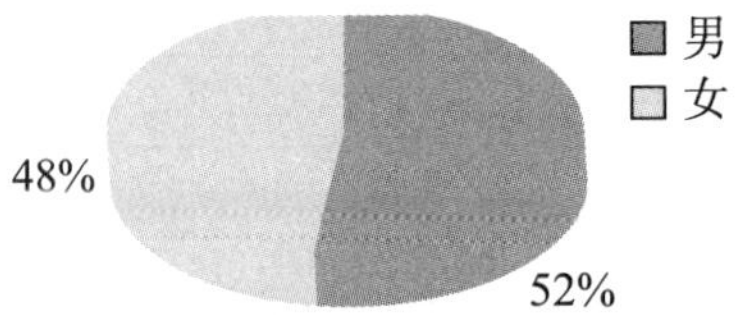

图 1 所调查大学生的性别比例

2. 政治面貌

党员选择基层就业的可能性更大(见图 2)。

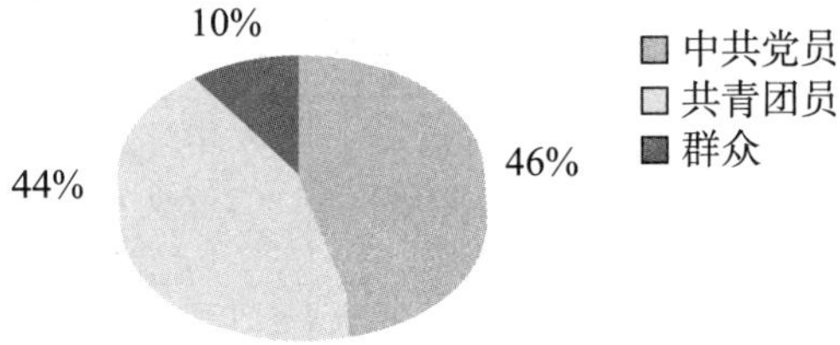

图 2 所调查大学生的政治面貌情况

3. 家庭经济背景

家庭经济条件越好,在找工作机会时往往就业期望值会更高(见图 3)。

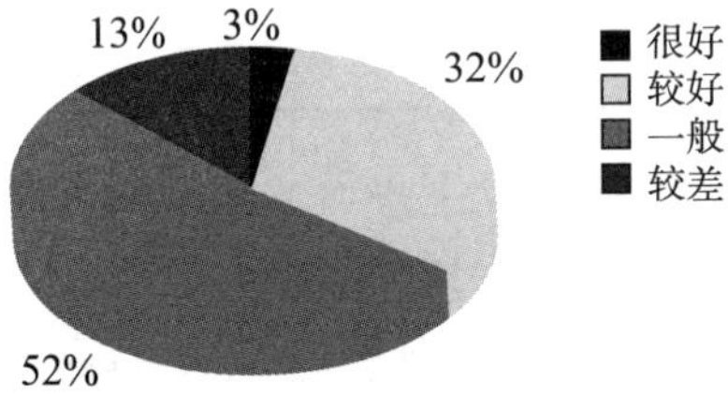

图 3 所调查大学生的家庭经济情况

4. 家乡情况

农村出生的大学生往往对基层比较了解,能很快地适应基层的工作环境以及社会文化(见图 4)。

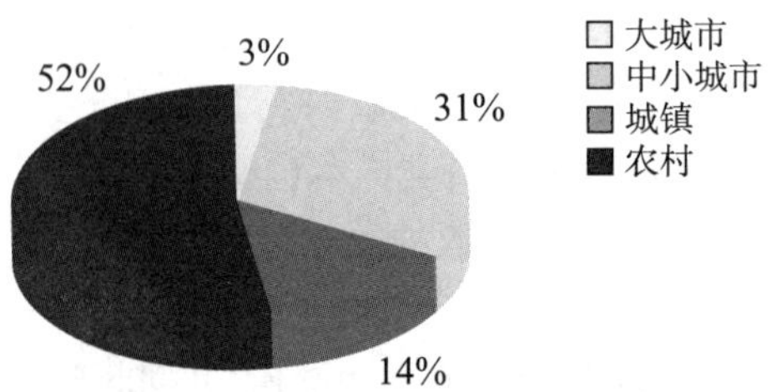

图 4 所调查大学生的家乡情况

5. 所学专业

基层就业，一般需要农业、林业、畜牧养殖业等专业的人才(见图5)。

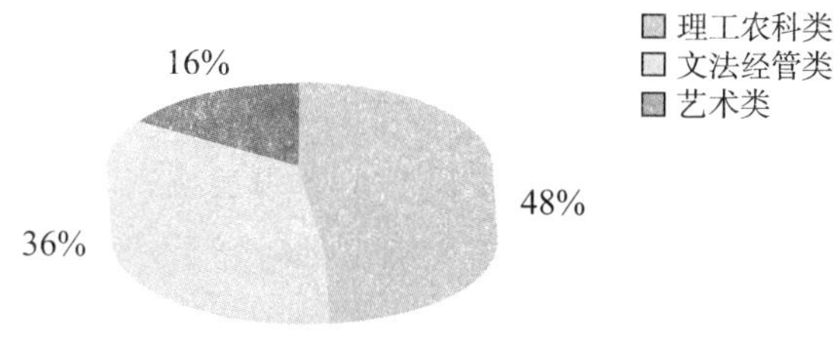

图5 所调查大学生的专业类别分布情况

(二) 影响大学生选择基层就业因素的实证分析

1. 影响基层就业的有利因素

在实现统筹城乡发展的背景下，政府为改善基层就业环境出台了一系列引导和鼓励大学生下基层就业的优惠政策，这对大学生来说是一种机遇。同时，基层还具有广阔的市场前景和发展空间，可以为大学毕业生提供一个展示才能的广阔舞台。由图6可以看出，大学毕业生最看重的基层就业的有利因素有:基层更能磨炼人，选择此项指标的占到了全部人数的54%;选择基层可以积累工作、生活经验的占到了全部人数的50.1%，选择个人成长发展空间大的占到了全部人数的35.9%。可想而知，大学生比较看重个人的能力锻炼以及经验的积累。

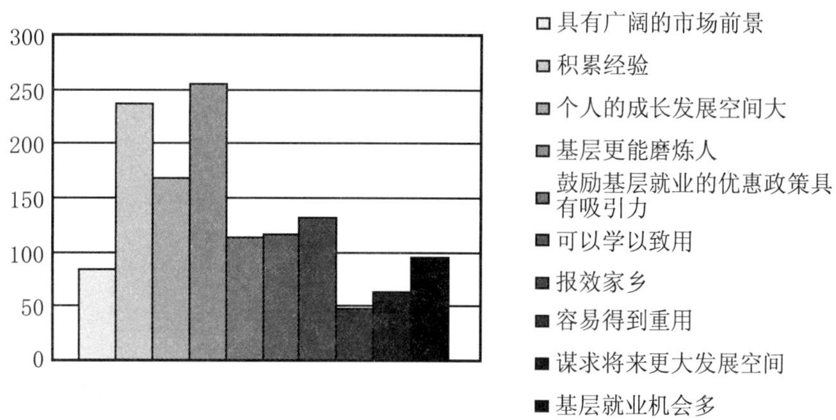

图6 所调查大学生认为基层就业的有利条件

2. 影响基层就业的不利因素

基层在吸引大学毕业生就业方面，与大城市的经济发展、文化氛围、发展机会等方面相比较，处于竞争劣势，直接影响着大学生就业的个人收益和发展空间。基层的待遇低，并且发展机会少、工作环境差、文化生活单调，影响了大学生的继续投资和继续收益。可见，基层的不利因素降低了大学生选择基层就业的期望，实际上是降低了高校毕业生的当前收益以及未来收益，成为阻碍大学生到基层就业的主要障碍。因此，只有当基层就业的有利因素大于不利因素时，大学生才会选择到基层就业;反之，当基层就业的不利因素大于有利因素时，大学生会有所顾虑,选择不到基层就业(见图7)。

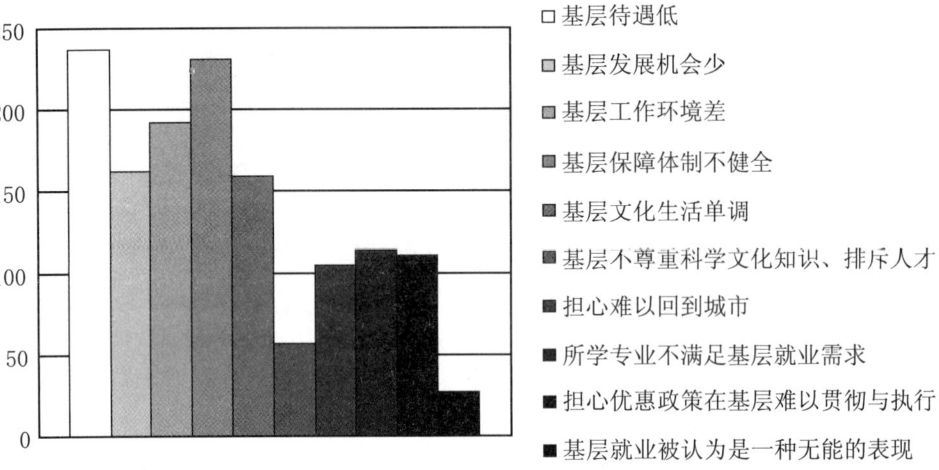

图7 所调查大学生认为基层就业的不利条件

由图7我们可以看出,有50.6%的被调查学生认为基层待遇低是基层就业的首要不利条件;其次是基层保障体制不健全,有49.4%的学生选择了此项;再次分别是基层工作环境差、基层发展机会少、基层文化生活单调,分别有41.1%、34.6%、33.9%的学生选择了这几个影响基层就业的不利因素。

3. 大学生选择基层就业态度调查

依据大学生对自己的未来或者职业生涯规划的设计情况,将结果分为三类,由图8可以看出,有大致设计的占全体学生人数的80.1%,做了认真设计的占全体学生人数的11.5%,可见绝大多数同学对自己的未来是有规划的。

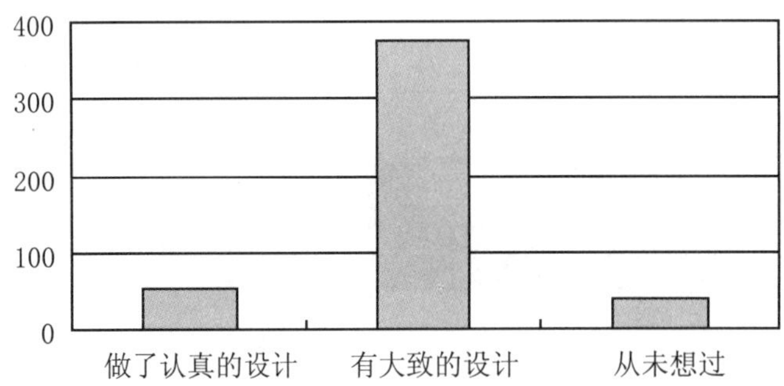

图8 所调查大学生对自己的未来或职业生涯规划的设计情况

根据大学生选择基层就业的态度,可以将大学生对基层就业的态度分为积极参与、考虑参与、无所谓以及不会参与这四项。由图9可以看出,选择积极参与的占27.5%,有58.9%的大学生选择了考虑参与,另外还有13.5%的大学生表态无所谓或不会参与。可见,在自主择业的就业环境下,大学生选择基层就业的积极性不高,引导和鼓励高校毕业生到基层就业面临着极大的挑战。

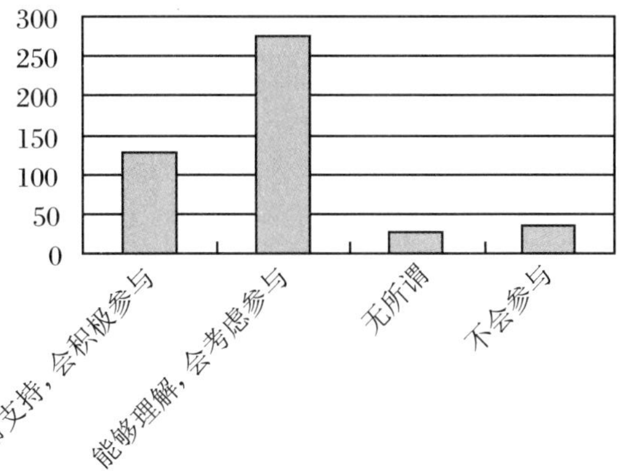

图 9　所调查大学生选择基层就业的态度

三、原因分析

（一）引导和鼓励大学生基层就业的政策作用不明显

在党和政府实施的大学生基层就业政策中，有很多有利于大学生就业的优惠政策，如在工作三年后，可以选调、考研、考公务员，在考研和考公务员时享受加分政策，并且在同等情况下优先录取。但是基层就业政策还是存在一部分问题的，如基层就业政策衔接不上，现有的大学生基层就业政策只注重短期效应，基层就业大学生的管理制度不完善等。由图 6 可知，有 24.4%的大学生认为“鼓励基层就业的优惠政策具有吸引力”；由图 7 可知，同样有 24.4%的大学生担心“优惠政策在基层难以贯彻与执行”。可见，党和政府制定的一系列优惠政策并没有起到预期的引导效果，其主要原因有：一方面，各地虽然出台了一系列引导和鼓励高校毕业生面向基层就业的优惠政策和实施办法，但是各地政府从政策的制定到执行更加注重本地生源学生的就业问题。由图 10 可知，对国家面向基层就业的优惠政策非常了解的有 7.6%的大学生，了解一些的占所调研大学生总数的 48.7%；另一方面，部分大学生的基层适应能力较差，没有到基层工作的经验，在工作的过程中很容易碰钉子，挫伤了其在基层工作的积极性，动摇了扎根基层的理想，从而引起一部分人对基层就业政策的怀疑。

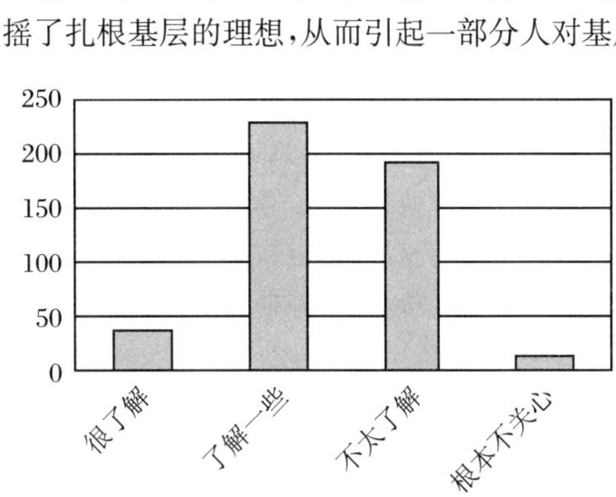

图 10　所调查大学生对国家面向基层就业的优惠政策的了解情况

(二)基层就业环境难以吸引大学生

高校的文体活动比较丰富,有利于大学生综合素质的培养。大学生在适应了丰富多彩的校园生活后,大多对精神文化生活有较高的要求。而基层由于经济落后,一些困难的地区还在温饱线上挣扎,往往对文化娱乐活动没有消费能力,导致基层文化娱乐设施严重不足,难以满足高校毕业生的精神追求,成为影响大学生选择基层就业的阻碍因素。有些偏远的基层地区,到现在还未开通网络,让长期生活在网络信息世界的大学生产生了畏难情绪,导致大学生不愿下基层就业。如图11可知,有75.6%的大学生认为基层的就业环境没有吸引力。

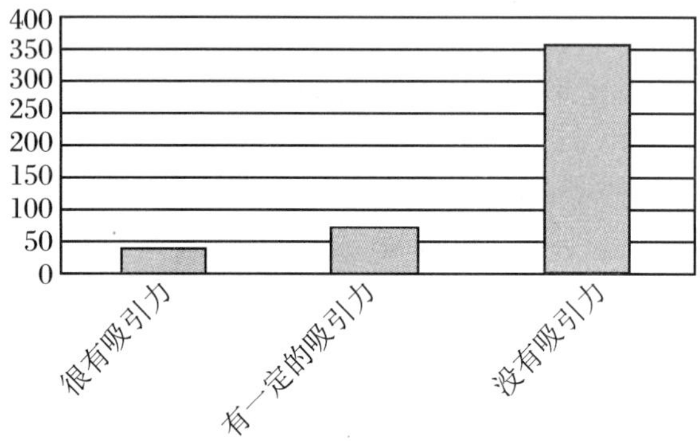

图11 所调查大学生对基层就业环境的态度

大部分毕业生到基层工作后,往往被作为政府的编外人员,做一些简单、重复、单调的工作,没有可供个人才能施展的空间,工作建议一般不容易被采纳,这会使毕业生感到"英雄无用武之地"。同时,在工作中还会发现基层的人际关系过于复杂,尤其是农村的亲戚裙带关系比较多,以及基层群众的文化水平普遍偏低,导致工作难以开展。

(三)高校引导力度不足

高校作为大学生的培养基地,是最能了解大学生的想法和需求的,但在引导和鼓励大学生基层就业中未能发挥其独特的优势。第一,学校对引导和鼓励高校毕业生到基层就业的投入较少,不仅表现在对引导和鼓励大学生基层就业的优惠政策宣传不到位,致使大学生对基层就业方面的优惠政策认识不足;还表现在没有建立起良好的激励机制,不能帮助毕业生认清当前的就业形势,大大降低了高校毕业生到基层工作的信心。第二,学校的工作重点在教学科研方面,学校的就业指导机构建设落后,难以为大学生提供全面的就业信息、政策法规咨询、求职技能培训、心理辅导等帮助和支持。如图12所示,仅有21.1%的学生认为学校经常开展就业宣传教育。第三,我国高校的专业设置大多雷同,特色越来越弱化,不少专业培养脱离实际。在笔者访谈中也了解到,少数毕业生有服务基层的愿望,但是由于所学专业在基层无用武之地,最终不得不放弃这个理想。如图13所示,有51.2%的大学生认为学校的专业设置不太适合基层就业的需求。

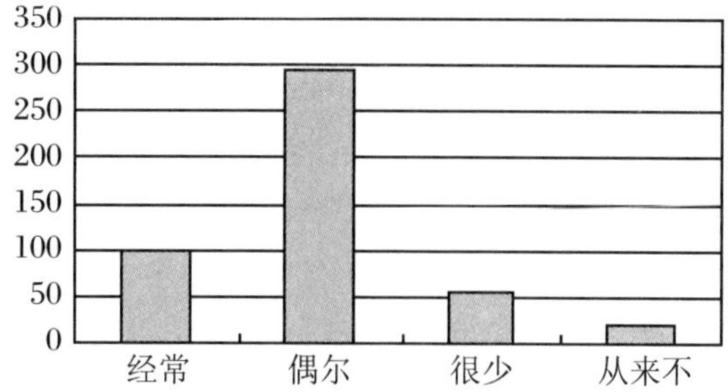

图 12　学校对大学生就业宣传教育的情况

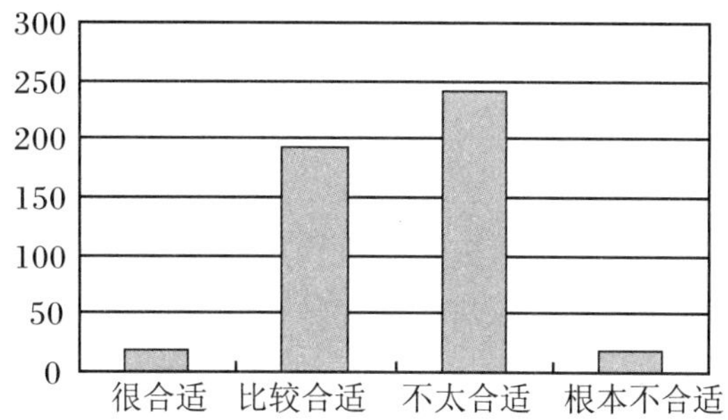

图 13　学校的专业设置适合基层就业的情况

（四）大学生缺乏对客观现实的清醒认识，且就业观念落后

在相当长的一段时间里，我国的高等教育一直处于精英教育阶段。而随着教育体制的改革，我国的高等教育正在从精英教育向大众化教育转变，大学生也从社会精英向一般劳动者转变。同时，当代大学生大多为独生子女，有极强的个性，并且追求独立自主与个人发展，在考虑就业方向时会充分比较基层和大城市对个人发展的有利程度，一心想去大中城市挣大钱，却不知现在一二线城市以及东部沿海地区的人才需求已经趋于饱和，而广大的基层更加需要高素质的人才，对目前的就业形势估计不足。如图 14 所示，仅有 5.76%的大学生表示对就业形势很了解。

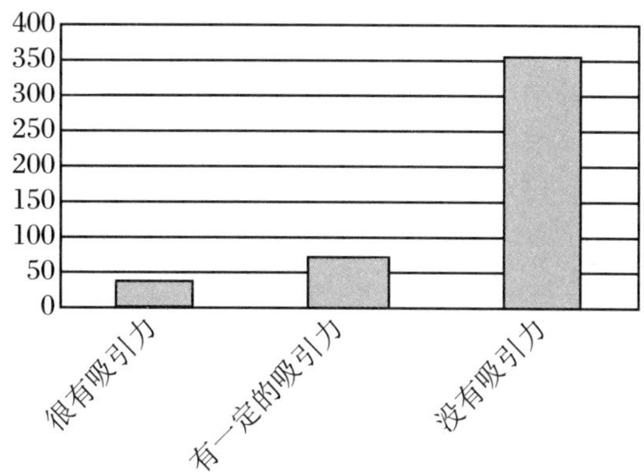

图 14　所调查大学生对就业形势的认识

四、完善大学生基层就业的对策建议

(一) 政府层面导向

首先,政府在制定相关政策时应结合大学生的自身需求,切实从大学生的职业发展意愿出发,制定出切实可行的有针对性的政策;并对现行的有关引导和鼓励大学生基层就业的优惠政策进行修正和完善,对一些笼统的、概念性的条例加以标准化、具体化、明晰化。其次,政府要充分发挥宏观调控的作用,要进一步推进户籍、档案、社会保险等制度的改革,消除户口等问题给大学生就业带来的约束,消除他们的后顾之忧。第三,政府对大学生基层就业不能仅仅停留在政策层面,还应加大相关的财力、物力、人力等方面的支持。比如,成立大学生基层就业的专项基金,用于对大学生进行创业培训,提供贴息贷款,给予创业奖励,也可以根据当地的优势特色,开展特色农作物种植、生态旅游开发等活动。第四,要通过一系列的人文关怀让毕业生感受到国家对其重视程度,比如,节假日对其进行慰问,定期组织各地大学生村官进行沟通与交流,对其生活及家庭情况进行适当的体恤和必要的帮助,对在基层表现优异的要进行重点表彰,满足其精神层次的需要。

(二) 基层单位层面导向

(1) 各基层单位要积极转变观念,充分认识到高校毕业生对基层发展的积极作用,加强自我宣传,吸引毕业生前来就业。要切实站在当地发展的角度,充分利用大学生的文化、思想等方面的优势,为大学生合理安排工作,彻底消除地方保护主义政策,愿意把当地的发展状况以及不足之处放到台面上与毕业生沟通。

(2) 基层单位应加强基层文化建设,为大学生营造一个良好的工作、生活环境,丰富他们的业余生活,让他们在基层"待得住"。一方面,政府可以加大文化建设上的投入,健全各项文化娱乐设施,如建立专门图书馆,或者健全网络平台,以及修建一些娱乐广场;另一方面,政府可以积极引导和鼓励各种民间组织开展丰富多彩的文化活动,加强营造积极的文化氛围。

(3) 大学生具有较好的文化基础以及较强的接受能力,基层领导应根据当地实际情况,在工作中对其进行提携、带动,迅速提升毕业生的工作能力,让毕业生们感觉到自己在基层的价值,也可以适时为毕业生提供一些培训机会,让毕业生掌握一些管理知识和实用技能。

(三) 高校层面导向

(1) 开展积极有效的思想政治教育,引导大学生树立正确的世界观、人生观和价值观,自觉地把个人理想同国家与社会的需要紧密结合起来。要通过社会实践等多种方式,帮助大学生深入了解国情、了解社会,正确认识就业形势,树立行行建功、处处立业的观念,踊跃到基层锻炼成才。

(2) 高校可以根据专业特色,选择一些基层单位作为见习基地,定期带大学生前往基层实习、考察,让大学生提早了解基层的发展现状,熟悉基层的生活、工作环境,拉近大学生与基层的距离,激发大学生投入基层的愿望,同时,也可以使大学生在实践中提高实践能力和适应能力,为今后投身基层打下基础。

(3) 各高校应根据市场的需求,调整专业设置以及人才培养模式,加大对基层急需型人才的培养,如可以加大对农业、金融、教育、医学等方面的人才培养力度,以满足基层就业所需的能力条件与素质模型。注重对学生进行综合素质的培养,开设有关大学生沟通技巧、表达能力、团队协作精神、国家政策以及法律法规等方面的专业课程,增强大学生的社会实践能力与适应能力。第四,加强大学生基层创业教育,培养大学生的创新、创业意识。近几年,不少大学生在基层创业的先进事例不断见诸报端,高校应加大典型示范,宣传大学生村官在基层创业的事迹,帮助大学生确立自己的发展之路。

(四) 大学生层面导向

首先,面对当前严峻的就业环境,大学毕业生必须认清形势,对自身能力及职业发展进行合理的评估。可通过网络、报刊等多关注当前大学生的就业方面的信息,了解当前的市场需求,把握大学生的就业形势。清醒认识自身的优势及不足,选择适合自己的职业道路。切不可盲目跟风,更不能眼高手低。其次,大学生要积极参与各种社会实践活动,培养自己吃苦耐劳的精神,磨炼自己的意志,练就一身本领,服务于新农村建设。走进基层之后,更要放低姿态,虚心学习,戒骄戒躁,在实际工作中提升自己的综合素质,以最快的速度完成从学生到基层工作者的角色转换。第三,充分利用政府开发的各种项目计划,为自己面向基层就业创业打开门路。利用"选聘生""选调生""大学生志愿服务西部计划""农村义务教育阶段学校教师特设岗位计划""三支一扶"和"鼓励高校毕业生应征入伍服义务兵役"等国家和地方的基层项目成功到基层去建功立业。

参考文献

[1] 中共中央办公厅,国务院办公厅.关于引导和鼓励高校毕业生面向基层就业的意见[S].2005.

[2] 刘秀娟,董谦,王军.大学生就业难与政府的政策取向[J].中国劳动,2006(4):17-19.

[3] 史永江,邢克智,张静芳.浅谈影响大学生到基层工作的原因及对策[J].2006(2):84-85.

[4] 吕书良.新农村视角下大学生村官及其政策考量[J].中国农村观察,2008(3):53-59.

[5] 李亚杰.殷切的勉励激情的奉献:胡锦涛总书记重要批示在大学生"村官"中引起强烈反响[N].人民日报,2008-12-23.

[6] 董宏君.中组部:五年选聘十万大学生到村任职[EB/OL].(2008-03-24).http:Hcpc.people.tom.crdGB/64093/64094,7033487.html.

[7] 徐尼强.大学生村官与三支一扶、农村教师特岗、志愿服务西部计划人员有何不同[N].中国人事报,2009-06-12(3).

[8] 彭小孟,肖池平.大学生面向基层就业的现状分析和对策思考[J].教育探索,2008(11):128-129.

[9] 孙彦彬.关于高校引导和鼓励毕业生面向基层就业的思考[J].黑龙江高教研究,2007(5):47-49.

高校毕业生求职意向分析与指导体系建设的实践探索

——以安徽工业大学 2014 届毕业生为例

丁忠利

摘要：高校毕业生就业工作是高校人才培养的重要环节，通过收集并分析毕业生在求职初期的就业意向、就业心理等情况，对高校推进就业指导体系的建设具有重要意义。

关键词：高校毕业生；求职意向分析；指导体系；实践探索

一、调研目的

高校毕业生是国家宝贵的人才资源，毕业生就业工作关系到社会和谐稳定，关系到毕业生的家庭幸福，关系到人才强国战略的实施，是高校人才培养非常重要的环节。通过及时了解并掌握毕业生的就业意向和就业心理，摸清毕业生的求职准备情况，有助于做好针对性的就业指导和就业服务，提高高校就业工作的管理水平和服务质量，促进毕业生充分就业和高质量就业，具有十分重要的意义。

二、调研内容和调研对象

调研内容主要围绕毕业生的就业准备、就业意向和就业指导等几个方面。

我校 2014 届本科毕业生共有 4794 名，分布在 14 个学院、50 个专业、119 个班级。按照毕业生数的 1/3，随机发放 1600 份问卷，收回有效问卷 1365 份，涵盖全校各专业各班级。

三、调研问卷设计

问卷的题目均与毕业生的就业择业相关，力求做到每个题目的主题明确、设问单一，言语简洁、选项客观全面。问卷采取无记名答卷，尽量消除被调查者的差异性。

［作者简介］ 丁忠利（1972—），男，副研究员，安徽工业大学学生工作部副部长、就业创业指导中心主任，研究方向：大学生就业创业指导。

本文受到学校 2011 年度思政教研重点课题“大学生职业规划与就业能力提升的研究”（2011SZ-02）的资助。

四、调研结果的数据分析

（一）就业择业的准备情况

1. 对就业、择业的关注度

通过是否与父母交流就业问题、是否了解师兄师姐的就业单位、是否与已就业的师兄师姐保持联系等三个方面进行考察，如图1所示。

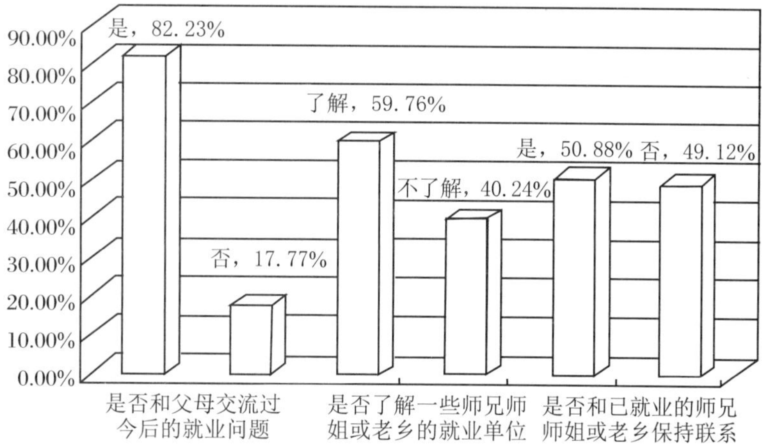

图1 对就业、择业关注度的分析

通过对比可以看出，2014届毕业生对就业岗位、职业环境有较充分的了解，这为未来就业准备打下良好的基础。其中，有82.2%与父母交流过就业问题；有59.8%了解校友的就业去向；有50%与已就业的校友保持联系。

2. 相关能力和特长的自我认知

毕业生相关能力和特长的自我认知，是通过毕业生认为自己能力突出以及认为自己能公开展示兴趣特长等两个问题进行的。

（1）相关能力的自我判断。

通过图2可以看出，95%的毕业生对自身能力有清晰的认识，反映出对未来的就业竞争充满信心。5%的毕业生认为自己没有特别突出的能力，这些学生可能会对未来的就业竞争感到恐慌，求职信心受到打击的可能性会更大。这要求学校和学院要加强针对性就业指导，帮助他们开展自我认知，了解自己的优势和长处所在。

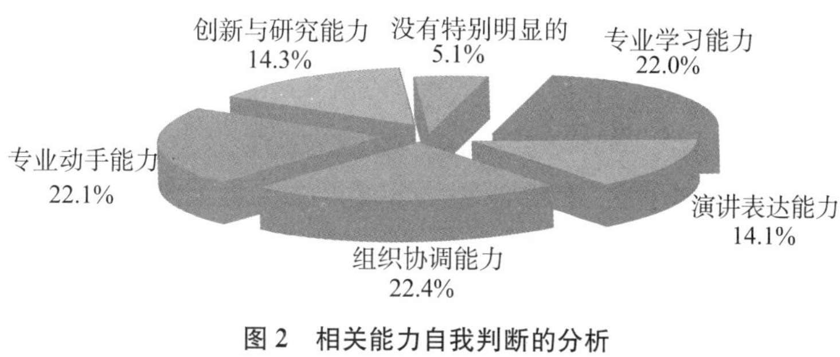

图2 相关能力自我判断的分析

(2) 特长与兴趣的自我判断。

具备一定的特长和兴趣将有助于提高毕业生在职场的竞争力。大部分毕业生具有一定的特长和兴趣,但主要集中在体育技能和歌曲演唱上。同时,书法与绘画、舞蹈展示、相声与小品、器乐等也有一定的比例,如图3所示。

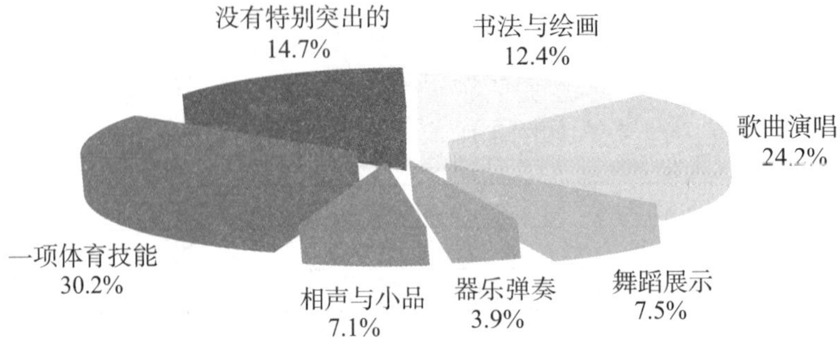

图3 特长与兴趣自我判断的分析

3. 对就业城市与岗位的思考

通过图4可以看出,94%的毕业生对就业地点和岗位有过考虑。目标明确的有30%;需进一步考虑的有64%。在就业季里,6%的毕业生尚未考虑过,反映出这些毕业生的求职目标性比较低,有可能成为就业困难的毕业生;因此,毕业生的择业指导要常抓不懈,使得每个毕业生都有相对明确的就业意向,帮助毕业生择好业。

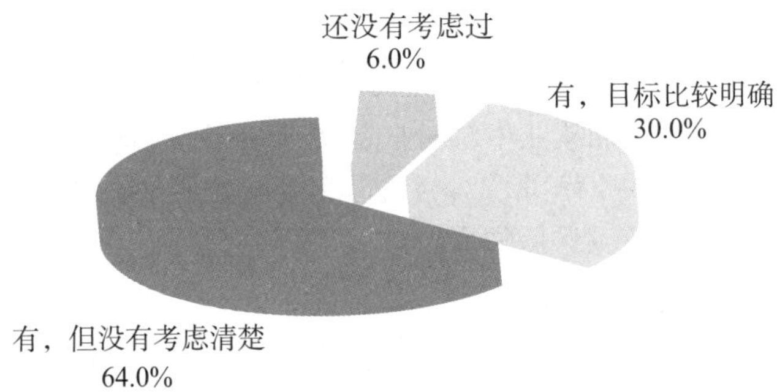

图4 对就业城市与岗位思考的分析

4. 对基层就业政策的了解

毕业生对基层就业项目的政策,如村官、西部计划、选调生、预征入伍等,了解的比例还是较高的(见图5),这与学校始终高度重视毕业生基层就业项目的政策宣传和组织发动工作

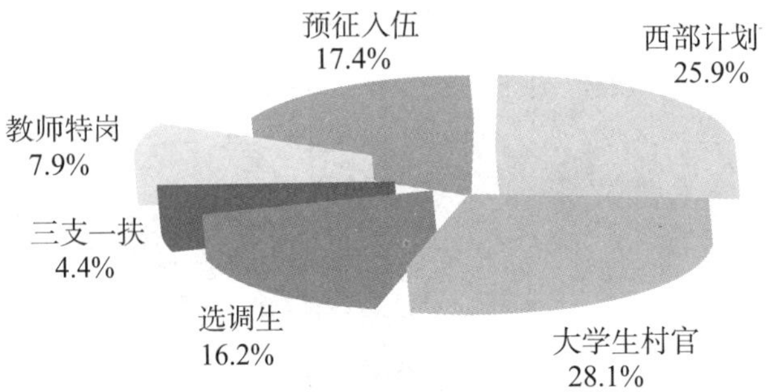

图5 对基层就业政策的了解

是密切相关的。由于我校是以工为主的高校，针对农、林、医、师等特定专业的基层计划，毕业生了解的比例相对较低。

5. 获取就业政策的信息渠道分析

通过图6可以看出，毕业生获取就业政策信息有多种渠道，其中校就业服务网、同学相互交流、学院的班会年级会占到68%。这反映出校就业服务网在政策宣传方面，起到了主阵地的作用。其次，要加强对毕业班辅导员的业务培训，使得每个毕业班辅导员都能全面掌握就业政策，做好就业政策的宣传工作。最后，学校在毕业生中选择学生干部担任就业信息员的制度是非常有必要的，因为调查中发现，有22%的毕业生是通过同学间的相互交流知道相关就业政策的。

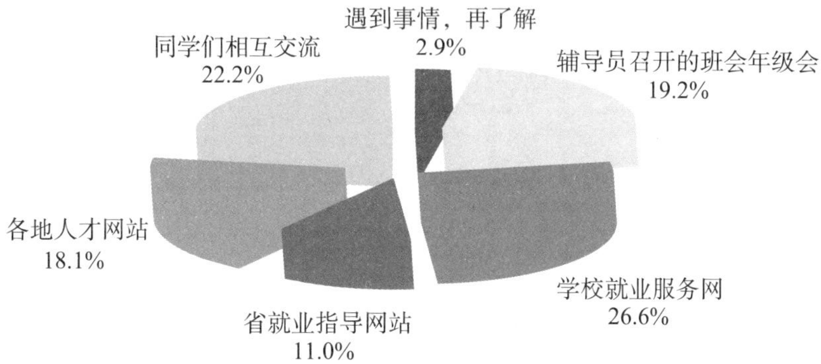

图6　获取就业政策的信息渠道分析

6. 获取就业岗位的信息渠道分析

在获取就业岗位的信息渠道上，毕业生为了扩大和寻找就业机会，不可拘泥于单一的求职信息渠道，要展现出积极的求职心态；同时，据统计，校内的就业市场、就业服务网和老师推荐的比例占到54%，这说明校内就业市场为毕业生提供了丰富的就业岗位和招聘信息，如图7所示。

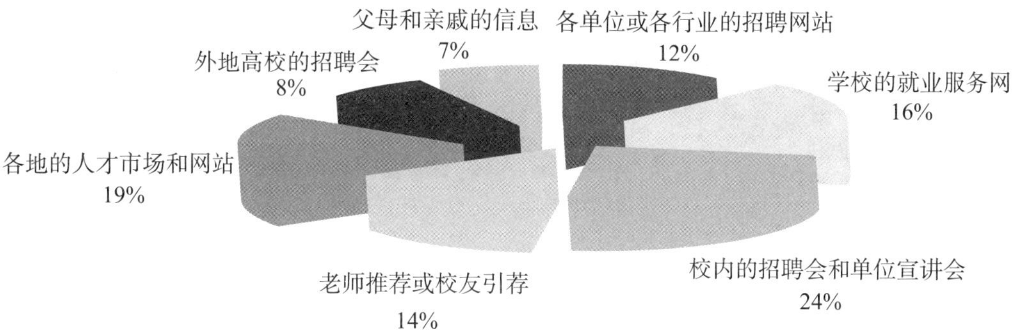

图7　获取就业岗位的信息渠道分析

（二）就业择业的意向情况

1. 就业方式的意向

在就业方式选择上，选择直接找工作的毕业生占40.1%；选择求职和考研两手准备的占

23.6%;选择考研或出国深造的占 22.3%;选择考公务员的占 6.8%;选择自主创业的占 4.3%,如图 8 所示。因此,学校既要加强就业市场建设,拓宽就业渠道,同时,要持续加强考研指导和报考公务员的就业指导力度,鼓励并支持毕业生多元化、多渠道就业。

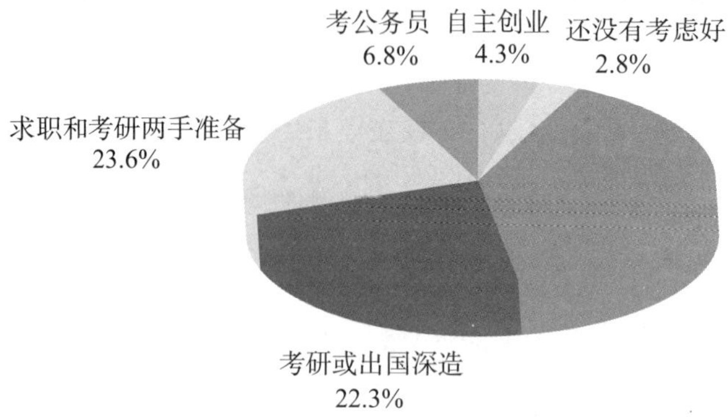

图 8　就业方式的意向

2. 职业价值观的取向

毕业生在职业价值观的取向上,依次为满足兴趣(17.9%)、实现个人价值(15.7%)、单位的薪酬福利(14.7%)、单位的稳定性(10%)、个人的发展空间(9.8%)、单位的发展前景(9.2%)、单位的城市(8.1%),如图 9 所示。通过以上数据,反映出我校毕业生在求职时非常关注个人和单位的发展空间,并不局限于地理区域的差别。毕业生的职业价值观如果与企业文化、企业价值观相接近,将会增加毕业生的就业稳定性。

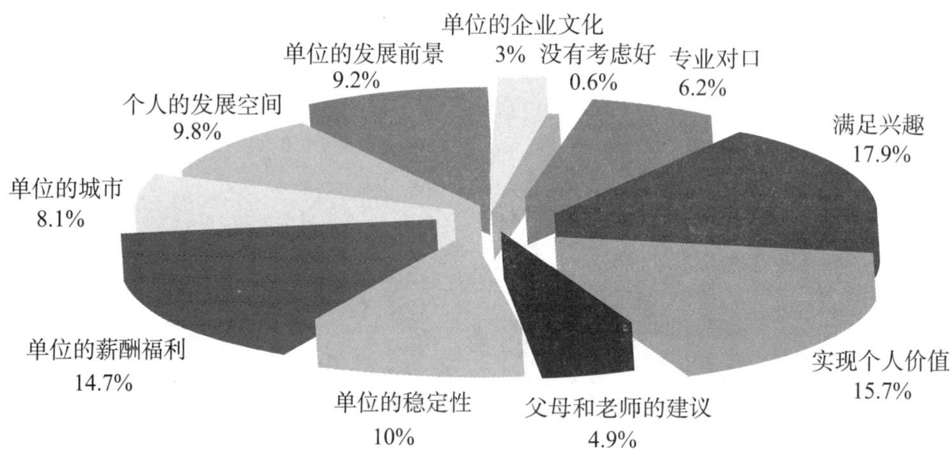

图 9　职业价值观的取向

3. 择业单位的性质定位

通过图 10 可以看出,选择就业单位时,倾向于国有单位的毕业生占 28.1%,选择外资三资企业的毕业生占 25.7%,选择政府机关的毕业生占 18.2%,选择民营企业的毕业生占 13.4%,选择事业单位的占 11.3%。反映出国有单位、事业单位、政府机关依然是大学生就业的追求目标,这些单位是国家和社会经济发展的中流砥柱,学校应加大与国有大中企业的联系与合作,为毕业生提供更高质量的择业平台。在现实社会中,民营企业已经成为高校毕业生就业主渠道，基层就业空间广阔，这些都从侧面反映出毕业生的就业期望值相对较高。如何转变毕业生的就业观念、面向基层就业创业，是今后人才培养和就业指导工作中的一个永恒主题。

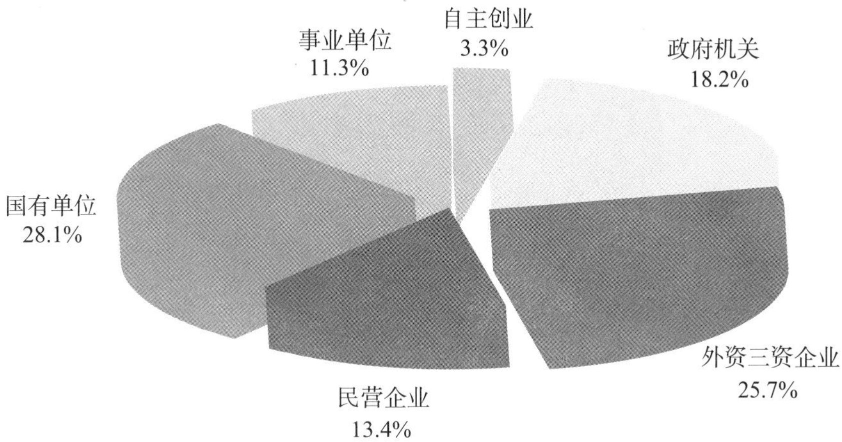

图 10　择业单位的性质定位

4. 择业单位的区域定位

在择业区域定位上，选择苏锡常等江浙二线城市的毕业生占 42.6%，选择合芜马等安徽经济发达城市的毕业生占 18.8%，选择北上广等一线城市的毕业生占 17.8%，选择家乡周围城市的毕业生占 11%。毕业生倾向于在江浙皖一带就业，这与安徽省生源多且该区域经济发达、生活习俗相近相关，如图 11 所示。同时，选择北上广就业的毕业生占 17.8%，说明我校毕业生对自身能力非常有信心，愿意接受一线城市激烈的就业竞争。结合毕业生的生源分布，在继续拓展苏浙皖和北上广等地区市场的基础上，还要加强其他二线城市的市场开拓力度，为毕业生就业创造更多更好的机会。

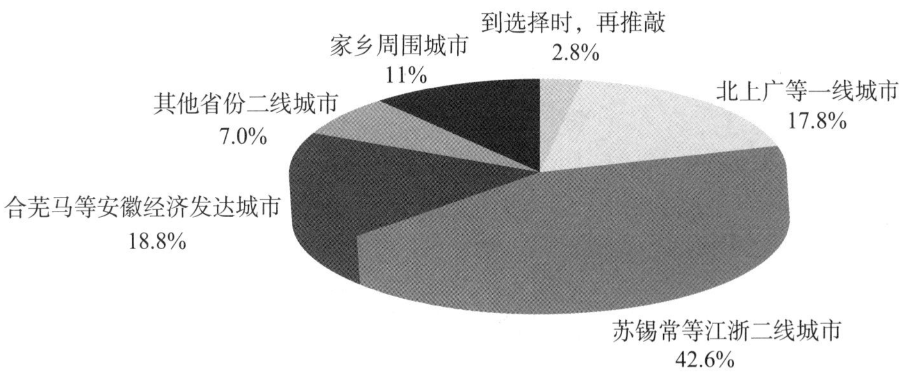

图 11　择业单位的区域定位

5. 对大学生自主创业的态度

通过图 12 可以看出，有创业想法的毕业生占 65.1%。这说明，国家实施了创业带动就业的促就业政策后，扶持大学生创业政策不断完善以及社会舆论氛围的营造，对大学生创业产生了较大的影响。同时，与我校多年来高度重视大学生的创新创业工作密切相关。一大批优秀校友的成功创业是学校宝贵的社会资源，这也是学校今后加强大学生创新创业教育工作的动力源泉。

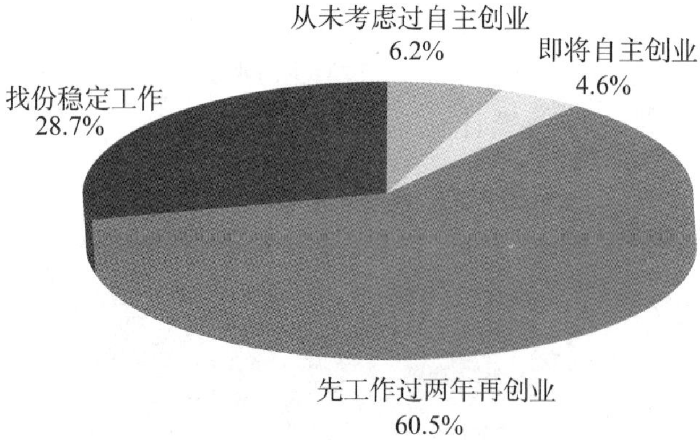

图12　对大学生自主创业的态度

(三) 对就业指导的需求和认识

1. 毕业生对开展职业规划时间点的认识

在毕业生中，认为大三开始职业规划比较合适的占49.7%，大四开始的占25.1%，如图13所示。由此判断，多数同学在对专业知识有一定的了解后，才开始规划职业。因此，职业规划要以专业特色和专业就业特点为基础，以学业规划为基础，以就业指导和就业实践活动为手段。根据学业规划的阶段性特点，大学初期帮助大学生稳固专业思想，学好专业知识；通过开展自我认知、丰富社会实践，培养大学生的基本实践能力。大三开始，通过生产实习、社会实践以及就业实践活动，大力引导毕业生积极探索职业环境，不断加深对职业和职业环境的认识和体会。

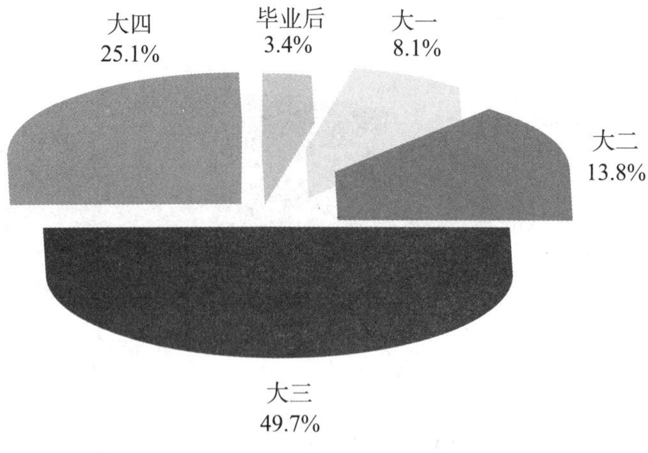

图13　毕业生对开展职业规划时间点的认识

2. 对就业指导课教学的认识

“大学生职业生涯发展与就业指导”按照教育部的要求，列为全校公共必修课。有

29.1%的学生认为该课程可以帮助大学生认识自我和规划大学生活；25%的学生认为该课程可以增加对社会和职业的了解；19.1%的学生认为该课程可以提升求职技巧和就业信息搜寻能力；17.9%的学生认为该课程可以提升综合能力，如图 14 所示。这说明开设该课程基本达到了教育部的教学目标，基本满足了学生就业指导的需求。同时，调查中也说明就业指导课的教学方法还需要完善，教学管理要继续加强。

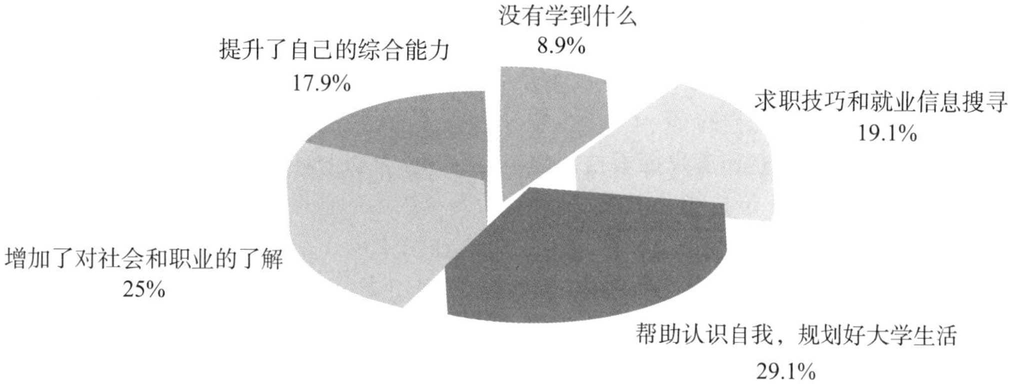

图 14　对就业指导课教学的认识

3. 最希望获得的就业指导和服务

通过图 15 可知，毕业生最需要的就业指导和服务，依次为邀请单位来校招聘(28.3%)、求职应聘技巧(28%)、求职心理辅导(17.5%)、邀请成功校友或企业家做报告(13.8%)、就业政策宣讲会(12.4%)。这说明，毕业生在首次择业时，存在着一定的心理压力。因此，在就业季到来时，既要继续培养毕业生的求职技巧，大力开展就业政策宣传，又要随时掌握毕业生的求职心态，辅之相应的心理咨询和就业指导。

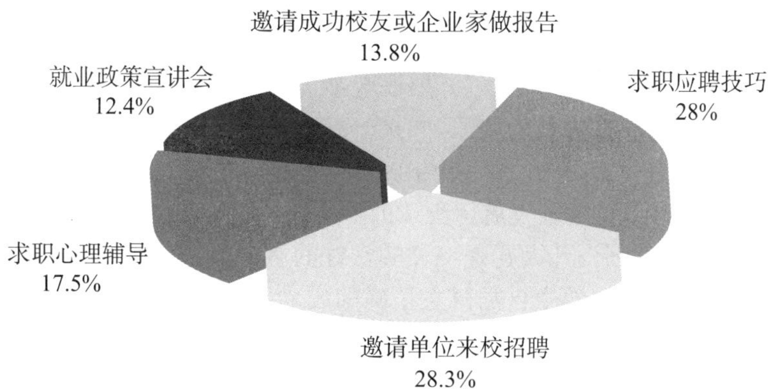

图 15　毕业生最希望获得的就业指导和服务

五、就业指导体系的建设与探索

随着高等教育的大众化，高校毕业生逐年增多；同时，国际金融危机也影响到我国的宏观经济发展，对高校毕业生就业工作带来巨大的挑战，国家和各级政府也出台了许多促进就业的政策。为了促进毕业生充分就业和高质量就业,高校自身应从四个方面加强就业指导体系的建设。

(一) 要充分发挥就业指导课的主渠道作用

教育部在2007年就下发了《大学生职业发展和就业指导课程教学要求》,并要求在3～5年内使它成为高校的必修课。在具体实施中,高校应当探索如何结合校情,充分发挥该课程量大面广的指导效果,不断丰富教学内容,拓宽教学方法,突出层次性、针对性和实用性,让大学生在学习与实践中,不断清晰职业规划的自主意识,增强实际运用能力,从而提升毕业时的综合素质。我校将课程的38个学时,划分为7个教学模块,重在运用技能的培养。一年级为职业生涯意识建立和自我探索技能培养;二年级为职业环境探索技能和创业知识启蒙;三年级为职业选择决策技能和求职技巧指导;四年级为就业政策与职业道德。这种教学内容的层次性和安排,主要考虑到该课程授课时间在第15～17教学周,要针对学生即将面临的学业、职业规划指导的问题。在教学方法上,要突出案例教学和游戏互动,让学生在亲身实践和感悟中提升能力,如让学生撰写自身成功或自豪的故事,通过点评与分析,帮助学生找到职业能力和职业素养的体现,不断明确自己的努力方向。这种教学技法,既可运用在一年级自我探索中的职业技能探索,又可运用在面试指导中的如何回答个人的优势在哪里。

(二) 要多渠道开展丰富多彩的就业实践活动

校院两级应当积极开展形式多样的就业实践活动,以丰富多彩的内容吸引大学生积极参与。通过就业活动的实践,可以促进大学生对社会、职业特点和职业素质等方面的深入了解,有助于他们掌握自我探索、信息搜索和组织协调、沟通协商、团队合作、人际交往等职业基本能力。校院两级应当对就业实践活动的模块进行精心设计,不断创新活动的内容和方式,扩大学生的参与面。如在一年级开展职业素质测评,帮助学生清晰认识自己,为学业规划提供指导,帮助学生合理确定发展目标和方向。在二年级开展职业生涯人物访谈系列活动,帮助学生主动了解和探索职业环境。在三年级,通过开展简历设计赛、模拟职场挑战赛等活动,提升学生的职业基本能力;通过开展职业能力训练营、就业工作坊等专项职业能力锻炼,让大学生在活动中感受成长的快乐,并提升综合素质。在四年级,通过邀请政府人事专家、杰出校友和成功企业家,举办系列报告会和讲座,宣讲国家的就业政策和措施,引导大学生转变就业观念;用校友的职业发展历程帮助学生认知职业环境,鼓励毕业生面向基层就业创业。高校开展职业规划设计大赛是一种非常好的活动方式,通过向大学生传播和普及职业规划知识和理念,引导大学生自觉树立正确的成才观、就业观和择业观,科学制定职业生涯发展规划。

(三) 加强就业指导队伍建设

在进行学业规划、职业探索和择业选择时,学生个体之间会产生自我认知和社会认知方面的各种困惑,指导工作中需要运用心理学、社会学、管理学等专业知识,以及对社会职业环境熟悉,这对教师的指导能力提出很高要求。教育部于2014年下发了《高等学校辅导员职业能力标准(暂行)》,对辅导员教师在学业规划、职业规划与就业指导的能力建设方面提出了明确的标准。辅导员教师处于学业指导和就业指导工作的前沿,应作为就业指导队伍的建设主力,必须加强职业规划能力的专业知识补充,使得辅导员指导大学生的自我认知、确定规划方案到规划调整等方面更具针对性和科学性。学校要创造条件，提供经费支持，使得辅导员教师有机会外出培训和学习，让校内指导队伍都逐步具备双师资格，即拥有心理咨询师和职业指导师的资格。高校还要着力打造校外兼职的就业指导队伍，促进指导内容的多元化和指导方式的互补性。校外指导专家队伍的建设，以政府和企业的人力资源专家、企业家和杰出校友为主体。在指导内容上，侧重国家就业政策宣传以及社会人才需求状况、企业的用人理念、文化建设和职业发展路径等职业环境介绍；在指导形式上，以讲座、报告会为主，以学院为主体，突出就业指导的针对性和实用性，帮助大学生进一步了解职业和社会环境，熟悉职业社会和了解职业发展规划，更加清晰地规划自身职业发展[1]。

（四）促进就业指导与学业规划的联动

学业规划是学生四年大学生活、学习和社会实践的总体安排，对大学生的未来职业定位和发展有着明确的指引作用。同时，随着就业形势的发展，高校就业指导工作的内涵，不再是毕业时的求职指导和政策宣传，而是要贯穿到高校人才培养的全过程中，以实现就业指导的全程化和专业化。因此，高校要加强就业指导与学业规划、职业规划工作的联动，推动学校整体学风的建设和学生整体素质的提高。联动机制的建立目标，应当以提升毕业生的就业竞争力为衡量标准，以学业规划的阶段性和发展性为基础，统筹协调高校内部的学生管理、思想教育、心理咨询、就业指导课程建设和就业管理服务等工作，形成就业指导的合力。在具体实施中，高校要完善各种平台建设和管理服务机制。在平台建设方面上，可以引进专业化的测评系统，建立起新生的心理素质和职业素质能力的评测平台，做好大学生基本状态分析，如心理倾向基本数据、学情状态数据等。除了学籍档案，高校还应当为学生建立两份在校期间的发展档案，进校时的学业规划档案和毕业时的就业求职档案。以学业规划档案为基础，通过开展学期末的目标评估和新学期的方向调整，帮助学生明确四年阶段性的学业目标，促进学生的全面发展；以毕业生的就业求职档案为基础，通过跟踪毕业生的求职过程，提供个性化的求职指导。在管理服务机制上，高校在调研、分析、反馈和协调机制上还需要进一步完善，突出全员化、过程化和实时化。如在心理评测中，要重点关注和跟踪数据异常的学生；在学情普查中，加强对学生的分类管理，提高思想政治工作的针对性和有效性；在学习成绩预警管理中，按学期反馈各专业与班级的学习状态，加强学生的学习指导。通过就业意向调查和分析，及时向校院两级反馈毕业生的就业求职需求，开展有针对性的心理疏导和就业指导。学业规划、职业规划与就业指导要实现有机的联动，必须校院两级以及学校的职能部门如学工、教务、团委等部门全面协助，才能推动高校更好地完成培养人的根本任务[2]。

参考文献

［1］　徐萍.当前高校就业指导队伍建设面临的问题及对策[J].科技创业月刊，2013(10)：117-118.

［2］　王军.大学生学业规划浅谈[J].安徽工业大学学报(社会科学版)，2010(4)：141-142.

职业生涯规划教育:大学生就业竞争力培养的重要路径

施运华

摘要:培养大学生就业竞争力应成为高校教育尤其是高职教育的应有之义。职业生涯规划教育在高校教育教学中需有系统的制度安排,它能唤醒和提升大学生就业竞争力培养的自主意识,并优化其过程,做到人职相配。而校企合作恰好是职业生涯规划教育的重要平台,它能帮助大学生实现学业、就业与创业规划趋于协同,使职业人的职业生涯少崎岖多坦途,从而实现人生价值最大化。

关键词:职业;就业竞争力;培养;规划

培养大学生就业竞争能力,帮助他们在服务社会过程中更好地做到人岗匹配或人职匹配,使他们更好地实现自我价值,应成为高校教育尤其是高职教育的应有之义。职业生涯是从业者人生经历的核心部分。选择一种职业,就是选择了一种社会角色,进而选择了一种生活方式。有调查显示:世界上有超过50%的人正在从事着不适合自己的工作,尽管他们勤勤恳恳、任劳任怨,尽管他们不畏艰难、百折不挠,但平庸就像挥之不去的噩梦,始终伴随其左右,无论如何努力,他们都永远无法到达成功的彼岸。因此,在高校开展职业生涯规划教育有着重要的现实意义。

一、大学生就业竞争力培养需要职业生涯规划教育

在实际应用层面,职业生涯规划教育在中国的高等教育体系中一直缺乏系统的制度安排,学校也缺乏必要的专业教师、课程设计和评价体系,学生更缺乏自我规划的主动性,职业意识也极为淡薄。面对日益激烈的社会竞争,特别是就业竞争压力,我国的职业生涯规划教育亟须改革。生涯规划也叫职业生涯设计,是指个人和组织结合,在对一个人职业生涯的主客观条件进行测定、分析、总结研究的基础上,对自己的兴趣、爱好、能力、特长、经历及不足等方面进行综合分析与权衡,结合时代特点,根据自己的职业倾向,确定其最佳的职业奋斗目标,并为实现这一目标做出行之有效的安排。职业生涯规划教育与专业知识的传授不同,它提供的是信息,培养的是主动性,它是开发和提高大学生竞争能力不可或缺的重要路径。

(一)职业生涯规划教育能够增强大学生竞争能力培养的自主意识

大学生竞争能力的培养需要多方面素质的复合,这要求大学生在文化课业、社会实践、日常工作等方面主动提高。而职业生涯规划教育恰恰有助于激发大学生的自主意识,帮助他们树立正确的人生观,并通过掌握职业生涯规划的相关方法,理性规划自身未来发展,逐步发现、培养和强化自身的各项潜能,塑造出富有竞争性的个性特征和个体能力。它还可以

[作者简介] 施运华(1958—),男,安庆职业技术学院副院长,研究方向:职业教育和思想政治教育。

让学生抛弃应试教育中纯粹的单向知识灌输,使学生在一般专业性知识教育的基础上,受到更多富有价值的人性化的观念冲击,有方向性、目的性地提高自身的专业能力。

(二)职业生涯规划教育能够支持大学生竞争能力培养的全程优化

大学教育是大学生步入社会之前的关键环节。而大学生竞争能力的培养贯穿大学教育的始终。从入学到就业,大学生需要经历其成长的不同阶段,在各个不同阶段中如何不断提升其个人能力,需要动态的"引擎"牵引,而职业生涯规划正是这个"引擎"。它是在对信息的吸收、整理、反馈与选择的过程中,不断实现自我认知与环境认知的深化,优化个人成长路径设计。"凡事预则立,不预则废"。职业生涯规划教育的核心作用,就是构建全面、动态、长远的发展计划以明晰不确定的未来,不断修订和确立切合自身发展的长、短期目标,激发主体意识,约束个人行为,时刻明确要去做什么和如何去做,不断提升自身的各方面素养。

(三)职业生涯规划教育能够促进大学生竞争能力培养人职相配

大学生竞争能力培养,涵盖了思想道德素质、文化素质、身体素质、专业素质、创新素质等多个方面。但归根结底,却是实现社会需要与个人潜质的有效对应。这也正是职业生涯规划的目的。职业生涯规划的关键在于个人的职业目标和组织提供的条件、机会的最佳结合,以实现自身的价值。帕森斯认为在确定职业时,个人应当明确自身特质是否与职业要求相匹配。他指出:"一种明智的职业生涯选择需要具备三个条件:一是应清楚地了解自己的态度、能力、兴趣、智谋、局限和其他特征;二是要对不同行业的工作要求、能力要素、优点缺点、薪酬水平、发展前景以及机会有较为明确的认识;三是在上述的两组要素之间进行最佳搭配。"[1]因此,职业生涯规划教育能对个人完整的职业发展起到指引作用,为社会职业人更好地明确职业目标、培养职业兴趣、获得职业能力、选择职业类别、获取职业岗位、开创职业成就、退出职业劳动等一系列的职业活动提供必要的帮助。

二、职业生涯规划教育应实现学业、就业与创业规划相协同

大学生就业竞争力的培养不应局限于就业环节本身。我们必须跳出传统就业教育的局限,应着重考虑"人"的全面和长远发展。职业生涯规划教育是一个复合教育体系。在其模式构建中,必须将学业规划教育、就业规划教育、创业规划教育纳入其框架体系,以夯实学业基础,发挥自身优势,在劳动力市场的双向选择中获得合适的就业岗位,进而开创自己的一番事业。

(一)职业生涯规划教育内含学业规划教育

高职教育构建个人知识框架体系,而个人知识框架体系又决定其看待事物的态度、分析问题的角度、擅长从事的岗位。可以说,学业基础在很大程度上决定了个人职业发展的方向与高度。学业规划教育是职业生涯规划教育中不可或缺的一环。学业规划是指,根据自身专业、兴趣与职业理想,制定学业的短期、中期和长期目标,并拟定详细而可行的实施方案,以充分提高自身的专业素养、能力水平,成为一名合格的专业人才进而成为一名优秀的公民与建设者,并实现"人"的全面发展。而学业规划教育正是以系列讲座、系统课程、特定活动、实践服务等方式强化学生的专业认知,明确其学业目标,提出规划建议,帮助学生制定并落

实学业规划的一个完整教学体系。

(二)职业生涯规划教育兼容就业规划教育

就业规划是指结合自身特点与社会需求,明确职业定位,制定恰当的阶段目标和总体目标,在各个实施阶段中,有层次、有计划地提高目标职业所需要的各种素质。就业规划教育则包括通过案例教学等手段树立正确的就业意识;帮助深入了解各类职业的特点,进行自我剖析,明确奋斗方向;建设平台以培养组织能力、协调能力、沟通能力等综合素质;对就业困惑给予快速指导,帮助大学生完成向社会的"惊险一跳"。

相对于动辄十年、二十年甚至更长久的生涯规划,就业规划教育涉及的时间跨度通常只有两三年。但就业,作为学生跨入社会的"第一跳",是学生成为公民、学员成为职员的一次转身,其适应程度高低,抗压能力大小至关重要。通常的情况是,学业规划教育和就业规划教育都完成得好的人,两项规划目标则更贴近更一致。就业规划教育是学业规划教育在时间和内容上的扩展和延伸,同时也是职业生涯规划教育的中坚阶段。

(三)职业生涯规划教育涵盖创业规划教育

"创业"是人生的目标。这里的创业是指创立一番事业,绝非自我雇佣或自谋职业,后者仍只是以完成就业指标为中心,具有短视性和卸责性。我们对"创业"的这种界定实际上是对其本意的回归。开创一番事业是实现个人全面发展与自我价值的最终体现,其本身是经济效益、文化效益和社会效益的统一。而职业生涯规划教育的最终目的正在于此。创业规划是指在完成就业环节的基础上,深化职业目标,变被动工作为开创事业,并为实现创业目标确定方向、时间和方法的过程。应力求与学业规划和就业规划方向一致。但整体事业的创业规划绝非能一蹴而就,同样需要阶段性的构建和调整并及时加以完善。就其实质来讲,创业规划教育是一系列创业精神、创业意识和创业能力培养过程的统称。它使学生能够对创业有一个宏观的把握,明白什么是创业,怎样创业,为实现创业自身应当作什么、如何做。通过对本人现状与外部条件的一个个映射,一步一步拟定并实现创业计划,将自己所具备的创业激情与专业知识转化为具有现实价值的创业构想并加以实现。

三、校企合作是完善大学生职业生涯规划教育的重要平台

我们总是习惯于把校企合作的功效定位于校企人才"订单培养""产销对路",而大大地忽略了它对大学生职业生涯规划教育的重要作用。

(一)"实习教学弱化"现象亟待改变

"实习教学弱化"是学校与社会客观环境共同作用的结果。[2]一方面,学校知识本位的教学观念、松散的教学管理和虚化的质量监控体系严重影响学生实习整体安排;另一方面,市场化条件下的企业运营模式和国家实习政策上的缺失导致实习单位资源匮乏,联系实习单位困难;此外,在经济与就业压力下,不少实习生认为本专业的生产实习对自身今后工作用处不大,积极性不高;学校在实习管理方面还存在较大的随意性;实习单位缺少应有的冲动等等是实习教学弱化的重要原因。[3]而职业生涯规划教育是一个系统集合,需要学员与企业在学校搭建的教学平台上实现信息交换。通过职业生涯规划教育帮助学生围绕社会需求进

行知识重组和能力重构,将理论学习与实际的职业发展有效地结合起来,引导学生自主构建符合个人兴趣并对自身发展有所裨益的知识体系,了解自己的"可就业性",即社会对个人的可选择性和个人对社会的适应性,从而找到适合自身的职业安排,实现个人比较优势。

(二)搭建职业生涯规划教育平台实现"三业"耦合"三方"共赢

如何实现学业、就业与创业规划相耦合?又如何实现学生、企业与学校共赢?我们认为,关键在于模式变革,达到实现职业生涯规划全程培养与三方主体的协同参与。由学校的就业与教务部门相合作,主导制定高校学生职业生涯规划的支持体系,实现全过程培养。这种体系的建立,需要其三方主体即学生个人、培养学校与合作企业的共同投入。个人,作为教育接受者,必须具备主观能动性,积极努力地挖掘、甄别、吸收信息,并做出相应的行为选择。企业,作为实践教育的提供者,一方面应当深入学校课堂,向学生提供信息,另一方面应提供实习岗位,将学生吸收至企业内部顶岗实习。学校,作为教育机构,必须搭建起职业生涯规划教育平台,指导和监管学生的实习并在此基础上积累社会资源。这样才能实现个人、学校与企业间的协同发展。

(三)在"进""出"互动的过程中修订完善职业生涯规划

转换思路,互动合作。在鼓励学生"走出去"的同时,积极把企业"请进来"。通过"'出''进'结合,以'进'促'出'"的实习方式,提高校企之间的双向交流效率,锻炼学生的综合能力,以此修订完善自己的职业生涯规划。"进",就是"请进来",就是邀请合作企业和部分成功人士走进学校,通过讲座、培训、比赛等形式多样的活动,培养学生的就业意识和就业能力:利用讲座等形式向学生介绍企业的生产和管理流程、企业员工的职场经验,帮助学生建立起正确的职业观念和完成规范的职业规划;结合各专业的就业出路,对学生进行不同类别的职业培训,让学生了解各行业的现状和发展趋势,各类专业人员的工作性质、工作内容以及怎样处理与分析问题的程序、方法;指导开展沙盘大赛、创业模拟大赛,组织学生模拟实习(孵化)基地运作,邀请企业管理人员担任评判嘉宾;学院可配置职业或创业指导老师,定期与学生开展交流。"出"就是"走出去"。就是鼓励学生走出学校,积极参加校企合作或自主寻找假期实习工作,学习企业管理的基本知识和方法,理论联系实际,巩固、深化、扩大所学内容,学院通过制定一整套比较完善合理的评价机制对学生的实习情况给予评价建档。一方面,学院建立合理的双向激励机制(如与学分、奖学金等挂钩),选拔部分学生去合作企业实习,由企业对实习生进行管理培训。另一方面,鼓励学生在寒暑假自主寻找企业进行实习,或者在以往调查实践的基础上增加实习内容,将集中实习模块化,调节实习岗位供求关系,在一定程度上缓解学院(校)和合作企业的实习压力。通过这种"进"和"出"相互补充、相互联动,实现大学生职业意识的及时觉醒,提高他们的职场自我管控能力。

我们认为,学业、就业和创业是一个渐进延续的完整进程。其中,学业是基础,就业为过程,创业乃目标。只有按照规划完成学业,才能找到适合自己发展的职业;同样,只有按照就业规划实现自己的职业理想,才有可能在预期的基础上开创一番事业,达到成功创业的目标。从这个意义上来说,学业规划、就业规划和创业规划缺一不可、互为耦合,并统一于一个人的职业生涯规划之中。职业生涯规划教育不仅能引领学生很好地完成学业,还能帮助他们获取符合自身理想、具有发展前景的职位,并以此为基础创立一番事业,从而实现人生价值最大化。

参考文献

[1] Frank P F. Choosing a Vocation [M]. Boston: Houghton Mifflin, 1909.
[2] 施戍杰,黄强,胡艳,等.高校财经类专业实践教学弱化问题亟待解决:基于学生视角的实习问题分析[J].中国科教创新导刊,2009(26):96-97.
[3] 卢现祥,廖涵.经济学专业特色建设与复合型人才培养研究[M].武汉:湖北人民出版社,2011.

“CIS”理论在高职学生就业竞争力培养中的应用

杨贤传，刘琼

摘要：2013 年，中国的高校毕业生就业压力空前，以这一社会热点问题为研究出发点，介绍了我国高校毕业生就业难的现状，提出了用企业形象识别系统来指导学生增强自身就业竞争力的观点，并对 PIS 的内涵进行了全面解析，从建立“个人形象识别系统”（PIS），从就业难、高职学生就业竞争力不强、社会对高职教育的认可度不高和缺乏合理的职业规划四个角度分析了导入 PIS 理念的背景和必要性，在此基础上，从 MI、BI、VI 三个方面论述了培养高职学生就业竞争力引入 PIS 理念的基本思路。

关键词：PIS；就业竞争力；自我营销

自高校扩招以来，我国大学毕业人数不断攀升：2003 年为 212 万人，2013 年达到 699 万人，如图 1 所示。为此教育部发布了《关于做好 2013 年全国普通高等学校毕业生就业工作的通知》，可见高校毕业生就业形势更加复杂严峻，就业难已经成为摆在高校和毕业生面前一道亟须破解的难题。国内外对大学生就业竞争力的研究颇多，但多数是就就业谈就业，具体策略的可操作性不强，内容空洞。高职教育作为我国高等教育的重要组成部分，其毕业生的就业问题还具有一些自身的特点，高职毕业生的就业竞争力整体上还有待提高。为此，可以从营销学的“CIS（Corporate Identity System，企业形象识别系统）”理论视角来研究高职学生就业竞争力的培育问题，从而构建出适合高职学生的个人形象识别系统，这将是一个有益的尝试。

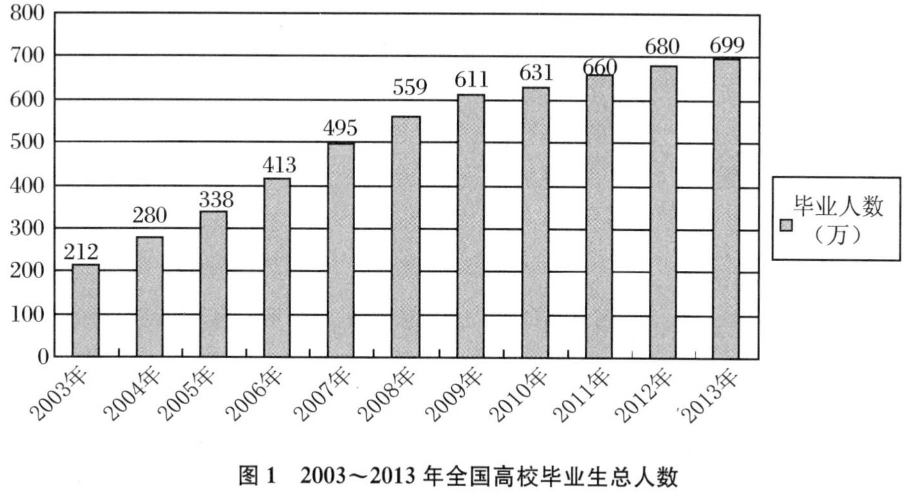

图 1　2003～2013 年全国高校毕业生总人数

图中数据来自 2003～2013 年《中国教育统计年鉴》数据汇总

［作者简介］　杨贤传（1982—），男，副教授，铜陵职业技术学院，研究方向：市场营销。

一、PIS 的内涵释义

PIS(Personal Identity System,个人形象识别系统),是指运用 CIS(企业形象识别系统)原理将个人形象作为整体进行建设和包装,开展自我营销,以获得期望的社会资源和社会影响力,主要是由 MI(理念识别)、BI(行为识别)和 VI(视觉识别)三部分构成。企业形象识别系统理论最早是由美国在 20 世纪 60 年代提出的,在欧美、日本等国家企业当中应用十分广泛,成功塑造出了企业的良好形象,提高了企业和产品的知名度和美誉度,使企业的日常经营管理走向了科学化和规范化,增强了企业的竞争力,取得了良好的经济和社会效益,企业和个人在面对竞争时有着很高的契合度。个人形象识别系统将企业形象识别系统的原理应用到个人竞争力的培养中。未来的人才竞争已不是单纯的理论知识、基础能力等方面的竞争,而是多元化的整体竞争,首先是形象的竞争,制定个人的长远发展规划必须首先对观念、形象等方面进行更新,在求职面试当中,信息不对称是普遍存在的,21 世纪的职场竞争就像企业竞争一样,每个求职者都要把自己当成品牌来经营,做好个人品牌包装,学会将企业形象识别系统的原理运用到个人身上,成功展现出自我的特质,建立起一种简单有力的"重复性"系统,提高个人的认知度。因此,必须对个人形象进行重新设计,提升个人的形象力,实施个人形象竞争战略。

对高职学生来说,理念识别是整个个人形象识别系统的核心、原动力和基石,主要包括人生信条、个人价值观、世界观、人生哲学、人生信条等;行为识别是在个人理念指导下的行为准则,是对抽象理念的具体化,包括工作和学习态度、行事风格、团结协作能力、生活习惯、人际交往、实践能力等;视觉识别是对个人形象识别系统的具体化、视觉化的传达形式,包括体现个人独特形象的标识、仪表仪容、气质形态、交际礼仪等。要想成功地塑造自我形象,在职场当中获得持久的竞争优势,需要将这三个组成要素进行有效的融合和组织[1]。理念识别是个人形象识别系统的核心和依据,人生价值观和个人职业规划决定着个人的未来发展方向和前途,如果 MI 构建失策,学生就不清楚该怎么发展,也搞不清该做些什么,个人的行为很可能会陷入不自觉状态,这也是很多高职在校生缺乏学习动力的最主要原因;失去 MI 的视觉表达就如失去土壤的幼苗,终会枯萎。BI 和 VI 是对 MI 的实践,通过解决在职场当中遇到的具体问题,去实现个人的职业发展目标,离开 VI 和 BI,MI 就成为了一种"空口号"。可见,一个完整的个人形象识别系统应该具有统一性、独特性和传播高效性等三个特点。

二、高职学生导入个人形象识别系统的背景分析

(一) 就业难是导入个人形象识别系统的直接原因

自高校扩招以来,就业难问题一直是个难以回避的话题。2013 年,全国有近 700 万高校毕业生加入就业的大军,加上宏观经济不景气,企业用人需求下降,2013 年被称为"史上最难就业年"。随着高等教育大众化,有些用人单位已经不再"以学历定取舍",而是"不拘一格降人才",2.5 亿农民工群体很多都有一技之长,他们是应届毕业生的有力竞争者[2]。即使现阶段的"就业难"主要还是结构性的,但应届高职毕业生与劳动力市场中紧缺的中高级技

能人才要求还有一定差距，毕业生对现阶段"脑体倒挂"现象的认识不深，求职目标不明确、期望值高，"骑驴找马"现象普遍，这在一定程度上加剧了就业难问题。

（二）高职学生就业竞争力不强是导入个人形象识别系统的根本原因

高职学生经过几年的专业教育后，掌握了一定的专业知识，但受制于我国职业教育的发展水平，掌握的主要还是理论知识，知识结构没有很好地向能力结构转化，实践能力不强，综合素质和遇到挫折后的心理承受能力都有待提高。高职学生的应聘技能也不强，不能很好地展示自我，缺乏一套完善的个人形象识别系统，就业理念落后，缺乏核心竞争力[3]。学生们认为只要掌握了一技之长就可以走遍天下，在他们看来"酒香不怕巷子深"，这样容易导致"营销近视症"，殊不知，在现阶段人力资源市场处于买方市场条件下，用人单位是根据对商品价值的理解程度作为定价依据的。通过个人形象识别系统来影响用人单位对自身价值的认知，形成对自己有利的印象，已成为影响就业成功率的重要因素。

（三）社会对高职教育的认可度不高是导入个人形象识别系统的社会原因

虽然媒体在不断宣传高职教育的价值和重要性，但受传统思想观念的束缚，无论是学生、家长还是用人单位都对高职教育存在歧视现象，当初上高职就被认为是无赖的选择。在我国，"学历歧视"是最常见的"就业歧视"现象，高职教育在我国还是专科层次的教育，并没有形成一种独立的教育类型，很多用人单位并没有把高职学生当作高技能人才来看，而是当作一名普通的专科生来看，在很多岗位上和本科生相比都是缺乏竞争力的。不可否认的是，很多高职学生在工作岗位上缺乏可持续发展的能力，没有很好地认识就业形势，对自身的发展定位不清晰。《中国青年报创业周刊》曾经在北京与浙江两地高职院校中开展问卷调查，超过50%的高职毕业生认为自己最终会成为白领，定位失当就会导致在目标顾客面前失去竞争力。这也造成高职教育的特色不明显，很难形成相对的竞争优势，也容易造成社会对高职教育的误解。

（四）高职学生缺乏合理的职业规划指导是导入个人形象识别系统的内部原因

受传统教育观念的影响，大多数中国人的学历情结依然很重，与本科以上的学生相比，很多高职学生心理上都很失落，心里总有一份自尊放不下。这种高考失败情绪如果得不到很好的矫正，将会对高职学生的后续发展产生很大的负面影响。现阶段，很多高职院校都进行了入学前的专业教育，但是内容普遍都很肤浅，并没有能有效地帮助学生进行自我认识、做好人生的职业规划，这样很多学生在后来的学习生活中，表现出得过且过的状态，没有明确的人生目标，缺乏人生理想，学习积极性较差。有的学生刚入学时也设立了一些人生理想，但是高职学生的学习耐力较差，加上整个校园学习气氛不佳和现阶段职业教育的发展缺陷，这些学生很快就迷失了方向。到临近毕业时，高职学生又普遍出现了"就业恐慌症"，无法正确认识自己的优点，从就业内涵上看，高职学生存在特色不明显、就业竞争力不强的问题。

三、个人形象识别系统在高职学生就业竞争力培养中应用的基本思路

(一) 志美行厉,构建个人理念识别系统

理念识别系统是个人形象识别系统的主导因素,是不断取得进步的原动力。对高职学生来说,建立一个和现实紧密联系的个人理念识别系统是首要问题,以就业为导向的个人理念识别系统需要明确两个问题:一是给自己一个准确的定位,分析当前的就业形势,通过对自身的SWOT分析,做出合理的发展战略选择;二是对自我的能力做出准确评估,即我能给用人单位带来什么,个人价值实现必须是在满足用人单位需求基础上的。个人理念识别系统的构建首先要明确个人使命,它有助于让学生了解自己的事业是什么、顾客是谁,为了满足顾客的需求,需要掌握哪些特殊技能,这是对个人的哲学定位,平时可以抽象地存在,但却可以深刻影响着人的思维方式和决策[4]。其次是要有一个正确的价值取向,形成一种受人推崇的信念,树立一个崇高而又现实的目标,这有助于形成精神动力,是个人赖以生存发展的内在动力,个人的价值观具有稳定性,是长期积淀和有意识培育的结果。再次是要对自我进行准确的形象定位,确立自己在社会、公众当中的位置,这在一定程度上决定了学生未来的发展方向和目标的树立。学生要根据自己的专业和兴趣重新认识自己,把真实的自己拿来面对社会,通过自我才能的合理展示、合适的装扮、合理地张显个性、具备良好的修养、具备礼仪风范等来塑造自己的独特形象,形成职场竞争力。

(二) 蓄积力量,优化个人行为识别系统

对高职学生来说,理念识别系统就如个人形象识别系统的"想法",行为识别系统就是具体的"做法",通过自己的言行要能够准确反映出个人的自我经营理念和价值取向。对即将走上工作岗位的大学生来说,最急迫的就是增强自己的实践能力,把知识能力向职业能力进行转化,杜绝眼高手低现象的产生。作为教育主体的学校也要加快实践教学体系的改革,增强学生的动手能力,但是学生自己也应该利用假期和社会资源积极投入到个人实践当中,克服自身的惰性,养成不怨命运之错,为了心中的梦想,历经坎坷也要坚持良好的职业精神,做到言行一致,增强职业素养。个人的整体行为是立身之本,养成遵守规章制度的行为规范十分重要,这是对个人经营理念的践行,行为识别需要把它变成发自内心的自觉行动,做到内外兼修,表里如一,在日常工作中要养成严格要求自己、慎思笃行、精细到位、求真务实、团队协作、和谐竞争、勤奋工作和诚实守信的工作作风[5]。俗话说,发乎内形于外。学习基本的礼仪知识同样十分重要,无论是在日常的对外交往活动,还是求职面试,仪表整洁,着装得体,待人彬彬有礼,举止得体的学生更能赢得用人单位的青睐。

(三) 建立个人品牌,完善个人视觉识别系统

走上工作岗位的高职学生就像企业产品一样,为了更好地传递自身所具有的外在形象和内涵,需要建立个人品牌,所谓个人品牌就是指个人被相关群体持有的一致印象或者口碑。在"注意力经济"时代,再优秀的个体也可能被铺天盖地的信息所淹没。作为刚毕业的学生,要牢记"酒香也怕巷子深",如何恰当地让个体的价值被相关群体所认知是头等大事,这样才能为个人的成功和事业的可持续发展打下基础。为了更好地树立独特鲜明的个人品

牌，就要运用好视觉识别系统，用完整、系统的视觉传播体系将个人形象的标识、能力水平、仪表仪容、气质形态、礼仪规范等信息传递给受众，塑造出独特的个人形象。为了传播良好的个人视觉形象，首先要注意利用"首因效应"和"近因效应"。"首因效应"是指信息出现的顺序对个人印象形成所产生的影响，就是常说的第一印象。在职场上做任何事情都要有所准备，争取获得良好的开端，比如，以后在拜访顾客时要衣着得体，把对方喜欢和忌讳的话题做个摸底，做到有备而来，这有助于取得事半功倍的效果。[6]"近因效应"是指印象的形成主要取决于后来出现的信息，也就是最新的印象容易掩盖对该人一贯的了解，所以在面试时，首先就要做好简历，把用人单位当成自己的顾客，要懂得通过简历营销自我，可以运用视觉形象理论设计出反映自己个性和特点的标准字、标准色，并与用人单位的组织形象设计元素融为一体。细节决定成败，求职更需礼仪，要知道只有留给人们良好的第一印象，你才能开始第二步。所以，只要学习基本的礼仪知识，纠正日常生活当中的错误习惯，提高商务礼仪素养，更重要的是通过一言一行体现出自己的人品，这样才能塑造良好的自我形象，提高自己的美誉度，并最终获得用人单位的认可。

四、结束语

在就业竞争激烈的今天，无差异竞争的时代已经终结，大学生需要通过对自我的正确评估，找出自我具备的差异化竞争优势，找准适合自己的细分市场，通过识别自我的潜在竞争优势，选择并向用人单位传播这种独特的竞争优势。有时候这种优势不会轻易被用人单位发现，需要经过准确的形象定位，进行一系列自我宣传与展示，才能让用人单位了解、认可和偏爱自己。运用CIS(企业形象识别系统)理论进行个人形象设计可以从一个新的视角来提高当代高职学生的就业竞争力，在正确建立个人理念识别的基础上，优化自己的行为识别系统，并通过个人视觉识别系统来全方位展示自己。在买方市场条件下，人才要想成功被买入，就需要自我营销，每个人刚走入职场都是廉价的人力资源而已，这就需要设置个人目标。有时候去挑战更高的目标时，需要团队协作和组织的支持，他们可以为你提供你所需要的资源和技巧，这些对你的成功有时不可或缺，但敢于挑战目标的人也应该擅于自我营销，要让他们知道帮助你实现目标后，也能给他们带来哪些收益。只有这样高职学生才能在竞争激烈的人才市场中脱颖而出，培育出可持续发展的能力，在与用人单位的合作共赢中由一个廉价的人力资源向不可替代的人力资本转化。

参考文献

[1] 朱颖.高职大学生就业竞争力培育研究[D].长沙:中南大学,2010.

[2] 王荣德,周家健,刘世峰.地方本科院校大学生就业长效机制的实证研究:以H学院为例[J].黑龙江高教研究,2012(6):119-122.

[3] 罗建河.有限政府视角下的大学生就业政策选择[J].江苏高教,2010(3):96-99.

[4] 程华.大学生就业竞争力研究[D].长沙:湖南大学,2009.

[5] 赵鹏飞."PIS"与大学生就业竞争力自我培养[J].出国与就业,2010(14):49-50.

[6] 李筱白.形象识别在大学生就业准备中的应用[J].人力资源管理,2011(7):233-234.

嵌入视角下推进大学生创业教育

樊莉莉

摘要：大学生创业教育不是一门孤立的学科，它与任何一门教育学科及人们实际的生产生活都存在很大的联系，不仅如此，它还嵌入在社会、经济等各个领域中，因此，大学生创业教育课程的开展，需要在良好的教学背景和创业条件下，针对学生的基本条件和现状加以深入引导，提高学生对创业精神和创业理念的认识，从而更好地提高教育的效率，促进大学生创业技术水平的提高。本文在嵌入视角下，审视我国大学生创业教育的大环境，通过对当前创业教育现状的研究和对其中存在问题的分析，总结出当下创业教育的缺点和弊端，进而提出一系列改进措施，促进大学生创业教育的持续开展，以达到为社会输送创业型优选人才、提高大学生创业效率和创业质量的最终目的。

关键词：毕业生；嵌入视角；创业教育

一、前言

大学生创业教育已经成为社会大环境中的重要组成部分之一，其教育的理念、方法都应该与我国社会和经济现状相结合，将培养学生积极勇敢的创业理念，坚持不懈的决心，以及在创业中面临困难时，解决困难的能力和信念作为教育的基本目标，从而找到提高创业教育质量的最有效的途径。

二、基于嵌入视角下的大学生创业教育现状

然而对于大学生进行创业的教育，也不是单靠学校的力量就能够完成的，学生对于社会经济背景和现状的了解，也极大程度上决定了大学生创业能否顺利而有效地进行，然而，许多高校在创业教育中都存在着对创业教育认知的局限性，他们认为创业教育课程的开设，就是为了让学生了解开办企业的流程，在课堂上单纯地对创业知识进行讲解，其中包括如何组建一个团队，如何对财务和人员进行管理等工商理论知识的灌输，这一系列片面的文字性的教育，并不能够针对我国当前具体社会经济状况加以分析，使学生只是掌握理论知识，并不懂得如何将其加以应用和实践[1]。

因此，大学生创业教育由于创业理念和内容的缺乏，无法有效地嵌入到社会经济网络中，更无法学习和总结创业经验，使大学生的创业水平得到实质性的提高，以下对大学生创业教育存在的问题加以具体分析。

［作者简介］ 樊莉莉(1986—)，女，安徽电子信息职业技术学院教师，研究方向：电子通信、电子科学与技术，大学生创业。

三、当前大学生创业教育中存在的问题

(一) 对高校创业教育的期望过高

由于我国近年来高校实施大规模的扩招，在扩招的过程中，虽然增加了我国大学生的比例，但也造成了大学生就业压力大、就业难等一系列问题，由于大学生的创业活动能够对就业压力起到相应的缓解作用，以及与此同时高校创业课程的引入，导致社会各界对大学生创业带动社会经济发展的期望也就随之增加。如此大的关注度，给高校大学生创业教育也带来了巨大的动力，然而，我国现有的创业教育，从教学理念、教学方法再到师资队伍的建设都尚未达到很高的标准，无法满足社会对创业教育的较高需求，许多高校对于创业教育也是力不从心，导致大学生创业教育质量并不高，大学生创业的水平跟不上，如此更加重了创业教育的负担，使创业教育的开展无法取得实质性的效果[2]。

(二) 高校创业教育质量受专业课程影响较大

创业教育课程的开展是高校进行创业教育的必然手段，对于高校创业教育来说，有效而完善的课程设置，是做好创业教育工作的重要前提，但是，在嵌入理论的指导下可以看出，高校创业课程的设置是以其他专业主体课程的设置为背景的，因此，高校创业教育课程能否有效开展，不仅取决于课程本身的教育质量，也受其他授课学科教学理念和教学质量的影响，大学创业教育课程开设即使再丰富，如果没有其他专业课程作为基本导向，也很难发挥创业教育的作用。

(三) 大学生缺乏对创业经验的积累

从嵌入性角度来看，大学生创业活动的最终目的是嵌入到社会中，然而，当前的教育理念与教育模式，无法为学生提供良好的社会实践和积累社会经验的环境，因此，即使创业教育的理论再先进，手段再高明，如果学生只懂得这些理论知识的表面意义，而无法对其进行实质性的理解和应用，仍然无法在社会中进行有效的创业，即使创业有所起步，也很难在今后的事业开展和所面临的问题面前，持续不断地发展下去[3]。

四、推进大学生创业教育的一系列措施

毕业大学生的创业行为，不但能解决创业者自身的就业问题，还能为社会提供更多的就业机会，从而对社会就业压力的缓解起到一定的促进作用，因此，当前对大学生创业的教育受到学校及社会各界的广泛重视和支持，大学创业教育课程的开展也被寄予厚望，因此，急需采取相应措施，对高校创业教育的质量加以改善[4]。

(一) 加大高校嵌入社会经济网络的规模

学校在进行创业教育过程中，需要打破以往教学中的局限性，加大高校嵌入社会经济网络中的规模，将创业教育融入到学生学习和生活的每一个领域，让学生对于生活中各种经济类型都有所掌握，并且在课程开展过程中，加强与社会各个行业及机构的相互沟通，增加学

生在企业中学习的机会,使学生认识到各个企业经营理念和经营模式的可取之处,并学习企业进行有效运作和发展的相关经验,并能在以后的创业过程中进行良好的运用,从而坚定学生创业的信念和决心,提高学生创业素质和技能。

(二) 校园创业文化有效嵌入学生生活

充分利用校园社团活动,设立有关培养创业能力和学生之间可进行创业心得交流活动的社团,鼓励学生参与其中,并且提高学生在创业活动中的创造力和与他人良好合作的能力,建造多种创业网络,将校园创业文化深深嵌入学生的生活中,使创业活动无时无刻不在影响和激励着每一位学生,从而提高学生对创业理念的认知,并积极参与到创业实践活动中,从而促进自身创业能力的发展[5]。

(三) 优化和完善大学生创业环境

优化和完善大学生的创业环境,主要是针对中小型企业而言的,大学生走出校园进行创业的过程中,会面临许多问题,而创业发展过程中,中小企业阶段面临的问题是最普遍的,这就需要社会各界的共同努力,对大学生创业的环境加以优化和完善,多出台对于大学生创业的扶持政策和帮扶措施,加大对大学生创业的扶持力度,深入挖掘大学生创业机构的潜力,并给予相应的鼓励和支持,优化大学生创业的大环境,帮助大学生全面认识困难,并加以解决,使大学生创业者在创业过程中,能够有效地规避风险和解决相应的难题,减少创业风险,从而完善大学生创业的中小型企业结构,使其稳步发展和前进。

五、结论

高等学校作为孕育知识和培养人才的殿堂,其教育时期是学生由学校生活转入社会生活的重要过渡阶段,在高等教育过程中,对学生加以创业理念和知识的灌输,为大学生创业提供了良好的物质基础。在大学生创业教育过程中,向学生输送理论知识的同时,还要重视学生实践能力的培养,并且给学生营造良好的学校和社会创业的氛围,促进大学生创业能力的提升,并且更有效地将企业嵌入整个社会经济的大环境中,从而实现高校创业教育总体水平的提高,从根本上促进大学生创业,缓解社会的就业压力。

参考文献

[1] 吴和清,涂国平,黄晓辉.试论大学生创业意识的培养:基于大学生创业意识的实证研究[J].中国大学生就业,2014,2(15):23-27.

[2] 杨兵.基于校企合作的大学生创新实践之创业能力培养研究[J].渤海大学学报(哲学社会科学版),2013,6(26):109-111.

[3] 於莉.从创业教学到创业实践:试论大学生创业教育“三位一体”模式的构建与优化[J].长春工业大学学报(高教研究版),2014,1(21):74-76.

[4] 刘纯.创业融资,助力梦想起航:成都市武侯区推进大学生创业融资的实践与思考[J].四川劳动保障,2014,1(16):54-56.

[5] 李洪波,张徐.网络嵌入性与大学生创业意愿的关系研究:基于创业自我效能感的中介作用[J].江苏大学学报(社会科学版),2014,3(17):76-83.

安徽高校创业孵化基地功能定位分析

姜勇,陈玉

摘要:创业孵化基地作为为创业者搭建的制度性、智能化的服务平台,在安徽省得到了高度重视,并在实践中取得了阶段性成效,但在孵化基地功能定位上存在一些问题。论文通过对安徽省政府部门及相关高校对孵化基地的定位比较,指出了功能定位中存在的问题,并提出了解决建议。

关键词:高校;创业孵化基地;功能;定位

创业孵化基地是为创业者搭建的制度性、智能化的服务平台,能为入驻的初创小微企业和个体创业者提供基本的生产经营场地以及有效的创业指导服务和一定期限的政策扶持,具有持续滚动孵化和培育创业主体功能的各类创业载体。目前,安徽省高校积极开展创业孵化基地建设,已经建立安徽省普通高校大学生创新创业教育示范校30个,并批准建立了一批A级或AA级创业孵化基地,大学生创新创业工作取得了长足进步。但是,与我省大学生对孵化基地多方面的需求相比,孵化基地目前功能定位上依然存在一些问题,需要研究并提前规划。

一、安徽省各级政府关于大学生创业孵化基地功能定位

近年,安徽省人社厅、安徽省教育厅、各高校都相继发布了关于促进高校大学生创业孵化基地建设的文件,出台了系列扶持政策,积极推动大学生创业孵化基地建设。

(一)政府关于高校大学生创业孵化基地功能定位

安徽省各级政府部门关于大学生创业孵化基地功能定位既有宏观层面,也有微观层面,并出台了一系列具体的要求。

1. 创业扶持政策

主要是研究制定促进就业创业的综合政策,健全扶持创业工作体制机制,统筹整合各部门的创业扶持政策、资金和服务资源,充分发挥创业扶持资金使用效益和效率。

2. 创业培训

主要是普及创业教育,将创业教育融入人才培养体系,开发开设创新创业课程,并纳入学分管理。丰富创业教育形式,开展灵活多样的创业实践活动。加强师资队伍建设,为普及创业教育提供有力支持。

3. 融资支持

认真落实小额担保贷款政策,鼓励金融机构加大对安徽青年创业小额贷款项目的支持

[作者简介] 姜勇(1978—),男,安徽电子信息职业技术学院教师,研究方向:古代文学、大学生创业教育。

力度,建立创业基金。完善创业引导资金管理及操作办法,完善落实创业补助政策。

4. 创业服务

建立创业辅导制度,推进创业服务机构标准化、专业化建设,落实创业服务制度,建设完善创业项目库和青年创业人才库,形成集创业培训、项目推荐、专家指导、创业孵化、融资支持、跟踪服务等内容为一体的综合服务体系。

(二) 高校关于创业孵化基地功能定位

各高校结合省政府的文件精神,也相继制定了学校关于促进创业孵化基地建设的文件,并承担起了大学生创业孵化基地的建设任务,建立了一批孵化基地。高校关于孵化基地的功能定位主要体现在这几个方面:

1. 资金、场地支持服务

高校自己设立创业基金,并对入孵项目进驻大学生创业孵化基地,一定时期内免收店铺租金、宽带费等相关费用。

2. 政策、培训支持

提供创业政策咨询,定期举办相关讲座或培训活动。

3. 协助大学生申请政府部门关于创业的相关扶持政策

协助入孵企业办理工商注册、税务登记等手续,协调相关职能部门提供治安、保卫等服务。

4. 创业实践与指导

对入选的创业项目提供全程创业实践指导,帮助解决成长过程中遇到的问题。

高校关于创业孵化基地的功能定位及发展方向没有明确的指导规划,大学生创业孵化基地功能体系不健全,存在着一定的盲目性和随意性。

二、大学生创业孵化基地功能定位存在的问题

就创业孵化基地发展周期来看,根据建设时间、建设规模、投资主体、发展水平等情况,我省高校创业孵化基地建设目前总体上仍处在初级发展阶段,并正逐步向多元发展阶段过渡,因而也不可避免地存在一些问题,其在功能定位上有如下一些主要问题。

(一) 功能定位还不够全面清晰

目前关于孵化基地的功能定位不够清晰与全面,不同部门、不同单位往往根据各自的特点来确定本地区大学生孵化基地的功能,随意性大,功能体系不健全。一些创业孵化基地没有经过充分的设计和论证,在方向、目标、任务不够明确的情况下,仓促上马,存在短期行为,严重影响与限制了孵化基地作用的发挥。

(二) 服务功能相对比较弱

我省大多数孵化基地只重视厂房等“硬件”设施而忽略融资、信息等“软件”服务功能建设。建设初期只是由政府或企业提供厂房支持,孵化基地的产、销及技术研发平台建设的投入比较少,缺少对高素质专业人才的引进机制,导致孵化基地服务范围比较窄。对创业企业在人才辅导与管理、技术项目推广、高端商务、法律保护、市场开拓、项目融资等方面提供的

服务少，服务功能有待健全，服务范围亟须拓展。

（三）缺乏对创业孵化基地建设的整体研究

我省大学生创业孵化基地建设还处在发展的初级阶段，本身还不成熟，发展道路还很漫长，如何引导我省高校大学生创业孵化基地健康快速发展需要进行基础研究。但是就目前来看，相关研究明显没有得到重视，研究也比较少，严重制约了孵化基地的发展。

三、关于创业孵化基地功能定位的几点看法

我省大学生创业孵化基地建设才刚刚起步，大学生创业孵化基地还是一个正在成长的事物，关于孵化基地的功能定位应该是一个发展变化的过程，但就目前来看，在大学生创业孵化基地功能定位上应该至少考虑到以下几个因素。

（一）建立研究机构

加强对大学生创业孵化基地的研究。积极开展孵化基础理论研究，掌握孵化基地发展的科学规律，对高校内部大学生创业孵化基地功能进行定位。加强对国外类似孵化基地研究，充分借鉴国外的经验，重点关注国内各类孵化基地建设研究，总结经验、解决问题，从理论上推动孵化基地建设。

（二）明确高校孵化基地的组织特点

大学生创业孵化基地作为大学生创业者将科技成果产业化，将创业计划实践化的一种社会组织，具有自身特点，即公益性与效益型、科技创新与科技成果转化、服务性与监督性、协作性与独立性等，这是大学生创业孵化基地功能定位的前提。

（三）找准方向定位，明确发展思路和目标

各高校在确定本校孵化基地的功能时首先应紧紧围绕本地方经济的发展特点，以培育科技服务创新型中小企业、发展地方创新经济为目标，结合区域经济与社会发展的实际需求，并与本校特色尤其是专业结合，建设一批专业化的大学生孵化基地，推动专业化产业集群的形成和发展。

（四）初级阶段大学生创业孵化基地功能定位

一般而言，初级阶段大学生创业孵化基地功能通常可以归结为以下几个方面：新技术研究开发、科技成果转化、项目储备和审查评估、企业或项目孵化培育、资金融通、创新创业人才培养、创业文化与氛围、孵化绩效评估体系、服务监督以及孵化基地自身发展研究等。其中企业或项目孵化是大学生创业孵化基地的本质，也是其最核心、最重要的功能定位。

参考文献

[1] 李志新，企业新创：孵化的理论与组织管理[M]. 上海：复旦大学出版社，2001.
[2] 曾方，宋韬. 中外科技企业孵化器的发展趋势及其对上海的启示[J]. 上海综合经济，2002(8)：22-24.

职业生涯规划研究的定性分析与定量分析

宫晓慧，黄雪飞

摘要：论文目的是研究职业生涯规划的研究创新及成就对毕业生就业指导的作用，通过探测该主题研究成果、热点和未来发展趋势以期找出毕业生就业指导的创新性视角和思路。根据对Web of Science数据库关于该主题研究文献的获取和分析，论文发现：职业生涯规划研究既符合文献的增长规律，又符合社会发展中就业问题的发展规律；该研究从性别、职业设计、职业指导以及职业渴望和使命等方面进行探究，为解决毕业生就业问题提供了可行的参考思路和指导方向。研究还发现，职业生涯规划的研究热点和未来发展趋势可作为毕业生就业指导未来研究的参考方向和切入点。

关键词：职业规划；职业发展；大学生就业；就业指导

一、引言

科技进步和社会高速发展带来物质极大丰富的同时，也给人们的生活及习惯带来了很大的冲击。随着人们生活和工作节奏的加快，所面临信息和知识的急剧增加，所要解决的问题日益精致化、复杂化，社会对人们生活和工作素养的要求日益提高。作为传递知识和技能的重要部门，学校从古至今一直扮演着重要的角色，在当今社会发展的背景下，高校教育同样面临着应对日益精致化、复杂化的社会要求的挑战。随着高校的快速发展，高校扩招、专业细化和教育模式等都增大了高校教育灵活应对社会挑战的负担，与此同时，毕业生就业问题日益凸显。高校毕业生是我国核心竞争力和综合国力的重要人力资源之一，是我国人才兴国的重要力量之源，是促进我国经济社会稳定、快速和可持续发展的重要因素，因此，毕业生就业问题受到政府、高校和社会其他各阶层的关注，而以促进毕业生就业，提高毕业生就业竞争力为目标的毕业生就业指导的作用和地位日益凸显。

作为提高就业素养和职业发展空间的研究主题，职业生涯规划是根据个人对职业选择的分析和定位，从而选择适合自己发展的职业并最终实现的规划过程，对提高毕业生就业起着积极的促进作用，有助于高校毕业生提前规划好就业方向，找到人生目标，解决就业难的问题。因此，本文以职业生涯规划研究主题为研究对象，对该主题研究文献进行定性和定量分析，以期找到有助于毕业生就业指导顺利开展的新思路和新视角。那么，职业生涯规划研究取得了哪些高质量的研究成果呢？具有哪些重要的社会价值可供毕业生就业指导工作参

［作者简介］ 宫晓慧（1987—），女，硕士研究生，讲师，安徽工业经济职业技术学院招生就业处干事，研究方向：现代教育技术、就业创业教育。

黄雪飞（1968—），男，硕士研究生，讲师，安徽工业经济职业技术学院副院长，研究方向：职业生涯规划、大学生就业创业指导、学生管理研究。

考呢？有哪些研究热点值得其他研究者借鉴和深入研究呢？如何快速定位重要文献及其活跃的研究机构和地域呢？职业生涯规划研究有着怎样的发展轨迹和发展趋势呢？为解决上述问题，本文对该主题研究进行了定性和定量分析。

二、数据来源与研究方法

在 Web of Science（WOS）数据库中，以“主题=（career planning ）OR 主题=（career development）”为检索策略，以 SCI-E、SSCI 和 CPIC-S 三个子数据库为文献来源，共检索到 2891 篇文献。将得到的检索记录进行数据预处理，剔除重复文献或无用文献后，以纯文本格式进行保存，并将选定的 2770 条文献记录信息导入 HistCite 软件中用于分析。

HistCite 对从 WOS 数据库获取的检索记录可以进行图文分析，从而揭示某一研究领域内文献之间的相互关系，帮助研究者快速定位该领域的重要文献、研究结果和发展轨迹等[1]。因此，本文通过使用 HistCite 软件对获取的文献展开分析。

三、结果分析

对职业生涯规划研究文献检索记录利用 HistCite 软件提供的年产量、国家、研究机构、期刊等功能进行分析。

（一）年产量分析

对检索得到的文献进行年产量分析（见图 1），可以发现 WOS 数据库中有关职业生涯规划的研究始于 1981 年，且在之后的 20 多年中该研究主题发展缓慢。1997 年之前，职业生涯规划研究处于萌芽阶段，年文献量低于 20 篇；2006 年之前，该主题研究处于起步阶段，年文献量低于 100 篇；2006～2012，年该主题研究文献量呈现逐年递增趋势，且年文献量均大于 100 篇，可见该时间段职业生涯规划研究处于发展阶段，表明了研究者对职业生涯规划研究主题的关注度不断提高；2013 年，该主题年文献量有所下降；2014 年，文献量也有所降低，但考虑到 2014 年文献量的时滞性，因此不能判定职业生涯规划研究进入衰退阶段。考虑到该主题研究的发展阶段与社会发展中就业等问题发展的吻合性，结合文献增长规律，本文判定职业生涯研究尚处于相对成熟的发展阶段，仍然值得研究者继续研究和关注。

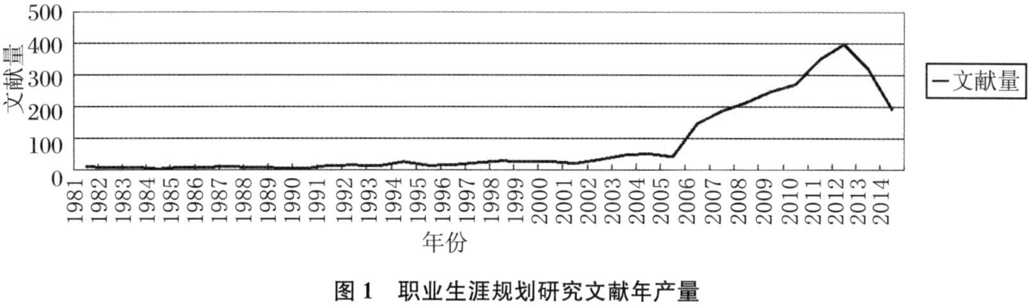

图 1　职业生涯规划研究文献年产量

(二)地域分布分析

对分析对象进行国家分布分析,可以得到发表职业生涯规划研究文献大于100篇(其中270篇文献所属国家或地区未知)的国家主要有五个,如表1所示。其中美国位居第一,英国和中国排名紧随其后,但美国所属该主题文献量远大于排名第二、第三的英国和中国所属文献量之和。TLCS(Total Local Citation Score)值为文献本数据集总被引次数,在一定程度上表征着文献的重要程度,而篇文献被引次数TLCS/N能更客观地反映出文献的篇被引率和重要程度[2],因此可以依据TLCS/N对该五个国家该主题研究文献的重要程度进行研究。从表1可以看出美国、加拿大和澳大利亚在职业生涯规划研究方面有更高的研究质量和研究高度,值得该领域研究者的关注。就我国而言,职业生涯规划研究的发文量排名靠前,但TLCS/N却靠后,因此,我国学者在职业生涯规划研究方面仍需提高研究成果的质量,从而在该主题研究方面取得更高的研究成就,更好地为社会发展提供有力的支持作用。

表1　文献量 $N>100$ 的国家

国　家	N(篇)	百分比	TLCS	TLCS/N
美国	1270	45.85%	1568	1.23
英国	232	8.38%	112	0.48
中国	204	7.36%	39	0.19
澳大利亚	165	5.96%	122	0.74
加拿大	145	5.23%	147	1.01

(三)研究机构及期刊分布分析

通过机构分析可以得到发文量大于30的研究机构,如表2所示。可以看出,在职业生涯规划研究方面,发文量最多的研究机构为美国,与上文该研究主题的地域分布分析一致。因此,在职业生涯规划研究方面,美国该主题研究成果可以值得该领域研究学者的研究和关注。就TLCS/N而言,美国马里兰大学(Univ Maryland)、美国密歇根州立大学(Michigan State Univ)和美国威斯康星大学(Univ Wisconsin)排名前三,表明该三所学校在职业生涯规划研究方面取得了较高的研究成就,具有较高的参考意义和价值,对职业生涯规划研究的发展贡献较大。

表2　文献量 $N>30$ 的研究机构

机　　构	N(篇)	百分比	TLCS	TLCS/N
美国威斯康星大学(Univ Wisconsin)	51	1.84%	107	2.10
美国密西根大学(Univ Michigan)	48	1.73%	58	1.21
美国密苏里大学(Univ Missouri)	36	1.30%	52	1.44
美国哈佛大学(Harvard Univ)	35	1.26%	24	0.69
美国明尼苏达大学(Univ Minnesota)	35	1.26%	36	1.03
美国密歇根州立大学(Michigan State Univ)	34	1.23%	85	2.50
美国匹兹堡大学(Univ Pittsburgh)	33	1.19%	26	0.79
美国马里兰大学(Univ Maryland)	32	1.16%	102	3.19

对职业生涯规划研究文献进行期刊分布分析，得到如表3所示的期刊分布列表。从表3中可知，载文量大于70的期刊总载文量为464篇，占总发文量的16.75%，在一定程度上表明了职业生涯规划研究主题涵盖面较广，属于学科交叉研究主题。其中，期刊《Journal of Vocational Behavior》《Journal of Career Assessment》《Academic Medicine》和《Career Development Quarterly》的 TLCS/N 值均大于2，而《Career Development Quarterly》《Journal of Vocational Behavior》和《Journal of Career Development》发文量排名前三，因此表3中五种期刊为该研究领域主要期刊，且其研究成果受到较高程度的认可和关注。

表3　载文量 $N>70$ 的期刊

期　刊	N(篇)	百分比	TLCS	TLCS/N
Career Development Quarterly	113	4.08%	241	2.13
Journal of Vocational Behavior	106	3.83%	396	3.74
Journal of Career Development	95	3.43%	177	1.86
Academic Medicine	76	2.74%	170	2.24
Journal of Vocational Behavior	74	2.67%	203	2.74

（四）重要文献及引文编年分析

对所得文献在 HistCite 软件中按 LCS 值大小排序可以得到编号为：564、153、1237、546、714、1103、289、515、1242 的文献序列，其中 LCS 为文献本数据集被引次数[3]，因此上述序列中的九篇文献可以视为职业生涯规划研究中的重要文献。该九篇文献将结合下文引文编年图具体展开分析。

为探析职业生涯规划研究的热点问题、发展趋势及其重要研究成果，本文绘制了该研究主题研究文献的引文编年图，如图2所示。其中以 LCS Count 且节点数30为绘制条件。图中节点数字代表文献编号，节点大小为其被引次数大小即代表其受到的关注程度。

由图2可知，职业生涯规划研究在1990年开始出现较为重要的研究文献，即64号文献。该文献提出了职业生涯规划在学术医学职业方向的指导作用，并提出了寻找良师、提高自身能力以及丰富实践经历对职业发展的重要作用[4]。1991年发表的70号文献研究了导师及其角色对于女性在学术医学职业发展中的作用[5]，为女性学术医学职业生涯规划研究提供了参考思路。重要文献中的153、564和1242号文献均参考了70号文献的研究视角，其中153号文献以女性在医学学术部门的性别障碍为研究出发点，以期找出女性医学学术职业障碍的解决办法，该研究发现长期的政策干预对于帮助女性在学术医学职业方向的顺利发展是必要的[6]；564号文献系统性地研究了导师指导及其对职业生涯规划的影响作用[7]；1242号文献研究了性别差异在学术医学职业生涯规划中的作用[8]。而由70号节点延伸的380号文献，同样参考70号研究思路，对学术医学职业生涯中需要具备、掌握的技能和女性自身的优势进行分析[9]，从而帮助女性在学术医学方面做好职业生涯规划，取得更好的职业发展。

其他重要文献，如546号文献，比较研究了无边界职业和多变职业概念的不同及其相互影响，基于该两种概念提出了8种可能的职业曲线以便探究如何展开职业生涯规划从而促进职业发展[10]。沿着546节点得到1237重要文献，介绍了合作辅导模式的职业生涯规划生命设计模型,该模型包括上下文的可能性、动态过程、非线性的发展、多维视角和个人模式以用于指导人们职业生涯规划[11]。2002 年发表的 289 号文献在医学院开展了一项创新协作型的职业生涯规划项目[12],以期协助医学系毕业生在学术医学职业方向取得成功。2006 年发表的 515 号文献研究了批判思维对都市高校学生在就业和职业发展方面的作用,并指出都市青少年通过持有对社会和机会的批判思维能够更好地进行职业生涯规划[13]。而 2007 年发表的 714 号文献研究了 3091 位大学生第一年就业的职业发展,探讨了职业选择、舒适度、自我评价、工作选择趋势、优柔寡断和教育信息缺失对其职业生涯规划和发展的影响,并指出职业生涯规划和就业指导是未来大学生就业和职业发展的研究方向[14]。1103 号文献以职业渴望和使命为研究对象,着眼于为职业生涯规划研究提供有用的实践应用,并给出了构建职业渴望与使命的基础研究和应用研究方向,提出了职业咨询实践的意义所在[15]。

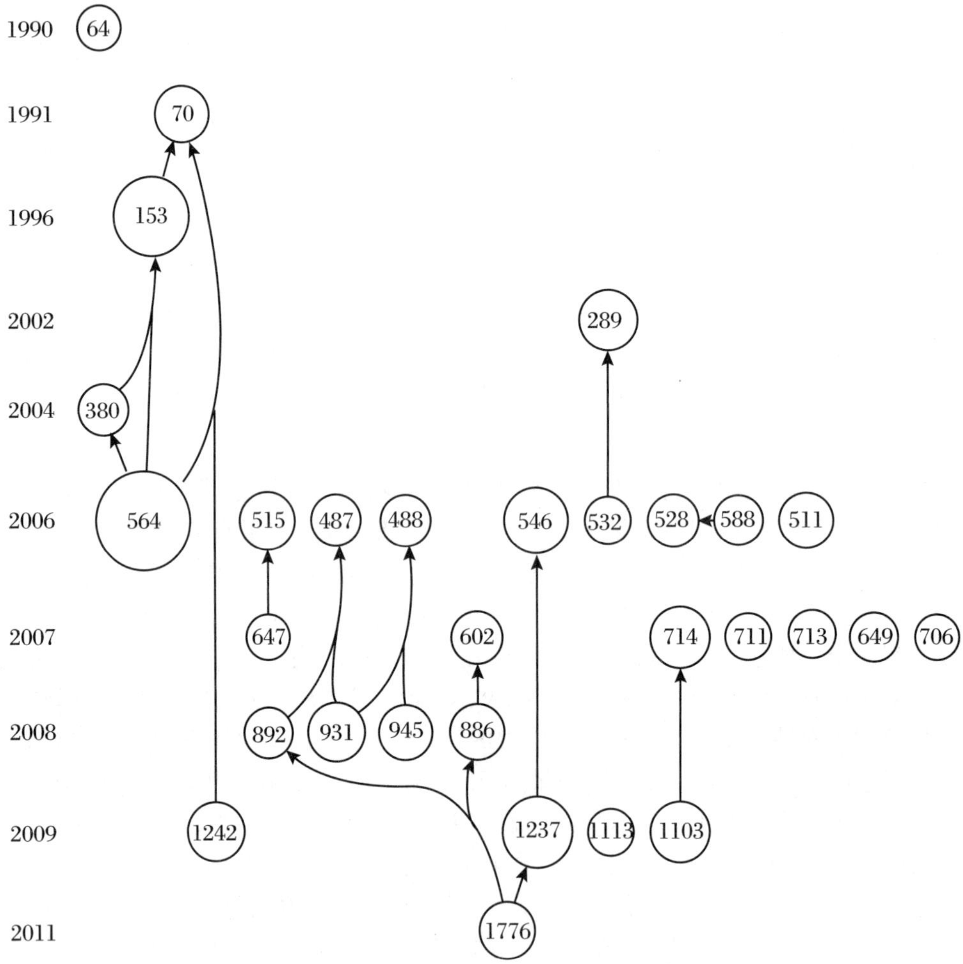

图 2 职业生涯规划研究文献引文编年

通过对重要文献和引文编年图的分析可以看出,职业生涯规划研究的重要文献主要集中在 1996 年到 2009 年,其中以 2006 年到 2009 年最为集中,这与上文对该主题研究的年文献发布规律研究结构一致,可见职业生涯规划研究的发展与社会的发展紧密相连,具有明显的时代性。通过对重要文献的分析可以看出,职业生涯规划研究主要关注性别、职业设计、职业指导以及职业渴望和使命等方面在职业生涯规划中的实践以及指导作用，从而为获得更好的职业发展提供参考，主要研究切入点可以概括为职业指导和职业发展两大主题。在对职业生涯规划研究主题日益深入和发展的基础上，该研究形成了诸如 70→153→380→564、70→1242、70→153→564、546→1237→1776 和 714→1103 等多条主要发展轨迹。

为了进一步探究职业生涯规划研究的热点，本文对分析的文献记录展开词频分析，将词频不低于 50 的关键词提取出来，获得如表 4 所示的高频关键词表。

表 4　高频关键词表

序号	关键词	词频	序号	关键词	词频	序号	关键词	词频
1	Career	1203	19	Professional	94	37	Theory	63
2	Development	793	20	Role	93	38	Perspective	61
3	Research	271	21	Medicine	91	39	Success	61
4	Students	232	22	Management	89	40	Support	60
5	Work	178	23	Gender	88	41	Employment	57
6	Education	155	24	Medical	87	42	Life	57
7	Training	150	25	Analysis	85	43	Experiences	55
8	Academic	149	26	College	83	44	Clinical	54
9	Planning	147	27	Practice	81	45	Human	54
10	Women	120	28	Model	77	46	Programs	54
11	School	115	29	Job	74	47	Efficacy	53
12	Health	108	30	Learning	73	48	Family	53
13	Vocational	107	31	Careers	68	49	Survey	53
14	Self	103	32	Based	66	50	University	52
15	Social	100	33	New	66	51	Young	52
16	Program	99	34	Factors	65	52	Adolescents	51
17	Faculty	96	35	Satisfaction	65	53	Science	51
18	Mentoring	95	36	Impact	63	54	Future	50

由上表词频大于 100 的关键词可以看出，职业生涯规划研究主要以职业规划和发展、学生研究、就业教育、职业培训、学术研究和性别阻碍等方面为研究热点；从词频在 80～110 之间的关键词可以归纳出，该研究涵盖社会、管理、医学和学校等研究领域。从词频在 50～80 之间的关键词进行分析，可以得出该研究包括就业模型、影响因素、理论基础和项目实践、社会调研等研究出发点。

四、讨论与结论

随着毕业生就业问题的日益凸显，毕业生就业问题越发地受到社会各阶层的关注，如何解决毕业生就业问题成为了研究者的关注点之一。本文通过对职业生涯规划主题研究文献进行定性和定量分析，探究该主题研究在职业生涯规划方面的创新贡献，并探究该主题研究的研究热点和未来发展趋势,以期找出有益于毕业生就业指导和职业生涯规划的研究成就和指导思路等。

从上文分析中可知职业生涯规划研究具有较强的时代特征,该主题研究萌芽阶段开始于20世纪80年代,且之后的20年该主题发展缓慢,经典文献较少;1997年到2006年该主题研究进入起步阶段,开始出现经典文献;2006年之后进入发展阶段,同时出现较多的经典文献,既符合文献的增长规律,又符合社会发展中就业问题的发展规律。通过对重要文献和引文编年的分析,本文通过职业生涯规划研究从性别、职业设计、职业指导以及职业渴望和使命等方面对职业生涯规划的实践及指导作用进行探究,为我们解决毕业生就业问题提供了可行的参考思路和指导方向。职业生涯规划研究的词频分析得出该研究的热点为职业规划和发展、学生研究、就业教育、职业培训、学术研究和性别阻碍等,涵盖社会、管理、医学和学校等研究领域,包括就业模型、影响因素、理论基础和项目实践、社会调研等研究出发点,为职业生涯规划未来的研究和毕业生就业指导的研究提供了可行的研究方向和思路。

职业生涯规划研究着眼于提高毕业生的就业技能和职业素养,我们在实践工作和研究中不仅要注重毕业生就业问题本身及其问题来源,更要注重毕业生就业优势的培养和职业素养的提升。根据上文分析,我们不难发现,职业生涯规划研究方面具有较高质量的研究成果对我们实际展开毕业生就业指导工作具有很好的指导和参考作用。因此,职业生涯规划研究与毕业生就业指导工作有着紧密联系,在为毕业生就业指导提供新的视角和思路的同时,也为毕业生就业问题的研究提供了新的研究方向和视角。

参考文献

[1] 李运景,侯汉清,裴新涌.引文编年可视化软件 HistCite 介绍与评价[J].图书情报工作,2006(12):135-138.

[2] 刘春年,张曼.信息分类与编目研究的量化可视分析[J].情报杂志,2014(5):118,165-169.

[3] 田军.信息可视化分析工具的比较分析:以 CiteSpace、HistCite 和 RefViz 为例[J].图书馆学研究,2014,14:54,90-95.

[4] Applegate W, Williams M. Career-Development in Academic Medicine[J]. American Journal of Medicine, 1990, 88(3): 263-267.

[5] Levinson W, Kaufman K, Clark B, et al. Mentors And Role Models For Women in Academic Medicine[J]. Western Journal of Medicine, 1991, 154(4): 423-426.

[6] Fried L P, Francomano C A, MacDonald S M, et al. Career development for women in academic medicine-Multiple interventions in a department of medicine[J]. Ama-Journal of The American Medical Association, 1996, 276(11): 898-905.

[7] ASambun J D, Straus S E, Marusic A. Mentoring in academic medicine-A systematic review[J]. Jama-Journal of The American Medical Association, 2006, 296(9): 1103-1115.

[8] Jagsi R, Motomura A R, Griffith K A, et al. Sex Differences in Attainment of independent Funding by Career Development Awardees[J]. Annals of internal Medicine, 2009, 151(11): 804-W268.

[9] McGuire L K, Bergen M R, Polan M L. Career advancement for women faculty in a US school of medicine: Perceived needs[J]. Academic Medicine, 2004, 79(4): 319-325.

[10] Briscoe J P, Hall D T. The interplay of boundaryless and protean careers: Combinations and implications[J]. Journal of Vocational Behavior, 2006, 69(1): 4-18.

[11] Savickas M L, Nota L, Rossier J, et al. Lifedesigning: A paradigm for career construction in the 21st

century[J]. Journal of Vocational Behavior, 2009, 75(3): 239-250.

[12] Pololi L H, Knight S M, Dennis K, et al. Helping medical school faculty realize their dreams: An innovative, collaborative mentoring program[J]. Academic Medicine, 2002, 77(5): 377-384.

[13] Diemer M A, Blustein D L. Criticalconsciousnessand career development among urban youth[J]. Journal of Vocational Behavior, 2006, 68(2): 220-232.

[14] Duffy R D, Sedlacek W E. The presence of and search for a calling: Connections to career development[J]. Journal of Vocational Behavior, 2007, 70(3): 590-601.

[15] Dik B J, Duffy R D. Callingand Vocation at Work Definitions and Prospects for Research and Practice[J]. Counseling Psychologist, 2009, 37(3): 424-450.

土木工程专业毕业生就业意向调查与分析

——以安徽理工大学土木建筑学院 2014 届毕业生为例

马帅，黄广顺，陈孝柱

摘要：本文以安徽理工大学土木建筑学院 2014 届土木工程专业应届毕业生为调查对象，通过问卷调查方法，对土木专业应届毕业生开展就业意向调查，将调查结果初步处理后，分析了土木工程专业大学毕业生的就业意向以及影响因素，为完善学校的就业指导工作、提高学生的就业率提供参考意见。

关键词：土木工程专业；应届毕业生；就业意向分析

建筑业是我国支柱产业，随着我国国民经济的发展和人民生活的改善，土木类专业毕业生的需求量也逐渐增大，相应的招生规模也随之扩大，无形中加剧了毕业生间就业、工作的竞争。深入了解大学生就业观及择业意向，将有助于推进大学生就业制度改革和就业指导工作的改善，因此对土木工程专业毕业生的就业意向进行调查分析，有利于了解和掌握土木工程专业毕业生的就业取向和面临的就业问题，有利于学校就业指导工作的开展和完善，以帮助学生顺利就业。

一、调查对象和方法

本次调查时间为 2013 年 12 月，以安徽理工大学土木建筑学院 2014 届土木工程专业毕业生为调查对象，采用问卷调查的方法，共发放问卷 372 份，回收 358 份，回收率为 96.24%，有效问卷为 341 份，有效回收率为 91.67%。采用 Excel 软件对所获数据进行统计分析处理。调查内容如表 1 所示。

表 1　毕业生就业意向调查表

姓名		性别		班级	
毕业后的打算	□找工作□考研□考公务员或考编□出国留学 □自主创业□目前暂无考虑				
就业方向	□建筑业□采矿业□机关干部□教师 □自由职业□其他				

[作者简介]　马帅(1986—)，男，安徽理工大学化学工程学院教师，研究方向：大学生就业指导。

续表

<table>
<tr><td>姓名</td><td></td><td>性别</td><td></td><td>班级</td><td></td></tr>
<tr><td>就业地域</td><td colspan="5">□一线城市□中小城市□西部□家乡
□不限地区</td></tr>
<tr><td>薪资要求</td><td colspan="5">□2000～2500(元)□2501～3000(元)
□3001～5000(元)□5000 元以上</td></tr>
<tr><td>就业信息来源</td><td colspan="5">□学校就业信息网□各个招聘网站□学校招聘会
□其他</td></tr>
<tr><td>个人发展空间</td><td colspan="5">□非常重视□比较重视□一般□无所谓</td></tr>
<tr><td>就业乐观程度</td><td colspan="5">□非常乐观□比较乐观□很不乐观</td></tr>
<tr><td>面对激烈的竞争你认为你最缺乏什么素质和能力</td><td colspan="5">□熟练的专业技能□吃苦耐劳与自主创业能力
□社会能力与自我表现能力□团体协作能力</td></tr>
<tr><td>目前毕业生就业中存在的主要问题</td><td colspan="5">□就业渠道窄□供大于求□就业市场不规范
□自身职位能力不符合□自身定位不合理</td></tr>
<tr><td>建议</td><td colspan="5"></td></tr>
</table>

二、结果与分析

（一）关于毕业后的打算

从表 2 看出，参加此次问卷调查的 2014 届土木工程专业毕业生，有 78.59%认为自己毕业时的就业意向为直接找工作，直接找工作是学生毕业后的主要就业去向；选择考研的有 13.20%，这部分学生一方面是为了继续深造，另一方面也是为了暂缓就业压力，而且高学历在就业方面的确有明显的优势；有 2.64%的学生选择了考公务员或考编；而自主创业、目前暂无考虑、出国留学的选择者分别占 3.23%、2.10%、0.03%，基本符合土木工程专业毕业生的选择标准。

表 2　毕业后的打算

选　　项	人　　数	所占比率
找工作	268	78.59%
考研	45	13.20%
考公务员或考编	9	2.64%
出国留学	1	0.03%
自主创业	11	3.23%
目前暂无考虑	7	2.10%

(二) 关于就业方向及就业地域的调查

从表3可以看出,73.13%的同学选择建筑业,这说明建筑业仍然是现在土木工程类专业毕业生的主要选择,同时,采矿业也是土木工程类专业毕业生的不错选择;有7.46%的学生选择自由职业,这类学生中部分是自主创业,也具有一定的合理性。通过表4可以看出,中小城市是大部分学生毕业后首选的就业地区,占了38.06%;同时由于土木工程专业的特殊性,西部地区对毕业生也有较大的吸引力,有23.51%受调查者选择毕业后去西部工作;不限地区的毕业生只占11.57%,说明大多数毕业生对于自己以后的就业地域还是有比较明确的定位。

表3 就业方向调查

选　项	人　数	所占比率
建筑业	196	73.13%
采矿业	25	9.33%
机关干部	9	3.36%
教师	5	1.87%
自由职业	20	7.46%
其他	13	4.85%

表4 就业地域调查

就业地区	人　数	所占比率
一线城市	53	19.78%
中小城市	102	38.06%
西部	63	23.51%
家乡	19	7.09%
不限地区	31	11.57%

(三) 关于薪资要求的调查

薪资是所有毕业大学生比较重视的一个方面,较好的薪资预示着较好的工作起点。从表5可以看出,对于工资这一方面,应届毕业生的选择还是较为理性的,2000～2500元、2501～3000元、3001～5000元的选择比例分别7.84%、35.82%、42.16%,占了绝大多数,符合当前的就业形势。

表5 薪资要求调查

薪资范围	人　数	所占比率
2000～2500元	21	7.84%
2501～3000元	96	35.82%
3001～5000元	113	42.16%
5000元以上	38	14.18%

（四）关于就业信息的来源

通过图 1 我们可以看出，学校就业信息网或学校招聘会是学生了解就业信息的主要渠道，选择者占 58.08%。同时，随着网络的发展，通过网络了解就业信息也越来越普遍，有 29.38%受调查者选择了这种方式。

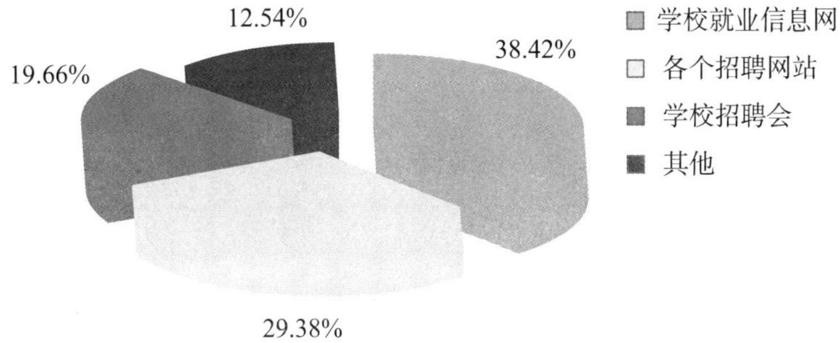

图 1　就业信息来源分布图

（五）关于个人发展空间重视程度

通过调查土木工程专业毕业生对个人发展空间重视程度，我们可以发现 83.80%的学生对于自己未来就业的发展空间比较重视，说明大多数学生的就业心态比较成熟（见图 2）。

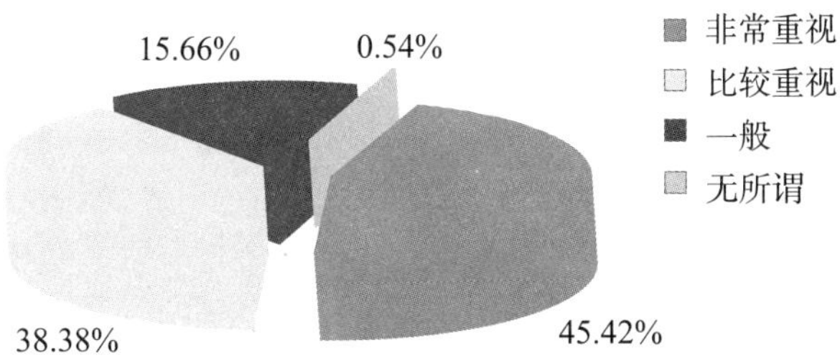

图 2　个人发展空间重视程度

（六）关于个人就业乐观程度

通过图 3 我们可以我们看出，大部分的学生对于自己未来的就业还是比较乐观的，说明土木工程类专业的就业形势总体良好。12.66%的同学认为自己的就业前景很不乐观，通过调查发现，其中很大一部分是女生，这是由于土木工程这一专业的特殊性所造成的。

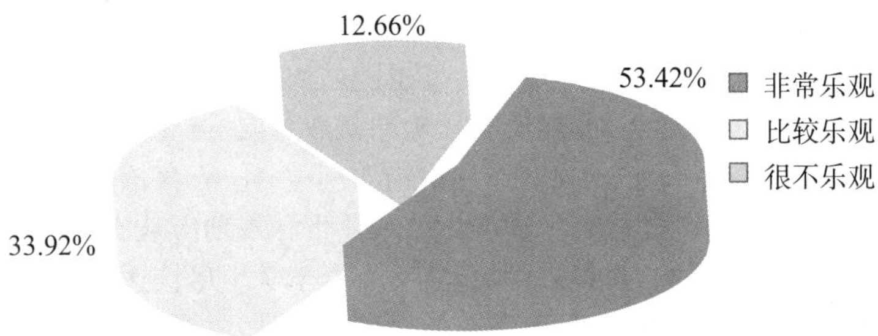

图 3　个人就业乐观程度

(七) 面对激烈的竞争毕业生所缺乏的能力

通过图4可以看到,38.54%的毕业生选择缺乏熟练的专业技能,31.24%的毕业生选择缺乏吃苦耐劳与自主创业能力,22.66%的毕业生选择缺乏社会能力与自我表现能力,7.56%的毕业生选择缺乏团体协作能力。可见当今的社会毕业生提高专业技能以适合用人单位的要求也成了一个非常重要的内容。

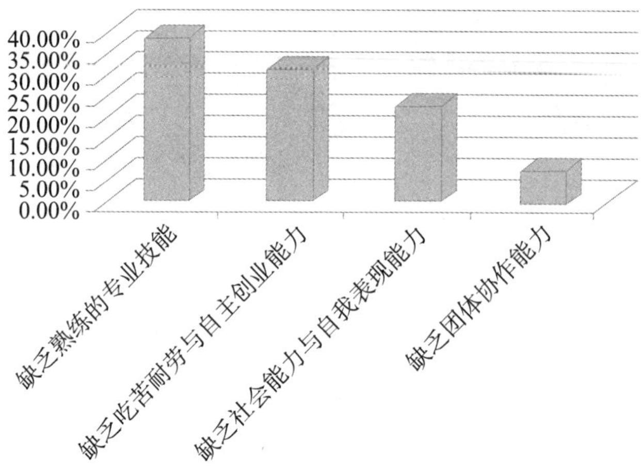

图4　毕业生所缺乏的能力

三、结论与启示

(一) 结论

安徽理工大学土木建筑学院2014届土木工程专业应届毕业生就业去向主要为参加工作及考研、考公务员或考编以及自主创业。由于土木工程专业的特殊性,工作地域首选的主要是中小城市和西部,同时毕业生的月薪期望值比较理智。面对激烈的竞争,毕业生在求职时所缺乏的能力主要是:① 熟练的专业技能;② 吃苦耐劳与自主创业能力;③ 社会能力与自我表现能力;④ 团体协作能力。毕业生面临的主要就业问题为:① 就业渠道窄;② 供大于求;③就业市场不规范;④ 自身职位能力不符合;⑤ 自身定位不合理。

(二) 启示

1. 引导学生树立正确的就业观

随着经济的高速发展,大学生择业的自由度也随之大大增强,要引导学生树立正确的就业观,除了要了解当前的就业形势外,还要有正确的就业意向,避免陷入以下几种择业误区:① 期望值过高,脱离实际;② 定位不准;③ 注重物质利益;④ 心存依赖,消极懈怠。同时还要引导毕业生提前做好职业生涯规划。大学生的职业生涯规划应从大一开始尽早地确立目标,有利于学生有目的地进行学习,促进学风建设,有利于学生尽快达到用人单位的要求。

2. 辅导员加强对学生的日常心理教育

在当前的就业形势下,竞争能力的培养尤为重要,想要获得理想的职业就必须刻苦学习，努力钻研专业知识，提升自己的综合素质。大学生在就业过程中，难免会产生挫折，要提高自己的抗挫折心理承受能力。因此，在辅导员的日常思想教育中也应结合学生的专业特点进行相关心理教育，培养学生的敬业精神，加强社会交往能力，培养学生的自信心及抗挫折能力。努力将学生塑造成为"一专多能"的复合型人才[1]，适应社会需求。

3. 加强对学生的全程性就业指导教育

学校应加强对学生的全程性就业指导教育，与社会接轨，紧跟市场需求，研究和制定学校的办学规划，全面提高学生专业素质和社会适应能力[2]。完善就业指导工作，建立完备的就业网站，定期开展就业知识讲座，充分发挥就业指导中心应有的作用，切实解决学生就业时面临的实际问题。

参考文献

[1] 潘玲，刘洁.土木工程与建筑学专业的本科毕业生跟踪调查[J].理工高教研究，2007，26(1)：99-100.
[2] 顾国星.大学毕业生就业指导问题的探索[J].全球教育展望，2005(8)：77-80.

高校辅导员促进就业困难学生就业措施探索

杨志华

摘要:就业困难学生在就业竞争中处于劣势,其原因有家庭贫困、学习困难、性别歧视、心理素质差、生理残疾、专业受冷落、不想就业等。辅导员与学生接触最多、就业信息灵通,在指导就业困难生就业方面有其独特优势,具体可采取以下措施:一是加强学习,提高指导学生就业的能力;二是创新就业指导工作的方式,加强工作的实效性;三是建立就业信息反馈系统,及时了解学生的就业情况;四是帮扶就业困难学生,使其充分就业;五是做好就业工作总结和毕业生就业跟踪调查工作。

关键词:辅导员;就业困难学生;就业

大学生就业难已成为社会普遍关注的问题,就业困难学生的就业更是难上加难。辅导员处于学生管理第一线,最了解学生,同时,担任就业指导课程的教学,较多地参与学生的就业工作。因此,发挥高校辅导员在学生就业指导中的优势,加大对就业困难学生的就业帮扶力度,研究相关促进就业困难学生就业的政策和措施,对于提高高校毕业生就业质量,提升学生和家长对教育的信心,解决大学生就业难这一社会问题都有很好的推动作用。

一、就业困难学生的定义和类型

目前,学术界多是把高校就业困难学生理解为大学生就业弱势群体,但对大学生就业弱势群体还没有具体的概念。学者仅对大学生弱势群体做出相对统一但并不一致的概括。学者杨在华认为:“大学生弱势群体是一个相对的概念,是指在高校中由于性别、经济贫困、生理残疾、心理障碍、竞争失败等原因而处于不利境地,并且出现了学习、生活、就业困难等问题的大学生群体。”[1]很明显,高校就业困难学生是大学生弱势群体之一,在此,我们把就业困难学生或大学生就业弱势群体理解为:在就业过程中,由于主、客观原因造成自己在就业竞争环境中处于劣势或竞争能力较差的大学生。

根据以上定义,结合我国高校大学毕业生实际就业情况,一般认为就业困难学生包括家庭贫困的学生、学习困难的学生、女大学生、心理素质较差的学生、生理残疾的学生、专业受冷落的学生、坚持不就业的学生等。

二、就业困难学生就业难的原因分析

家庭贫困的学生,主要包括家庭地处边远、经济落后的农村学生,城镇低收入家庭的学

[作者简介] 杨志华(1985—),男,安徽理工大学化学工程学院教师,研究方向:教育史、大学生就业指导。

生，父母下岗或患有严重疾病或残疾或无固定经济来源的学生，以及近期家里发生严重自然灾害或重大家庭变故的学生，孤儿、残疾、单亲、父母离异的低收入家庭的学生等。他们家庭经济困难，教育条件、文化环境都比较落后，很少有特长。学校的“奖免助”政策受惠学生人数毕竟有限，一部分学生利用业余时间做兼职或参加勤工助学活动，学习和拓展其他技能的时间减少，学习成绩不理想，人际交往、组织管理与协调能力方面欠缺，削弱了他们的就业竞争力。这些学生没有可依靠的社会关系，面对较高的就业成本，背负着家庭的期望，承受着巨大的身心压力，成为大学生就业中的弱势群体。

学习困难的学生，或因学习底子差、基础不好，或因贪玩，学习专业知识和技能时间减少，致使成绩不理想，找工作的过程中就处于劣势。有些学生因学分修不够，还不能拿到毕业证和学位证，只能延长学习年限或办理结业。“就业中，学习成绩是一个很重要的筹码。用人单位在挑选人才时，首先看的就是学习成绩和过级证书。”[2] 调查显示，不同学历、不同成绩分数的学生，就业难度差异明显。学历层次越低、学习成绩越差，就业就越困难。

女大学生的数量在高校有逐年上升的趋势，在就业难的时代背景下，女大学生特别是农村女大学生就业更加困难。分析原因主要有以下方面：一是我国保障制度不健全以及政策法规不完善，缺乏保护女大学生权利的力度。[3] 即使有相关的政策，受传统思想的影响也很难落实。二是用人单位的偏见和工作性质的特殊要求，他们更青睐男生。性别歧视在就业中普遍存在，有些单位要求复合型人才或对工作的劳动强度和和劳动时间有一定的要求，女生在这方面较之男生处于劣势。三是女生在心理、性格上的一些因素，如就业观狭隘、就业心理消极、就业信息关注不够、职业规划不明晰等，不同程度上影响了她们就业。

心理或生理有问题的学生，包括心理素质差和生理残疾的学生。受家庭、社会等环境的影响，有的学生在成长过程中出现自傲、自卑、自闭、依赖、从众心理；有的向往大城市或沿海发达地区，热衷于大公司、好行业、外企等好单位，不愿去基层边远地区，不愿去民营、私营单位。[4] 这部分学生在求职的过程中或眼高手低、好高骛远，不能客观评估自己的实力；或过低评估自己，没信心和勇气推销自己，求职受挫后开始怀疑自己；或就业时焦虑、恐慌，沉浸于对前途担忧、担心找不到合适的工作的苦恼中；或在择业竞争时缺乏主动、进取精神，出现寄望于家人、亲戚、朋友和老师帮助；或在择业时缺乏主见、优柔寡断，错失就业良机。

对于身体有疾病或残疾的学生，由于用人单位对工作岗位、身高、相貌的要求，社会的歧视和偏见，相关职能部门工作缺位，法律体系不完善以及法律执行监管不力等因素，使得相貌一般、身体有缺陷的学生成为就业中的困难群体。坚持不就业的学生，主要包括家庭环境优越、不需就业仍能生活的学生，考研或就业不理想仍坚持继续考研、考编、寻找理想工作的学生。

以上是就业困难学生的几种类型，有的学生占据其中一种就业困难因素，有的兼而有之。对于同时具备以上几种就业困难因素的学生，我们应该更加关注，创新工作方式，使其早就业、就好业。

三、辅导员促进就业困难学生就业的优势和具体措施

（一）辅导员促进就业困难学生就业的优势

辅导员指导就业困难学生就业是其责任和任务。高校辅导员作为高校管理的骨干力

量,广泛而全面的职责范围决定了其在大学生就业工作中担任着重要的角色,发挥着不可替代的作用。[5]国家教育部门对辅导员工作内容的要求包括积极组织开展大学生社会实践及素质拓展;帮助学生处理好学习成才、择业交友等方面的具体问题;积极开展就业指导和服务工作,提升学生的综合素质和就业竞争力,引导学生转变就业观念和掌握择业技巧,促使其顺利就业。

辅导员与学生接触最多、最了解学生。辅导员多是由年轻的老师担任,有的刚毕业,他们在年龄、生活环境、社会看法、知识背景等方面和学生相近,最了解学生的思想动态,知道学生最关注的问题,很容易走进学生的内心,易于与学生沟通。在平常教育教学管理中,他们深入学生中间,与学生朝夕相处,工作内容涉及学生日常生活的各个方面,因此,辅导员对他们所带的每一位学生无论是个性、能力、家庭状况还是社会背景都非常清楚,学生对辅导员老师也非常信任和尊重。[6]以上因素使得辅导员能有针对性地对学生职业规划和求职择业过程给予指导,分析他们自身存在的优势与不足,制定科学的职业规划,从而使就业更加顺利。

辅导员了解就业方面的信息也最多。辅导员较之学生更了解国家的就业方针政策、就业形势;更了解学校的就业指导和就业信息服务情况,更了解学校的就业举措和企业到校招聘情况;与用人单位接触较多,对用人单位信息、市场需求信息掌握更多、更及时;对学生所学专业、学科结构、培养模式有一定了解,在就业指导和联系用人单位方面更有针对性;除此之外,辅导员自身也是经历过择业、就业的过程才走上工作岗位的,对其中就业技巧、注意事项有更深切的体会。如果是工作年限较长、带过毕业班的辅导员,他们掌握的就业信息、积累的就业经验更多,对学生的指导更有效。

(二) 辅导员促进就业困难学生就业的具体措施

作为高校辅导员要高度重视就业困难学生的就业工作,思想上积极主动,工作上满腔热情,以高度的责任感和使命感指导学生就业。具体来说,主要做好以下几个方面的工作:

1. 加强学习,提高指导学生就业的能力

拥有丰富和过硬的就业指导方面的知识和技能是有效开展工作的前提。为此,辅导员一是树立学习意识,通过书本知识,学习更多就业指导方面的知识和技能;二是在实际工作中反思,总结就业工作的心得和经验;三是通过内部交流和外出参加培训等方式,向同事、领导、专家学习,提高就业指导的技能。总之,在学习、实践、工作和思考中积累就业指导过程中出现的问题,针对问题再学习、再提升,从而提高就业指导工作的能力,加强就业指导工作的针对性。

2. 创新就业指导工作的方式,加强工作的实效性

通过举办考研、就业经验交流会,让优秀毕业生给学弟、学妹分析本专业发展前景、就业心得体会,及早做好职业生涯规划。通过就业教育主题班会,对学生开展就业形势政策分析、就业材料准备、就业安全警示、就业信息获取、面试技巧等就业教育。通过参加社会实践、就业实习等,让学生在实践中了解社会、提升综合素质,增强就业竞争力。通过开展简历设计大赛、模拟招聘会等活动,帮助学生掌握求职择业中的技巧。同时,辅导员配合学校就业指导中心完善就业指导与服务机制,为促进高校毕业生充分就业提供全方位服务,提高大学生的就业能力。[7]良好的开始是成功的一半,以上措施是在学生找工作之前要开展的工作。因此,就业教育一定要有针对性、可操作性,才能真正转变学生不切实际的就业观念,真正提高他们就业的综合能力。

3. 建立就业信息反馈系统,及时跟踪、了解学生的就业情况

一是建立就业信息搜集小组和统计小组。抽取班级中签约较早的学生组成就业信息搜集小组,负责从学校的就业网、高校人才网、应届生求职网、聘教网及公务员考试网等网站上搜集企业招聘信息和公务员、事业单位的招考信息,每天在班群和班委群内发布;就业信息统计小组负责本班就业信息的统计、反馈工作。每周统计1次,由辅导员汇总。这样保证了对学生签约情况的实时掌握。二是统计用人单位信息和学生就业信息。时时登记所有到校招聘企业的信息,按照单位名称、公司地址、联系人及联系方式、招聘专业的格式全部登记入库。这些信息为以后推荐就业、联系用人单位、建立实习基地打下良好的基础。对于已签约学生的信息,按照签约单位、组织机构代码、档案接收地、户口迁移地等信息进行登记,保证已返回学校的协议书有数据可查,为后面正确的档案派遣、户口转移打下基础。

4. 帮扶就业困难学生,使其充分就业

对家庭贫困的学生,提供就业补助,帮其减轻经济方面的压力。对成绩不理想的学生,突出他们其他方面的技能,参加对成绩要求不高的企事业或行政单位的招考。对于女大学生,培养其豁达的性格,帮助其建立就业的信心和勇气,积极参加应聘女性占优势岗位的竞聘。对于心理或生理有问题的学生,要与其谈心,与家长沟通,了解他们的真实想法,做好心理疏导,帮助他们树立正确的就业观,引导他们不怕吃苦、敢于拼搏,耐得住寂寞,下得去基层。对顽固不就业或坚持继续考研、找理想工作的学生,培养他们的竞争意识和劳动能力,引导他们先就业后择业;同时,分析考研和就业的关系,引导他们积极就业。总之,辅导员针对以上不同原因的就业困难学生,根据实际情况,分门别类地加以指导,有效提升他们的就业竞争能力,使其早日走向工作岗位。

5. 做好就业工作总结和毕业生跟踪调查工作

建立历届就业学生的信息库,发挥已就业学生的作用,让已就业的学生推荐未就业的学生就业。[8]每届毕业生离校后,应建立就业信息数据库。加强与已就业的学生联系,通过他们了解企业对员工的需求,及时将缺额待招聘的信息提供给未就业的学生。定期与未就业的学生联系,及时了解他们就业心态的变化,根据实际情况提供相关就业信息。加强与用人单位的联系,包括已经结下良好关系的用人单位、之前到学校招聘但未招满的单位,主动与他们联系,看是否有合适的岗位提供给学生;同时,积极联系新单位,开辟新的就业渠道,推荐学生。除了企业招聘会,公务员、事业单位、“三支一扶”、西部计划、大学生村官、特岗、公益性岗位等岗位的招考也是非常重要的就业途径。辅导员要教育学生珍惜这些招聘考试的机会,并提供有针对性的指导,使他们多渠道、全方位就业。最后,做好毕业生跟踪调查工作。定期对已就业学生思想政治、业务能力、生活质量等方面开展跟踪调查,帮助他们协调解决在用人单位所出现的困难和问题。这有利于毕业生工作的稳定,有利于学校发现先进典型,有利于激励在校生努力学习、奋发成才。同时,有利于及时准确地收集用人单位对毕业生的意见和对学校教学改革的建议,促进学校健康发展,培养更多更好的符合社会需求的人才。因为,辅导员是维系学生、学校、企业三者关系的最好的桥梁和纽带。

综上可知,包括高校辅导员在内的社会各界都应关注就业困难学生就业,因为这对于解决好大学生就业难这一问题非常的重要和必要。所以,加强促使这一群体能更好、更快就业措施的研究,具有重大的现实意义和深远的社会意义,值得我们深入、持久地探讨。

参考文献

[1] 杨在华.大学生弱势群体就业难现状及对策分析[J].教育及现代化,2007(2):75-80.
[2] 胡敏.关于大学生中弱势群体就业问题的思考[J].魅力中国,2010(10):44-45.
[3] 曹桂彬.女大学生就业困难问题的原因及对策分析[J].中小企业管理与科技(下旬刊),2012(6):244-245.
[4] 李月云.论当代大学生的就业能力及其培育创新[J].宿州学院学报,2009(4):139-141.
[5] 熊湘江.辅导员在大学生择业过程中的角色定位[J].长江大学学报(社会科学版),2008(6):343-344.
[6] 张健,刘敏.辅导员在大学生就业工作中的作用探讨[J].管理学家,2011(5):221.
[7] 孙祥,刘业政.促进大学生充分就业的社会就业观念转变研究[J].中国科技论坛,2009(5):118-122.
[8] 徐礼生.高校辅导员对全程化大学生就业指导的思考[J].宿州学院学报,2009(3):113-114.

关于高校毕业班辅导员在就业“攻坚期”工作对策的探讨

纪旭，申夏夏

摘要：每一年的第二季度是高校应届毕业生就业的“攻坚期”，这一时期是毕业生求职的困难时期、关键阶段，也是高校促进大学生就业任务的重要时期。在就业“攻坚期”，学生就业情况困难而复杂，这就要求毕业班辅导员以学生就业为根本，在思想上重视、从细微处入手，发挥辅导员自身工作的优势和作用，积极主动，迎难而上，制定科学、合理、全面、完善的就业“攻坚期”工作对策，形成一套促进学生就业的长效机制，保障学生就业工作有序推进，努力提高学生就业率，实现学生更高水平的就业。

关键词：毕业班辅导员；就业“攻坚期”；就业分类指导；就业服务；就业网络信息化

一、前言

2013 年，全国普通高等学校毕业生规模达到 699 万人，比 2012 年增加 19 万人，创历史新高。与大学生就业人数逐年增加形成显著对比的是社会提供的新增就业岗位数却相对减少。2003 年，全国大学毕业生人数为 212 万人，社会新增就业岗位数为 850 万个，供需比约为 1∶4；2009 年，全国大学毕业生人数为 610 万人，社会新增就业岗位数为 1102 万个，供需比约为 1∶2；2013 年，全国大学毕业生人数为 699 万人，社会新增就业岗位数为 900 万个，供需比为 1∶1.28，毕业大学生人数与新增就业岗位数比例创历史新低。[1]这种供需比的缩小致使 2013 年高校毕业生的就业形势变得更为复杂而严峻。据统计，2013 年高校毕业生总体签约进程明显低于去年同期水平，各高校毕业生签约率普遍低于往年，因此，2013 年也被社会上喻为大学生“史上最难就业季”。[2]

大学生就业困难除了上述高校毕业生规模增加与社会新增就业岗位数减少之间供需失衡等客观原因外，高校在专业设置、人才培养模式、就业指导教育等方面跟不上形势发展也是影响大学生就业的重要因素。此外，大学生自身综合素质能力不高、就业观念落后、就业竞争力不强，缺乏职业生涯规划，家庭及个人就业期望值偏高等主观因素也对毕业生就业工作产生不利影响。

二、高校毕业生在就业“攻坚期”的就业工作概况

高校应届毕业生就业工作一般在每一自然年度的下半年启动（10 月份左右），从启动到次年三月份的这段时间是大学生就业的高峰期，大部分用人单位通过在地方人才市场或者进入校园举行专场招聘会，与相当一部分应届毕业生签订就业协议或达成就业意向。这一

［作者简介］ 纪旭（1978—），男，安徽理工大学化学工程学院教师，研究方向：思想政治教育研究。

阶段就业进度比较快,就业率每月都有明显地增长。

次年的第二季度是高校应届毕业生的就业"攻坚期",这一时期是毕业生求职的关键时期,是高校促进大学生就业任务的重要时期,也是高校就业工作最后的"冲刺"阶段。就业"攻坚期"是应届毕业生找工作的淡季,是毕业生就业"青黄不接"的时期。此时用人单位大多已经举办过招聘会,招聘工作已经结束,签约工作已近尾声,这一时期就业进度比较缓慢,且有一部分学生尚无就业意向,如就业有困难、考研不达线、仍在观望徘徊中,或者另有其他想法,等等。

三、高校毕业生就业工作部门在毕业生就业"攻坚期"的常见做法

各大高校就业工作部门(主要指就业工作处或就业指导中心)在毕业生就业"攻坚期",也都想尽各种办法,出台各类措施,搭建就业平台,提供就业信息,通过各种渠道促进大学生就业,为大学生就业提供全程服务。一般采取以下措施:

(一)实施"走出去、请进来"战略

为了给毕业生创造更多的就业机会,就业工作部门领导带领工作人员走出校园,携带就业宣传资料奔赴全国各地人事部门、联系用人单位,积极推荐优秀毕业生,同时邀请用人单位进入校园,举办校园专场招聘会或者参加校园大型就业洽谈会。

(二)发布就业需求信息

就业工作人员积极搜集各地用人单位的需求信息,整合归类,在学校就业网站发布,同时提供选调生、特岗教师、西部计划等国家和地方基层项目,以及公务员和事业单位招考等信息和国家政策,为毕业生提供更多的选择途径,开辟更多的就业渠道。

(三)召开毕业生就业工作推进会

学校以全国普通高校毕业生就业工作推进会(网络视频会议)为契机,召开本校的就业工作推进会,进一步分析研究当前的就业形势和工作进展,结合本校毕业生就业工作实际,对应届毕业生就业"攻坚期"的就业工作进行再推动、再部署。

(四)开展就业工作调研活动

为落实学校就业工作计划,进一步促进各学院就业工作的顺利开展,就业工作部门一般会在就业"攻坚期"对各学院应届毕业生就业工作进行走访调研,了解各学院前一阶段的就业进展,征询学院在当前就业工作方面存在的困难、问题及下一步打算等。

(五)公布院系就业工作进展情况

为进一步推动就业工作,就业工作部门会定期公布各学院各专业毕业生的就业工作进展,通报各学院、各专业的就业情况,如专业人数、已签约人数、签约比例,并与往年就业情况相比,以便有效分析就业形势和采取下一步措施。

（六）提供相关的指导咨询工作

高校毕业生就业"攻坚期"一直持续到学生毕业，这段时间毕业生就业工作是各高校的工作重点，围绕就业工作有很多内容，如在就业签约环节、就业派遣过程等会遇到各种问题，就业工作部门就要提供全方位指导咨询工作，为毕业生就业工作提供全程服务。

四、高校毕业班辅导员在就业"攻坚期"的工作现状及不足

高校就业工作部门在毕业生就业"攻坚期"采取的就业工作措施，为学生就业创造了条件，提供了机会，在一定程度上促进了学生就业工作。不过这些做法主要停留在学校层面上，范围广，针对性和实效性有限。真正有效促进毕业生就业工作的措施主要还是由二级学院来完成的，而落实到具体人身上，则是由学院毕业班辅导员来完成的，毕业班辅导员是毕业生就业"攻坚期"学生就业工作的核心人物。

辅导员在就业工作中的作用是毋庸置疑的，不过目前各高校毕业班辅导员就业工作的现状仍不令人满意，还存在不少困难和问题，主要体现在以下几方面：

（一）高校重视程度不够

目前有的高校还存在对辅导员工作重视程度不够的现象，在辅导员队伍建设方面投入不足，未能严格执行国家规定的师生配比；有些高校毕业班辅导员带的学生人数比较多，难以将就业工作做到"精细化"。此外，学校对辅导员就业工作向专业化、职业化方向发展重视不足，在就业工作方面的业务培训跟不上，影响了就业工作的实效性。

（二）日常工作事务繁杂

高校辅导员的身份定位、工作职责和主要任务决定了辅导员日常工作事务十分繁杂，涉及学生生活的方方面面，工作责任大、任务重、压力大。有的毕业班辅导员兼职过多、精力分散，无法保证他们做好毕业班学生的就业教育和管理工作的时间和精力。

（三）自身业务水平不足

在学生就业过程中，由于辅导员专业出身不同，加上在学生就业工作方面普遍缺乏系统化、专门化的学习和培训，毕业班辅导员不能有效地开展就业指导和咨询服务工作。在引导大学生树立正确就业观的过程中，辅导员由于自身理论学习的薄弱和工作经验的不足，致使他们不能有效地解决毕业生就业的实际困惑和问题，不能适应就业形势发展的需要。

高校毕业班辅导员在就业"攻坚期"的工作内容主要包括稳定大学毕业生思想情绪，解决求职困惑，做好心理疏导，进行人文关怀，及时准确传达学校及用人单位信息，指导毕业生求职技巧，开展个性化求职方法。[3]这就要求毕业班辅导员平时就要注重就业政策的学习和就业理论知识的积累，不断加强就业能力的培养，提升个人的业务水平，在"攻坚期"实际工作中，克服主观、客观上的种种困难，以学生就业为根本，关注学生的就业动态，及时为毕业生提供就业咨询和心理疏导。

五、高校毕业班辅导员在就业"攻坚期"的工作对策

在当前学生就业形势严峻的背景下,毕业班辅导员如果能够结合自身工作性质的特点,充分发挥个人的主观能动性,挖掘个人的潜在能力,在促进学生就业进程中还是能取得较为明显的效果的。辅导员从事就业指导工作有其天然的优势,主要体现在:开展工作角色优势明显,开展工作针对性较强,开展工作实效性较强。[4]辅导员在学生就业全程中既要扮演就业指导的"导师"角色,又要发挥就业过程的"中介"作用,对大学生就业起到指导和辅助作用,是高校推进学生就业工作的有力"推手"。他们在就业"攻坚期"通过制定科学、合理、全面、完善的工作对策,以确保毕业生就业工作的有序进行,保障毕业生顺利就业,从而实现高质量的就业。

(一)建立学生就业服务组织机构

各高校都十分重视毕业生的就业工作,会在二级院系建立健全领导机构,成立就业工作领导组,实施"一把手"工程,一般由学院院长或党委书记担任,毕业班辅导员是主要成员之一。因此,辅导员要深刻认识到学生就业工作的重要性,把就业工作摆在毕业班学生工作的主要位置。学院除了在就业工作组中发挥辅导员的成员作用外,还要在下一级建立、完善就业服务体系,成立由毕业班辅导员为组长、学生党员和班级干部组成的"班级就业信息服务小组",为广大师生服务。辅导员认真选拔、任用就业工作助理,明确责任,细化分工,调动学生干部就业工作的积极性,发挥他们的主观能动性,不仅可以实现学生骨干的自我管理、自我服务的作用,还可以较好地发挥学生就业互助的作用。在就业"攻坚期",辅导员既要获得就业工作组领导的帮助,又要得到学生的大力支持。

(二)建立未就业毕业生信息库

1. 就业信息采集工作

高校辅导员在就业"攻坚期"的一项重要任务就是要做好未就业学生的基本信息统计工作。对尚未就业的学生的信息有比较全面的掌握,这是一项基础性工作。辅导员组织未就业学生填写毕业生就业信息登记表,信息登记表内容除填写个人的基本情况外,还要登记学生的就业意向行业、就业意向地域、就业期望等内容。辅导员在进行个人信息系统化管理过程中,认真做好就业分类工作,建立较为完整的未就业学生信息分类数据库,为未就业的学生建档立册,准确摸排学生就业情况,为下一步做好分类指导和分类推荐工作打好基础。

2. 实施就业动态管理

大学生就业工作是一个动态的过程,每隔一段时间,就业人数及比例都会发生变化,这就要求辅导员做好动态统计工作,及时准确更新就业信息库内的内容。同时建立学生就业状况动态监控制度,实行每两周一次的就业率动态统计和定期通报制度,做到就业工作情况能掌握、工作进展有比较、工作成效能衡量。辅导员通过加强学生信息规范化管理,推进就业工作的制度化建设。

(三)整合各方面力量促进就业

辅导员具备教师和管理干部的双重身份,他们与学校就业部门工作人员、与学院领导和

专业课教师联系较多，可以借助各方力量来为毕业生的就业提供帮助。辅导员要发挥好他们的“中介”作用，调动学院各方力量，整合各方面的就业资源，形成合力创造就业氛围，依靠全员力量，推动毕业生充分就业，为全体毕业生服务。

1. 利用校外基地的作用

高校就业部门在学校层面上实施“走出去、请进来”战略，学院也可以采取“走出去、请进来”的办法，根据学院各专业的特点，开辟各类比较稳定的产、学、研基地，加强校企合作，积极与企业交流，通过学院与校外基地的良性互动，促进毕业生就业。

辅导员借与学院相关领导一同联系和考察就业创业、社会实践、毕业实习、教学实习等实习基地单位之际，广泛搜集需求信息，积极向实习单位推荐毕业生，邀请单位来校举办专场招聘会，进一步开拓毕业生就业市场。

2. 借用学院校友的优势

校友是学校的宝贵财富，他们关心、关注学校的发展，对学生就业情况也是如此。学院要充分开发校友资源，在校友中选聘一批就业信息联络员，建立校友群，借用他们在企业中的人脉优势，为母校提供单位需求信息。有些专业会每一年举办周年校友会，如在就业“攻坚期”适逢校友会，学院领导和辅导员可以以此为契机，捕捉校友单位用人信息，向其推荐毕业生，进一步拓宽信息来源渠道。

3. 发挥学生导师的作用

大四第二学期覆盖整个就业“攻坚期”，毕业班学生在这段时间主要是跟导师做毕业论文（或毕业设计），他们跟导师接触最多、交流最多。有些导师在社会上有着丰富的人脉资源，比如，他们当初的同学、以前带过的学生、有横向课题来往的企业领导等，这些资源对学生的就业有很大的帮助。因此，辅导员要主动与学生导师联系，借助导师的优势和作用，为未就业的学生拓宽就业渠道。

（四）实行未就业学生分类指导

辅导员在对未就业学生的信息采集时，通过认真摸排，准确掌握未签约毕业生的详细信息，积极开展分类就业指导和“一对一”帮扶工作，做到点面结合，更好地适应就业多元化趋势，这就要求辅导员在工作中强化就业指导“精细化”的理念，充分运用三分法，做到分阶段、分层次、分类别实施指导，努力实现个性化的指导与服务。[5]根据未就业学生的就业意向和个体的实际情况，将未就业学生进行归类，大致可以分为：一般企业工作，如国有企业、民营企业、外资企业等；报考类工作，如选调生、公务员、事业单位项目；国家和地方基层项目，如大学生村官、选聘生、三支一扶、西部计划、特岗教师；就业困难生，如双困生；创业类工作；其他类，如准备第二年再次考研的学生、暂时不想就业的学生。

辅导员对未就业学生分类后，就要对不同类的学生有针对性地开展富有实效性的工作措施，进行分类就业指导、分类就业咨询、分类就业推荐、分类提供就业信息、分类进行就业帮扶。在就业指导形式上，除传统方式的分层分批面对面咨询辅导外，还要辅以现代化网络手段，对未就业学生进行分类，并建立 QQ 群、微信群等。在就业指导内容上，要有的放矢地开展工作，比如，对准备到企业工作的学生，做其思想工作，进行就业价值观教育，帮其转变就业观念，树立“先就业、再择业”的就业意识。对有意向面向基层工作的学生，向其宣传国家政策，让学生对于基层就业有新的认识和理解，鼓励引导毕业生面向基层就业，进一步坚定其到基层工作的信念，同时在其招考过程中提供必要的支持和帮助。

辅导员是在学校里与学生相处时间最长、感情最深的老师。他们长期处在学校思想政治工作和大学生管理工作的第一线,对每个学生的个性化信息了解得比较全面,在一定程度上,为开展个性化的就业指导提供了可能,有利于根据不同学生的特点,帮助学生顺利实现就业。[6]针对就业困难生(女生、贫困生、心理问题生、学业困难生等)和其他类特殊学生,可开展有针对性咨询,给予个性化辅导,进行"点对点"指导,"一对一"帮扶,从而帮助他们顺利就业。

(五)构建就业网络信息化平台

毕业班辅导员充分利用学院为学生搭建的就业平台,联系用人单位,积极开拓就业市场,建立以学院为主导的毕业生就业市场,广泛收集就业信息,及时、准确发布就业信息,实现就业工作网络化和就业市场服务信息化,为学生提供快捷、高效的信息服务。

辅导员有效利用好现代通信手段,根据未就业学生的分类,通过掌握学生的求职意向和具体情况,利用手机短信、飞信、QQ 等信息平台,针对不同类学生的不同就业意向,将当前的就业形势、就业政策、用人单位情况、招聘需求等信息及时传递给未就业的学生,做到分类、分层、分批服务。辅导员或"班级就业信息服务小组"通过就业信息发布,多层次、全方位覆盖到每一位学生,保障学生就业需求信息获取渠道的畅通、全面、及时。

(六)完善就业工作服务体系

毕业生在就业过程中会遇到各种各样的问题,这就要求高校要以人为本,强化服务意识,提高工作效率,为毕业生排忧解难,切实提升高校毕业生就业指导服务水平。

辅导员在学生就业过程中扮演重要的角色,他们与用人单位、学校就业工作部门、学生家长、学生本人都有着广泛的联系,这就要求他们要充分发挥自身优势,发挥好就业过程的"桥梁"和"纽带"作用。

大学生在职业规划、求择业过程中遭遇心理困境时,辅导员更容易借助角色优势,帮助学生更好地进行自我认知,准确定位,从而解决问题。[7]在学生就业过程中,辅导员要积极引导学生客观认清就业形势,开展就业心理辅导,帮助其树立就业信心。同时,随时接受学生的就业咨询,对就业有困难的毕业生实施"一帮一"的个性化帮扶,有针对性地开展就业服务、统计和回访工作,尽个人的最大努力去解决学生在就业过程中遇到的困难。此外,辅导员还要及时了解未就业学生的思想动态,重视安全教育和日常管理工作,保证校园和谐稳定。

参考文献

[1] 699 万大学生 900 万个岗位 2013 史上最难就业季来临[EB/OL].(2013-05-02).http://www.guancha.cn/Macroeconomy/2013_05_02_142063.shtml.

[2] 张骞.毕业生签约进程低于上届同期水平[EB/OL].(2013-01-23).http://www.jfdaily.com/a/5059986.htm.

[3] 邓晓文.试论高校辅导员对毕业生就业指导工作的意义[EB/OL].(2011-12-14).http://www.studa.net/gaodeng/111214/09155738.html.

[4] 湛利华.辅导员专业化视角下的高校就业指导工作研究[J].中国大学生就业,2013(12):23-24.

[5] 蔡立丰.试论"精细化"理论在高校职业指导工作中的运用[J].湖北社会科学,2012(9):164-165.

[6] 曾艳.浅谈高校辅导员如何开展大学生就业指导工作[J].就业,2012(6):110-142.

[7] 任跃辉.高校辅导员就业工作问题探析[J].群文天地,2012(3):114.

基于职业规划的大学生考研、就业抉择机制研究

张坤,赵志根

摘要:基于科学的职业生涯规划对考研和就业做出抉择,抉择的主体为学生本人,影响抉择的因素包括自身因素和外界因素,理性抉择的依据为职业发展需要。本文还介绍了考研和就业抉择的具体方法,比较了考研和就业这两种抉择的预期收益与成本,并为这两种抉择的执行提出了具体建议。

关键词:职业规划;抉择机制;考研;就业

很多大学生,特别是到了大三,面对考研还是直接就业,迷茫、困惑,不知如何抉择。不少同学决定考研,不是出于求知深造,而是迫于家人的压力;或者看到身边的同学要考研,觉得自己不考没面子;或者是通过考研逃避就业。而打算就业的,很多也不是主动选择的结果,而是对自己考研没信心,他们通常平时成绩不是很好,对未来也没有明确的目标,整天浑浑噩噩过日子。还有一些同学做了两手、三手甚至多手准备,一边复习考研,一边复习考公务员或事业单位,一边关注公司招聘信息,有的还考虑是否要留学,看似做了比较全面的准备,实则是对自己未来的规划模糊不清,整天把自己忙得不亦乐乎,疲惫不堪,却又心乱如麻。我们把上述种种不是出于清晰的职业发展需要而盲目做出的考研、就业抉择称为考研、就业无意识抉择。

本文将根据职业生涯规划理论,并借助理性决策模型的原理和方法,对基于职业规划的大学生考研、就业抉择机制进行研究。

一、抉择的主体:学生本人

对于在校大学生,无论是做出考研还是毕业后直接就业的决定,最终受影响最大的还是学生本人。因此,考研、就业的抉择主体只能是学生本人。其他人,包括老师、家人、同学、朋友等,可以在学生做抉择的时候提供参考意见,但不能代替学生本人进行抉择。

二、影响抉择的因素:自身因素和外界因素

影响大学生在考研和就业之间做出抉择的因素,既有学生自身的因素,也有来自他人或外界的因素。

自身因素主要包括生理因素和心理因素。生理因素,如身体是否健康、是否有生理缺陷等。心理因素主要体现在内在动力、个人能力和人格特质三个方面。内在动力方面,如兴

[作者简介] 张坤(1985—),男,安徽理工大学测绘学院教师,研究方向:大学生就业指导。

趣、动机、理想、价值观等;个人能力面,如学习能力、自我认知和自我管理的能力等;人格特质方面,如自信还是自卑,乐观还是悲观,勤奋还是懒惰,踏实还是轻浮,坚强还是脆弱,果断还是犹豫,理性还是冲动,等等。另外,大学期间的学习成绩通常也是影响学生决定是否考研以及是否跨专业考研的因素。

外界因素,如亲朋好友的期望和要求、身边同学的影响、就业形势等,也会影响学生在考研和就业之间进行抉择。

三、抉择的依据:职业发展需要

从整个职业生涯的角度来看,考研不是终点,回避不了就业,研究生毕业后还是要面对就业的问题。对于大学生而言,要不要考研不能凭一时冲动,也不应取决于他人的期望或要求,首先应该做的是了解自我、了解职场世界,在此基础上为自己的职业生涯做一个长远的规划,明确自己期望从事的适合自己的工作方向,然后根据预期工作的性质和要求决定是否要考研。

(一)明确自己期望从事的适合自己的工作方向

很多大学生不知道自己到底适合从事什么样的工作,对未来也没有规划。这就需要在专业人员的指导下,通过专业的职业测评工具,帮助学生全面了解自己的兴趣、性格、技能和价值观,了解本专业以往毕业生的主要就业去向和工作特征,从而对自己进行客观准确的定位,明确自己期望从事的适合自己的工作方向,并为自己的职业生涯进行科学合理的规划。在此基础上,依据职业发展需要做出的考研或就业的抉择才是理性的、有意识的。

(二)预期工作为实践应用型且对高学历没要求,不应考研

如果预期工作为实践应用型,对工作经验和操作技能的积累要求较高,需要的是实用型、技能型人才,对高学历没有特别要求,那么毕业后就应该先就业,在工作中积累经验和技能,工作几年后再根据自己的职业发展需要决定是否再读研。

对实践经验要求较高的工作,如城市规划、中小学和幼儿教育、护理、口译、会计、销售、服装设计、播音主持、文艺表演等,相较于研究生,用人单位可能更青睐本科生。期望从事这类工作的同学应当着眼于积累自己的专业技能和实践经验,达到自己的行业准入资格,提高自己的求职技能。

(三)预期工作为学术研究型且对高学历有要求,应该考研

如果预期工作为学术研究型,要求具备扎实的基础理论知识和较高的学术研究能力,特别是如果还要求较高学历的话,那就应该考研,而且最好硕士、博士一气呵成。

现在很多高校招聘教师,要求至少是博士学位,辅导员和管理人员至少是硕士学位。如果期望将来到高校工作,或者成为某个专业领域的研究人员、学者或专家,那么就应该抓住大四下学期考研的机会,认真准备,积极应考,争取大学毕业后继续读研,甚至读博。当然,前提是自己适合走这条路。

四、抉择的方法：考研、就业平衡单

从根本上讲，无论是做出考研还是就业的抉择，都应该基于职业发展的需要。但在具体抉择时，不少同学受到各方面影响因素的困扰，无法得出明确的结论。针对这种情况，我们建议利用“平衡单决策法”进行抉择。步骤如下：

第一步，明确考研和就业两个选项，确定影响自己抉择的若干因素，如兴趣、性格、能力、理想、价值观、成就感、家人期望、经济收入、社会地位、发展空间等（见表1）。

第二步，为每一个影响因素分配权重（加权系数为1～5）。

第三步，填写两个选项中各影响因素的具体分值（－10～10分）。

第四步，计算两个选项的加权总分数。

（每一选项的加权总分数等于该选项中各影响因素的加权分数之和，各影响因素的加权分数等于该因素的加权系数乘以该因素的原始分数。）

表1　影响抉择的若干因素

影响因素 （加权系数为1～5）	选项一：考研		选项二：就业	
	得（＋）	失（－）	得（＋）	失（－）
兴趣				
性格				
能力				
理想				
价值观				
成就感				
家人期望				
经济收入				
社会地位				
发展空间				
加权总分数				

比较平衡单中考研和就业两个选项的加权总分数，就容易在两个选项之间做出抉择了。

五、抉择的预期收益与成本

（一）考研成功的收益——更有条件得到期望的工作

对于理性的考研者而言，做出考研的决定是出于职业发展的需要，是为了得到自己期望从事的适合自己的工作。因此，从根本上讲，考研成功最大的收益就是让考研者更有条件得到期望的工作。我们平时谈到的读研的好处大都是这一收益的具体化，或者是读研带来的附加收益。

1. 系统提升自己理论知识和专业技能的机会

只有考上研究生,才有机会通过读研系统地提升自己的理论知识和专业技能,而这是得到自己期望工作的必要条件。特别是对于希望跨专(行)业找工作的同学而言,通过考研换一个自己喜欢的专业,读研期间系统积累新专业的知识和技能,这不仅有助于得到自己期望的工作,也有助于自己以后把工作做得更好。

2. 提高自己学历文凭的机会

只有考上研究生,才有机会拿到研究生毕业证和硕士学位证,特别是对于立志读博甚至做博士后的同学来说,考研通常也是他们必须经历的一步。

3. 得到更高起点工作岗位的机会

考上研究生,最现实或者说最显而易见的收益是有机会得到更高起点的工作岗位,这主要体现在以下几个方面:

(1) 收入水平。

有关统计资料显示,硕士研究生的平均起薪要高出本科生 50%~75%。

(2) 工作舒适度。

刚开始工作时,本科生更多的是到生产一线,工作环境的舒适度和休息时间在整体上不如研究生。

(3) 工作稳定性。

相关报告显示,本科生职业流动周期短于研究生,或者说本科生跳槽率高于研究生,这表明本科生的工作稳定性在整体上不如研究生。

(4) 发展空间。

和本科生相比,研究生的就业面要窄一些,但是就业之后,虽说晋升的速度和幅度应该主要取决于能力和创造的价值,但现实中很多单位在晋升员工或评定职称的时候,是很注重学历的,甚至把学历看作能力的象征。

(5) 社会声望。

社会声望较高的职业,如公务员、医生、教师等,大都对学历有一定的要求,有些岗位明确要求要研究生及以上学历,因此,研究生整体上比本科生更有机会从事具有较高社会声望的工作。

4. 考研目标达成带来的自信和喜悦

考研成功无疑会增加考研者的自信,同时给考研者本人及其他期望其考研的人带来很大的喜悦。特别是对于高考失利没有考上自己理想中的本科学校的同学来说,考研可以看作其第二次高考,让他们有机会圆上理想中的大学梦。

5. 读研期间的经济收入

国家在实行研究生全面收费制的同时,也加大了对研究生的奖助力度,读研的同学有很大的机会获得国家或学校的各类奖助学金,其中,国家助学金硕士每年不低于 6000 元。

读研期间,很多研究生还可以通过做兼职、跟着导师做项目等途径,取得一定的经济收入。

对于刻苦努力、各方面表现比较优秀的同学,读研期间的收入完全可以弥补其支出,甚至还有剩余。

6. 其他附加收益

一些经济较为发达、各方面条件比较优越的一线城市,往往对外来人员落户设置了较高的门槛，拿到硕士、博士学位有助于他们解决户口问题，从而留在这些地方继续发展。

考上研究生还有可能给考研者带来其他方面的附加收益，本文不再一一列举。

（二）考研的成本

考研者在考研和读研的过程中要付出很多，包括时间、精力和财力等，同时也要放弃很多东西，如果他们不考研而选择就业就可能得到这些东西，这些都是考研的成本。我们把考研者为了考研和在读研过程中付出的时间、精力、财力等看作考研的直接成本，把因选择了考研、放弃就业机会而错过的东西看作考研的机会成本。

鉴于读研和就业是本科毕业生的两条主要出路，做出其他选择的只占极小一部分，我们在分析成本和收益时，假定学生只有考研和就业两种选择，基于这种假设，考研的机会成本其实就是就业的收益。

1. 考研的直接成本

（1）备考时的经济投入。

复习资料费：500元左右，用于购买教材、考试大纲、真题、模拟题等考研复习资料。

考试报名费：100～200元，各地根据物价水平略有差异。

辅导班费用：800～2000元，对于没有报辅导班的同学，可以省去此项开支。

在外租房及其他费用：1000～3000元。虽然高校一般不允许学生私自在外租房居住，但不少考研的同学为了获得更安静的复习环境，可以更自由地支配自己的作息时间，往往一个人或几个人在外租房居住，一般租住3～6个月。

（2）备考时的时间和精力投入。

不考虑复习效率特别高或者特别低的情况，大部分考研的同学是从大三下学期开始专门针对考研进行复习的，尤其是大四上学期，每天复习时间至少保持在8小时。

（3）读研的开支。

教育部决定从2014年秋季学期起，向所有纳入国家招生计划的新入学研究生收取学费，原则上每年硕士生不超过8000元。学费按6000～8000元/年、住宿费按1000～1500元/年计算，读研三年学费、住宿费开支需2.1万～2.85万元。加上其他开支，读研三年总费用需3万～5万元。

2. 考研的机会成本

（1）生活舒适度。

如果不考研，则可以有更多的时间用于休息、娱乐、做自己感兴趣的事，或者有更多机会与家人、朋友、同学相聚。对于考研的同学，虽然考研复习的每一天过得都很充实，但生活的舒适度明显降低。

（2）自身素质全面提升。

一些考研者，很早开始便只专注于考研相关课程的学习，考研不会直接涉及的课程即便非常重要也不会认真对待，甚至逃课，更不用说去广泛阅读各种典籍，积极参加各类校园文化、科技创新或社会实践活动，以扩大自己的知识面，提高自己的综合素质。

（3）年龄优势。

按平均18岁上大学，大部分专业本科四年，毕业时22岁，读研三年毕业时25岁。人常言“年轻就是资本”，有一定道理，因为年龄越小可塑性就越高，社会适应能力相对就越强。著名企业家严介和也说过：“我做了二十年掌门人，做企业，用人我觉得学历方面最理想的是本科生,二十年的总结,本科生成功率最高。最差是在学校里面一气呵成博士,从本科到硕士到博士,连续读。"

另外,受传统观念影响,很多父母都希望自己的子女早点结婚成家,研究生毕业相对于本科毕业时来自父母的这方面压力会更大。

(4) 三年的工资收入。

清华大学中国经济社会数据中心和教育研究院的调查研究显示,2010 年大学应届毕业生平均起薪为每月 2153 元。我们按每年 10%的增长率计算,第二年月薪为 2368.3 元,第三年月薪为 2605.13 元,三年的工资收入共为 85517.16 元。

六、抉择的执行:坚定信心,扎实准备

在职业生涯规划的基础上,根据职业发展需要和预期工作的性质和要求,大学生做出考研或就业的决定后,应该坚定信心,围绕自己的目标制定相应的计划并坚决执行。

对于考研者,最终能否考上主要取决于自己准备得是否充分,因此,要制定科学的复习计划,把握好自己的复习节奏,系统复习。在此过程中,要耐得住寂寞和诱惑,克服各种突发因素的影响,认真复习,坚持到底。

对于毕业后直接就业的同学,要提前了解职场信息,了解用人单位的人才需求特点和本专业以往同学的就业去向,尽早对自己进行客观、科学的评估和定位,确定自己的求职目标,并着力完善自己的求职技能。

参考文献

[1] 刘玲玲,毛素平.如何引导大学毕业生正确选择考研与就业[J].科技信息,2008(35):910-911.

[2] 吕洁.高校学生考研动机及影响因素分析[J].江苏科技大学学报(社会科学版),2007(4):79-82.

[3] 徐春霞.加强大学生职业生涯规划指导,解决就业与考研两难抉择问题[J].科技创新导报,2010(35):244.

[4] 徐体高,胡效亚.大学生考研与就业的理性思考[J].中国高教研究,2006(11):63-64.

论胡适的择业就业观

吴云峰

摘要：胡适主张择业要尊重个人兴趣，考虑社会的需要，注重文化基础。个人在择业、就业方面要广泛涉猎，不盲目追求热门，注重自修，强调真才实学，反对唯学历论，发展业余爱好。学校和社会要通过开设选修课，发展职业教育，开展继续教育、终身教育，规范办学条件，提高教学质量等方式来帮助学生择业就业。这些观点很多都是有价值的，但由于其改良主义的政治主张，仅仅通过教育改良来解决择业问题是无法实现的。

关键词：胡适；择业；就业；教育

胡适是近代著名的哲学家、历史学家，新文化运动的主要倡导者之一，同样，胡适也积极投身于教育的实践。曾经担任过北大教授、中国公学校长、北大校长。近年来，对胡适的研究已成为学术界一个热点，对其教育思想，也有不少成果，如研究胡适的高等教育思想、职业教育思想，但关于胡适的择业就业观，还很少有文章涉及，所以开展对该问题的研究是十分必要的。胡适一生的学术成果相当广泛，涉及哲学、历史、教育、古典文献等，胡适的学术道路与他的择业标准是密切相关的。

一、择业的标准

1. 个人的兴趣

中国有句俗话叫"男怕选错行，女怕嫁错郎"。由此可见，专业、学科的选择对于一个人的成长至关重要。那么，应该按照什么标准来择业呢。胡适认为，首先要根据个人的兴趣爱好。胡适于 1910 年进入康奈尔大学时，原本是学农学的，后改习文科。当时有一门课叫"果树学"，专门研究果树的培育方法。实习时，每个学生大致分得 30 个或 35 个苹果，每个学生要根据一本培育学指南上所举的项目，把这 30 多个苹果加以分类。例如，茎的长短、果脐的大小、果上棱角和圆形的特征、果皮的颜色和切开后测出的果肉的韧度和酸甜的尝试、肥瘦的记录等。胡适和一些中国留学生在实验室内，各尽所能，结果还是错误百出，成绩甚差。"我们中国，实际上也没有这么多种苹果。所以，我认为学农实在是违背了我个人的兴趣。勉强去学，对我说来实在是浪费，甚至愚蠢。因此，我后来在公开演讲中，便时时告诫青年，劝他们对他们自己的学习前途的选择，千万不要以社会时尚或国家社会之需要为标准。他们应该以他们自己的兴趣和禀赋，作为选科的标准才是正确的。"[1] 胡适还举了近代科学家伽利略的例子，他父亲是一个有名的数学家，叫他不要学这一行，要他学医。上大学后，伽利略却对几何感兴趣，便改学数学，后来成为天文学、物理学的先驱，成为一位近代科学的开山

［作者简介］ 吴云峰(1981—)，男，副教授，黄山学院思政部，研究方向：中国近现代史。

大师。胡适认为择业要有主见:“你若迁就父母、兄长、爱人之所好而去学工程,结果工程界里多了一个饭桶,国家、社会失去了一个一流的诗人、小说家、文学家、戏剧学家,不是可惜了吗?”[2]兴趣可以促使一个人发奋学习并成才。“孔子说的‘知之者不如好之者,好之者不如乐之者’,便是这个意思。”[3]

2. 社会的需要

除了个人的兴趣爱好之外,择业的另一个标准就是社会的需要。关于升学如何选科,到社会上如何择业,胡适认为:“社会的标准:社会上所需要的,是最易发财的,最时髦的是什么?这便是社会的标准。台湾大学钱校长告诉我说,今年台大招生,投考学生中外文成绩好的都投考工学院,尤其是考电机工程、机械工程的特多,考文史的则很少。因为,目前社会需要工程师,学成后容易得到职业而且待遇好。这种情形,在国外也是一样的,外国最吃香的学科是原子能、物理学和航空工程,干这一行的,最受欢迎、最受优待。”[2]胡适认为社会的需要是多种多样的,只要学好任何一行,就可以谋生。个人的爱好与社会的需要并不是矛盾的:“社会需要建筑工程师,需要水利工程师,需要电力工程师,也需要大诗人、大美术家、大法学家、大政治家,同时也需要做新式马桶的工人。能做新式马桶的,照样可以发财。”[2]胡适所主张的社会的需要,绝不能简单地理解为“时髦”“赚钱”,而是指社会亟待解决的问题,或者说是时代的主题。胡适择业也不仅仅是根据个人的兴趣:“在专业的选择上,也反映出胡适当时所怀抱的爱国主义目的。”[40]可以说,在胡适的少年时代,很多人走的都是类似的道路,如鲁迅弃医从文,当时社会迫切需要的是思想启蒙,唤醒国民的灵魂。因此,“改习文科,虽是由兴趣所致,却也含有他‘执笔报国’的心愿。”[4]“使我改行的另一原因便是辛亥革命;打倒满清,建立民国。中国当时既然是亚洲唯一的一个共和国,美国各地的社区和人民对这一新兴的中国政府发生了浓厚的兴趣。校园内外对这一问题的演讲者都有极大的需要。”[5]于是胡适开始关注政治知识,培养演讲能力。

3. 文化背景和基础

在择业的标准方面,胡适认为,除了个人的兴趣爱好、社会的需要以外,还有一个重要因素就是个人的文化背景和基础。“除此之外,当然还有使我转入文理学院去学习哲学、文学、政治和经济的其他诸种因素。其他基本的因素之一便是我对哲学、中国哲学和研究史学的兴趣。中国古代哲学的基本著作,及比较近代的宋明诸儒的论述,我在幼年时,差不多都已读过。我对这些学科的基本兴趣,也许就是我个人的文化背景。”[5]胡适早年受过良好的传统文化的教育,也就决定了他后来沿着这条路探索。胡适还举了音乐家穆刹(莫扎特)的例子,来说明文化背景的重要性:“穆刹父为宫中乐师,穆刹襁褓中习闻乐器,辄大喜,又时以细手按拍,父奇之,未三岁即教之乐器,所教辄能为之,四岁已能奏钢丝琴,五岁已能自作曲,六岁习提琴,惊倒国中名手……其后遂成世界音乐巨子。”[6]所以说,文化背景和家庭环境的熏陶对于一个人的择业也很重要。

二、个人如何对待择业、就业问题

1. 广泛涉猎,发现兴趣

胡适认为,青少年在如何选择自己的发展方向方面是不成熟的,需要经历一个摸索的过程才能确定。所以他主张要广泛涉猎各门学科,发现自己的兴趣所在。“康奈尔文学院当时规定,每个学生必须完成至少一个‘学科程序’才能毕业。可是我毕业时,我已完成了三个

‘程序’：哲学和心理学、英国文学、政治和经济学。这三个程序在三个不同的学术范围之内。所以，那时我实在不能说哪一门才是我的主科。但是我对英、法、德三国文学兴趣的成长，也就引起我对中国文学兴趣之复振。这也是促成我从农科改向文科的第三个基本原因。”[1]胡适认为，兴趣、择业并不是固定的：“有时我自称为历史家；有时又称为思想史家。但我从未自称我是哲学家，或其他各行的什么专家。今天我几乎是66岁半的人了，我仍不知道我主修何科；但是我也从来没有认为这是一件憾事！”[1]胡适建议当时的大学生：“当初所填的志愿，不要当作最后的决定，只当作暂时的方向。要在大学一、二年的时候，东摸摸西摸摸地瞎摸。不要有短见，十八九岁的青年仍然没有能力决定自己的前途、职业。进大学校后第一年到处去摸、去看、去探险”[1]在《吾之择业》一文中，胡适说：“吾骛外太甚，其失在于肤浅，今当以专一矫正之。吾生平大过，在于求博而不务精。盖吾反观国势，每以为今日祖国事事需人，吾不可不周知博览，以为他日为国人导师之预备。不知此谬想也。吾读书十余年，乃犹不明分功易事之义乎？吾生精力有限，不能万知而万能。吾所贡献于社会者，唯在吾所择业耳。吾之天职，吾对于社会之责任，唯在竭吾所能，为吾所能为。吾所不能，人其舍诸？自今以往，当屏绝万事，专治哲学，中西兼治，此吾所择业也。”[7]胡适认为自己的不足之处在于“博而不精”，当然有点过于自谦，其实胡适之所以能在学术上取得巨大的成就，与他的阅历是有关系的。没有广博的知识背景，也就不可能提出他的“科学方法”。

2. 不要盲目追求热门

胡适认为，在择业就业方面不能盲目追求热门，从而导致人才的浪费和机会的丧失。“目前很多学生选择科系时，从师长的眼光看，都不免带有短见，倾向于功利主义方面。天才比较高的都跑到医工科去，而且只走入实用方面，而不选择基本学科，譬如学医的，内科、外科、产科、妇科，有很多人选，而基本学科譬如生物化学、病理学，很少青年去选读，这使我感到今日的青年不免短视，带着近视眼镜去看自己的前途与将来。”[1]追逐热门，违背自己的兴趣，不仅会埋没人才，也造成人才比例的失调和浪费。“我选课用什么做标准：一个是‘我’；一个是‘社会’，看看社会需要什么？国家需要什么？中国现代需要什么？但这个标准——社会上三百六十行，行行都需要，现在可以说三千六百行，无论是诺贝尔得奖人，还是修理马桶的人，社会都需要，所以社会的标准并不重要。”[1]冷门与热门是相对的，社会需要各行各业的人才，冷与热也是可以相互转化的。“我现在68岁了，人家问我学什么，我自己也不知道学些什么？我对文学也感兴趣，白话文方面也曾经有过一点小贡献。在北大，我曾经做过哲学系主任、外国文学系主任、英国文学系主任，中国文学系也做过四年的系主任，在北大文学院六个学系中，五个学系全做过主任。现在我自己也不知道学些什么，我刚才讲过现在的青年太倾向于现实了，不凭性之所近，力之所能去选课。譬如一位有作诗天才的人，不进中文系学作诗，而偏要去医学院学外科，那么文学院便失去了了一个一流的诗人，而国内却添了一个三四流甚至五流的饭桶外科医生，这是国家的损失，也是你们自己的损失。”[1]

胡适主张理性地看待自己的专业：“文史倒霉，这也是没有法子解决的。今天你为什么学文史，教文史？这是因为当初对于文史兴趣浓厚。学化学工程、水利工程、或者铁路，学这些的，尽管发财，但是我觉得没有兴趣。既然对某事有兴趣，只好做下去，我们是对于文史有兴趣的，现在虽然羡慕许多朋友发财，而我只是拿着一支笔写，但是这是五十年前已经决定了的讨饭生活，没有法子。”[2]

3. 注重自修，选择从业方向

胡适认为科学的择业途径主要是靠自修。他强调自修的精神，“灌进去的知识学问，是没有多大用处的。真正可靠的学问,都是从自修得来。自修的能力,是求学问的唯一条件,不养成自修的能力,决不能求学问”。[3]

胡适认为,毕业以后,可以在实践中自学,致力于专门的学问。胡适于1913年在《致章希吕书》写道:“今弟卒业在即,卒业之后,倘能再习高等学问,固属佳事。即不能如此而改就他事,或作教师,或谋公益,亦何尝不可贺乎!吊云乎哉?天下学问,不必即在校舍讲坛之中,不必即在书中纸上,凡社会交际,观人论世,教人授学,治一乡一国,皆是学问也。社会乃吾人之讲坛,人类皆吾人之导师,国家即吾人之实验室也。”[8]胡适于1914年在《致章希吕书》写道:“适已弃农改习哲学、文学、旁及政治,今所学都是普通学识,毕业之后,再当为专门工夫。”[8]

胡适在《工读主义试行的观察》一文中指出:“我以为实行工读的人应该注重自修的工夫,遇不得不进学校时,如试验的科学等,也应该作旁听生,不必作正科生。”[9]

中国古代教育非常注重自修的精神,对这一点,胡适是比较赞同的。在《书院制史略》一文中,胡适指出:“书院之真正精神唯自修与研究,书院里的学生,无一不有自由研究的态度,虽旧有山长,不过为学问上之顾问;至研究发明,仍视平日自修程度如何。所以书院与今日教育界所倡道尔顿制的精神相同。”[10]“古时候学者的精神,唯在刻苦研究与自由思索了。其意以学问有成,在乎自修,不在于外界压迫。这种精神,我想今日学校中多轻视之。”[10]通过自修,学生可以发现自己的兴趣特长所在,进而有所专攻。

4. 强调真才实学,破除唯学历论

胡适认为,要想寻得好的位置,关键在于真才实学,而不仅仅是看文凭。1929年,胡适在中国公学的开学典礼上给学生讲话:“一个大学生能够在学校里用功,将来到社会上去才会成为一个良好的器皿。没有一个在现代成名的人不是在大学的时候用功的;也没有一个在大学时代荒唐的人在社会上站得住的。”[11]

他举了北大一名学生的例子。“我曾和戴院长谈过北京大学一个学生的故事。这个学生,今年毕业,是学法律的,中英文都很好,他的毕业论文,全篇用英文写成,故被视为该系成绩最优的一个。学校要留他当助教,他说‘谢谢,我不干’。北平地方法院的首席检察官在学校兼课,也邀他到法院去帮忙,他也说‘谢谢,我不干’。后来一查,他的毕业论文虽作了,却没有参加毕业考试,原来他到一个私立银行当研究生去了,他的薪金比敝校的校长还要多,他用不着参加考试,因为这个私立银行是不用铨叙的。”[12]所以只要有真才实学,文凭并不重要。即使拿了文凭,没有真才实学,还是很难胜任工作。“你应该想想:为什么同样一张文凭,别人拿了有效,你拿了就无效呢?”[3]“拿了文凭而找不着工作的人们,应该要自己反省:社会需要的是人才,是本事,是学问,而我自己究竟是不是人才,有没有本领?从前在学校挑最容易的功课,拥护敷衍的教员,打倒严格的教员,旷课,闹考,带夹带,种种躲懒取巧的手段到此全失了作用。”[3]胡适强调青年学生应该努力提高自身素质,增强自立的意识。“打不破的‘铁饭碗’不是父兄的势力,不是阔校长的荐书,也不是同学党派的援引,只是真实的学问与训练。”[3]当然,胡适并不反对推荐优秀的学生就业:“我的意见是大学生应努力做出良好的成绩来,叫人们不能‘忽略’他,这也就是替自己造‘机会’。捧了要人荐书去奔走,是可耻的;但是自己拿自己成绩来介绍自己或请专家介绍,是正当的,而且是应该受人欢迎的。”[9]对于成绩突出的青年学生,胡适非常热心培养扶持,如中国公学的罗尔纲成绩优秀,得过学校首届奖学金,文化史的论文也写得不错,很得胡适赏识,1930年夏,罗尔纲毕业前夕,给胡适写了一封信,请求介绍工作,胡适便约罗尔纲做家庭教师,并收他做徒弟,在胡适的指导下，终于成为研究太平天国的著名学者。

5. 处理好职业与兴趣的关系

在1932年《赠与今年的大学毕业生》一文中，胡适提出："离开学校后，大家总得寻个吃饭的职业。可是你寻得的职业未必就是你所学的，或者未必是你所必喜的，或者是你所学而实在和你的性情不相近的。在这种情况下，工作就往往成了苦工，就不感觉兴趣了。"[2]"最好的救济方法只有多多发展职业以外的正当兴趣与活动。一个人应该有他的职业，又应该有他的非职业的玩意儿，可以叫作业余活动。"[2]只有做好本职工作，才能生存；只有培养兴趣爱好，才能专注于某项事业，通过长期积累取得一定的成就。"凡一个人用他的闲暇来做的事业，都是他的业余活动。往往他的业余活动比他的职业还重要，因为一个人的前程往往全靠他怎样用他的闲暇时间。他用他的闲暇来打麻将，他就成了赌徒；你用你的闲暇来做社会服务，你也许成个社会改造者；或者你用你的闲暇去研究历史，你也许成个史学家。你的闲暇往往定你的终身。"[10]"以前的功课也许有一大部分是为了这张毕业文凭，不得已而做的，从今以后，你们可以依自己的心愿去自由研究了。"[3]"英国哲人弥尔(J. S. Mill)的职业是东印度公司的秘书，但他的业余工作使他在哲学上，经济学上，政治思想上都有很大的贡献。乾隆年间，杭州魏之琇在一个当铺里做了二十年的伙计，'昼营所职，至夜篝灯读书'，后来成为一个有名的诗人与画家。"[3]在《一个防身药方的三味药》演讲中，胡适提出："你们多数是学工程的，当然不愁找不到吃饭的职业，但四年前你们选择的专门职业，真是你们自己的自由志愿吗？你们现在还感觉你们手里的文凭真可以代表你们每个人终身的志愿，终身的兴趣吗？换句话说，你们今天不懊悔吗？明年今天还不会懊悔吗？"[12]"英国的大政治家丘吉尔，政治是他的终身职业，但他的业余兴趣很多，他在文学，历史两方面，都有大成就；他用余力作油画，成绩也很好。美国大总统艾森豪先生，他的终身职业是军事，人们都知道他最爱打高尔夫球，但却不知道他的油画也很有工夫。"[12]胡适认为，只有立足于本职工作，才能谋生，只有坚持自己的兴趣爱好，才能在某个领域有所建树。

三、学校、社会如何帮助学生解决择业、就业问题

择业、就业不仅仅是学生个人的事情，学校和社会教育机构，在这个过程中也要担负一定的责任。学校和社会要引导学生树立正确的择业、就业观，同时也应该采取多种措施帮助学生择业、就业。

1. 开设选修课

在《选科与择业》一文中，胡适指出："近年来中国的大学教育有一个缺点，便是必修科太多，选修科太少。大学里应该提倡选修科，使青年学生们可以自由挑选。"[2]为什么要开设选修课呢？"选修科等于探险，在座的董作宾先生是世界有名的考古学家，假使你在探险中偶然听了董先生的课，而对考古学发生了兴趣，你就有可能成为董作宾先生的一个好徒弟。"[2]选修课可以培养学生的兴趣，增强择业的灵活性，给学生更多选择的余地，从而发现自己的特长。"三十年前我们在北京，就提倡选课制。大学选课制度是让学生减少必修课，增加选修课，让他们多暗中摸索一点，扩大其研究兴趣。"[3]在美国学习期间，胡适除了本专业必修课外，他又根据自己的爱好选修了一些学科，如在大学二年级时，选了一门训练演讲的课，而这个课程使他收益不小。"总结经验，他认为根据自己的志愿，在学习必修科外，适当选修一两门课程，对于学习是有好处的。"[11]

2．发展职业教育

胡适一贯提倡大力发展职业教育，认为这是解决就业问题的一个有效途径。"我们希望能再恢复25年前注重职校的情形。人在15到18岁这一阶段，最为重要，应培养成手脑并用，自立自给，能有专门技术，不给国家社会增加负担，并对社会国家有贡献的人。"[2]"北大今年的毕业生，医学院理科出路好，农学稍差，学文法的出路最困难。文学系和政治系太可怜，经济系还比较有办法，因为算一种技术。有一位经济系即将毕业的学生，因为银行早已聘请，连毕业考试也不愿意参加了，他们到银行待遇比蔽校长还高。文法、政治最无出路，本人希望社会人士，都上职校，务期人人有职业。"[2]胡适认为教育不在于完备，而在于实用。在《归国杂感》一文中胡适指出："列位办学堂，尽不必问教育部规程是什么，须先问这块地方上最需要的是什么。譬如，我们这里最需要的是农家知识，蚕桑常识，商业常识，卫生常识，列位却拿修身教科书去教他们做圣贤！……所以我奉劝列位办学堂，切莫注重课程的完备，须要注意课程的实用。尽不必去巴结视学员，且去巴结那些小百姓。视学员说这个学堂好，是没有用的，须要小百姓都肯把他们的子弟送来上学，那才是教育有成效了。"[12]胡适主张，学校专业的设置要因地制宜，"科目可视省内之急需而增设，如浙江大学可以增设蚕学、种茶专科，福建大学则须设漆工及造船专科，江西大学当设有瓷器之类"。[11]

3．发展继续教育与终身教育

胡适认为，如果不想被社会淘汰，就培养学生终身教育、学习的习惯，大力发展继续教育与终身教育。"即为吃饭计，学问决不会辜负人的。吃饭而不求学问，三年五年之后，你们都是要被后进少年淘汰掉的。那时候再想做点学问来补救，恐怕已太晚了。"[3]在《智识的准备》一文中，胡适指出"四年的大学教育给我们的，毕业只不过是已经研究出来和尚未研究出来的序文浩瀚范围的一瞥而已。不管我们主修的是哪一科目，我们都不应当有自满的感觉，以为在我们专门科目范围内，已经没有不解决的问题存在，凡是离开母校大门而没带上一两个智识上的难题回家去，和一两个在他清醒时一直缠绕着他的问题，这个人的智识生活可以说是已经寿终正寝了。"[10]胡适说："你们不能带走你们的教授，也不能带走学校的图书馆实验室。可是你们带走几个难题。这些难题时刻都会使你们智识上的自满和怠惰下来的心情受到困扰。除非你们向这些难题进攻，并加以解决，否则你们就一直不得安宁。那时候，你们看吧，在处理和解决这些小难题的时候，你们不但使你们思考和研究的技术逐渐纯熟和精稔，而且同时开拓出智识的新地平线并达到科学的新高峰。"[10]1960年6月18日，胡适在台南成功大学作了以《一个防身药方的三味药》为题的演讲："学堂里的书，你带不走；仪器，你带不走；先生，他们不能跟你去，但是问题可以跟你走到天边！有了问题，没有书，你自会省吃省穿去买书；没有仪器，你自会卖田卖地去买仪器！没有好先生，你自会去找好师友；没有资料，你自会上天下地去找资料。"[12]"所以大学生离开学校后，最困难的问题就是如何继续培养精稔实验室研究的思考态度和技术，以便将这种思考的态度和技术扩展到他日常思想、生活和各种活动上去。"[13]所以，胡适认为只有发展继续教育与终身教育，才能跟上社会发展的潮流。

4．严格要求，规范办学

胡适认为，要解决学生就业问题，就要提高办学质量，培养合格的毕业生。应该提高教学质量，吸引学生学习。"学生对于所做的功课毫无兴趣，怪不得要出去打牌吃酒去了。若是学校的生活能使学生天天发生新兴趣，他自然不想做不道德的事了。"[3]胡适主张对学生要严格要求，这样才能保证毕业生的质量："凡功课太松，管理太宽，教员不高明，学风不良的学校，每年尽管送出整百的毕业生，他们在社会上休想得着很好的位置。偶然有了位置，他们也不会长久保持的，反过来看那些认真办理而确能给学生一种良好训练的大学——尤其是新兴的清华大学与南开大学——他们的毕业生很少寻不着好位置的。”[3]当时，胡适的名声很大，常有人来求他介绍工作，但他不肯轻易给人写介绍信，他有一个标准就是要有真才实学，不然他的介绍信是拿不到的，有一次，胡适的亲侄胡思猷在上海大夏大学毕业，求他找个事，胡适问他有没有什么著作和专门研究，他侄子说没有，结果被他拒绝了。而对那些有真才实学的学生，胡适则是尽力推荐。吴晗是胡适的得意门生，考入清华后，胡适曾致书清华大学代理校长翁文灏、清华大学化学系教授张子高，请他们给吴晗介绍在学校谋得“工读生”的机会，解决他的经济困难，并勉励他研究明史，吴晗后来也成了明史专家。由此可以看出，胡适对学生的教育是非常严格的，只有严格要求，才能学到真才实学，增强就业的能力。

四、结论与启示

在择业就业观上，胡适提出应该尊重个人兴趣，考虑社会的需要，注重文化基础，要广泛涉猎，不盲目追求热门，注重自修，强调真才实学，反对唯学历论，发展业余爱好等，这些观点都是值得借鉴的。在学校和社会的层面，他主张开设选修课，发展职业教育，开展继续教育、终身教育，规范办学，提高教学质量。其中也包含了不少合理的因素，给当时的青年学生增强了信心。

胡适的择业就业观也有相当的局限性：虽然其主观愿望都是美好的，但是在旧中国，这一切都很难做到，广大劳工阶层的生活状况很艰苦，终日劳作，哪里还有业余时间来培养自己的兴趣爱好？能像胡适一样接受良好教育的机会并不多。仅仅强调教育改良而不主张社会变革是很难解决这一难题的。胡适把个人的兴趣特长与国家社会的需要绝对割裂开来也是形而上学的观点。“因此我后来在公开演讲中，便时时告诫青年，劝他们对自己的学习前途的选择，千万不要以社会时尚或社会国家之需要为标准。他们应该以他们自己的兴趣和禀赋，作为选科的标准才是正确的。”[5]社会的需要反映时代的主题，只有顺应时代的需要，个人才能实现更好地发展，否则，抛开社会的需要来谈个人的事业、专长，是不现实的。胡适、蔡元培等人于 1919 年 12 月发起“工读互助团”，还在《晨报》上连登三天“介绍工作”的启事。“我们在报上登的广告，是替要工作的学生征求雇佣的机会。不料登载以来，只收到要做工的人的信，却不曾收到一封要雇工的信。”[14]当然，就业问题不是仅仅通过教育改良就能解决的。“青年求学心切，但拿不出钱来读书。这是社会问题，胡适等人当然无能为力。”[11]胡适在新文化运动时之所以能“暴得大名”就是因为他所提倡的实验主义、科学方法、白话文等适应了社会变革的需要。后来，胡适思想逐渐保守，埋头考据，也就很难对其改良主义的政治主张有进一步的超越了。

参考文献

［1］ 胡适．胡适选专业：大师们的大学生活[M]．沈阳：辽宁教育出版社，2006.
［2］ 季蒙，谢泳．胡适论教育[M]．合肥：安徽教育出版社，2006.
［3］ 白吉庵、刘燕云．胡适教育论著选[M]．北京：人民教育出版社，1994.
［4］ 易竹贤．胡适传[M]．武汉：湖北人民出版社，2005.
［5］ 胡适．胡适口述自传[M]．合肥：安徽教育出版社，1999.

[6] 胡适.胡适留学日记:上[M].合肥:安徽教育出版社,1999.
[7] 胡适.胡适留学日记:下[M].合肥:安徽教育出版社,1999.
[8] 章飚,汪福琪,洪树林,等.胡适家书手迹[M].上海:东方出版社,1997.
[9] 刘建雄.胡适杂文集[M].西安:太白文艺出版社,1999.
[10] 刘芳.胡适教育文选[M].北京:开明出版社,1992.
[11] 白吉庵.胡适传[M].长沙:湖南教育出版社,1987.
[12] 胡适.胡适文集:第2卷[M].北京:人民文学出版社,1998.
[13] 欧阳哲生.胡适文集:第12集[M].北京:北京大学出版社,1998.
[14] 耿云志,欧阳哲生.胡适书信集:上[M].北京:北京大学出版社,1996.

高校就业工作中同龄人压力的负面影响及对策研究

谢家荣，耿佃梅

摘要：群体性是高校大学生的显著特点。本文通过引入同龄人压力这一心理学理论，分析同龄人压力对高校毕业生就业工作带来的负面影响，并提出解决该问题的对策，为有效地做好高校毕业生的就业工作提供一种新的视角。

关键词：高校就业工作；同龄人压力；负面影响；对策

随着我国劳动力市场的变化以及高校持续扩招的影响，特别是近年经济下行的整体局面，高校毕业生就业工作面临很大的压力。[1]作为高校毕业生就业工作的一线工作人员，辅导员该如何发挥主观能动性，深入分析班级学生个体的心理特征及个体是怎样接受群体行为的影响的，是高校及高校辅导员做好毕业生就业工作的应有之义。

在心理学领域，“同龄人压力”又称“同伴压力”，“同伴压力是指在某种特定环境下，个体在群体中从事某种活动，产生某种行为时，个体原有个性特征完全屈从于群体，个性暂时弱化以至隐匿，导致个人特征埋没的现象”，[2]也就是说，在团体的压力下，个体原有自我调控系统对个体行为的约束机制暂时弱化，以至放弃个人的意见而采取与大多数人一致的行为。

一、高校就业工作中同龄人压力负面影响的表现

就业难是当下高校毕业生就业的总体形势，它由两方面的因素造成：一方面与毕业生本身无关的因素，我们称之为客观因素；另一方面与毕业生本身相关的因素，我们称之为主观因素。在主观因素中，我们会发现同龄人压力的负面影响也是导致毕业生就业难的一个重要原因，有时甚至会成为高校就业工作困难的主要矛盾[3]。这种负面影响主要表现在以下三个方面。

（一）迫于群体压力，随波逐流

在高校里，“流行”一些有失偏颇的观点，如：“大学就是享受生活”“考试60分万岁，多一分浪费”“在大学里不谈恋爱就等于没上大学”等，这些观点容易对部分不成熟、不明事理的学生产生不良的影响，而一些学生一旦陷入其中就会难以自拔，想回头很难。笔者在工作中常遇到这样的例子：学生W同学原本是跟着一帮不好学的“兄弟”混的，突然有一天W同学想“回头是岸”，想认真学习了，那帮“兄弟”就会臭他，“别装了，装什么装啊”，迫于哥们义气压力，W同学只好放弃。这种同龄人压力带来的后果是，学生到毕业时专业技能不过硬，综

［作者简介］ 谢家荣(1982—)，黄山学院教师，研究方向：大学生思想政治教育。

合能力差，这时才意识到不好好学不利于就业，但为时已晚。这是同龄人压力的负面影响给高校毕业生就业难从源头上种下的“祸根”。

(二) 盲目攀比，从众心理

大学毕业生在求职过程中，受到来自同龄人压力的负面影响的典型表现是盲目攀比，从众心理。[3]从众心理会对个体造成一种压力，致使他们分不清是非，自我道德评价水平降低，责任感削弱。如看到别的同学，特别是与自己条件类似的同学找什么工作，或者干哪行工资高便盲目随流，在忽略自己的兴趣、爱好、专业特长的情况下，受他人的影响，盲目追求热门职业而拒绝另外一些职业，导致大学毕业生就业难局面加剧。更有甚者，有的毕业生会因群体中他人的好工作而赌气式地提高自己的就业期望，丧失理性判断和行为，盲目攀比，结果在求职中屡战屡败直至就业失败，究其原因，仅仅因为“在校各方面表现我都比他强，我的工作就应找得比他好，薪资待遇就应比他高”。这往往是优秀毕业生就业难的原因所在。

(三) 受社会“屌丝”文化影响，部分毕业生降格就业期望

近年来，网络语言“屌丝”一词爆红，如今，它已经成为一种社会性的自嘲现象。屌丝是一种文化，以自嘲来消解正统，以降格来反对崇高。屌丝文化在以青年学生为主体的大学得到广泛传播。有相当部分毕业生在校期间学习、综合表现不起眼，认为就业靠关系而自己又没有任何社会关系，就业“压力山大”，为了缓解巨大的就业压力，自嘲为“屌丝”。这类毕业生往往会拿自己“屌丝”身份作为慵懒、没有目标、缺乏热情的借口，更可怕的是屌丝文化使“屌丝”群体非常具有文化认同感，会不自觉地就结成联盟。这样，他们在面临就业时会降低对自我的要求甚至是对自己没有要求，群体内部会形成一种“你不找工作，我也不找，我们大家都不找，因为我们是‘屌丝’”。这个群体会把不找工作当成归属来追求，谁要是去找工作特别是求职成功那谁就不是屌丝了，会被这个群体排斥。迫于群体压力，大家只好摆烂、比烂。结果，在应当紧锣密鼓地找工作的时候，该类毕业生却宅在宿舍，不积极主动参与就业市场竞争，不自我展示，不争取机会。这种同龄人压力带来的负面影响大而面广，这往往会成为高校就业工作难的主要困难，即毕业生不是找不到工作而是不去找工作。

二、高校就业服务工作中同龄人压力的负面影响的对策

(一) 抢开局，构建正能量的优化育人环境

一个团结和谐、积极向上的集体是培养大学生过硬的专业技能和较高的综合能力的必要环境。“良好的开端是成功的一半”，优化育人环境要抢开局。新生刚刚步入校园，对新环境还不了解，或知之甚少。这时，高校对学生应采取“先入为主、从严从紧”的育人理念，因为这种育人方式令人印象深刻。班级应建立一套有利于学生养成良好行为习惯的制度，通过制度的约束，帮助学生逐步养成文明礼貌的习惯，自我教育的习惯，刻苦学习的习惯，爱劳动讲卫生的习惯，积极活动锻炼的习惯，相互竞争共同促进的习惯等，发挥同龄人压力的正能量。大一阶段要求班级成员要更多地在意与集体主流的、积极向上的文化保持一致，教育引

导学生不与集体一致就要被集体抛弃。通过笔者实践证实,创设一个团结和谐、积极向上的班集体,有利于培养学生过硬的专业技能和较高的综合能力,为将来毕业生顺利就业打下坚实的基础,能为高校辅导员就业工作减少困难和压力。

(二) 转观念,引导班级创设理性择业观的良好风气

高校要利用谈心谈话、主题班会、就业指导课、两课宣传理性的择业观,形成就业光荣、劳动光荣的班风、校风,引导学生"有工作"是第一位的。理性的择业观需综合考虑主客观两方面的因素,合理定位就业期望值。毕业生也要从自身的兴趣、个人的爱好、专业、特长、个性、能力以及家庭情况等出发定位职业期望,在合理定位的基础上建构理性的择业观。此外,高校应在大学生中加强正确的"三观"思想政治教育,引导学生正确处理国家、集体和个人发展之间的关系,引导学生把个人职业发展与社会需求结合起来,发扬传统的艰苦创业精神,鼓励毕业生到基层、到西部、到祖国需要的地方去就业、创业。

(三) 树典型,发挥就业先进榜样的带动作用

榜样的力量是巨大的。高校对在就业中的先进典型进行奖励表彰,如对基层就业的、自主创业的毕业生,组织座谈会、报告会、欢送会进行鼓励表彰,且通过媒介宣传他们的事迹,供其他学生学习借鉴,等等。具体到班级,辅导员可以把班级第一个成功就业的同学通过班级飞信、QQ 群等班级自媒体进行公布表扬,让同学们知道积极就业是好样的;对服务家乡、服务西部的同学进行表彰,或精神或物质的奖励,也可在毕业纪念活动中专门给他们安排一个板块,如讲话、表演节目等,构建让大家学习榜样先进事迹的渠道,以榜样的力量给班级群体带来同龄人压力的积极影响,发挥同龄人压力带来的正能量。

(四) 个别谈心,"分化瓦解"不就业一族

如前文所述,有相当部分以"屌丝"自居的毕业生,他们懒惰矫情;其实他们内心又想表现自己,有自我实现的愿望,但却没有强大的执行力;他们不被他人认可却又渴望得到尊敬和别人羡慕的眼光;他们自尊却更自卑。鉴于他们的这种心理,辅导员只要与他们进行充分的思想交流与沟通,激励他们调整心态,提升他们的自我认同感,使他们的心身朝向健康的方向发展,他们是可以抵御"屌丝"的压力负面影响的。针对这类毕业生的就业工作,高校辅导员除了要为他们创设一个相对轻松的外部环境外,还要关心他们的内心世界。辅导员应本着平等尊重的心态,经常找他们谈心,交流思想,和他们做朋友,晓之以情,动之以理,给他们一点"台阶"下,他们中大多数都会"回心转意",积极求职就业,有的态度转变之大,效果之好会出乎意料,让辅导员喜出望外。用这种方法后如还有个别"顽固"分子,辅导员也不要"死盯不放",不要给他们太大的就业压力,这时可略使点欲擒故纵的技巧,假装不理睬不关注他们,过不了多久,他们也会"束手就擒"。

三、结语

综上所述,群体性是高校大学生的显著特点,同龄人压力是大学生普遍存在的心理现象。高校辅导员可从同龄人压力这一独特的视角去分析毕业生就业难的原因,进而寻找应

对之策,对症下药,消除或降低同龄人压力带来的负面影响,对有效地做好高校毕业生的就业工作有重要的意义。

参考文献

[1] 许东哲.当代大学生就业的心理问题及对策研究[J].实用心脑肺血管病杂志,2008,16(12):47-48.
[2] 王欣.如何引导学生抵御同伴压力的负面影响[J].宁夏教育,2006(9):67-68.
[3] 宋玉冰.大学生择业心理问题及教育对策[J].继续教育研究,2009(6):87-88.

新形势下独立学院护理专业学生就业现状及对策分析

江莉，孙国栋

摘要：当前，我国独立学院护理专业毕业生在硬件、软件建设上均有不足，社会、学院、医院对护理专业发展持差异性的观点，导致独立学院护理专业毕业生就业压力增大。因此，新形势下，我们必须在关心护理专业发展的前提下，转变护理专业毕业生就业观念，改革护理专业课程设置，提升护理专业教学水平，完善临床护理管理体制和考核机制，进而实现护理专业高质量的就业。

关键词：独立学院；护理；就业；对策

伴随着社会的进步、科技的飞速发展，人们的物质文明和精神文明水平都有了显著提升，现代人的健康理念也在不断增强，更加注重养生，对护理的观念也发生了新变化，人们对从事护理工作的人员素质要求自然越来越高。特别是进入21世纪以来，医疗机构的护士角色已经从单一化走向了多元化的发展方向，护士不仅要担当好病患人的直接护理者这一主要职责，还需承担起教育者、科研工作者以及医务方面的管理协调者等角色。这些都对护理专业的教育教学提出了更高的标准和要求[1]。因此，为了满足和适应社会对护理人才在数量和质量上的双重要求，现有的本科院校包括独立学院在内的护理专业人才培养都得到了长足发展，以适应新形势下护理专业以及护理工作发展的新需要。探讨新形势下护理专业就业存在的问题以及对策，对于促进独立学院发展、提升护理专业毕业生就业质量，均具有重要的现实意义。

一、当前独立学院护理专业毕业生就业现状

从2012年初教育部发布的数据来看，全国由国家审批建成的、已具备当年普通高校招生资质的独立学院共有298所，不难看出，独立学院已成为发展我国高等教育事业发展的重要组成部分。但在实践中，独立学院发展现状不容乐观。

（一）独立学院发展现状及其存在的问题

独立学院从出现到发展至今也不过短短十来年，其发展基础尚且薄弱，如何应对长期的生存挑战是绝大多数独立学院当前所面临的首要问题；其中，获取优质生源是其生存和发展的必要条件。当前，全国独立学院的发展层次已出现分化，差异性日益凸显，这些都导致生源质量以及家长和学生在独立学院的选择态度上出现了两极分化。很多独立学院之间在对优质生源的争抢中均拿出各自的杀手锏，以保证较高的入学率。尤其是保持较高的就业率

［作者简介］　江莉（1981—），女，安徽医科大学临床医学院教师，研究方向：大学生就业指导。

以及较优的就业质量无疑成为获取优质生源最吸引人的优势。因此,开办社会需求量大的学科专业,让学生拥有较高水平的就业竞争力势必成为独立学院用好此“杀手锏”的先决因素。但与此同时,由于独立学院自身存在的一些客观问题,也造成了近些年毕业生的就业压力日益增大。例如,一方面,在学校的软硬件设施建设方面尚显不足:教室、图书馆以及实验室等配备不足,质量不高;教师队伍参差不齐,人员管理方式欠佳。另一方面,学生入校的质量相较于一本或二本生源确有差距,在学习自觉性上明显落后,就整体比较而言,独立学院学生的基础知识不够扎实,专业技能学习不够全面,加之招生数量的逐年加大,这无疑会造成更大的就业压力。

(二) 独立学院护理专业的发展现状及存在的问题

针对独立学院尤其是医学院校独立学院的就业考量以及发展前景而言,护理专业在其招生、就业中的所占分量更大。当前,独立学院护理专业毕业生的发展现状及存在的问题主要有以下两方面:

1. 毕业生数量较大

当前,虽然社会急需医护人员,但由于之前的年年扩招,加之医疗机构所需毕业生学历层次以及质量的提升,使得医护类本科毕业生就业压力丝毫未见减小,本科护理专业的就业压力也在逐年加大[2]。另外,由于前些年社会对护士的需求量很大,护理专业就业形势较好,不少独立学院,甚至是非医学类的民办三本院校也纷纷单独开办护理专业以提升自身的整体入学率、就业率,造成了毕业生数量节节攀升。

2. 毕业生质量不高

由于护理专业就业形势较好,不少独立学院、民办三本院校以及毫无医学背景的职业技术院校都大张旗鼓单独开设护理专业。但在现实中,不少学校并无医学类专业的教学氛围,护理学基础教学条件薄弱,学院硬件不高、软件不好。譬如:护理基础教研室设备不全,制度不完善,可供护理生实践操作的教室、实验室数量不足;临床实习医院层次不佳,大多是二甲医院,护理带教老师知识、技术参差不齐;在校的专业教师也大多为外聘人员,教学积极性不高,教学授课质量也有待提高。因而,这在很大程度上导致了此类学校护理专业的学生知识结构不全面,实践技能操作不熟练,也使自身的就业竞争力受限。

二、独立学院护理专业毕业生就业面临的困境

由于持续扩招,近几年我国毕业生不断攀升,护理毕业生也在增多,客观上造成就业竞争压力巨大。当前我国的医学事业和教育事业的飞速发展,助推了医护专业的招生规模不断扩大,但社会对于医疗行业毕业生的学历及质量要求提高更快,医学人才在求职过程中的竞争愈发激烈,也带来了医护专业毕业生就业问题日益凸显的局面。虽然社会急需医护人员,但毕业生就业压力未见丝毫减小。本科,尤其是独立学院本科护理专业的就业压力也逐年加大,面临着诸多困境。

1. 社会对护理专业存在偏见,导致学生专业思想不够坚定,存在“专业自卑”,没有专业自信

当前,社会对于本科学历的护理专业认同感不高,尤其是对独立学院。在我国,护理专业教育的整体水平起点就很低,起步也相对较晚,因而人们对护士培养的思想观念还十分坚

固地停留在中专教育阶段。通过相关调查显示，本科护理专业的学生普遍存在专业思想不稳定的问题，甚至一些学生自己也认为接受本科护理教育没有必要[1]。这些思想观念产生的根源在于，当前我国高校内的护理专业办学模式并未很好地体现高等护理教育的目标，尤其是独立学院，在理论教学内容方面以及临床实习带教中都与中专教育的差别不大，大多仍沿用传统的教学理念和带教模式。从本质上看，似乎跟中等教育毫无区别，因而使得学生看不到高等护理教育的优越性以及发展前途，学生也就逐渐丧失了学习热情和创造性，这些因素都极大动摇了学生专业思想的稳定性。

2. 学院对护理专业的办学热情度高与学生认可度低形成矛盾

众所周知，独立学院生存与发展就在于就业率，尤其在护理就业，学院为了便于招生，以护理专业的高就业率大力宣传，但学生却相反。一些调查显示，高校毕业生数量与市场饱和度并不相符，这其中的关键缘由在于大学毕业生对工作的满意度问题[3]。当社会发布的工作岗位条件与毕业生的择业期望值不符时，学生大多会选择放弃此工作机会，但很多时候出现这一情况是源自学生自己的眼高手低，独立学院毕业生尤甚。通过相关调查发现，独立学院护理专业学生毕业时，大多以接受了高等教育的护理专业人才自居，不仅认为自己有专业优势而且更有学历优势，因而七成以上毕业生都希望到大城市或省会城市的三甲医院工作，即便剩余三成学生愿意回到家乡，也希望是进入当地最好的医院且有编制。但客观事实是，独立学院的学生在就业竞争力上并不强大，不少医院也对独立学院的本科护理毕业生“另眼相看”，给予与一本、二本毕业生不同的待遇，这也在很大程度上造成了独立学院护理专业毕业生就业难的问题。

3. 医院对本科护士的培养和任用与其他学历护士差别不大，工作内容大体相同，不少护士在实习阶段便产生职业倦怠感

学生进入学校选择护理专业，很大程度上受到了不少外在因素的影响，诸如父母、老师、亲朋等，而他们的建议也多半来自社会对护理行业需求大、就业容易的宣传[4]。选择护理专业出于对此专业热爱或感兴趣的学生很少。在临床工作中，医院对刚入职的护理毕业生分工十分模糊，不分本科或大专，甚至包括中专在内的各学历层次毕业生入职后所从事的工作内容大致相同。另外，由于医院的临床护理工作大多十分繁忙，院方也常常会忽视对本科护士的继续培养，因而也就无法让本科护士的优势和价值得到最大限度发挥[5]。除此之外，护士工作通常采用轮流三班制，这违背了人体正常的生物钟，对护理工作者的健康产生了极大的不利影响，由于不断的轮班和疲劳工作，对病危患者的护理，以及当前医患矛盾的加剧等都让不少一线护士产生了焦虑等心理问题。护理行业已然成为职业疲劳综合征高发职业[6]。这些因素都极大地改变了学生就业观念，相当一部分学生通过实习就转变了自己的就业目标，毕业后并不想选择护理岗位作为自己的职业。

三、解决独立学院护理专业毕业生就业困境的若干对策

根据以上对独立学院护理专业毕业生就业困境的分析，现提出以下几点可行性对策，以期通过社会、医疗机构、学校、教师和学生自身的共同协作，缓解独立学院护理专业本科毕业生日益加剧的就业压力。

1. 通过合理易接受的方式来引导学生树立正确的就业期望值

学校首先要对护理专业学生内心的真实想法做充分了解，为其分析一些潜在的错

误择业观,利用职业生涯规划课程设计帮助学生做好准确的自我定位,同时引导学生树立正确的就业观。学校还可利用寒暑假等时间为中低年级护理生开展临床见习活动,让他们尽早了解护理岗位的具体工作,进而解决他们凭空臆想出来很高的就业期望值等问题。

2. 多从就业市场的需求来考虑独立学院护理专业的课程设置

以岗位需求作为专业人才的培养方案,把职业标准与课程标准有机结合起来,把技能型人才培养作为独立学院护理专业的培养特色,力争所培养出的学生不仅专业合格,而且更有鲜明的技能特长,也就是既重视学历教育,又抓好技能培训。例如,针对独立学院护理专业学生不同的学习兴趣,可以开展助产技术、手术室护理技术或急救护理技能的强化培训,让学生有专业、有特长,更能适应社会的不同需求。

3. 不论是学校还是社会相关部门,都应当为护理生积极拓宽就业渠道,提升他们的就业技巧和技能,加强就业指导

让更多的独立学院护理毕业生不仅可以适应当前社会和市场的发展需求,也可避免与一本、二本护理毕业生在应聘各家大医院时的直接正面竞争。如大力推广新型的就业形式——老年护理、社区护理以及家庭护理等[7]。目前在我国与家庭护理或老年护理等相关的组织管理机构尚未出现,一般都要依托大医院或是社区卫生服务机构来组织,因而整个社会都应当关注其发展。在学校教育方面,一方面要对学生加强继续教育,转变学生自身的传统护理学习观念,提升其学习热情,增加专业认同感;另一方面,还应当鼓励学生不断提升自己的英语能力,或可为将来走出国门,为满足国外对护理人才的需求打下坚实基础。

4. 从医院层面来看,各大医疗机构都应当积极完善临床护理的管理机制

医院后勤服务系统应当有更加合理和人性化的分工,从而减轻护理岗位的工作压力,更可体现出对护理岗位的人性化管理,这样才能让医院的护理人才数量及质量相对稳定。另外,各用人单位应当注重针对本科护理人才包括独立学院毕业生的再培养,给予他们继续深造的优先机会,不应当让他们和大专甚至是中专学历的护士从事完全相同的工作内容,更不可在薪酬待遇上毫无区别地对待[8]。特别是在对待独立学院的毕业生上,因其有国家承认的本科学历,就应当作为本科护士获得更公平的待遇,用公平的激励制度和绩效考核体系来增加在岗护士的工作激情和动力。

5. 要从社会层面关心护理专业毕业生尤其是独立学院护理专业毕业生的全面发展,加大宣传力度,让全社会都能认同此行业,尊重护士

护理本科毕业生的年龄多在21～22岁,正处于青春年华,在心理和情绪的发育方面逐渐走向成熟,在这个即将“定型”的阶段,极易受到他人情绪或周围环境的影响[8]。因此,从社会到学校,从亲朋好友到任教老师都应当注重护理生情商的培养,端正他们的思想认识,提高他们的信心,坚定他们的信念,鼓励他们以做事业之心来对待自己的专业和未来的工作。

参考文献

[1] 徐巧巧,史平.护理本科生就业观调查及指导[J].护理实践研究,2009,6(14):91-93.

[2] 侯晓丽,杜艳辉,柏松.当前形势下医学生就业观念浅析[J].出国与就业(就业版),2012,3:94-95.

[3] 李玉兰,曾湘泉,丁大建.大学生就业“难”在“满意度”[J].中国大学生就业,2012(5):12-16.

[4] 黄灵,许红.杭州市护理本科毕业生就业价值取向及影响因素的调查[J].中华护理教育.2011,8(9):45.

[5] 李领,姜小鹰.护理本科生一般自我效能感与专业认同的相关性研究[J].中国科教创新导刊,2008(5):46.

[6] 易杨梦妮,邱会利,刘丽,等.本科护理专业学生就业的现状及对策[J].当代护士,2013,8(8):14-15.

[7] 崔玲娟,杨瑞贞,陈培培,等.我国社区护理人才需求现状[J].中国初级卫生保健,2012,26(6):25-26.

[8] 林悦凤,郭淑明.加强护生情商培养提高护生素质[J].护理研究,2004,18(6):1124-1125.

社会转型背景下独立学院毕业生就业价值观偏差及对策

张洁婷

摘要：独立学院作为高等教育改革的重要产物，是高校扩招的重要成员，其毕业生在全国高校毕业生中占有相当大的比例。独立学院办学定位和专业设置受到市场经济和各种社会思潮的影响。独立学院在十多年的办学实践中，在教育教学和学生就业体系的完善方面积累了宝贵的经验，但同时也出现了制约学校和学生发展的短板，表现在毕业生就业价值观上，存在自我价值与社会价值、就业信心不足与高期望值、学生个体就业价值观差异与追求就业同质化等方面的内在冲突。本文试图从个人、学校、社会层面分析毕业生的就业价值观，以期发现产生此种价值观的原因以及存在的问题，从而为引导毕业生树立符合自身特点的健康就业价值观，推进独立学院毕业生就业工作提供理论参考。

关键词：独立学院；毕业生；就业价值观；偏差；对策

根据教育部统计，截至2011年底，全国民办高校达到1400多所，其中本科院校390所(独立学院303所、民办普通高等学校87所)。在学校数量上，2011年比2010年增加16所；学生数量上，到2011年底学生达到500万，比2010年增加了33万人。据相关部门统计，民办高校数量约占全国高校数量的22%，在校生约占全国高校学生总数的17%。随着全国大学生就业形势的日趋严峻以及独立学院学生毕业人数逐步增加，独立学院毕业生就业工作的压力日增，独立学院学生在就业过程中突显出的种种现象和问题也引起了教育界以及全社会的关注，而独立学院毕业生在就业过程中表现出的就业价值观则是学生就业的航标，对学生的就业行为起到了决定性的作用。毕业生就业价值观存在的偏差已经成为影响独立学院就业工作顺利推进和独立学院可持续发展的根本因素。

一、独立学院毕业生就业价值观多元表象背后的深层次问题

“当代大学生就业价值观的变化，是改革开放、发展市场经济和各种社会思潮相互影响、相互作用的反映。在改革开放的宏观背景和新形势下，一方面出现了一些适应时代要求、积极向上的新观念、新思想，比如开拓、创新、务实、效益、质量、平等、民主、竞争、风险等，这些思想观念是影响大学生择业的根本原因。正是这些思想观念使大学生就业充满生机和活力，出现多元化就业的历史性变化。”[1]同时，社会主义市场经济运行过程中所带来的负面影响也会随着当今发达的社会信息渠道逐渐渗透进高校，并快速在高校毕业生的就业观念中扎根，从而表现出一些与主流价值相违背的就业价值观，应该说既有社会转型期中新旧观念

［作者简介］ 张洁婷(1981—)，女，安徽医科大学临床医学院教师，研究方向：大学生就业指导。

的交替也有良莠不齐的思想的相互影响，使毕业生的就业价值观呈现出多元化、矛盾化的状态。

（一）自我实现的要求与社会需求之间的矛盾与冲突

对高校毕业生而言，在选择职业时最好是能实现个人价值同时也能满足社会需求，能从事兼顾个人发展与社会发展的职业。而当今社会激烈的竞争和无情的人才更新速度，让大学生从一跨入校门之日起就开始担心自己的前途，一些非热门专业的学生常常感到自己前途的渺茫。于是有相当一部分大学生希望通过各种资格证书来证明自己实力，在校期间热衷考各种专业资格证书，只要有可能给就业加码的证书，学生就趋之若鹜的报考。这催生了职业资格证书考试这一庞大产业，而且越来越多的毕业生希望通过自身努力改变命运的同时也滋生出完全以自我为中心的价值观，仅仅将眼光放在个人价值在物质利益上的体现。另外，还有一些大学生的就业价值观表现出对自我价值过高的推崇，过度强调个人发展的重要性，为了实现物质化的个人价值往往借助于各种社会关系来获得最大化的个人利益，而集体观念、奉献精神以及社会责任感开始逐步减退。这也反映出社会转型期社会对人才需求与个人对社会给予回报的需求之间存在的差异与冲突。由于独立学院的办学性质，学费较一本和二本要高，对于动辄每年花费万元就读独立学院的学生及其家庭来说，很难面对付出的高额学费与就业后所得工资之间带来的心理落差，理想与现实的落差和矛盾投射到毕业生的就业价值观上，这些“天之骄子”为了获得社会的认可，急功近利的心态和平庸肤浅的思维导向开始占据毕业生的就业价值取向。

（二）信心欠缺与过高期望的价值内在冲突

自信是个人发展的必然要素，也是社会对人才标准划分的一种基本指标。自信心的建立不仅来源于扎实的专业能力，而且来源于对自身能力的正确评估。有部分学生在就业过程中，缺乏对自己能力和优缺点的正确评估，不知道自己的就业方向，盲目投简历，面试无准备，从而多次的竞争失利让毕业生的就业信心不断降低。另一方面，由于独立学院学生入学分数与一本、二本的学生有一定的差距，毕业文凭在用人单位的认知中，其含金量要逊色许多，用人单位在招聘过程中往往对独立学院毕业生设限设卡，导致其在就业过程中难以与本科层次的其他学生竞争，缺乏市场竞争力，也就间接导致了其就业信心的不足。但根本原因是由于学生在校期间不注重专业实践培养，对社会行业发展的动态把握不准确，对社会用人的倾向性不关注、不了解，同时不得不承认的是，学习能力的不足和综合素质达不到用人单位的要求等一系列多元因素导致了独立学院毕业生就业受阻。但从另一个方面来看，独立学院的学生付出了较一本、二本学生高得多的学费，“面对教育的高成本，大学毕业生在就业时自然就会考虑教育成本的回收问题。教育经济学告诉我们，从总体上看，高等教育基本上可视为一种收益内在化的‘私人产品或服务’。教育投资的负担应与收益相适应，负担较多投资的个人，理应获得较多的收益”[2]。在这种情况下，大学毕业生们都希望一走出校门就能进入高收入单位来获取对自身价值的物质化补偿的心理就很正常了。同时，当今社会仍然存在通过父辈的关系网络为自己儿女亲戚谋私利、走后门的歪风，大学生就业中的不公平现象，确实让各方面素质一般的学生通过父母、亲戚的社会关系找到了较好的工作，这难免催生了其他学生不公平感，无形当中以这些同学作为参照，无理性地将自己就业期望值抬高了。一方面是学生害怕面对就业竞争表现出的胆怯畏缩，另一方面又是在急功近利心态主导下急于得到物质回报和肯定，在就业过程中表现出压力过重和动力不足的双重特征。

（三）学生个体就业价值观差异与追求就业同质化的内在冲突

在社会转型时期，当代大学生的个性多元化造就了个体差异化的就业价值观，理想丰富多彩。通过择业来实现自己的理想的要求更加强烈，他们充满激情，准备在社会上轰轰烈烈拼搏一番。这一方面为大学生创造出更好的生存和发展空间提供了精神准备，另一方面也让一些毕业生不能理性地认识自己和社会。另外，由于就读于独立学院的学生家庭经济条件整体要略好于其他本科层次的高校，很多学生更有条件依自己的意愿去发挥自身的潜力，这从某一层面上也突显出部分毕业生缺少大局意识、整体意识。由于毕业生个人阅历的浅薄，往往脱离社会现实的理想与自身各方面能力和素质存在着一定的差距。尽管毕业生在就业过程中对个体差异有所了解，对自己的兴趣爱好有一定的认识，但是心理素质尚未成熟，影响了学生就业价值取向的树立。部分学生没有认真思考过自己的就业意向，往往采取跟风从众的心态来评价和选择职业；部分学生的就业价值取向同质化，表现出普遍倾向选择大城市、高工资的行业就业，对薪资要求过高，对工作岗位的物质回报过于苛刻。对选择行业和岗位时较少考虑个人的发展趋势和发展基础。更有甚者，很多毕业生对自身的能力、素质、兴趣特点适合何种职业都没有理性的判断。

二、引导学生树立正确就业价值观的对策

现今大学生就业价值观多元化与高等教育体制的同质化的矛盾已是不争的事实，并呈现日益突出的态势。在就业形势日趋紧张的当下，政府、高校和企事业单位应该积极建立信息共享平台，通过各种政策拓宽大学生就业渠道。学校在提升自身教育教学建设水平的同时完善相应就业指导机制，系统完善大学生的就业指导体系，对符合自身实际的就业期望值、积极健康的择业观要鼓励和倡导，并且通过一系列有效的典型事例推广适合这一类型高校学生就业模式，从而在理论和实践中引导学生树立与自身能力相一致的就业价值观的策略。

（一）积极引导学生建立符合自身实际的职业价值观，树立健康合理的就业价值观

首先，学生的职业前途和事业发展必须要立足于自身实际，避免跟风攀比，个人的发展也必须和社会相统一，建立以社会为本位的价值导向。而当今大学生在就业和择业价值取向上表现出的个人利益至上、强烈要求自我实现，甚至在一定程度上表现出的急功近利必须给予充分的关注和合理的引导。当然，合法正当的个人利益应予充分重视、尊重和关心，为他们的才能得到充分的施展、体现自身的社会价值创设内部环境和外部环境，时刻遵循社会发展和个人发展的协调统一的行动准则，当两者发生冲突时积极倡导个人利益服从国家和集体利益。在社会转型过渡时期，个人利益往往是学生做出选择的原初动力，在一切向“钱”看、为“人民币”服务的思想引导下，他们对功利的进取变得更为真切，倘若缺乏合理正确引导或引导不当，学生在就业和择业过程中，其价值观很容易滑向急功近利或唯利是图这一极，对社会主导价值的认同感削弱，从而出现游离于主流价值观的观念。因此，要构建平衡合理的价值体系，调节失衡的价值观念，在新的社会环境下就必须坚持义利并重、义利互济

的价值取向，并以义统利、见利思义的价值导向。最后，在整个就业指导的过程中，充分强调艰苦奋斗重要性。培养毕业生自主择业、积极就业的意识，敢于在逆境中锤炼自己，从而纠正毕业生在就业过程中表现出的功利化、短视化的趋势，能对自身素质和能力合理判断，适时调整择业心态，以开放的思维看待自身的发展，从而培养出具有服务社会意识的各层次毕业生，真正做到人尽其才，个人的前途与社会的发展协调统一。

（二）强化独立学院品牌意识，统筹协调教学与就业体制，全面提高学生就业信心

“独立学院的知名度和社会认可度在毕业生就业过程获得相对均等的就业机会和自信心的建立起着重要作用。独立学院的办学母体多是拥有较长办学历史、毕业生质量得到社会认可的知名学校，独立学院应当研究怎样在公办大学品牌的支持下，逐步确立独立学院自身的品牌优势。”[3]独立学院在教学上依托强大的师资力量，发挥自身办学灵活的特点，结合母体学校优势专业并在充分调研市场的基础上，找准社会定位，努力建立社会口碑好、拓展市场发展前景好的“优势”专业。将专业的建设和发展与学校的品牌意识相联系，从而建立有着品牌专业的品牌学校以提升学校在社会上的知名度。与此同时，独立学院应在其教育品牌的创建进程中，在专业教学和就业市场拓展上树立科学发展的理念，完善各项机制，努力打造出符合自身发展定位的就业渠道，接受高等教育市场和专业人才市场的“检验”，抓住高等教育改革的契机，努力探索出适合独立学院的长效发展的教育教学机制和就业机制，从而实现独立学院的可持续发展。

（三）坚持完善就业体系，加强校企合作，充分利用大学生思想政治教育平台，将职业生涯规划纳入思想教育体系中

独立学院作为国家高等教育改革的产物，有其独特的定位，学生就业心理定位不同于高职高专，就业心理上有较高的就业意向，但其主动就业的动力却有所欠缺。从这一点来看，独立学院应该从新生入学就开启大学生职业生涯规划教育，通过多种媒介和平台宣传就业政策，有效引导正确的舆论方向，坚持树立理性的就业期望值，对自身能力和素质进行合理定位。通过个人典型事例和政策引导，鼓励学生到基层、边远地区大展拳脚。强化大学生诚信教育，鼓励学生努力掌握专业技能，增强自身竞争力。另外，从学校层面来说，积极建立科学的大学生职业心理测评体系，系统把握大学生择业倾向，并以此为基础，鼓励毕业生在合理评价自身水平的同时发挥个人能力，进而探索出真正适合其发展的择业方向，从教育者层面实现学生潜力发挥最大化的目标。学校要与企事业单位建立信息共享机制，从而能及时了解社会职业整体变化的趋势，并通过具有说服力的实例向学生解释社会分工的变化趋势与职业结构变化的内在关系，走出“唯己、唯专业”的误区，为建立科学的大学生职业生涯规划提供科学的指导。在此基础上，独立学院要将就业指导纳入到日常的教学中就需要利用思想政治教育的平台，建立理论教育与实践教育相结合的立体化的教育体系，使大学生思想政治教育不仅符合国家对大学生政治理论素质建设的统一要求，而且在此基础上建立科学的符合学生的个性化需求的职业生涯规划设计，可以有效地营造严谨有序且生动活泼的校园氛围，并潜移默化地影响着大学生学习和生活的心态。通过组织各种有关职业生涯规划的宣讲和规划设计，可以有效培养学生的组织协调能力、科研创新能力、自我展现能力等综合素质，努力将学生培养为思想政治修养、人文素质、专业技能和实践能力过硬的复合型人

才,建立起把学生的个性化发展作为学校发展生命线的优秀的独立学院。

参考文献

[1] 肖强.大学生择业观念的引导研究[J].四川理工学院学报,2005,20(3):118-120.
[2] 余国宇.浅析大学生就业期望值高的社会原因[J].学校党建与思想教育(高教版),2006,5:63-64.
[3] 荆光辉,向兵,熊椰.独立学院学生就业价值观多维制约因素的探析与对策研究[J].湖南师范大学教育科学学报,2011,10(2):90-94.

独立医学院校毕业生就业现状调查分析

——以省内某独立院校为例

吴珊珊，薛政，李艳艳

摘要：大学生就业一直是社会关注的焦点，不仅关系社会稳定，也直接反映着社会的公平正义。从近几年的就业率统计数据分析，医学生的就业形势整体较好，但是就业竞争也在日益加大。这不仅是由于整体就业形势严峻和独立学院发展加大了竞争，也与“三本”学生个体特征和社会观念的影响有关。因此独立医学院校可以从提前谋划系统指导、提高学生综合素质、加强求职技巧训练、高效发布就业信息、就业心理调适这五个方面入手，指导毕业生顺利就业。

关键词：独立学院；医学生；就业

一、引言

就业是民生之本、安邦之策。就业成功与否体现着个人社会价值，人才应聘选拔的过程也是社会公平正义的直接反映，与社会主义核心价值观紧密联系。与大学生就业趋势整体严峻相比较，医学尤其是护理专业的就业压力相对较小，但是就业竞争也在日益加大。因此，研究分析独立学院毕业生的就业问题，对于加强和改进独立学院的就业工作、提高毕业生的就业率以及推进专业和学校健康协调发展乃至对促进和谐社会建设都具有重大而深远的意义[1]。

二、近六年毕业生就业率比较

独立学院是普通本科高校按新机制、新模式举办的本科层次的二级学院，是新形势下高等教育办学机制与模式的一项探索和创新[2]，它从成立至今有了飞速的发展。以省内某独立院校为例，近六年初次和年终就业率统计见图1。

通过对近六年就业率的比较发现：护理专业整体就业率呈上升趋势；但是2011年以后，就业率略有下滑，这意味着和所有的高等教育专业一样，本科护理专业的竞争也在日益加大；同时，从年终就业率上分析，护理专业的单项就业率与医学院校整体就业率的差距已经大为缩小，从2009届的15%缩小到2013届的4%，预示着护理专业就业率的“一枝独秀”的形势已经有所减弱。

［作者简介］　吴珊珊（1984—），女，安徽医科大学临床医学院教师，研究方向：大业学就业指导。

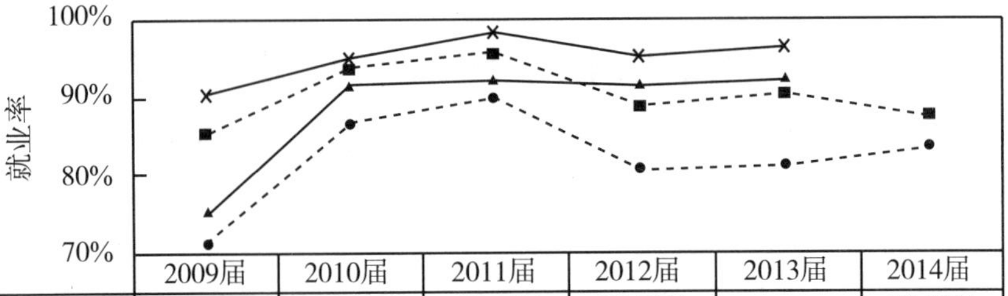

	2009届	2010届	2011届	2012届	2013届	2014届
全院初次就业率	71%	86.60%	89.80%	80.59%	81%	83.30%
护理初次就业率	85%	93.60%	95.60%	88.40%	90%	87.40%
全院年终就业率	75%	91.60%	91.70%	91%	92%	
护理年终就业率	90%	94.80%	98%	95%	96%	

届别

图1 近六年就业率统计

三、原因分析

1. 整体就业市场形势严峻

一方面,我国经济增长与就业发展不同步,就业弹性系数下降;另一方面,高校连年扩招导致毕业生人数逐年攀升,加剧了劳动力市场“供大于求”的严峻形势[3]。伴随着高等教育从“精英教育”过渡到“大众化教育”,大学生已经失去了“天之骄子”的优势。扩招以来,普通高校应届毕业生数量连年增加,加上历届未就业毕业生,大学生的就业形势“雪上加霜”。另外,在“就业率决定招生规模”的影响下,很多高职院校都增设了就业形势相对较好的护理专业,因此护理专业毕业生有增无减,这也意味着就业竞争的加剧。

2. 独立学院自身发展,加剧了竞争

截至2009年12月23日,全国共有独立学院322所,占普通高等学校总数的14.23%;在校生总人数214.86万,占全国普通高等学校在校生总数的10.82%;毕业生总数33.05万人,占普通高等学校毕业生总数的6.69%,承担了本科生扩招任务的近三分之一[4]。近几年,虽然发展有所减缓,但是陆续涌入就业市场的毕业生还是形成了巨大的竞争。

3. 学生个体特征影响

独立学院学生与公办本科院校的一本、二本学生相比,存在文化功底较浅、人生目标不够明确、自卑感和依赖性较强等特征,特别是面对严峻的就业形势以及日趋激烈的就业竞争,独立学院的毕业生更容易陷入迷茫[5]。独立院校学生对知识与信息的接受能力较一本、二本学生弱,面对严峻的就业考验,很容易对自己的“三本出身”感觉不自信,也就很难主动积极地面对竞争。

4. 社会观念的影响

一方面,社会上一些用人单位对独立学院的毕业生存在偏见,认为他们入学成绩较差,能力素质欠佳,文凭含金量不高,缺乏吃苦耐劳精神,等等。这些偏见在独立学院毕业生求职时更加凸现[6]。另一方面,虽然我国家庭结构转变和人口老龄化的加剧,为医学专业毕业生提供了广阔的就业空间和发展前景。但是医患不信任、医患矛盾等社会现象,尤其是时有发生的医患恶性事件,引发学生对职业发展信心不足,导致专业思想不稳定,就业目标不明

确等一系列问题。这两个方面都对独立医学院校毕业生的就业造成了较大影响。

四、对策与建议

1. 就业工作提前谋划,并且渗透到日常管理中

学生的就业观念要转变,院校的就业工作理念也要随之转变,要让就业工作形成系统性和连贯性。入校开始就应该在日常教育管理中,对学生进行专业教育、就业形势分析,让学生正确认识自己所学专业,了解专业的就业前景和发展方向,这样将更有利于学生明确就业目标,合理调整自己的就业期望,进而对照自身"查漏补缺",有针对性地加强知识储备与技能训练。越早进行就业观念引导,越利于学生择业,学生就业率以及就业满意度也越高。

2. 鼓励学生积极参加各种竞赛和社会化考试

对于基础相对较薄弱的"三本"学生,鼓励他们在校期间积极参加各类比赛,有助于开拓学生的视野,锻炼专业素质,增强学生的自信心。随着市场经济的迅速发展和产业结构的调整,社会对人才质量的需求提高,知识单一的传统型人才已经无法适应经济全球化和知识经济的需要[5]。各类专业相关的竞赛既可以锻炼学生的表达能力、思辨能力、动手能力,也可以提高学生的心理耐受力,同时也有利于学生克服自卑心理,增强自信。

随着大学生就业压力增大,很多学生开始关注各种社会化考试,"校园考证热"对于医学生同样适用。就业指导老师可以在日常管理中,向学生介绍一些与医学有所关联的认证考试,比如护士职业资格考试、心理咨询师、营养师等,供学生尝试报考。或者是一些能够提升学生社会技能的考试,如普通话测试、教师资格证考试、人力资源师、驾驶证等各种资格证书,这些都可以为医学生的未来就业添加筹码。

3. 加强求职技巧的训练与应用

临床医学是一门强调技能的专业。医学专业的特殊性决定了毕业生就业领域相对稳定,大多数属于医疗卫生系统内的事业单位,在"逢进必考"的大趋势下,不仅要求应聘者要具备扎实的专业基础知识与临床实践技能,也对应聘者的人文素养与知识积累提出更高的要求。因此,就业工作者要注重在校期间的学风建设,夯实专业基础;实习期间,加强训练,增强操作技巧;着手应聘之前,再对毕业生进行文明礼仪、笔试知识点、面试技巧等突击提高。三管齐下,为大学生顺利就业保驾护航。

4. 充分利用网络,及时甄别、发布就业信息

伴随着信息进步,网络传播使得信息交流更加便捷。因此如何高效利用网络,提高就业率,增强就业质量成了就业指导者需要不断学习的新课题。同时,网络的便捷也存在着各类隐患,如传销、诈骗、抢劫等等,大学毕业生上当受骗的经历也屡有报道。初入社会的大学生,社会经历较浅,加上就业心切,很容易成为各类犯罪分子的目标。因此,学校就业部门不仅要做好就业服务,更要对大学毕业生做好安全教育,避免就业不成反受骗,造成无可挽回的损失。

5. 引导毕业生进行就业心理调适

对于即将走出校园的大学生来说,面对激烈的竞争以及繁杂的毕业离校手续,心理难免有波动,这就要求院校的就业工作者做好就业服务,从学生的角度为学生提供就业指导和帮助,积极为学生搜寻可靠的就业信息。就业指导者要在做好就业服务的同时,关注学生的心理动态,积极做好心理疏导与调试。尤其"三本"学生本身就存在自卑心理,因而在面对就业压力的时候很容易有焦虑、畏惧的心理，因此帮助学生建立信心显得尤为重要。

五、结束语

就业不仅是毕业生综合素质的比拼，是他们人生的重要选择，也是对院校教育管理、就业指导成效的综合检验。健康所系，性命相托。医学生的就业工作关系到个人发展、家庭幸福、社会稳定，它不仅关乎社会稳定大局，也影响着整个社会的人力资源配置和经济稳定发展。促进大学生就业，提高大学生就业指导水平，为年轻人提供实现梦想的岗位，也是社会公平正义的重要体现。医学毕业生的就业与医疗卫生人才的教育培养模式骨肉相连，也与社会主义医疗卫生事业的和谐发展紧密联系。

参考文献

[1] 陈素红，张西平，郭明坤.独立学院毕业生就业心理分析：以武汉工业学院工商学院为例[J].武汉船舶职业技术学院学报，2009，18(5)：16-20.

[2] 教育部.教育部关于印发《关于规范并加强普通高校以新的机制和模式试办独立学院管理的若干意见》的通知(教发〔2003〕8号)[J].教育部政报，2003(Z3)：332-334.

[3] 刘薇.当前民办独立学院大学生就业困境与对策[J].黑河学刊，2010(8)：157-158.

[4] 刘立波，赵宇.影响独立学院毕业生就业竞争力因素及对策[J].辽宁工程技术大学学报(社会科学版)，2010，12(4)：420-422.

[5] 林琳.独立学院就业指导工作面临的困难与思考[J].安顺学院学报，2010，12(1)：77-79.

[6] 张西平，陈素红，许立强.独立学院毕业生就业状况分析[J].中国电力教育，2010(22)：178-180.

独立学院创业教育工作研究新思路

鲁如双，马文娟

摘要：创业教育是我国当前形势下培养创新型人才的重要渠道，独立学院作为培养创新型大学生的重要载体，其对创业教育工作的认识及工作思路直接影响大学生创新创业能力的开发与培养。本文将通过对独立学院开展创业教育意义进行分析，提出通过加大教学改革，加强创新创业教育，开展创业实训，推进创业实践，建立孵化基地，培养师资队伍等途径完善创业教育工作指导思路，以期建立适合独立学院创业教育开展的工作体系。

关键词：独立学院；创业；创业教育

创业教育是培养和发展学生创新意识、创业能力的教育，也是培养学生探索精神冒险精神事业心进取心等心理素质的教育。[1]西方发达国家早在20世纪70年代末就对创业教育开始了有益的尝试[2]，我国关于创业教育的研究也从20世纪90年代初就已开始。而独立学院作为从1999年才开始在我国出现的新机制办学院校，关于创业工作研究目前还处在探索阶段。分析以往关于创业教育工作研究成果，有许多内容值得借鉴，但随着经济的发展，特别是互联网信息技术"爆炸式"发展，对大学生思想、创业结构都产生了新的、深远的影响，因此必须立足当下，从当前独立学院创业教育实际出发，研究独立学院创业教育工作思路。

一、独立学院开展创业教育的意义

1. 独立学院人才培养目标的要求

独立学院的人才培养目标应当是培养具有较强应用能力、管理能力和一定创新能力的高级专业人员。而多数独立学院在办学过程中主要是照搬母体学校或局部改良基本沿袭母体学校结构的培养方式，部分独立学院甚至改变本科教学方案，降低人才培养标准，更有甚者为促进就业采用职业技术院校培养机制，大四直接订单实习。这些培养方式都没有对独立学院培养目标及学生特点进行科学评判，培养出来的学生难以满足本科层次能力要求，学生综合竞争力不足。

因此，独立学院在充分利用母体学校资源推进自身建设的同时，应充分考虑独立学院自身办学的独立性，通过全面考虑区域经济发展特色，科学研判自身办学定位，推进教学改革向创新素质教育转变，提升人才培养质量，实现应用型、创新型的人才培养目标。同时，由于独立学院学生自主创业意愿较高，对创业教育的需求比较强烈，培养适合中小企业需求的高素质创业型人才对于独立学院有着重要的现实意义。据此，笔者认为在独立学院开展创业教育能有效促进"应用型培养目标"向"创业型培养目标"深化，推动独立学院教育内涵的提升。

［作者简介］　鲁如双(1986—)，男，安徽工业大学工商学院教师，研究方向：大学生创业教育。

2. 独立学院树立特色品牌的要求

截至 2014 年 6 月,全国共有独立学院 283 所,在校本科生数约 260 万,占本科院校学生总数的三分之一,是普通高等教育过程的一支重要力量。随着十八大以来我国教育改革的不断深化,如何保持独立学院在激烈的竞争中生存,走出自己应有的特色,在国内高等院校占有一席之地是独立学院应当重视的课题。

随着我国建设创新型国家的深入发展,创业型人才在当前经济发展过程中最为紧缺。虽然创新创业教育在全国高校都在蓬勃开展,但囿于公办院校体制、制度束缚,暂无法全面深化实施以创业为主体的教育机制。独立学院如果能在创业型人才的培养方面取得成就,必将在激烈的竞争中取得优势。因为独立学院和普通高等院校相比较,办学采用新机制、运用新模式,学校运作更为灵活、专业设置也较实用,最为重要的是独立学院一般都在积极开展社会资金合作办学,所有的这些特点对实施创业教育都极为有利。因此独立学院若能充分利用母体学校品牌,借助自身灵活办学优势,抓住创业型人才的培养目标,必能树立自己“创业型大学”的独特品牌。

3. 提升大学生就业竞争力的需要

随着高等教育的普及,我国总体人才素质得到了较大的提升,因此就业竞争压力也越来越激烈。由于独立学院学生本身学校知名度、学校培养模式以及自身基础知识的差异,在求职就业过程中面临诸多困境与挑战。

创业教育作为一种新的教育理念,不光是指培养学生去做老板、开公司,而是培养大学生树立创业思维及开拓意识、培养管理能力及交际能力、体验创业艰辛、通过创业教育提高创新创业综合素质。虽然当前毕业生受传统就业观念影响,依然更倾向于到国企、事业单位及大企业就业,但随着“十八大”以来中国经济改革的深入发展,我国中小企业发展表现出强大的活力,近年来毕业生就业主体已悄然转为中小企业。而中小企业在激烈的国内外竞争中要生存、发展、壮大必然需要视野开阔、创新性强、综合素质优良的大学生,因此独立学院应抓住这个发展机遇,大力发展创新创业教育,促进毕业生综合实力的提升。只有毕业生就业竞争力强,学校才会得到广大家长、企业及社会的认可,学校才能持续健康发展。

二、加强独立学院创业教育的新思路

1. 深化教学改革,在专业教学中融入创业教育

创业教育是一项综合程度高、系统性强、涵盖知识面广的教育体系,尤其是大学生结合专业开展的科技型、专业型创业活动,更是对专业知识的学习提出了更高的要求。因此,独立学院在开展专业教学过程中,要注重对学生创新创造能力的开发,将专业教学与创业教育有机融合,使各学科间相互渗透,实现对专业知识的迁移和转化,在教好专业知识的同时,又锻炼学生创新思维、创造思维能力。

独立学院要在有效利用母体教学实验资源的基础上,加大对教学实验的投入。学生对专业知识掌握是末,能通过专业实验有效利用专业知识才是本,因此学校要加强动手实验环节课程的安排。学生通过动手操作将创新创造思路在实验环节加以实践,促进对专业知识的钻研与思考,实现知识向能力的转化。

同时,独立学院要积极开展以专业为背景的各类科技研究与竞赛活动,激发学生参与“第二课堂”的学习的兴趣。可尝试设立大学生创新创业科研活动基金,鼓励和支持学生通过申报创新课题、参加创新设计比赛、举办校园创业知识论坛等，不断培养独立学院学生创新精神和研究能力。

2．加强创新创业教育，广泛激发学生创造热情

独立学院在开展创业教育过程中，大多还只采用单门必修课、选修课或讲座等形式进行，缺乏系统的创业教育体系。这种教育方式虽然一定程度上启发了学生创业意识，但对其后持续开展创业活动支持力度不够。因此笔者认为，独立学院要通过研究分析，探索建立适合独立学院学生特点的创业教育课程体系。

借鉴布鲁姆的教育目标分类理论，根据创业教育课程的内涵规定，创业教育课程的目标应当包括知识、能力、情感意志和实践技能等四个部分。[3]除了上一部分内容中提到专业知识学习外，还要以创业需求为切入点，尝试通过开设"创造能力训练班""创业试点班"等，设置"创造与创新能力开发""创造技术与运用""创业心理学""创业经济学""创业管理学""创业环境学""创业人才学""创业法学"等学科课程，构建完整的创业教育课程体系。[4]

同时，为鼓励学生把创造思维转化为创造能力，可通过开设"发明与专利"等课程，广泛开展"每日一创新设想"活动，激发学生发现专业学习与日常生活中可以发明、改进的内容，积极申请发明专利，并以发明专利为基础，促进学生更多开展科技型创业活动。

3．开展创业实训，引入创业模拟实训体系

创业过程需要较高的综合能力，需要资金与精力的投入，这给创业者设下了艰难的准入门槛。如何激发大学生创业热情、树立创业者信心、提升创业能力、保障创业成功是独立学院创业教育管理者应该正视的问题。

近年来，随着我国建设创新型国家的深入发展，国家对高校创业教育投入进一步加大。在此背景下，独立学院应积极引入创业模拟实训教学机制。在新的教学模式中，利用学生组建创业团队，成立模拟公司，进行市场调研分析，利用网络开展营销与企业经营管理等环节，让学生体验真实的商业环境和商业行为，提高学生创办企业的心理素质、管理能力和经营能力，降低创业风险，提高创业者创办企业的成功率和职场竞争能力。

4．推进创业实践，营造创业教育良好氛围

创业教育不能仅仅停留在知识传授和技能培养上，还必须结合所学创业想法，开展创业实践。[5]结合独立学院学生情商较高，思维活跃，动手能力较强等特点，笔者认为独立学院可通过以下三个途径开展创业实践：

一是应在学校创业管理部门的统筹下，进一步挖掘有创业教育合作潜力的企业，利用企业资源，建立学校的创业教育实践活动基地，可以通过开展假期实习、参观访问、与企业家座谈、讨论课等多样化的教学活动与合作企业进行交流，使大学生充分了解企业的运作，亲身感受真实的企业精神。同时，学校要积极组织有创业思想和热情学生，参加各类创业比赛和创新项目，如"挑战杯""创新创业训练计划"项目、"SRTP"项目、各类青年创业大赛等，进一步增强学生创新创业实践能力。

二是发挥学生创业社团作用，利用学生自己的团学组织，在学生中广泛开展创业宣传，组织开展一系列以创业为主题的活动，如举办"创业计划书"比赛、"创业知识辩论"比赛、"成果展示"大赛，举办"创业沙龙""创业校友返校交流"等活动，广泛培养团队精神和参与意识，实现由学生自主学习到自主实践的转变。

三是鼓励学生利用业余时间参加社会实践。缺乏对生活感悟的想象是空洞的，没有社会实践的创新也是不实际的。大学生要通过学校的创新创业教育，带着目标去参加社会实践,参与市场调研,深入研究市场,了解社会需求,从实践中发现创业商机。

5. 建立孵化基地,搭建学生创业平台

创业是一项需要高实践性的活动,随着国家与各省市对大学生创业成果转化的重视,建立大学生创业孵化基地,由孵化基地先行"孵化"再推向市场,已在各高校形成共识。独立学院应抓住这一重要机遇,在争取政府支持的同时,可先行进行"试点",建立校园"大学生创业孵化园",作为大学生创业的"试验田",由学校提供指导服务、办公场地、办公设备、网络、物业管理等支持,学生带项目、带技术进"园区"创业。创业孵化基地在做好创业项目孵化的同时,要作为学校创业宣传平台、创业教学基地、交流基地,在学校内与地区间发挥更大影响力。

独立学院在根据自身条件建立创业孵化基地的同时,要积极培育好的创业项目,推荐进入市级创业孵化园、科技创业园等创业孵化机构,通过进入高平台孵化,提高创业成功率,也为学校节约场地资源,为更多的创业项目提供孵化机遇。

6. 培养创业教师,健全完备创业师资队伍

创业教育能否顺利开展,师资队伍建设至关重要。[6]创业教育由于涉及多方面知识和内容体系,不仅要求创业教师具备创业理念与理论,更应具备创业实操经验,这对独立学院创业师资队伍提出了严峻挑战。但由于实际原因,不可能完全要求所有创业教师都是创业者,或者全部聘请企业家来授课,因此笔者认为可从三方面着手,建立一支健全完备的师资队伍:一是加强对现有师资队伍的培训,要通过外出学习、交流,了解其他高校或单位最新教育手段及方法,促进自身认知水平的提升,同时要在校内定期举办讨论会、教学比赛等形式,促进共同学习进步;二是利用自身办学特色,聘请其他高校或社会组织机构的创业教育专家从事兼职教学和研究,还可聘请不同领域的成功创业者作为客座教授,定期来院举办交流讲座,让学生能与成功创业者面对面交流,增强创业信心,提升创业操作能力;三是与合作企业开展深度合作,尝试采用创业教师到企业挂职或实习等形式,学习企业实际管理经验,增强创业教师的操作指导能力。

参考文献

[1] 周艺玮.浅谈美国高校创业教育对我国的启示[J].华东理工大学学报(社会科学版),2011,30(1):89-91.

[2] 肖丽.高校毕业生创业的困境与对策[J].山西教育(综合版),2004(13):39-40.

[3] 郭万牛."五位一体"构建我国大学生创业教育体系[J].中国青年研究,2011(2):98-101.

[4] 席升阳.我国大学生创业教育的理论与实践研究[D].武汉:华中科技大学,2007.

[5] 白延虎,郑颖.探讨大学生创业教育[J].科技文汇,2010(2):8-10.

[6] 梅发同.独立学院大学生创业教育探析[J].商业经济,2012(1):51-52,114.

“私人订制”对高校就业指导工作的启示及运用研究

何媛媛

摘要：现行高校就业指导工作不能满足学生、就业和社会的需要，存在许多不适应的地方。将“私人订制”的理念引入就业指导课，突出学生的主体性，满足学生就业多样化、个性化的需求，增强就业指导工作的针对性和有效性，实现就业工作的精细化，促进大学生充分就业。

关键词：私人订制；高校就业指导；启示；运用

一、“私人订制”的内涵解读

随着冯小刚贺岁电影《私人订制》的热播，个性化的私人订制成为一种流行趋势，出现在各行各业。

“订制”和“定制”主要是词义上的区别，订制是“预约制作”，而定制是“确定制作”。“订制”一词起源于萨维尔街，意思是为个别客户量身剪裁。随着时代的发展，“订制”的含义也在不断丰富，最初，仅停留于外形与包装订制，满足人们标榜个性与审美的需求；现在，订制已深入到产品功能与内容，以满足个人需求与生活习惯，带来更舒适贴心的生活享受，比如订制肤色、订制蔬菜等，迎合了人们追求品质和个性化的心理。

美国预测的“改变未来的十大技术”中，个性化订制被排在首位，其市场地位越来越被人们认可[1]。“订制”是这个时代人们对规模化、标准化、工业化的一种反思，一个新的“私人订制”时代已经来临。处在这样一个社会大环境下，高校就业指导工作不可避免地也要受到冲击和影响。就业指导应该是一个动态变化的体系，不应因循守旧，一成不变。因材施教应该体现在大学生成长成才的每个环节，在新的就业形势下，探索个性化就业指导模式是一种必然趋势，“私人订制”将成为一种需要和必然，渗透到就业指导工作的方方面面。

二、当前高校就业指导工作的现状分析

随着社会的快速发展和高校招生规模的不断扩大，我国高等教育已进入大众化时代，致使毕业生与社会需求之间的关系由扩招前的供不应求转变为供大于求，使得毕业生就业市场由过去的卖方市场转向了买方市场，毕业生供需情况发生了根本性的变化，出现了大学生就业难的问题。目前，大部分高校都非常重视毕业生的就业工作，实行校、院（系）“一把手”负责制，制定相关的就业工作考核指标，学校设立专门的就业指导中心，开设了大学生就业

［作者简介］ 何媛媛（1987—），女，硕士研究生，助教，安徽财经大学经济学院党委秘书兼团委书记，研究方向：大学生就业创业。

指导课程,对大学生就业指导工作的开展起到了一定的推进作用。但是与当前严峻的就业形势相比较,当前高校的就业指导工作力度还远远不够,就业工作精细化程度不够。主要表现在以下方面。

(一) 就业指导课设置不合理

很多高校开设就业指导课的时间较晚,大多是从大三开始,任课教师多为学生管理部门的工作人员和专职辅导员,缺乏相关的专业背景,素质参差不齐。就业指导课内容的创新性和针对性不强,难以满足学生的心理诉求和市场发展的需要,使得就业指导课在很多高校沦为鸡肋,食之无味,弃之可惜。此外,由于就业指导课有别于其他专业课,并没有纳入学校统一的考试范围内,考核方式主要是考查,考核内容由任课老师制定,最常见的做法是学期末让学生交一篇学习总结或课程论文,很多学生随便从网上抄袭一篇文章交给老师,也能顺利完成这门课程的学习。加之不同年级学生的相互宣传和影响,高校就业指导课被学生列入不被重视的课程,造成就业指导课地位不高的尴尬现状。

(二) 就业指导部门重行政管理,轻指导和服务

高校就业指导部门更多地倾向于以行政管理为就业指导工作的主要职能,注重管理毕业生档案资料、宣传就业形势及办理毕业生手续等常规事务,指导和服务尽管多已提上议事日程,但多数因为种种原因,往往停留在"口头"或"起步"阶段[2]。很多高校的就业指导工作以提供就业信息为主,学校提供的就业指导与学生的要求有一定的差距,学生的许多诉求仍未得到满足。

(三) 就业指导工作缺乏全局化和长期化

高校各个部门缺少全局观念和意识,各部门都只关注自己的职责。招生部门负责招到好生源,很少考虑招进来的学生今后的出路,认为那是就业指导中心的事。对于教学部门人员来说,他们认为上好课是其工作重点,至于学生的就业那是毕业班辅导员的事。此外,就业指导部门在与其他部门协调的过程中经常碰到障碍。就业指导工作是一项长期的系统化的工作,就业指导人员应该树立全程化的就业指导意识,但目前高校普遍难以做到这一点。有的高校把毕业生就业工作当成季节性工作或临时性任务。

(四) 软硬件设施较为落后

调研和统计工作是高校就业工作有效开展的基础性工作,为了更好地做好毕业生就业工作,很多高校都建立了毕业生跟踪回访制度,搜集毕业生的基本数据。但总的说来,很多高校的计算机硬件设备和数据库软件等建设较为落后,欠缺比较完整的学生基本就业数据。

三、"私人订制"理念在高校就业指导工作中的运用

日益严峻的就业压力向传统的高校就业指导工作模式提出了挑战,现行的高校就业指导模式尚存在很多不足,在高校就业指导工作中引入"私人订制"理念符合高等教育发展规律,遵循"以生为本"的教育理念,针对大学生的心理诉求和市场发展的需要,在就业指导的内容和方法上进行创新,为学生"量体裁衣",将就业指导的个性化订制变为现实。在高等教

育大众化背景下，应突破传统的"季节性促销"模式，以"发展性生涯辅导模式"开展高校毕业生就业指导工作，在学生就业指导的内容和形式等方面进行调整和创新，以期促进学生终身就业能力的提高。

（一）"私人订制"就业指导课

为了帮助毕业生尽快找到工作，不少院校都针对学生积极开展就业教育，希望通过相关的课程帮助毕业生树立正确的就业观念。但遗憾的是，部分院校却未能将就业教育落到实处，就业指导课在教学安排、教学内容、教学形式和师资队伍建设等方面存在着问题和不足，必须坚持改革和创新。

1. 课堂上的私人订制

与其他专业课相比，就业指导课具有动态变化的特点，要结合市场的发展变化在课程目标、授课内容、授课方法、考核方式等方面做出相应的改变。在实施教学前，任课教师要善于体察和发现学生的个性特点，将了解到的情况和数据进行汇总，建立学生就业目标档案，为就业指导课的"私人订制"提供真实准确的客观依据[3]。学生的就业目标亦即就业指导课的课程目标，就业指导课的内容除了包括基本的理论知识，如就业政策、人生观职业观的树立、心理调适指导等，还应注重对学生实际操作能力的培养，在简历制作、面试技巧、商务礼仪等方面进行个性化的指导。就业指导课的考试方式不应只是提交一篇结业论文或学习心得，应该侧重于对学生学习效果的检验。此外，可以邀请企业家或杰出校友为学生上课，用典型案例指导和教育学生。

2. 课堂延伸的私人订制

就业指导课应该课上课下相互联动，将课上的知识运用于实践当中。课下可进行求职心理辅导测试、择业决策咨询、职业管理技能培训、创业计划指导、举办讲座、一对一就业咨询、职业测评、网络指导等活动，通过多管齐下的手段尽可能扩大就业指导服务的覆盖面和有效性[4]。学生在创业过程中会遇到资金、技术、场地等软硬件环境的限制，对于这种情况，在硬环境、软环境上学院为其提供便利条件，使得学生有更饱满的创业热情；针对学生的不同情况，举办专场就业指导会，如女生专场就业指导会；加大对学生就业实践训练的扶持力度，在资金和场地方面给予相应支持，在这一方面，清华大学的"面试4S店"的先进经验值得借鉴，通过角色互换，学生就能以另一种身份反思自己的面试表现，认识和思考自身的优势和不足。

（二）"私人订制"招聘会

高校会定期或不定期地举办校园招聘会，包括大型的就业双选会和小型的专场招聘会，为毕业生提供了大量的就业岗位，但仍然无法满足学生多样化的需求，尤其是特殊群体学生，如身体残障学生、女毕业生、就业困难学生，根据这些学生的特点和需求，举办专场招聘会，以期招聘会能满足不同毕业生的心理诉求。腾讯公司在校园招聘中以"技术类"作为试点，开始尝试"私人订制"的人才吸引方式，即根据毕业生能力制定不同的薪酬方案；同时，将单调的传统宣讲会颠覆为一档综艺原创节目"英福伦斯秀"（Influence Live show），可以让学生们足不出户，躺在被窝里轻松观看在线宣讲会并且参与互动。这一做法是传统的校园招聘会无法比拟的，更能吸引大学生的关注。

(三) 校企“私人订制”模式

学校可通过产学结合、订单式培养等多种校企合作方式,全面“订制”学生的未来职业发展,因企施策,让学子能够获得更优质、更对口的工作岗位。这种就业保障方式被人们形象地称为“就业私人定制”模式。根据用人单位需求,凭借行业依托和专业优势,单独组班,由企业和高校联合制定教学计划,搞订单培养。莱芜职业技术学院“校企一体化”合作办学模式的做法是一种尝试和创新。

(四) “私人定制”帮扶方案

学校深入毕业班开展全方位的摸底调研工作,对尚未就业的毕业生的未就业原因、就业意向、最希望得到的帮扶等方面进行了全面调查,结合未就业学生在大学学习生活中的表现,深入分析每位尚未就业毕业生面临的具体问题,为大家量身定制一套帮扶方案,点对点提供个性化就业服务。依托求职技能培训、求职咨询约谈、模拟招聘等途径,积极帮助未就业毕业生提高就业能力。学院领导充分调动教职工的积极性,主动挖掘就业资源,为学子和用人单位牵线搭桥,由具有丰富职业规划设计和就业帮扶经验的专家团队根据每位应届高校毕业生所学专业、个人爱好与特长、就业意愿与预期、个人优势、家庭经济状况等要素,采取“一对一”的方式,量身定制相宜的就业规划设计方案,引导和助力应届高校毕业生锁定适合自己的就业规划,帮助不同类型、不同需求的应届高校毕业生尽快实现就业愿望,开启充满希望的职业航程。

高质量就业是大学教育的命脉,是衡量大学教育质量的根本,高校的发展与就业工作密不可分。“私人订制” 给我们带来的重要启示在于:只有面向学生、面向市场、贴近企业,就业指导工作才能发挥其应有的作用,高校才能取得长足的发展;只有加强校企融合,促进彼此间沟通和理解,找到两者发展的最佳结合点,形成共同的发展愿景,并在合作中吸收企业在管理、技术、企业文化等方面的优点和长处,才能促进教育教学改革,培养出真正适合企业、社会需要的高素质人才,实现高等教育服务社会主义现代化建设的这一目标。结合毕业生自身的实际情况,制定出属于他们自己的私人就业方案,实现社会化和个性化和谐统一,搭建就业指导长效平台,为毕业生提供切实有效的帮助,促进学院就业工作水平不断提升。

参考文献

[1] 贾云峰.从《私人订制》电影看“私人订制游”[J].中国旅游报,2014(10):1-2.

[2] 刘伟兰.试析新形势下高校毕业生就业工作现状与对策[J].北京化工大学学报(社会科学版),2010(69):64-66.

[3] 张炳乾.语文教学中的“私人订制”[J].学周刊(学术研究),2014(10):139.

[4] 向琪.英国高校就业工作的特色与启示[J].黑龙江高教研究,2008(167):63-65.

创新创业教育视域下高校学生信用档案建设探究

陈旭阳，陈松

摘要：在高等教育跨越式发展背景下，鼓励创新创业、推动更高质量的就业成为我国重要的强国策略。本文以创新创业教育为背景，分析学生信用档案的作用和价值，信用档案对创新创业教育支持的具体体现；在建立信用档案支持创业教育体系模型后，从提升学生档案意识，完善学生创业教育信用档案体系，充实创业教育评价制度和发挥优良信用档案的引领示范作用等方面探讨了完善学生信用档案的实施路径。

关键词：信用档案；创业教育；提升路径

一、引言

从20世纪末期到21世纪以来，虽然社会经济发展步伐放缓甚至局部地区出现下滑现象，但是知识经济迅猛发展，互联网的高速发展促进了信息经济的快速膨胀，不同国家不同地域经济和社会发展的竞争越来越转化为人才的竞争。在此背景之下，我国高等教育实现了由精英教育向大众教育的跨越式发展：高等教育规模急剧扩张，高校毕业生人数从2000年的95万人剧增到2014年的727万人，达到历史最高峰。与此同时，就业形势也越加严峻，好在国家及时出台了创新创业教育的政策，积极鼓励和大力扶持大学生自主创业并出台了系列优惠政策，除了为大学生创业提供政策和智力支持以外，还努力发挥创业带动就业的倍增效应。目前来看，国家十分重视大学生创新创业教育工作，国务院多次召开专题会议研究部署大学生创业工作；全社会特别关注对大学生创业的扶持，除了银行提供免息贷款，工商税务部门减免税费以外，大多数企业还提供了大学生创业的实习见习岗位，给高校学生培养创业意识、提升创业能力提供便利条件；多数高校的创新创业教育工作也都在从理论到实践，结合学科专业特点如火如荼的进行，但是也有个别学校对此无动于衷。从高校情况来看，虽然多数学生产生了一定的创业意识，创业综合素质也有了一定程度的提高，但是创业教育开展的普遍结果与人们期望值仍然有一定的差距。主要差距之一就是创业教育没能完全与专业教育进行有机融合，缺乏创业教育专业师资队伍，创业教育全过程的档案记载不足甚至缺失，个人特质和职业规划档案以及创业教育过程中信用档案缺项，其结果是学生不易感受到创业教育过程中个人的变化和成长，不易清晰地认识自我，进而在选择合适的就业创业实现路径时易走弯路，达不到创新创业教育之目的。高等教育的四项功能之一即是文化传承，而大学文化是一所大学的灵魂，是学校在长期办学过程中形成并积淀成的文化特质。作为大学文化载体的档案与大学文化的建设与传承密切关联。依据档案回顾历史，剖析档案与大学文化传承之间的内在关系，对于大学文化的建设和传承具有重要现实意义。[1]因

［作者简介］ 陈旭阳(1968—)，男，阜阳师范学院招生就业处处长，研究方向：大学生创业就业教育。

此,本文重点从学生信用档案建设对创业教育的效用进行分析和研究。

二、信用档案的涵义和作用

顾名思义,信用档案是指个人、企业或其他组织机构在一定时期内工作、学习和生活等诸多方面内外交往的诚信记录,它反映了个人、企业或其他组织机构在不同的社会环境下生存、发展过程中积累而成的横向比较价值,是个人或单位的诚信"名片",成为综合考核个人、企业或组织机构的重要依据之一。对学生而言,其信用档案的主要内容是记录其在校期间接受专业教育、通识教育,特别是参与社会实践和各类竞赛过程中的综合表现及其相关的诚信记录。根据湖北大学覃兆刿教授从档案功能与档案信息内容两个角度对档案的价值构成进行分析后提出的"档案双元价值观"理论,即"档案的价值可以分为档案工具价值与信息价值的观点",[2]我们可以做出判断,信用档案正是档案信息价值的一个具体体现。

随着市场经济体制的逐步建立和完善,职业信用开始得到社会的广泛关注[3],继广东省和甘肃省之后,贵州省于 2014 年 3 月 14 日启动高校大学生诚信档案建设,成为全国第三个建立大学生诚信档案的省份。虽然"大学生信用档案作为一种新生事物,在发展过程中必然会遇到多方面的抗阻因素,如外部环境影响、信息收集受限、学生态度犹豫以及管理队伍欠缺等"[4],但是在个人讲究信用,社会追求诚信的背景之下,随着高等教育大众化体系的建立和逐步完善,市场经济发展对个人信用要求的逐步提高。高校学生信用档案的建立有着特别重要的意义:在高校人才培养尤其是创新创业教育过程中建立和完善学生信用档案,既可以丰富高校学生档案体系,在更高层次上实现学生档案资源的社会信息价值,又可以充分发挥档案保障创新创业教育切实取得实效的工具价值作用。对学生个体而言,在大学期间特别是创业教育全过程中记录本人学习、工作、生活和参与创业实习实践的信用记录,既增强了创业教育的针对性和时效性,也可以让学生对接受创业学习教育的结果有一个清晰、具体和全面的认识,从而进一步清晰个人就业和创业的区域、行业的目标路径选择,避免学习和就业创业的盲目性。学生诚信档案的建立和完善还可以使招聘单位和其他相关组织对大学生的个人信用有一个全面、清晰和具体的了解和把握,并据此在大学生的就业、创业活动和有关工作中做出合适的安排,达到职岗匹配的目的。

三、学生信用档案支持创业教育体系分析

高校开展创新创业教育是适应我国社会主义市场经济和高等教育跨越式发展的一项新生事物,为了确保创新创业教育取得实效,在教育的全过程留下清晰、丰富的档案材料(包括理论学习、实习实践、模拟创业和个性特质等相关图片音像资料)十分必要,完善的高校学生档案(包括信用档案)资料体系既能保证创业教育的针对性开展,提升学生创业综合素质,为创业教育留下清晰和丰富的档案学轨迹,又能充分实现学生档案的"双元价值",体现创业教育的档案学意义、重要的档案学禀赋和价值。希拉里·詹金逊指出,"档案人员的职业是一项服务性职业,其信条是证据的神圣不可侵犯性,其任务是保护好每一个证据,其目标是不带偏见、不加事后思索地满足一切希望了解知识工具的人们的利用需求"[5]。高校学生信用档案除了确保创业教育各项工作能够切实落到实处外,还能够根据受教育者的信用记录及时对个体进行教育的微调,达到因材施教之目的。因此,学生信用档案的定性分析和定量考

核，既是确保创业教育正常开展的前提条件，又是不同学生根据本人个性特质接受不同形式、不同内容的创业教育，实现个人全面发展，提升综合素质和就业创业能力的重要保障；它从档案学角度支撑了高校创新创业教育的开展，反映创业教育的效果，实现和丰富创新创业教育的教学评估价值体系，提高创业教育的个体针对性等方面赋予了创新创业教育新的理论和教育学价值。

四、建立和完善信用档案的实施路径

（一）建立创业教育档案概念模型

经过前述研究和文献分析，针对我国高校创新创业教育的现状和发展趋势，笔者总结、整理了高校创业教育档案模型（见图1），从图中可看出学生信用档案在高校创新创业教育体系中所处的位置和对创新创业教育的支撑作用，以及其在整个体系中的价值，印证了前文对学生信用档案的评价。

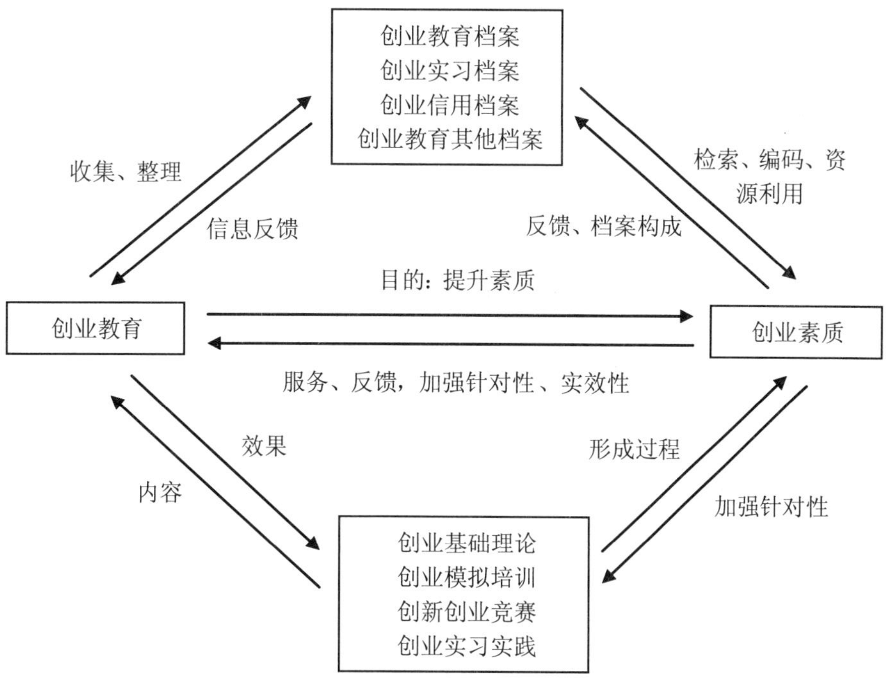

图1　高校创业教育档案模型

（二）提升学生的信用和档案意识

我国高等教育的发展已经实现由精英教育向大众教育的飞跃，在尽快提升国民综合素质的同时，不可否认的是，某种程度上降低了对大学生综合素质的目标要求。针对高等教育的现状，如何走出高等教育大众化初始阶段的低谷，引导和鼓励学生提高诚信意识，讲究和提升同学之间、师生之间、个人与社会之间等方面彼此的信用，是高校培养学生成长和提升学生综合素质的关键内容之一。故此，高校在传授专业知识、进行理论和实践教育的同时，在创新创业教育和人才培养全过程中催生学生的档案和信用意识，注重信用教育效果，提醒学生以档案形式记录本人在校期间学习、工作和生活信用记录，使之明晰信用的价值、守信的意义、失信的代价等尤为必要。笔者认为，学生养成良好的信用和档案意识，既是个人在校学习和提升综合素质的必要环节，也是加强学生信用档案建设的关键步骤之一。

(三) 完善学生创业教育信用档案体系

创新创业教育过程中，通过积极有效的引导，使学生有了档案和信用意识仅仅是基础和前提。每位教师都重视信用档案的记录、完善信用档案的信息资源利用，在学生见习、实践和相关学习诸环节中给予必要的帮助，对学生创业教育信用档案体系的建立和完善尤为重要。从学校层面来说，适应创新创业教育新的形势需求，在教育全过程建立和完善学生信用档案体系也是一个新的挑战。因为“高校是大学生信用档案建设的主体力量，承担着部分信息录入以及对学生提交信息的审核任务，在推进大学生信用档案建设的过程中发挥着重要作用”[6]。所以，高等学校在教育全过程形成新的工作和服务理念，建立规范的教育运行体系和灵活有效的教育机制，保证师生有兴趣、有热情并且能够切实提升档案意识，重视信用档案的完善，主动配合记录，教育过程中所形成的系列档案包括信用档案材料及时提交给教师和档案管理人员，既是信用档案建设的基础，也是信用档案体系能否发挥其作用的重要条件。

(四) 充实创业教育评价制度

作为学生档案体系新的有机组成部分，信用档案有着不可替代的作用和价值，建立和完善学生信用档案也成为对高等教育和个性创新创业教育的重要补充。不同地域、不同类别的高校应在建立学生信用档案基础上，根据不同的学科专业特点，开展具有个性特点、学科优势、专业特色、区域特征的创新创业教育，通过参与各方的共同努力，使其能够切实融入专业教育和人才培养体系之中，形成适应我国经济和社会发展需求，符合学生个性化的成长成才培养需要，具有不同高等学校鲜明办学特色的创新创业教育完整体系。对学校而言，根据不同专业特性，结合学生特质，制订切实有效、适应本校创业教育开展的信用档案和教育评价制度并在实践中及时纠偏、完善并认真执行，是学生信用档案建设并发挥作用的重要环节。对各级政府而言，为大学生信用档案的收集、整理，信用档案的完善和信用档案“双元价值”的发挥给予尽可能到位的政策优惠和引导，提供宽松的创业环境和有利于学生成长成才的创业实施平台(创业孵化基地、产学研合作平台及其他相关的有利于大学生创业实施和成长的实践场所)，从政府层面支撑信用档案成为创新创业教育评价的重要内容之一。

(五) 发挥优良信用档案的引领示范作用

高校学生创业教育信用档案的建立和完善不仅仅是创新创业教育开展过程中的形式要求，而且是确保高等学校开展创新创业教育切实取得实效的一个有效措施。在创业教育开展之前，要在全体教师和接受教育的学生中进行形成和提高档案意识的专题教育学习和培训，使教育者和受教育者都能明了档案的重要性和档案特别是信用档案的主要内容和收集范围；在创业教育开展过程之中，能够及时完善学生信用档案体系，“建立完善的采集制度和归档细则，明确纳入信用档案的信息内容、合理程序、归档时间、归档责任主体等事项，严禁模棱两可、弄虚作假的材料进入信用档案”[7]。选择规范、优秀的信用档案为学生的就业创业提供有效支撑的典型案例，在一定范围给予推广，发挥典型案例和优秀信用档案的示范效用，进一步引导和鼓励学生积极完善个人信用档案，有针对性提升自身的综合素质和就业创业竞争力，既有必要，也能够充分发挥其激励作用，进而推进学生信用档案体系的进一步完善，发挥档案对创新创业教育的支撑作用。

参考文献

[1] 付双双.档案视域下的大学文化传承[J].档案学研究，2013(4)：47-50.
[2] 任越.从观念到理论：档案双元价值论的演变轨迹研究[J].档案学研究，2012(1)：30-34.
[3] 易运文.用“职业信用”治“简历注水”[N].光明日报，2012-02-08.
[4] 袁本新.大学生信用档案建设的问题和对策：以广东省大学生信用档案体系建设为例[J].思想教育研究，2012(3)：14-16.
[5] 郭红解.论档案馆文化的构成、特性及空间拓展[J].档案学通讯，2004(5)：15-18.
[6] 冯湘君.大学生信用档案建设的制约因素分析[J].档案学通讯，2014(3)：54-56.
[7] 冯湘君，程若竹.大学生职业信用档案建设研究：问题、成因与对策[J].档案学通讯，2013(1)：83-86.

人口就业与经济增长的相关性研究

——基于安徽省的数据分析

孙道助，张侠

摘要："九五"以来，安徽省经济保持了稳定持续快速增长。经济增长是否有效带动了就业的增长？本文结合安徽省人口就业与经济增长的现状，利用1996～2012年的数据对经济增长和就业进行了相关性分析。结果发现：经济增长对就业的拉动能力逐渐减弱。进而分析产生这种情况的原因，并提出促进就业增长的相应政策建议。

关键词：就业；经济增长；相关性

一、引言

充分就业和经济增长是宏观经济追求的核心目标，也是经济学界一直研究的热点问题。经济增长是劳动力就业的前提，中国经济长期持续高速增长为社会提供了大量的就业机会，促进了就业规模的不断扩大。而随着经济的发展，经济增长对就业的带动作用在逐渐减弱[1]。自改革开放三十多年来，安徽省经济保持了稳定健康持续快速发展。安徽省GDP增长率"九五"实现8.84%，"十五"突破两位数，为12.06%，"十一五"起至今，高达18.25%。而安徽省就业增长率对应各时期分别为0.77%、0.7%和0.39%。依据经济学原理，人口就业与经济增长通常呈现正相关关系，具体说来，经济增长速度越快，就业岗位越多，就业水平越高。反之，就业水平越低。而近年来，安徽省就业形势并不乐观，即是说，一方面安徽省实现经济快速增长，另一方面就业难题突出，失业压力没有得到缓解。那么，如何通过经济增长来解决就业问题，什么样的经济增长方式能有效拉动就业，并且通过扩大就业反过来促进经济更快地增长，实现两方良性互动，逐步走向协调发展的轨道？

为了更好协调人口就业与经济增长之间的关系，促进安徽省经济稳定健康持续发展，本文运用回归分析法，建立人口就业与经济增长的数量关系模型，分析了安徽省人口就业与经济增长之间的基本关系，为缓解安徽省就业问题提供一些政策借鉴。

二、安徽省人口就业和经济增长现状

综观安徽省近二十年的就业和经济增长的演进历史，呈现以下两个方面的特征。

［作者简介］ 孙道助（1981—），男，阜阳师范学院数学与统计学院教师，研究方向：大学生就业创业。

(一)人口就业与经济增长不协调

安徽省人口就业与经济增长情况如表1所示。

表1 安徽省人口就业与经济增长情况

年份	就业人员数 *Y*(万人)	就业较上年增加	国内生产总值 *X*(亿元)	国内生产总值较上年增加
1996	68950	0.013002%	2339.25	0.167535%
1997	69820	0.012618%	2669.68	0.141255%
1998	70637	0.011702%	2805.45	0.050856%
1999	71394	0.010717%	2908.59	0.036764%
2000	72085	0.009679%	3041.24	0.045606%
2001	72797	0.009877%	3290.13	0.081838%
2002	73280	0.006635%	3553.55	0.080064%
2003	73736	0.006223%	3973.02	0.118043%
2004	74264	0.007161%	4814.65	0.211836%
2005	74647	0.005157%	5350.17	0.111227%
2006	74978	0.004434%	6112.5	0.142487%
2007	75321	0.004575%	7360.92	0.20424%
2008	75564	0.003226%	8851.66	0.202521%
2009	75828	0.003494%	10062.82	0.136829%
2010	76105	0.003653%	12359.33	0.228217%
2011	76420	0.004139%	15300.65	0.237984%
2012	76704	0.003716%	17212.05	0.124923%

由表1可以看出,安徽省的国内生产总值(GDP) 1996年为2339.25亿元,2012年增加至17212.05亿元,经历17年增长近7.36倍,年均增幅实现13.70%。尤其是2004年、2007年、2008年、2010年和2011年这五年,经济增长比上年增加超过20%。依据经济学原理,经济的繁荣与增长会拉动就业的相应增长。而与此形成较大反差的是,安徽省从业人员数在这18年中变化不大。1995年安徽省就业人数为68065万人,2012年是76704万人,特别地,2011年全省的GDP比2010年猛增23.8%的情况下,从业人数只增加0.4%。这种状况实属罕见。

(二)就业增长率与经济增长率不对称

安徽省1996~2012年的就业增长率和经济增长率如图1所示。

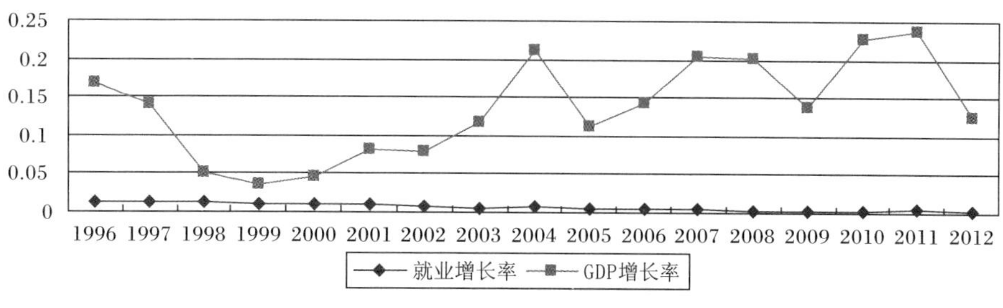

图1 安徽省1996~2012年的就业增长率和经济增长率

图1描述了1996～2012年安徽省就业增长率与经济增长率的变化趋势,从图中可以看出,安徽省的GDP和就业人数一直保持增长趋势,其经济增长率与就业增长率变化趋势基本一致,但就业增长率远低于经济增长率。从图中我们还可以看出安徽省从20世纪90年代以来经济增长速度较快,但较高的经济增长水平并没有带来就业的高增长。另外,就业增长率波动幅度较小,就业增长率最高1.3%,最低0.32%。GDP增长率波动幅度相对较大,最高达23.80%,最低3.68%,并且大多数年份经济增长率都在10%以上。

三、安徽省人口就业与经济增长关系的实证分析

(一)变量的选取及原始数据来源

本文研究就业与经济增长之间的关系,依据可测性和重要性等原则,选取就业人口数作为就业指标,将研究常用的国内生产总值(GDP)作为衡量经济增长的指标。原始数据来源于2004年、2012年和2013年《安徽省统计年鉴》。为了消除价格变动因素的影响,对GDP数据用GDP平减指数换算成以1996年的不变价格计算的GDP,得到各年的实际GDP,研究区间为1996～2012年,由于随机因素的影响,数据容易产生异方差,不满足同方差假定,造成分析结果可能不准确。为了消除异方差的影响,对人口就业数和国内生产总值同时取自然对数,再用EVIEWS6.0软件进行模型的建立和检验。

(二)就业人口数与经济增长关系的散点图

就业人口数与经济增长关系散点如图2所示。

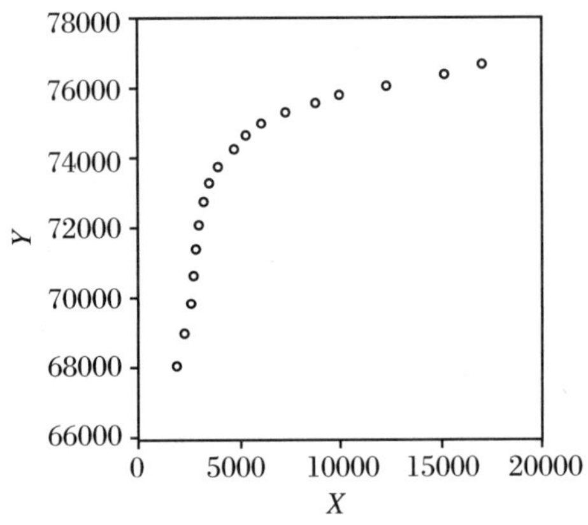

图2 就业人口数与经济增长关系折线图

由图2可以看出,一开始随着经济快速增长,就业人口数迅速增长。从2001年起,整个图形趋于平缓,说明增加一单位GDP所带来的就业增长减小。整个研究时间段内,人口就业与经济增长关系的散点图呈现非线性变化,由此本文分阶段作回归分析。这样可以反映不同时期经济增长对人口就业的拉动作用。结合国家经济发展规划纲要,并且结合安徽省人口就业与经济增长的实际数据反映出来的特殊性,将研究时间段分为“九五”“十五”“十一五”至今三个时间段。

（三）线性回归模型的建立

经过模型的估计、检验得到一系列重要的数据，为了简明规范的表述数据，本文采用了简洁、规范化的形式，以经济发展规划的时间作为研究的分界点，进行分段回归。

“九五”期间，1996～2000年，建立一元线性回归方程，结果如下：

$$\ln Y_i = 9.8252 + 0.1692\ln X_i$$
$$(0.1980)\ (0.02501)$$
$$t = (49.6257)\ (6.7640)$$
$$R^2 = 0.9385 \quad F = 45.7517$$

“十五”期间，2001～2005年，建立一元线性回归方程，结果如下：

$$\ln Y_i = 10.8019 + 0.0488\ln X_i$$
$$(0.03334)\ (0.0040)$$
$$t = (323.9873)\ (12.1935)$$
$$R^2 = 0.9802 \quad F = 148.6806$$

“十一五”至今，2006～2012年，建立一元线性回归方程，结果如下：

$$\ln Y_i = 11.0401 + 0.212\ln X_i$$
$$(0.00511)\ (0.0006)$$
$$t = (2160.625)\ (38.4526)$$
$$R^2 = 0.9966 \quad F = 1478.599$$

无论从拟合优度检验，还是从系数的显著性检验，模型都比较理想。

由三个时期的回归方程可以看出，安徽省人口就业数与经济增长是同向变化，随着经济的发展与繁荣，就业在增加，但增加的幅度越来越小。“九五”“十五”“十一五”期间，安徽经济高速增长，但经济增长对劳动力的吸纳能力在下降，经济增长对就业增长的带动作用在弱化。具体来说，“九五”期间，经济增长每增加1%，平均上来说，就业人员数增加0.1692%；“十五”期间，经济增长每增加1%，平均上来说，就业人员数增加0.0488%；“十一五”至今，经济增长每增加1%，平均上来说，就业人员数增加0.0212%。这就证明了，自1996年以来，安徽省劳动力市场形势日趋严峻的事实，或许这与1999年实行扩招政策有一定关系[3]。

经济增长是就业的前提，也是就业的源泉。经济增长的就业弹性趋于下降，由此得出经济增长未能带来相应的就业增加。究其原因有以下三点：

(1) 第三产业发展滞后。虽然自20世纪90年代末以来，安徽省第三产业发展较快，三次产业产值构成变动基本趋势是第一产业比值大幅下降，第二、第三产业比重不断上升，但第三产业比重增长较为缓慢，市场状态供不应求。

(2) 减员增效的结果。企业通过持续重组，深化用工制度改革，使员工量逐年减少，员工质量逐渐提高，队伍结构逐步趋于合理，人工总成本得到有效控制，劳动效率有较大幅度提高。这样，企业逐步成为市场活动的主体，各企业竞相采用有效的组织形式和生产模式，失业问题一定程度上反映了企业减员增效的结果。

(3) 资本、技术对劳动力的替代。安徽省投资领域由劳动密集型向资本密集型转化，资本密集型产业周期长，投资大，不利于吸纳劳动力，还可能出现资本替代劳动力的情况。此外，技术进步伴随着资本密集型产业的增长，某种程度上抑制了就业随GDP同步增长。还有，劳动力供需不匹配，随着经济发展，对劳动力的需求由简单劳动向复杂劳动发生结构性变化。

四、促进安徽省就业的政策措施

通过研究发现，不同时期经济增长所提供的就业人数不同，说明经济增长并不一定能带来就业岗位的同步增长，这与相关人员的研究结论一致。增加就业岗位要靠提高经济增长率来实现。因为经济学理论认为，在其他条件不变的假定下，经济增长率越高，劳动力需求越大。然而，安徽省正处在战略性结构调整和升级阶段，虽有着丰富的自然资源，有条件在未来维持较高的经济增长速度。但是我们应重视在条件时刻变化的情况下来实现较快的增长速度，这意味着安徽省的就业压力很大。因此安徽省在加速发展经济的同时，应把就业优先放在首要位置，具体措施如下。

(一) 重视发展第三产业

第三产业吸纳劳动力较强，是主要的就业增长点。努力发展第三产业，特别要积极有效地促进现代服务业的发展，以创造更多的岗位。目前，安徽省第三产业的发展相对缓慢，从2000 年至 2012 年第三产业比重从 38.0%下降为 32.7%。而发达国家第三产业比重在60%以上。可见安徽省第三产业具有很大的发展空间。因此，在保持国民经济平稳快速增长的同时，应调整国民收入的分配关系，逐步提高消费需求。积极发展中小企业和微型企业。研究显示，同样的固定资产投资，中小企业吸收的就业容量为大型国有企业的 14 倍。以同样产值计算，中小型企业吸纳的就业容量为大型企业的 1.43 倍。因此，中小企业在增加就业机会中处于十分重要的位置。

(二) 劳动密集型与资本密集型产业协调发展

面对充足的劳动力资源和相对稀缺的资本，在产业结构调整中应注意劳动密集型与资本密集型产业的合理布局，和谐发展。根据国民经济和社会发展的需要，有目的地、有选择地发展资本密集型产业和技术密集型产业，来提高全省的综合实力。从 1996 年至 2012 年历经 17 年劳动力的参与率仅增加 11.24%，因此安徽省要大力发展劳动密集型产业，增加产业中的劳动力含量，提高劳动贡献率。如以劳动密集方式发展基础、公共设施(住宅、道路、园林绿化等)和基础产业(农业、林业、水利等)，拓宽就业空间，扩大就业需求。这样可以降低失业率，增加就业。

(三) 着力提高待就业人员综合素质

大力提高人员素质，培养市场所需的复合型人才。引导和帮助下岗工人再就业。随着城市化的快速发展，农村富余劳动力逐渐向城市转移，也出现了农民工就业难的问题，这主要因为农民工信息不畅，观念落后，谋生技能较低等。因此，相关部门应花大力气做好农民工和下岗职工的培训工作，增强其综合素质和处理、解决问题的能力。近年来，高校就业问题突出，这主要由学校教育与市场需求脱节造成的。我们应改革高等教育，使其模式灵活，引导学生自由挑选专业；教育宽进严出；内容趋于应用，将大学分为理论性、专业性和职业性等。中等职业教育有了很大发展，据安徽省统计公报显示，截至 2012 年，中等职业教育在校生 100.2 万人。但职业教育仍不能满足市场需求，因此，我们还要努力发展和规范高等职业教育。

参考文献

[1] 张车伟，蔡昉. 就业弹性的变化趋势研究[J]. 中国工业经济，2002(5)：22-28.

[2] 庞皓. 计量经济学[M]. 北京：科学出版社，2014.

[3] 龚玉泉，袁志刚. 中国经济增长与就业增长非一致性及其形成机理[J]. 经济学动态，2002(10)：35-39.

[4] 周建安. 中国劳动就业与经济增长的实证分析[J]. 中山大学学报，2007，1(47)：116-121.

[5] 于正茂，徐邓耀. 就业结构变动与经济增长关系的实证研究[J]. 兰州商学院学报，2014，3(30)：98-103.

[6] 张建武，赵勋. 广东省有效就业与经济增长关系研究：基于 1978～2008 年的数据[J]. 中国人口科学，2010(增刊)：95-101.

[7] 包宁，田晓青. 经济增长与就业关系的比较研究[J]. 云南民族大学学报，2012，3(29)：114-118.

地方高校大学生就业状况调查报告

——以阜阳师范学院为例

牛贵宏

摘要：最近几年来，大学毕业生就业困难已经成为一个社会性的问题。随着高校的扩招，大学毕业生逐年增加，大学教育已经成为“大众教育”，就业形势日益严峻，毕业生的就业也是当前社会普遍关注的问题。本文主要调查大学生对就业有怎样的认识，遇见哪些困难以及应该怎样去解决，针对大学生就业困惑以及就业难的问题，学校和国家政府对就业问题又应该采取哪些指导工作以及解决方案。

关键词：地方高校；大学生；就业

一、引言

自高等院校扩招至今，高校的规模不断增长，高校毕业生逐年增加。如图 1 所示，从 2001 年的 114 万增长到 2013 年的 700 万，增长了 586 万，预计 2014 年毕业生仍会增加，大学毕业生竞争愈演愈烈，对我国经济造成的困难日渐明显，许多公司的招聘需求也大幅度减少，大学生就业问题愈加严峻。

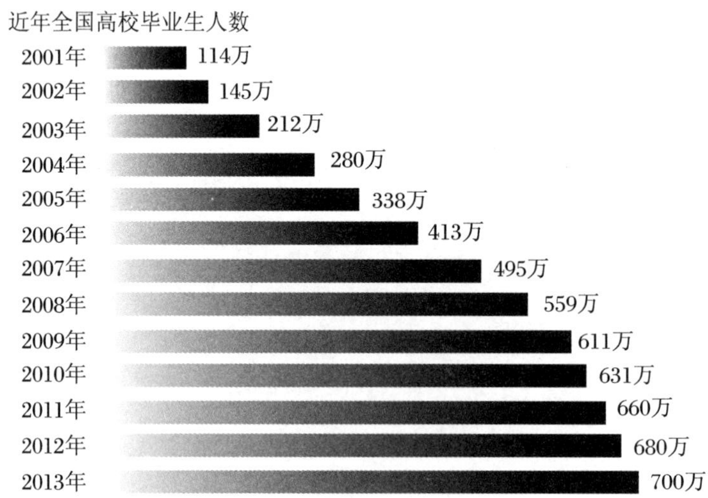

图 1　2001～2013 年的全国高校毕业生人数

［作者简介］　牛贵宏(1972—)，男，副教授，阜阳师范学院商学院，研究方向：企业管理方向。

中国社会科学院发布的《经济蓝皮书:2013 年中国经济形势分析与预测》指出:预计到 2013 年底,将有 100 万名大学生不能就业,2013 年还将有 592 万名大学生毕业面临找工作,大学生就业问题非常严峻,2014 年的大学毕业生就业将更加困难。本文对大学生采取问卷调查的方式,从而充分了解地方高校大学生的就业心理,对缓解就业困难具有一定的理论作用。帮助大学生认清当前就业现状,对自己有正确的认知,不断地完善自身。同时,更加全面、系统地分析出当前就业难的原因以及针对性的采取对策。

二、阜阳师范学院 2014 届大学毕业生就业问卷调查的基本状况

为研究阜阳师范学院应届毕业生就业状况,2014 年 3 月,对应届毕业生采取随机抽样调查方式,其中样本 300 份,男生占 49%,女生占 51%;农村学生占 64%,城镇学生占 36%。这次调查的综合情况能较为客观地反映 2014 届大学生就业的真实情况。

(一) 毕业生对就业的看法

13%的大学毕业生"已与用人单位签订就业协议",34%的大学毕业生认为"有信心找到一份合适的工作",42%的大学毕业生认为"通过努力可以找到工作",5%的大学毕业生"对找到合适工作信心不足,对就业形势堪忧",6%的大学毕业生认为"就业很困难"。通过调查发现,大多数毕业生对就业形势乐观,有信心并且认为通过自己的努力可以找到一份适合自己的工作,学生的就业心态还是理性务实的。极少部分的学生对就业缺乏信心,这些学生可以在寻找工作过程中多学习,提升自己的修养,增强就业技能,通过努力使自己变得有自信。总体可见,大部分大学生对就业持乐观态度。

(二) 毕业生的就业意向

就业意向是指大学生在求职时想从事哪方面的工作,想去哪些单位,对单位有什么要求,对工作有什么要求,即是大学生的理想追求。

1. 就业地区的倾向

在大学生就业问卷调查中有一题"您倾向于选择哪个就业地区",23%的大学毕业生选择"北京、上海、广州一线城市",28%的大学毕业生选择"东部沿海地区的发展",26%的大学毕业生选择"二三线城市",24%的大学毕业生选择"回自己的家乡"。选择回家乡的原因是家里有人安排工作,缓解买房的压力,生活比较轻松,而且能够更方便地照顾父母等。调查结果显示大学生就业地区倾向于大城市。

2. 毕业生最看重的因素

在本次统计结果中,34%的大学毕业生最看重"前途",32%的大学毕业生选择"收入",23%的大学毕业生最看重"稳定",6%的大学毕业生最看重"公司名气",3%的大学毕业生认为"家庭的期望"是最重要的因素,2%的大学毕业生认为这些都不是重要的因素。可以看到大学毕业生看重"前途"所占比重较多,认为工作前途是最为重要的,关乎这一生的发展;收入的多少也是不容忽视的,这是个现实的问题;在本次调查中,稳定这一因素对女生来说尤为重要,随着年龄的增长,女生将要成家,面临着家庭和事业的双重压力。对于大部分女人来说,既要照顾家庭又要工作,一份稳定工作对于她们来说极为重要。任何人都希望稳定,并不想为了一份工作而担惊受怕,所以有 26%的大学毕业生最看重稳定;公司有足够的名气

说明这家公司得到大家的认可,对毕业生就职无疑是一种保障,相信品牌的力量;在就业时,我国大学生喜欢与家人商量,由家人安排或者听从家人的建议从事哪些工作,子女不想辜负家庭的期望,然而这个因素在本次调查中仅占 3%,也从侧面反映了当代大学生越来越有自己的主见,根据自己的兴趣爱好来就业。但在就业形势不断恶化的情况下,很多大学生根本没有更多的机会来自己选择。还有 2%的大学毕业生认为另一半工作所在城市等因素最为重要。

3. 毕业生选择的行业

一份好的工作决定着你的一生。调查发现,20%的大学毕业生认为进国企是个不错的选择,46%的大学毕业生会选择事业单位和政府机关。因为这些单位相对其他行业来说有工作较稳定、收入有保证、工作福利好等优势。但是,随着毕业生逐年增加,加上这些单位工作各种优势的吸引,竞争压力越来越大。10%的大学毕业生会选择私营名企,他们认为这些单位门槛会较低,竞争力较小;14%的大学毕业生会选择外贸企业,认为其虽然会工作压力大,但收入不错;只有 5%的大学毕业生认为会选择创业。

4. 毕业生期待的工作收入

工作收入这一现实问题,是当代大学毕业后不可逃避的问题,关注率比较高的。不同的企业和公司根据大学生的学历文凭高低来分配职位和薪酬,然而毕业生对收入有着自己的期待。

从图 2 我们可以发现,大学毕业生对每月的收入期待大部分要求 2000 元以上,在本次调查中所占比例最大的是 3000～4000 元。调查显示,大学毕业生对就业收入的期望较高,然而现实和理想总是有差距的,在当今就业形势不断恶化、大学生毕业生逐年增加的情况下,大学生更加应该摆正自己的心态,在进入社会前做好心理准备,不要抱有认为自己是大学生的高姿态对工作挑三拣四,不要有“高不成低不就”的心态,二本院校的学生更加应该通过自己的努力来达到自己的愿望和期待,而不是被现实打得一蹶不振。这些学生不能代表全部学生,仍然有一部分的企业单位认可学生的自身素养和能力,会给予较高的薪酬。

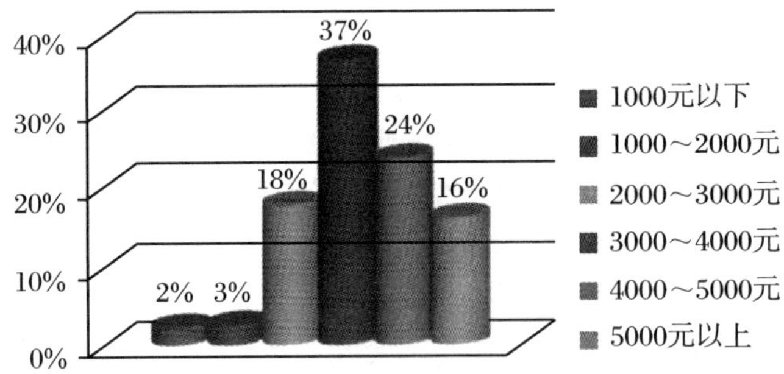

图 2 毕业生期待的工作收入

(三) 毕业生认为用人单位最关心的因素

从图 3 可知,毕业生认为用人单位最关心的素质从高到低依次是:学历及学习能力 30%、学校名气 20%、工作交际能力 16%、社会实践经验 14%、专业知识和成绩 10%、品德与特长爱好 5%、身高和相貌 4%、其他 1%。在学生眼里的这些差异,用人单位在招聘中都有所体现,可以说是一种歧视。

在本次调查中我们发现用人单位较为在乎毕业生的学历及学校名气，高校毕业的大学生无疑比普通院校毕业的学生更有优势。“身高、相貌”也成了歧视的对象，有些用人单位往往在招聘信息中对求职者的身高做出规定，不达到要求的应聘者，面试的机会都没有。对于这种歧视行为国家应制定相关的法律法规避免其发生。本次调查显示，在学生眼里用人单位对“身材、相貌”要求仅占4%，相对前五项素质而言，用人单位还是较为在乎学生的实际能力的。不同的用人单位对应聘者的要求不同。比如说对销售员工作交际能力要求就比较高，而这方面对文员要求相对低一些。总之，用人单位所关心的素质，大部分都可以通过我们努力去实现，毕业生要抱有乐观的心态去对待，积极努力地去解决现实的问题，这是个“适者生存”的社会。

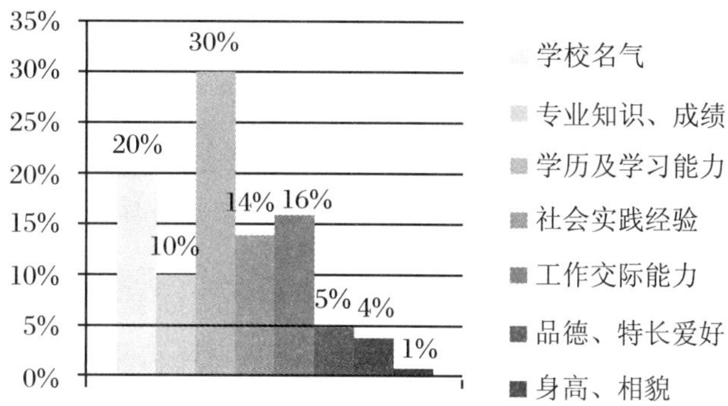

图3 毕业生认为用人单位最关心的因素

（四）毕业生的求职渠道及指导信息

1. 求职渠道的选择

随着科学技术的发展，互联网的广泛运用，大学生求职渠道趋渐多元化，比如各种现场招聘会的人才交流、人际关系在求职中有着重要的作用、招聘网站的普遍使用等。

毕业生的求职渠道在本次调查中按选择比例高低为序依次是：招聘网站71%、招聘会62%、亲戚朋友老师介绍52%、就业指导中心31%、其他6%。可以看出招聘网站在毕业生的求职渠道中发挥着极其重要的作用，由于招聘网站信息来源快且全面，上网应聘对于当代大学生来说是快捷方便的选择；其次是招聘会，这是学生在求职过程中最为传统的方法，现在高校都会有大型的校园招聘，这种面对面的招聘可以使学生充分了解应聘单位的实际情况，是一种相对准确且成功率较高的求职方法；再次是通过亲戚朋友老师的介绍，关系网在求职过程中也有着不可忽视的地位，在如今就业压力较大的情形下，人脉关系越来越发挥着重要的作用。总之，互联网的发展对毕业生求职发挥着至关重要的作用。

2. 就业时想获得的指导信息

由图4知，25%的大学毕业生在求职过程中最大的困扰是“综合素质不足”，综合素质包括了图中出现的各个因素；22%的大学毕业生认为最大的困扰因素是“工作经验不足，缺乏对职业生涯的规划”，大部分的毕业生在走出校园时，感觉自己什么都不会，与其他求职群体相比这是大学生就业的一个劣势；“对工作岗位专业知识掌握不够”是最大的困扰因素，占20%，其实这是个常识性问题，一个刚工作的大学生要成长为有经验的合格职员，需要一段时间的专业学习，才能完成华丽的蜕变，任何人都是在实践学习中不断成长的。“欠缺求职方法技巧”所占比例是18%,这是大学生就业能力不强的表现,在平时的生活学习中大学生自身需要多去关注、学习,多参加实践来提高自己的能力。

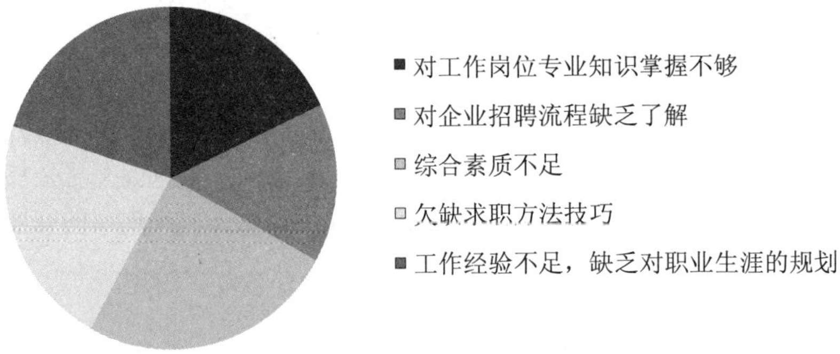

图4 就业指导信息

本次调查显示,大学生在求职过程中,最大的困扰还是来自于“综合素质不足”“工作经验的缺乏”“对工作岗位专业知识掌握不够”。鉴于大学生对自身劣势的认识,一切从实际出发,大学生在求职过程中也越来越理性。

由于大学毕业生求职中的困扰因素,在调查问卷中,当问及“您在就业时想获得哪些方面的指导信息”时,56%的大学毕业生选择了“用人单位招聘信息”,因为求职首先就是要了解应聘单位信息,这样才能把握你想要的薪酬、从事的职业以及自身前途的发展等。34%的大学毕业生选择“简历的填写”,一份好的简历在求职过程中确实有着不可替代的作用。26%的大学毕业生选择“就业心理的指导”,大学生心理负担越来越重,就业心理指导对于大学生来说越来越有必要,有着健康的心理才能在这个竞争压力大的社会上更好的立足。21%的大学毕业生选择了“就业规划”,对刚要步入社会的大学生,大部分的人充满着迷茫,对未来的就业前景一片模糊。所以会有一部分的学生选择“就业规划”的指导,希望在就业方面能有清晰的认识。

(五)自主创业

1. 毕业生的看法

毕业生对自主创业的看法调查结果如表1所示。

表1 毕业生对自主创业的看法

毕业生对自主创业的看法	非常感兴趣,渴望自主创业	工作难找,会考虑自主创业	时机成熟后,会自主创业	没兴趣,不会自主创业
比例	18%	32%	40%	10%

其中,女大学生对自主创业的兴趣比男大学生要低。但是就业竞争压力较大的情况下,越来越多的女大学生也会考虑自主创业。

2. 创业的目的

问卷中问到“您认为创业的目的是什么”,47%的大学生认为是“施展自己的所长,展现自己的能力”,作为大学生充满着朝气和激情、富有创造力,愿意展现自己的能力;36%的大学生认为是“就业挣钱”,这是缓解就业难的途径之一,而且可以帮助大学生实现致富的愿望;还有17%的大学生选择了“其他”,他们创业的目的是为了培养自己创新能力等。

3. 自主创业最需要什么

按从高到低的排列依次是:资金43%、知识24%、产品13%、激情17%、其他3%。由此看到大学生认为最需要的是资金,而在自主创业中最难解决也是资金问题。除以上所列出的之外,还需要政府的政策扶持和推动。然而,当代政府在引导和鼓励毕业生自主创业方面还有很多工作要做。

三、地方高校大学毕业生就业问题原因分析

统计问卷调查的结果,主要有以下几点原因。

(一) 就业形势严峻

中国的传统思想认为考上大学是一件光宗耀祖的事情,高等院校的扩招改变了只有少部分孩子读大学的问题,为青少年的进一步学习提供了机会。扩招不仅提高了青少年的综合素质,改善了劳动力的水平和结构,而且在初期缓解了就业压力并且推动了国家经济的增长。

(二) 地域的差异

中国地大物博,幅员辽阔,地域发展存在明显的差异,东部地区有着天然的资源优势,又得到政府政策的支持,东西部的差距明显增大。为缩小区域差异,国家制订了一系列政策。在仍存在区域差异的情况下,为追求高工资高待遇,大学毕业生倾向于选择发达地区就业,高校大学生本科就读学校的地理位置对就业有着至关重要的影响,本地大学生在当地就业往往比外地的大学生机会大。

(三) 高校就业指导工作的欠缺

如表2所示,对于“在求职过程中最困扰大学生的因素”,有25%的大学生选择了“综合素质不足”,22%的大学生选择了“工作经验不足,缺乏对职业生涯的规划”,18%的大学生选择了“欠缺求职经验”,这说明了高校的就业指导服务工作亟待解决。

表2 求职过程中最困扰大学生的因素

求职过程中最困扰大学生的因素	对工作岗位专业知识掌握不够	对企业招聘流程缺乏了解	综合素质不足	欠缺求职方法技巧	工作经验不足,缺乏对职业生涯的规划
比例	20%	15%	25%	18%	22%

除此之外,创业教育也十分重要。20世纪80年代以来,创业教育在国外已成为大学教育的重要组成部分。我国的创业教育始于20世纪末,还属于起步阶段。虽然目前高校在开设创业课程、探索创业教学方法和创业管理研究等方面均有了初步的成果,但包括本调查在内的相关调查结果均表明,高校的创业教育还远未真正普及到每一个学生,而且效果不甚理想。

(四) 用人单位的歧视现象

随着大学生数量的增加,用人单位对毕业生的要求越来越高,对众多的求职者标准也在提升,从而造成就业歧视。所谓的就业歧视是指在就业过程中,由于学历、外貌、身体健康等因素,给予求职者不平等的看待。这种行为违反平等权,侵害了劳动者的劳动权利。在实际的求职过程中,我们看到招聘信息会出现"985""211"高校等字眼,其实这就是一种就业歧视现象。虽然当前国家政府也颁布法律规定在招聘信息上不得出现"985""211"的字样,但是这些歧视现象已经潜移默化地出现在用人单位招聘的标准里。

(五) 毕业生的就业选择集中化

本次调查显示,大学毕业生对就业地区选择集中化,76%的大学毕业生选择在"二三线"以上的城市工作生活。大学生选择较发达地区的原因是这些地区就业机会多、生活条件好、生活品质高,满足大学生想在年轻的时候在大都市磨炼、多积累经验等的梦想,很少有大学生愿意下基层、去乡镇工作。大学毕业生对就业收入的期望较高,薪酬期望集中在3000～4000元,刚毕业的大学生抱有对工作挑三拣四,"高不成低不就"的心态,没有摆正自己的位置。

四、地方高校大学毕业生就业对策

(一) 大学生调整心态,积极就业

在就业形势逐渐恶化的状况下,当代大学生应该端正自己的心态,在大学期间不断学习,从而丰富自己的专业知识,掌握一技之长;多参加课外实践活动,锻炼自己的人际交往的能力、实际操作能力,学习人与人之间的沟通能力以及基本的礼仪;最后大学生应该脚踏实地、务实肯干、保持一颗上进心,积极地去面对就业,而不是对工作挑三拣四,一味的要求薪金、福利以及工作时长等。

总之,只有提高自己的综合能力才有资格去应聘好的工作,只有使自己变得优秀才有更多的机会等着我们。大学生在就业前应该做好职业生涯规划,要有目标和方向,这样在求职过程中才不会迷茫,用"人无我有、人有我熟、人熟我精"的优势在众多求职者中脱颖而出。

(二) 改善高校就业指导工作

对于高校来说,就业服务要渗透到学科教学中,让学生尽早掌握用人单位所需的知识与技能,首先要提供就业指导和职业规划的讲座,在学生进大学一年级时就应该给学生培养这种求职的思想与技巧等;其次组织学生参加社会实践活动,通过丰富的课余实践活动,锻炼学生的能力;再次在教育教学方法上,注重教学实践,高校可以采取与企业合作方式,将专业知识与实践结合一起,培养学生的实践操作能力,从而提高学生的综合能力,高校对不同的年级给予不同的就业指导;最后也是最重要的一点,大学生应该重视学校安排的就业指导工作,不要等到毕业才发现自己欠缺太多的求职技巧。

（三）用人单位的支持

大学毕业生希望能够充分了解用人单位的信息，用人单位在网络上可以介绍详细情况，以供大学生参考；用人单位在招聘员工时保持公开、公正的态度，公平地对待每位应聘者，对应聘者的实际能力进行考核，而不是按应聘者的学校名气、学历、身高外貌等来进行挑选；目前高校提供的就业服务不应仅停留在招聘阶段，高校就业服务工作需要加强与用人单位建立密切的联系，高等院校可以与用人单位合作，为大学生提供更多的实习岗位，提高更多的机会给予学生学习，在毕业前锻炼学生的实践能力。

（四）国家政策的支持

大学生就业其实早就引起了政府的关注，首先要改革完善教育工作，为培养实践型人才做出努力，使大学生在毕业后能够以最快的速度适应社会，满足劳动力市场对大学生的要求，防止大学生毕业后就待业、失业；其次政府要完善大学生就业的政策，以最大程度帮助大学生就业。党的十八届三中全会就明确提出缓解大学生就业困难的政策，鼓励大学生到基层、下乡镇服务，并且为大学生提供了更好的就业指导服务信息，为创业提供更好的条件等。

总之，大学生的就业问题需要从各个方面去解决，找到问题起因然后努力去改善，各个击破。

参考文献

[1] 中国社会科学院.经济蓝皮书[M].北京：社会科学文献出版社，2013.

[2] 李庆.2009年南京地方高校大学生就业状况调查报告[J].经济与发展社会，2009(10)：191-194.

[3] 袁晖光.大学生就业难本质探源[M].北京：中国社会科学出版社，2013.

[4] 曾沛源.和谐社会语境下的大学生公平就业：问题与机遇[J].中国海洋大学学报(社会科学版)，2008(6)：95-96.

[5] 魏然.国内外大学生就业问题研究对比[J].中国成人教育，2012(8)：107-109.

[6] 阳飞扬.从零开始学创业[M].北京：中国华侨出版社，2011.

[7] 陈啸，邵一江，董承军.大学毕业生就业成本的调查与分析[J].中国高教研究，2006(5)：35-37.

[8] 孙海荣.我国高校女大学生就业问题研究[R].哈尔滨：黑龙江省社会科学院，2010.

[9] 冯进.当今地方高校大学生就业择业观念及心态的变化[J].社科纵横，2009，24(3)：27，58.

[10] 商光美.大学生就业指导与职业生涯规划[M].北京：首都经济贸易大学出版社，2012.

“双向选择”语境下促进毕业生就业的策略选择

——基于巢湖学院2013届国际经济与贸易专业毕业生跟踪调查数据的实证分析

朱鹤群，童茜，邓其志

摘要：随着高校毕业生人数的递增，就业工作成为高校工作的重心，也是困扰的工作难点问题。通过对巢湖学院2013届国际经济与贸易（简称“国贸”，下同）专业毕业生的相关数据的收集和分析，以外贸用人单位对毕业生的能力素质需求为切入点，以提升学生能力素质为中心，在教学改革和毕业生就业服务等方面提出建议，以期为高校就业工作提供借鉴。

关键词：国际经济与贸易；就业服务；就业

一、引言

根据教育部2014年公布的近三年就业困难专业排行榜，国际经济与贸易专业位列第十位[①]。巢湖学院国贸专业自2004年开始招生以来，在教学改革和就业服务方面做了大量的改革与探索，特别是2013届毕业生，正是巢湖学院应用型办学定位改革探索的成效期。况且，做好毕业生的就业服务工作，提升就业服务质量，既是高校教育工作者面临难点问题也是理论研究的热点问题，因此，课题组选择巢湖学院2013届国贸专业毕业生作为研究对象，通过翔实的数据分析，以外贸用人单位对毕业生的能力素质需求为切入点，以提升学生能力素质为中心，在教学改革和毕业生就业服务等方面提出建议，以期为高校教育工作者提供借鉴。

二、毕业生就业状况分析

（一）就业总体概况

国贸专业2013届毕业生总人数共计126人（见图1），就业率96%，超出当年全国高校毕业生平均就业率(91.4%)（见图2）。

［作者简介］ 朱鹤群(1968—)，男，巢湖学院经济与管理学院教师，研究方向：经济法、环境法。

① 教育部公布15个就业困难专业，表演、市场营销等上榜[EB/OL].(2014-10-16). http://edu.qq.com/a/20141015/059467.htm.

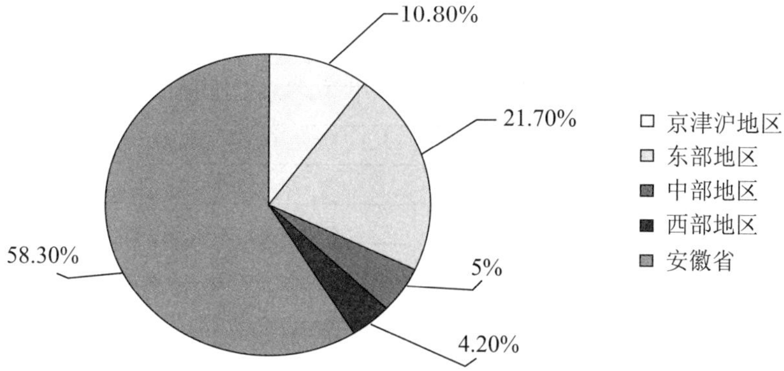

图 1　国贸专业 2013 届毕业生就业分布

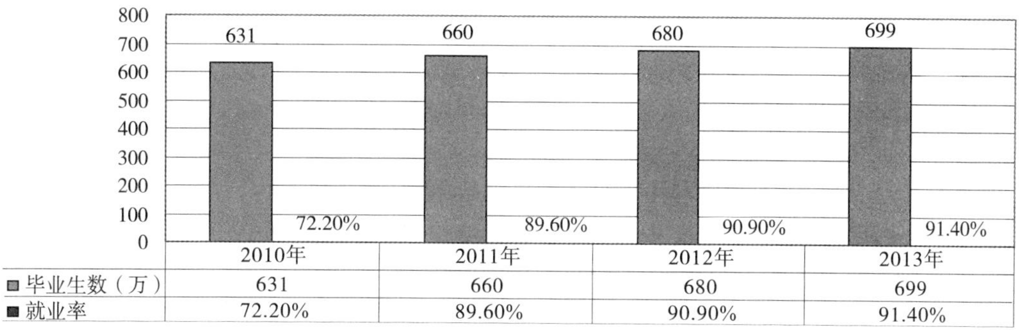

图 2　2010～2013 年全国高校毕业生数与就业率对比

（二）毕业生就业地域分布

2013 年在已经就业的国贸专业毕业生中，有 58.3%的毕业生在省内就业，出省就业的占 41.7%。省外就业比例最大的区域是东部地区（占 21.7%），其次是京津沪地区（占 10.8%）；从省份看，吸纳我院国贸专业毕业生最多的三个省（市）是：浙江、江苏和上海，所占的比例分别是：9.7%、8.6%、6.8%。可见，省内就业市场仍然是大学生就业的主要方向①。出省就业的学生大部分集中在东部沿海经济发达地区和中心城市，去往其他中部省份、西部省份就业的毕业生较少，各占就业人数的 5%、4.2%。

（三）国贸专业毕业生就业单位性质和企业性质构成

在已经就业的毕业生中，我们将就业单位性质分为以下七类，分别是机关、事业单位、企业、部队、国家和地方基层项目、自主创业、其他灵活就业，如图 3 所示。从总体上看，去往企业、事业单位就业的分别占 70%、8.4%，企业和事业单位是我系国贸专业毕业生就业的主要去向。在机关、部队、国家和地方基层项目、自主创业和其他灵活就业中的毕业生比例仅有 21.6%，如图 4 所示。

① 安徽省属于中部地区，在统计数据时，为便于分析比较，将安徽省数据单列。

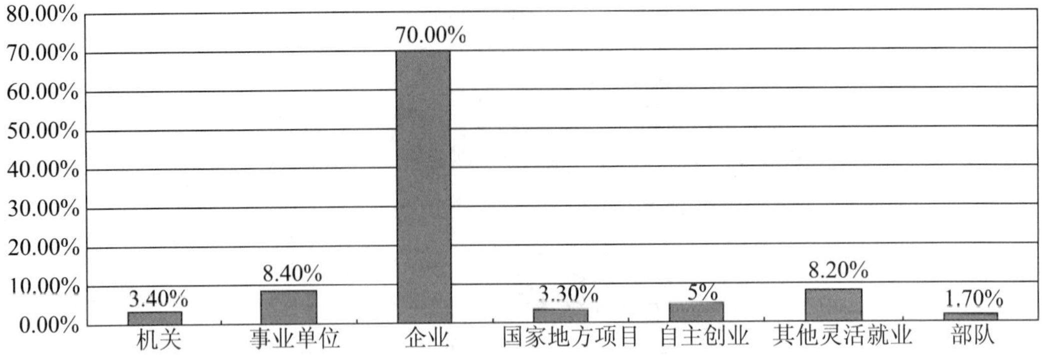

图3　国贸专业2013届毕业生单位性质构成

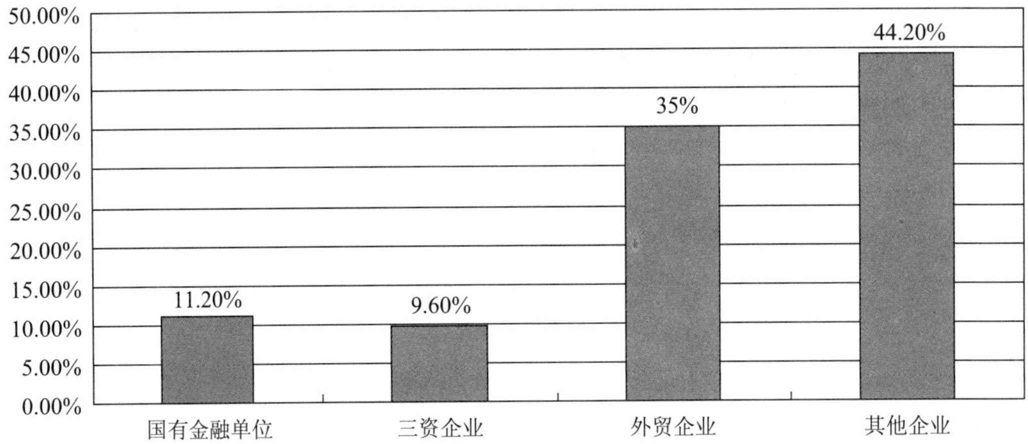

图4　国贸专业2013届毕业生就业企业构成

(四) 毕业生就业岗位分析

在已经就业的毕业生中,我们根据学生提供的就业证明材料,将不同的就业岗位分为以下类别,分别是:外贸企业报关员、企业业务员、单证员、会计及其他①。从总体就业岗位构成比例看,国贸专业2013届毕业生就业岗位及比例分别为外贸企业报关员(占16.1%)、企业业务员(占21.1%)、单证员(占15.3%)、会计(占23.5%)及其他(占24%)。报关员、业务员、单证员和会计是国贸专业毕业生的主要就业岗位(占76%)。由于毕业生主要就业去向是安徽省内,外贸出口企业较少,所以毕业生非本专业的就业岗位占24%,如图5所示。

① 其他是指销售、内勤、文员、综合管理等岗位。

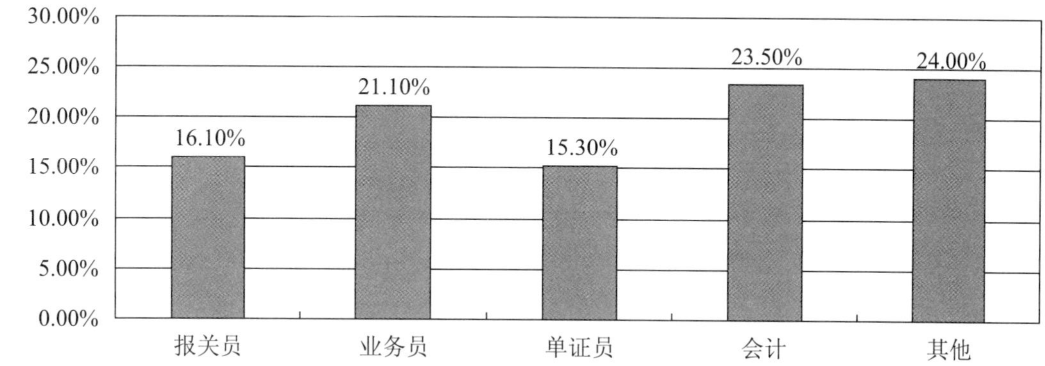

图5 国贸专业2013届毕业生就业岗位分析

三、用人单位与毕业生双向选择的契合度分析

（一）用人单位对毕业生的能力素质要求

根据对外贸企业对毕业生能力素质要求的问卷统计，外贸单位对毕业生各项能力素质要求的比例最高的三项分别是英语口语能力占100%、通过英语CET-6占99%、有工作经历占95%，其次是外贸软件的运用占85%，可见，外贸单位不再只注重专业学习成绩，而是更多注重外贸实务能力，如图6所示。

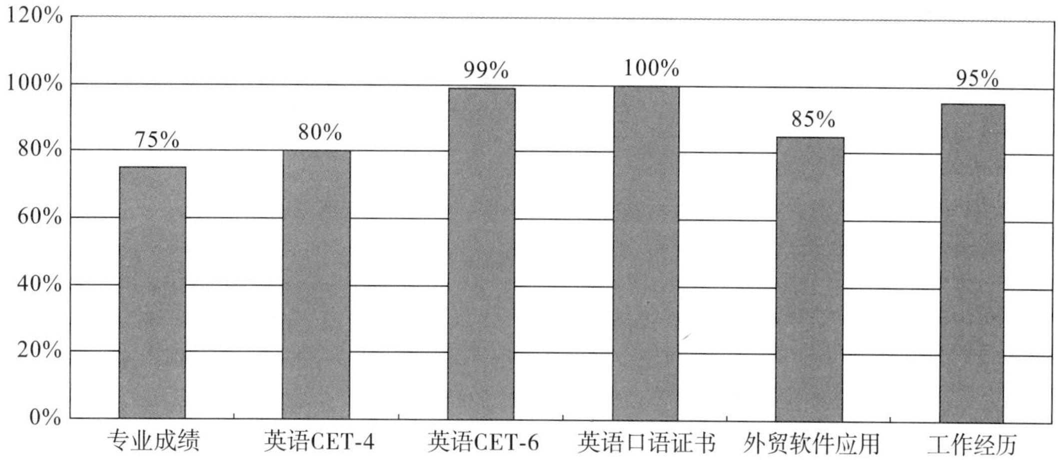

图6 外贸单位对国贸专业毕业生的能力素质选择度

（二）影响毕业生就业的因素的分析

1. 毕业生性别与生源地构成对就业的影响

从毕业生的性别构成看，男女生比例均为50%，但就业率方面，男生的就业率明显高于女生。从毕业生的生源地看，来自城镇的比例为29%，而来自农村的比例为71%，但就业率方面，城镇学生就业率为100%，农村学生就业率仅为97%，可见农村学生的比例大，一定程

度上增加了毕业生就业工作的帮扶难度,如图 7 所示。

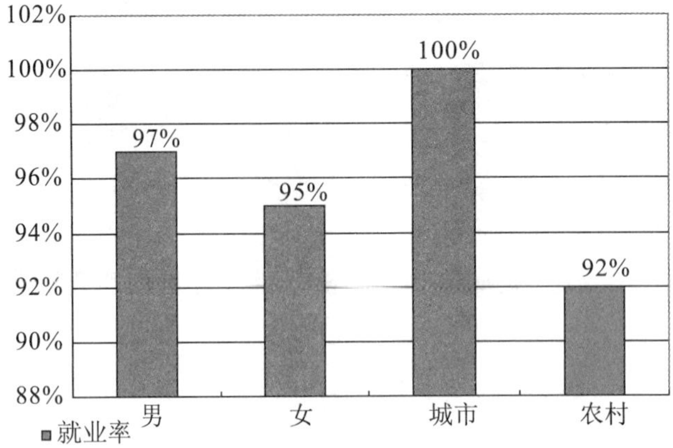

图 7　国贸专业 2013 届毕业生性别和生源与就业率比较

2. 就业地域对毕业生就业选择的影响

根据毕业生在校期间的问卷调查,对于就业地域的选择,毕业生选择省会城市位于第一位,而农村乡镇的仅为 12%,如图 8 所示。

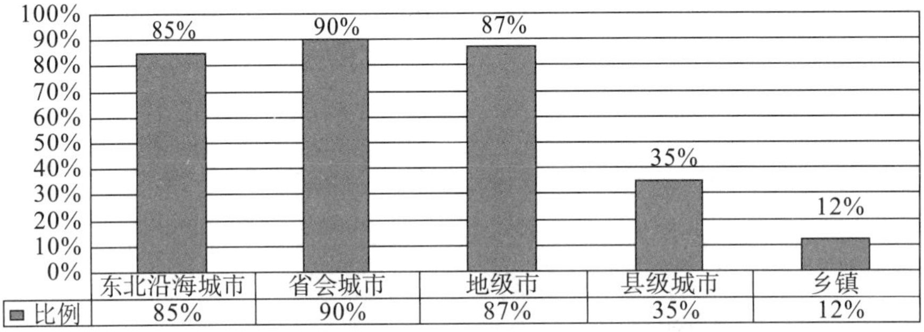

图 8　就业地域对国贸专业毕业生就业意向选择的影响度

3. 用人单位自身状况对毕业生就业选择的影响

根据毕业生在校期间的问卷调查,毕业生对就业单位选择的主要考虑因素是行业发展前景、发展机会和薪酬,专业是否对口不再是主要因素,如图 9 所示。

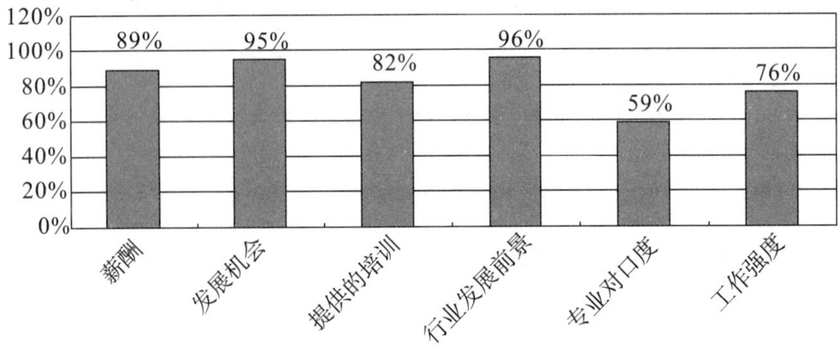

图 9　招聘单位对国贸专业毕业生就业意向选择的影响度

4. 毕业生自身职业选择对就业的影响

根据毕业生在校期间的问卷调查,毕业生对自身职业选择的观念有所改变,公务员不再是主要职业选择意向,考研的热度降低,不再排斥民企。三资企业、国企和民企成为毕业生的主要就业选择,如图 10 所示。

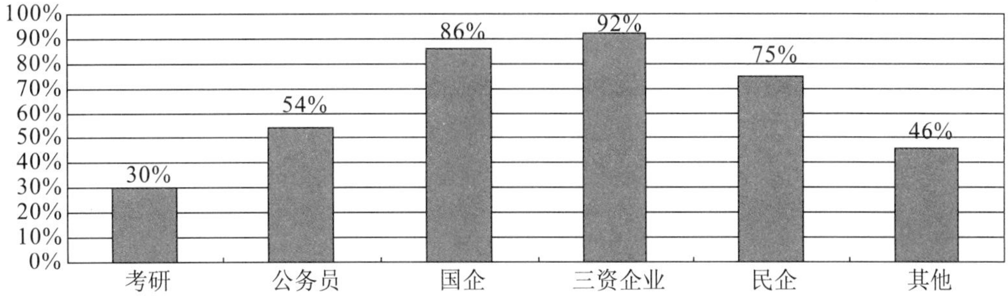

图 10 国贸专业毕业生就业选择的倾向度

5. 毕业生自身学习规划对就业的影响

根据毕业生在校期间的数据统计,国贸专业毕业生学习规划明确,取得报关员资格的占 22%,取得单证员资格的占 58%,取得会计从业资格的占 42%,取得银行业从业资格的占 45%,取得证券业从业资格的占 38%。但外贸专业要求的英语口语仅占 28%,通过英语 CET-6 的仅占 65%,说明了英语的总体水平有待提高,如图 11 所示。

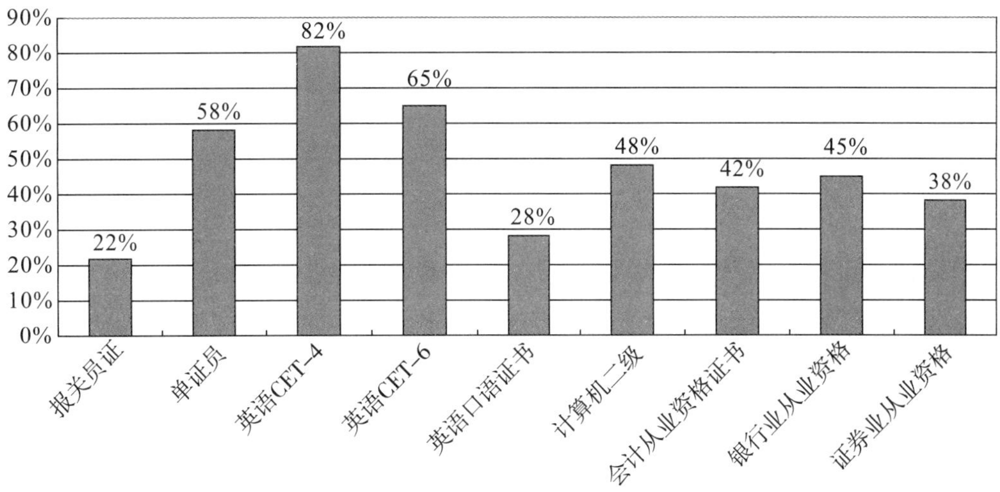

图 11 国贸专业毕业生取得职业资格比例

6. 毕业生获取就业信息来源对就业的影响

根据问卷调查的数据统计,毕业生的主要就业信息来源于家人和亲友,占 54%;从学校获取的就业信息仅占 31%;来自网络的就业信息仅占 15%。由此可见,学校在就业安全方面的教育工作一定程度上影响了毕业生的就业信息选择,基本上排斥网络招聘信息。学生对就业信息信赖度最高的是家人和亲友,如图 12 所示。

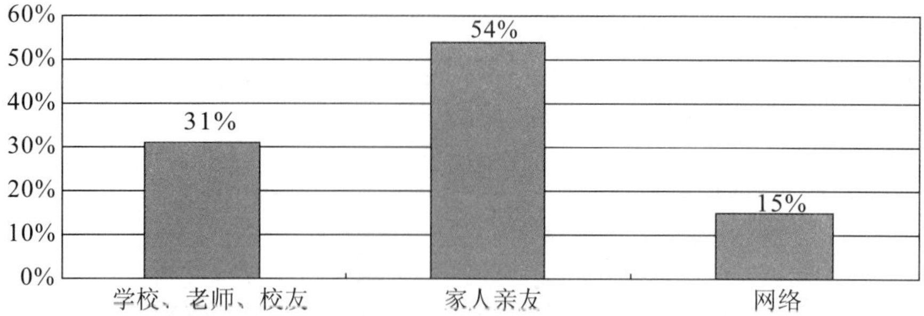

图 12　国贸专业毕业生主要就业信息来源

7. 毕业生社会工作实践经验对就业的影响

由于外贸单位对毕业生的选择,要求有工作经历的占 95%。为此,学校通过建立实习基地等措施来弥补毕业生的工作经历不足等问题。根据毕业生在校期间的数据统计,有学生干部工作经历占 45%,社团工作经历占 65%,外贸岗位实习经历占 70%,其他岗位实践经历占 30%,如图 13 所示。

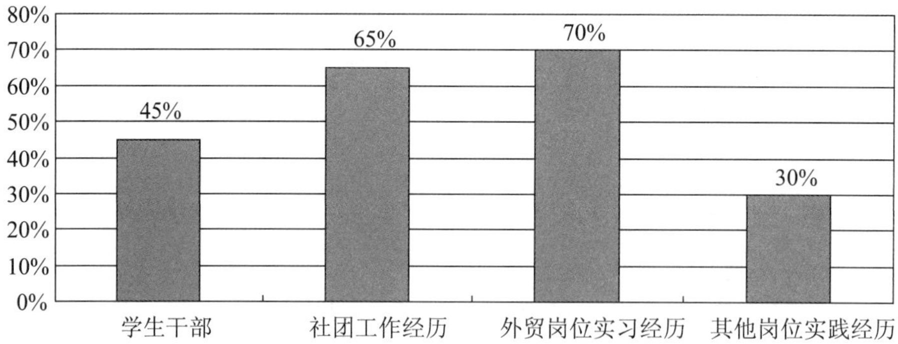

图 13　国贸专业毕业生社会工作实践经验比例

8. 校内招聘会对毕业生就业的影响分析

根据毕业生就业数据统计,毕业生最终的签约机会,校外招聘会占 54%,校内招聘会仅占 9.8%,实习基地占 5.2%,自主找单位的占 19%,如图 14 所示。

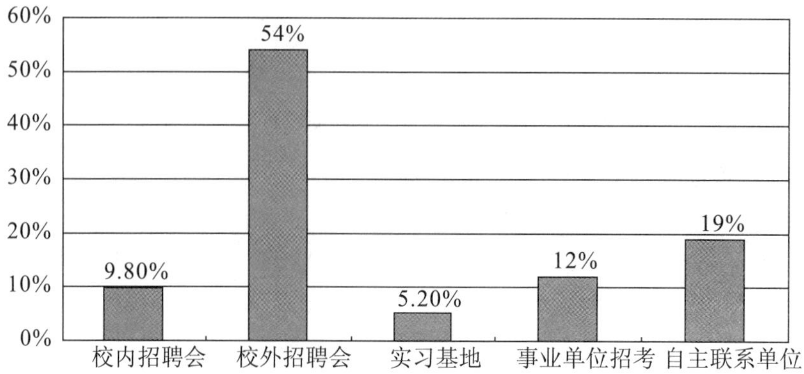

图 14　国贸专业 2013 届毕业生最终签约路径

四、促进国贸专业毕业生就业的对策

首先，在课程教学改革方面，加大应用型课程改革力度的同时，注重学生的外贸软件运用能力。外语教学方面，应该小班教学，同时，为学生参加英语口语考试提供平台。在加强实习基地建设的同时，尝试订单培养模式。

其次，在就业服务方面，重视就业指导，在继续加强职业生涯规划的同时，注重就业技能的培训和指导，建立“院就业指导中心—系部就业指导办—辅导员”三级就业指导组织。对供需见面双选会“缩小”规模，增加频次。在大规模的供需见面会上，往往求职人员和用人单位都非常多，场面相对拥挤混乱，留给供需双方交流的时间少，“双选会”往往沦为高校毕业生发简历、用人单位收简历的一个过程，其效率与组织者的投入严重背离，就业信息的利用率极为低下，而校举办方耗资较高。应该以专业或院系为单位举办小型“双选会”，加强高校与用人单位之间的信息沟通，更加突出专业特质，信息的利用率则相对较强，学生的选择目标也更加明确，岗位需求匹配率也会更高。校园招聘会在服务本地企业单位的同时，适度选择并增加沿海及内地二三线城市的招聘单位。

最后，整合就业中介资源。遴选并整合网络和社会就业中介资源，保障网络媒体提供就业信息的准确性和真实性，搭建就业服务平台，搜集就业信息，建立就业信息实名制“点对点”发布体系。通过提倡电子简历替代实体简历、举办网上招聘会、以高校的固定用户名进行手机短信群发招聘消息以及对 QQ 群、微信群等发招聘信息让高校毕业生按需所求、组织网络远程面试替代当面面试等灵活的新方式，不断降低学生的就业成本，拓宽学生的就业地域，充分发挥网络媒体这一高效率、低成本的就业媒介的作用。充分利用好社会就业中介机构的第三方力量，分担解决政府和高校在解决毕业生就业问题上的巨大压力。

参考文献

[1] 王志玲.国外促进大学生就业的政策措施及启示[J].郑州航空工业管理学院学报(社会科学版)，2010(4):185-187.

[2] 王展.斯托克治理理论视角下的普通高校毕业生就业问题研究[D].沈阳:辽宁大学，2012.

[3] 海薇，韩伟.中国人民大学2012届档案学专业毕业生就业状况分析[J].档案学通讯，2013(2):70-72.

[4] 王珉.高校大学生就业服务体系建设研究[D].武汉:武汉理工大学，2012.

[5] 刘莹.高校毕业生就业流动的社会分层研究[D].厦门:厦门大学，2013.

[6] 盛玉.档案学专业毕业生就业形势分析与对策研究[D].苏州:苏州大学，2010.

地方本科院校大学生职业生涯发展与就业指导课程师资队伍建设的现状与对策

王　倩

摘　要：目前，地方本科院校大学生职业生涯发展与就业指导课程尚处于探索阶段。课程师资队伍建设存在着管理体制不清、培训力度不大、业务范围不宽的问题，整体的专业素质和水平不高。必须建立专业的职业生涯发展与就业指导中心，廓清管理体制，加大培训力度，构建立体多元的工作实践与课程建设机制，整体提高师资队伍的专业化水平，达到课程教学目标。

关键词：地方本科院校；职业生涯发展与就业指导；师资队伍

早在20世纪20年代，以清华大学为代表的中国高校就学习西方，开始了职业指导教育。新中国成立后的计划经济时代，人才市场缺乏自由流动和充分竞争，职业生涯发展理论和教育处于发展的空白期。直至21世纪初，现代意义上的大学生职业生涯发展教育才重新受到重视。尤其是2000年10月，由北京市学联等单位发起在中国人民大学、北京大学、清华大学等8所首都高校开展的“2000年大学生生涯规划”活动，受到首都大学生的普遍欢迎，推动了职业生涯发展教育的新发展[1]。此后，国内许多知名高校纷纷开设职业生涯发展与就业指导课程。

在国内重点高校的示范带动下，特别是2007年教育部《大学生职业发展与就业指导课程教学要求》等文件的颁布，占全国高校总数90%的地方本科院校也纷纷开设职业生涯发展相关课程，以帮助大学生理性地规划人生，不断提高就业能力和生涯管理能力。[2]目前，职业生涯发展与就业指导教育在中国高校已是千树万树梨花开。在繁华表面的背后，该课程的建设实效如何？本文拟从师资队伍建设的角度进行探索。

一、地方本科院校职业生涯发展与就业指导课程师资队伍建设的现状及问题

为具体翔实了解目前职业生涯发展与就业指导课程的建设现状，本文以安徽一地方本科院校Z学院为样本，分别从该课程的师资结构（专兼职比例、学历、专业、年龄）、教学模式与教学效果、师资进修培训等方面进行调查分析。

Z学院于2013年开始开设职业生涯发展与就业指导课程，并将其作为公共必修课纳入教学计划之中，共32学时，2学分。该学院于2013年上半年和2014年上半年分别针对2012级和2013级学生开设该课程，开课时间为大一下学期。2014年下半年将开课时间改为大一上学期，即面向2014级刚入学的大一新生开课。

［作者简介］　王倩（1983—），女，巢湖学院艺术学院教师，研究方向：思想政治教育、民国史。

1. 专兼职教师比例

该校共计30名教师承担职业生涯发展与就业指导课程教学。其中,2人为学工部就业指导中心专职教师,占7%;28人为兼职教师,占93%。兼职教师中专业课教师和外聘教师比例很小,各院系辅导员居多,占87%。可以说,辅导员队伍是目前很多地方本科院校职业生涯发展与就业指导课程师资队伍中的绝对主力军。虽然他们同学生接触的机会和时间更多,了解的就业信息相对较丰富,但是目前这股"杂牌军"或"非正规军"的专业化水平相对较低。专职教师的严重不足和专兼职教师的比例严重失衡极大程度上制约着该课程的实效。

2. 学历结构和专业背景

从教师的学历结构上看,博士研究生占3%,硕士研究生占90%,本科生占7%。从专业背景上看,授课教师所学专业为思想政治教育专业占13%,教育心理学相关专业占3%,文史哲等人文类专业占70%,其他理工类专业占14%。可见,职业生涯发展与就业指导课教师的学历层次不高,与专业课教师相比,博士人数偏少,整体的科研水平不高。师资队伍中专业和职业生涯发展与就业指导相近的教师只占16%,大部分教师的专业知识结构很难与课程内容相适应。

3. 年龄结构和教学年限

该校被调查的30名承担职业生涯发展与就业指导课的教师中,30岁以下,占20%;30~40岁,占67%;40~50岁,占13%。由于该校职业生涯发展与就业指导课程共开了三届,30人中有18人承担了3个学期的授课任务,8人承担了2个学期,4人承担1个学期。中青年教师构成了这一队伍的主体,其优点是他们学习能力强,对市场经济背景下的职场环境相对于教学经验丰富的老教师来说更为熟悉和敏感,其缺点是教学年限较短,教学经验欠缺。

4. 专业培训情况

该校承担职业生涯发展与就业指导课的30名教师中,参加过就业、创业、心理咨询培训和企业培训的共计25人,所占比例为83%。但其中只有1人是创业培训讲师,1人是职业指导师,7人取得国家心理咨询师证书,其余16人只是受过为期几天的短期培训,没有相关的资质证书和合格的业务素质,势必影响授课质量。

5. 教学模式和教学效果

学生是教师教学模式和教学效果的评价主体。在针对该校大一各专业新生200人的随机抽样调查中,96%的学生认为学校有必要开设该课程。但同时亦有87%的学生认为该课程教学效果一般,教师教学模式单一、陈旧老套。学生反映很多教师对理论知识讲解不透彻,尤其缺乏实操经验,不能为学生提供个性化指导。也有学生反映有些教师在课堂上播放与授课内容并不契合的"非你莫属""职来职往"等求职节目消磨时间,课堂教学不够认真严谨。通过调查可知,该门课程的教学效果不容乐观。这门课程总是在学生的憧憬中开始,在失落中结束。

二、制约地方本科院校职业生涯发展与就业指导课程师资队伍建设的因素

当下,地方本科院校职业生涯发展与就业指导课师资队伍建设滞后,这种局面与教育部提出的"建设一支相对稳定、专兼结合、高素质、专业化、职业化的师资队伍,保证大学生职业

生涯发展与就业指导课程的教学质量"[3]这一要求尚不相符。但是如前所述,我国地方本科院校职业生涯发展教育起步于2008年之后,其历史很短,从事物的发展阶段来看,尚处于初创时期。由于对这一新事物的内涵认识不足,出现"口头重视,行动怠慢"的情况也在所难免。因此,必须用发展变化的眼光看待地方本科院校职业生涯发展与就业指导教育出现的各种问题,搭脉问诊,找出制约该课程师资队伍建设的因素。

1. 地方本科院校职业生涯发展与就业指导课程师资队伍的管理体制不清

目前,大多数地方本科院校职业生涯发展与就业指导课一般由学工部、学生处或就业部门负责开设,教务处统筹,各院系将其纳入人才培养方案,再由学工部等抽调就业部门工作人员或辅导员组成师资队伍负责课程教学。因此,从管理上,本门课程至少涉及三方:学工部、教务处和各院系,其中学工部处于主导地位。表面上看,三方应能协调合作。但是在实际运作中,由于学工部是一个以学生管理为主的事务性部门,组织课程教学经验欠缺,其组织教学的能力经常会受到教务处和院系的质疑。教务处在教学巡查中,对该课程兼职教师教学中出现违背教学规律,内容讲解不清的现象表现出很大的不满。各院系也对该课程挤占专业课的学时学分非常在意。整体上看,该课程目前的管理体制并没有理顺。

2. 地方本科院校职业生涯发展与就业指导课程师资队伍的培训力度不大

地方本科院校虽在近几年普遍开设了职业生涯发展与就业指导方面的课程,但是几乎全部的师资力量都来自学生管理人员阵营,师资队伍建设的真正投入很少。让这一队伍接受系统专业的职业生涯发展与就业指导培训,考取资质证书,在不少地方本科院校看来无疑是费时费力又费钱之举。由于课堂上的职业生涯发展与就业指导教育实际上主要是一种观念的引导,是一项长期的工程,并不能立竿见影提高就业率,更使地方本科院校不愿将职业生涯发展与就业指导课程师资队伍的专业培训提上日程。

3. 地方本科院校职业生涯发展与就业指导课程师资队伍的业务范围不宽

目前,导致地方本科院校职业生涯发展与就业指导课师资队伍建设水平不高,发展滞后还有一个重要的因素,即授课教师围绕职业生涯发展与就业指导开展的唯一一项业务或工作内容就是上这门课,而与此相关联的配套工作没有真正展开。不同于其他专业课程,职业生涯发展与就业指导课需要教师有丰富的实践经验,此经验唯有在课堂之外的实践工作中获取。在日常的就业工作中,就业工作人员和辅导员的主要精力依然放在发布就业信息、收集就业材料等事务性的繁杂琐事上,一对一、多对多、多对一的立体职业生涯发展与就业指导工作体系没有建立起来,授课人员的相关业务范围太窄,层次不高,严重制约了该课程师资队伍业务素质的提高。

三、加强地方本科院校职业生涯发展与就业指导课程师资队伍建设的建议

针对上述制约因素,笔者认为,地方本科院校可以从以下相应的三个方面着手加强职业生涯发展与就业指导课程的师资队伍建设:

1. 廓清管理体制,建立专业的职业生涯发展与就业指导中心,推进师资队伍整体建设

为提高职业生涯发展与就业指导课的地位,发挥该课应有的作用,首先需要建立专业的职业生涯发展与就业指导中心。该中心可作为地方本科院校的一个二级机构,或者仍归属学工部之

下。不同于现有的学工部等机构，新成立的该部门不是一个纯粹的事务性机构，而是一个专业的职业生涯发展与就业指导研究和实践运作的机构。该中心的负责人须是辅导学、咨询学或高等教育学方面的硕士或博士，该中心的工作人员需具有国家认证的职业指导师和就业指导师资格证。[4]这样在该中心的主管下，由专业带动业余，逐渐使整个师资队伍水平得到提高。

2. 立足辅导员队伍，加大培训力度，全面提高兼职教师的专业水平

大学生职业生涯发展与就业指导教育需要大批的具有职业发展、心理咨询、人才测评和良好沟通能力的专业人才。目前，地方本科院校都没有建立起一支专业化、职业化水平很高的师资队伍，多数都是由从事学生管理的辅导员“半路出家”撑起一片天。在现有情况下，试图通过引进新人“另起炉灶”是不现实的。结合辅导员发展职业化、专业化的要求，加强对这一队伍的职业生涯发展与就业指导专业培训，不仅能提高该课程师资队伍的水平，同时也能提高辅导员的管理和服务水平，从而更好地为学生做好引路人。

3. 课堂教学与课外指导相结合，构建立体多元的工作实践与课程建设机制

地方本科院校职业生涯发展与就业指导教师应在努力提高课堂教学质量，深化教学改革的同时，开展形式多样的课外工作，将课堂教学与课外工作结合起来，真正地做好大学生职业生涯发展与就业指导工作。国内不少高校在这方面进行了有益探索，取得了不少成功的经验。例如，一些重点院校除了进行“一对多”的职业生涯发展与就业指导课程和讲座等教育之外，还在课外开展了“一对一”的职业测评和咨询、“多对多”的就业实习和职业规划咨询日等职业指导活动以及“多对一”的职业发展教研室和学生职业发展导师等职业指导学科活动。[5]课堂教学与课外指导相结合，构建立体多元的工作实践与课程建设机制，能切实提高职业生涯发展与就业指导教师的理论水平和实践能力。

《大学生职业生涯发展与就业指导课程教学要求》明确指出：建设一支相对稳定、专兼结合、高素质、专业化、职业化的师资队伍，是保证大学生职业生涯发展与就业指导课程教学质量的关键。[3]目前地方本科院校职业生涯发展与就业指导课程师资队伍力量薄弱，其建设存在很多困难。要想达到“激发大学生职业生涯发展的自主意识，树立正确的就业观，促使大学生理性地规划自身未来的发展”的教育目的，结成累累硕果，尚有很长的路要走。唯有因地制宜切实提高该课程师资队伍的力量，才能确保课程的实效性，使其避免流于形式，成为大学课堂中的“鸡肋”。

参考文献

[1] 吴秀霞.我国大学生职业生涯规划教育的发展历程与趋向[J].理工高教研究，2008(4)：86-89.

[2] 彭晓波，何献青，谢晋晓.地方高校开展职业生涯规划课程教育的实践与探索：以东莞理工学院为例[J].南方论坛，2010(2)：106-109.

[3] 教育部.教育部办公厅关于印发《大学生职业发展与就业指导课程教学要求》的通知[EB/OL].(2008-01-16). http://www.moe.edu.cn/publicfiles/business/htmlfiles/moe/moe_745/200802/11260.html.

[4] 王雪，王荣新.从比较视角看我国职业指导教师存在的问题及职业指导教师的培养[C].中国教育学会比较教育分会第13届学术年会论文集，2013：298-302.

[5] 陈美婧.大学生个性化职业生涯规划指导研究：以闽南部分高校为例[J].闽西职业技术学院学报，2013(4)：79-83.

安徽省地方高校在校大学生创业行为倾向影响因素的调查与分析

陈君君，唐仁生

摘要：本文通过对安徽省六所地方普通本科高校的750名在校本科大学生进行调查，从精神追求、环境认知、要素认知三方面着手，分析出影响安徽省地方高校大学生创业行为倾向的主要因素，并提出政策建议。

关键词：创业行为；创业服务体系；创业教育

随着我国经济的飞速发展和大学生就业观念的转变，大学生创业风潮兴起。一方面是国家地方各级政府对大学生创业出台了各种鼓励政策，另一方面，在全球金融危机环境下我国经济依然保持了强劲的生命力，让许多年轻人看到了自主创业的契机与希望。

2014年5月底，由人社部等九部门共同发出大学生创业引领计划的通知。通知提出，我国从2014年到2017年在全国范围内实施“大学生创业引领计划”，力争实现引领80万大学生创业的预期目标。而根据教育部的数据显示，2014年我国高校毕业生人数达到727万，如果按照2010年起每年高校毕业生人数增长20万至30万的数字预计，2014～2017年80万大学生创业的目标大约占四年高校毕业生人数的2.5%左右。然而，据人力资源和社会保障部副部长信长星介绍，目前，我国大学生的创业率只有1%左右。如何提升大学生创业率已经成为政府、社会、高校共同关心的话题。

笔者在前期文献研究的基础上，确定了精神追求、环境认知、要素认知为调查的主要方向，旨在分析出激发大学生创业行为的主要影响因素，并结合高校创业教育、创业支持服务体系现状提出改进建议。

一、调查样本描述

本次调查共发放调查问卷750份，回收有效问卷712份，有效回收率为94.93%，样本信息分布的基本情况如表1所示。

［作者简介］ 陈君君(1981—)，女，硕士研究生，讲师，安徽科技学院机械工程学院分团委书记，研究方向：大学生就业创业教育。

唐仁生(1982—)，男，硕士研究生，讲师，安徽科技学院党委组织部秘书，研究方向：大学生就业创业教育。

本文为安徽省教育厅人文社会科学研究项目阶段性成果。

表 1　样本信息分布的基本情况

基本信息	选　项	人数	百分比
性别	男性	344	48.3%
	女性	368	51.7%
家庭所在地	大中城市	49	6.9%
	地市县	126	17.7%
	小城镇	104	14.6%
	农村	433	60.8%
是否独生子女	独生子女	205	28.8%
	非独生子女	507	71.2%
父母职业	政府、事业单位	59	8.3%
	企业	110	15.4%
	农业	432	60.7%
	经商	111	15.6%
年级	本科一年级	110	15.4%
	本科二年级	169	23.7%
	本科三年级	372	52.2%
	本科四年级	61	8.6%
专业学科	理工类	320	44.9%
	经管类	150	21.1%
	文法类	90	12.6%
	农学类	41	5.8%
	其他门类	111	15.6%
课程培训	有	335	47.1%
	无	377	52.9%
竞赛经历	有	172	24.2%
	无	540	75.8%

二、相关问题的统计与分析

1. 大学生创业行为情况的统计数据

问卷设计了6个问题,调查学生的创业行为倾向情况,包括机遇选择、主动学习知识情况、创业政策选择情况、创业规划情况、创业准备情况、创业现实情况等,调查反馈情况如表2所示。

表2 调查反馈情况

题 目	回答情况	
	是	否
如果有合适的机会,并且我可以自由做决定,我会选择自主创业	24.6%	75.4%
我主动选修过学校关于创业方面的课程或者培训	30.2%	69.8%
我现在已经在主动了解创业的各类政策和知识	26.7%	73.3%
我已经做出了我的创业规划	16%	84%
我已经在为创业做积极准备	25.4%	74.6%
我现在已经在进行创业	8.3%	91.7%

将以上题目中选择“是”的题目定义为2分,选择否的定义为1分,在对各样本进行分数加总,定义得分为6分的样本为“毫无创业行为倾向”,7~8分为“创业行为倾向较弱”,9~10分为“创业行为倾向较强”,11~12分为“创业行为倾向强烈”,得出如图1所示的结果。

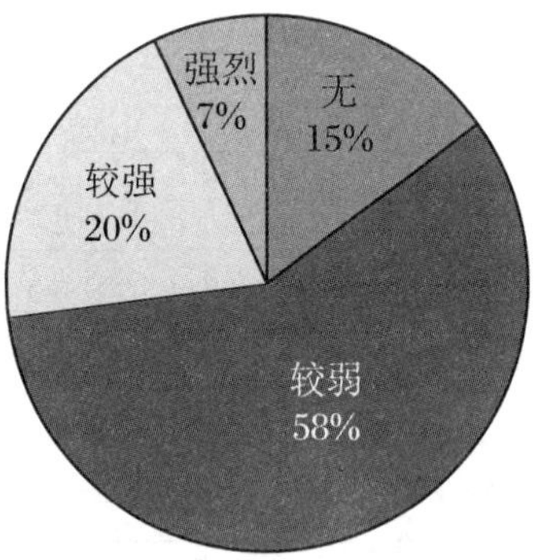

图1 安徽省大学生创业行为倾向分布情况

统计表明,当前安徽省在校大学生创业无倾向和弱倾向占到了总体的73%,仅27%的在校大学生有较为强烈的行为倾向,安徽省大学生总体创业行为倾向水平较低。

2. 关于大学生精神追求与其创业行为倾向调查与分析

对创业行为和大学生主观个性进行比较均值分析,统计情况如表3所示。

表 3　统计情况

创业动机	选　项	创业行为倾向得分均值	样本数	比例
我喜欢接受挑战并通过努力战胜它	非常不符合	6.70	10	1.4%
	不符合	7.28	32	4.5%
	不确定	7.27	187	26.3%
	符合	7.91	385	54.1%
	非常符合	8.80	98	13.8%
我很希望能够实现个人成就	非常不符合	6.00	3	0.4%
	不符合	6.67	3	0.4%
	不确定	7.26	58	8.1%
	符合	7.65	408	57.3%
	非常符合	8.29	240	33.7%
我希望被社会认可	非常不符合	6.75	4	0.6%
	不符合	7.50	8	1.1%
	不确定	7.52	33	4.6%
	符合	7.62	389	54.6%
	非常符合	8.17	278	39.0%
我希望积累金钱和财富	非常不符合	6.25	4	0.6%
	不符合	7.27	11	1.5%
	不确定	7.44	45	6.3%
	符合	7.67	390	54.8%
	非常符合	8.15	262	36.8%
我希望对社会、对国家做出贡献	非常不符合	6.50	4	0.6%
	不符合	7.20	10	1.4%
	不确定	7.56	57	8.0%
	符合	7.65	439	61.7%
	非常符合	8.32	202	28.4%

从表 3 和图 2 可直观看出，在大学生精神追求动机中，五个调查项目对创业行为倾向的拉升效果从强到弱依次为自我挑战追求、社会贡献追求、个人成就追求、社会认可追求、财富积累追求。自我挑战的精神追求因素对创业行为倾向的拉升情况最甚，其次是社会贡献追求，而财富积累追求对创业行为倾向拉伸的情况最弱，从侧面反映出了当代大学生较为成熟的职业追求观念，学生的自我挑战意识和社会责任意识在逐渐增强，这将成为影响当今大学生择业创业观的重要因素。

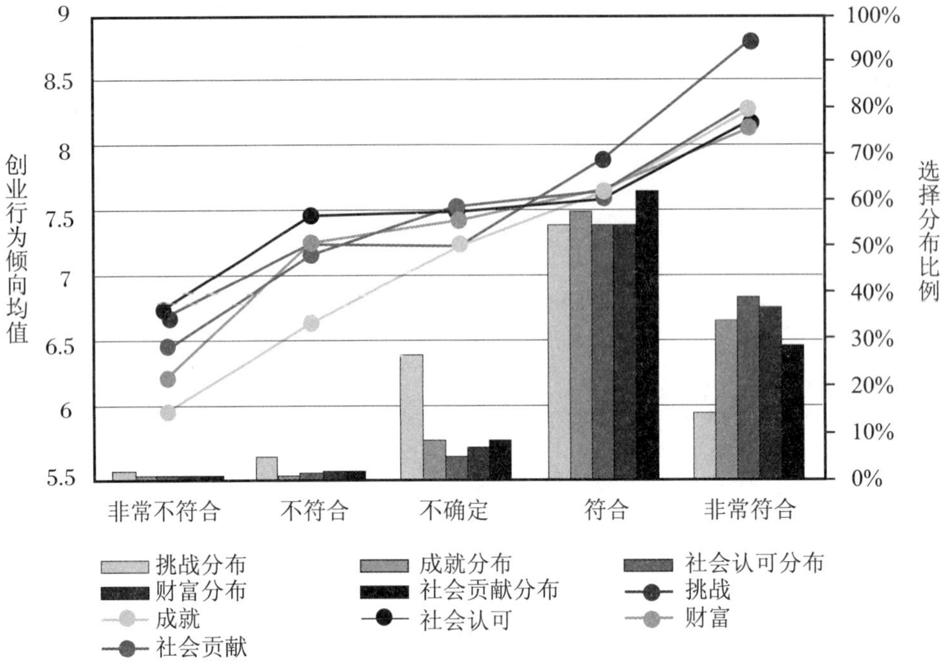

图 2　大学生精神追求对创业行为倾向均值的拉升折线图

折线图为大学生创业精神追求对创业倾向均值拉升折线图,簇状柱形图为创业精神追求的选择分布图

3. 关于大学生创业环境认知与其创业行为倾向的调查和分析

关于大学生创业环境认知与其创业行为倾向的调查和分析如表 4 所示。

表 4　创业环境认知与其创业行为倾向调查和分析

环 境 认 知	选　项	创业行为倾向得分均值	样本数	比例
我的父母支持我自我创业	非常不符合	6.33	3	0.4%
	不符合	7.40	43	6.0%
	不确定	7.43	343	48.2%
	符合	8.02	249	35.0%
	非常符合	9.28	74	10.4%
我的朋友支持我自我创业	非常不符合	6.50	4	0.6%
	不符合	7.34	32	4.5%
	不确定	7.43	295	41.4%
	符合	7.90	304	42.7%
	非常符合	9.27	77	10.8%
我所在的学校对于大学生创业有各种支持的政策和措施	非常不符合	7.89	9	1.3%
	不符合	7.89	18	2.5%
	不确定	7.55	179	25.1%
	符合	7.73	427	60.0%
	非常符合	8.92	79	11.1%

续表

环境认知	选项	创业行为倾向得分均值	样本数	比例
我认为社会总体对大学生创业持支持态度	非常不符合	7.60	5	0.7%
	不符合	7.85	26	3.7%
	不确定	7.70	121	17.0%
	符合	7.68	469	65.9%
	非常符合	8.70	91	12.8%

从统计图3可以看出，在大学生创业环境认知中，四个外部支持因素对创业行为倾向的拉升效果依强弱依次为父母、朋友、学校、社会，随着学生个人感知外部环境依次扩大，从家庭小环境逐渐扩大到社会大环境，比较符合大学生的心理特征。也可以看出，在学生的创业行为倾向中，父母的意见依然是最重要的因素，而学校、社会的支持对于学生的创业行为倾向拉升效果较弱，也反映出在大学生创业总体氛围的宣传营造上，直接针对于在校大学生的宣传和支持效果可能不甚理想。在全社会范围内形成鼓励创业、赞同创业的大环境，从社会总体形成合力支持大学生创业才是改变当前大学生创业比例较低的关键。

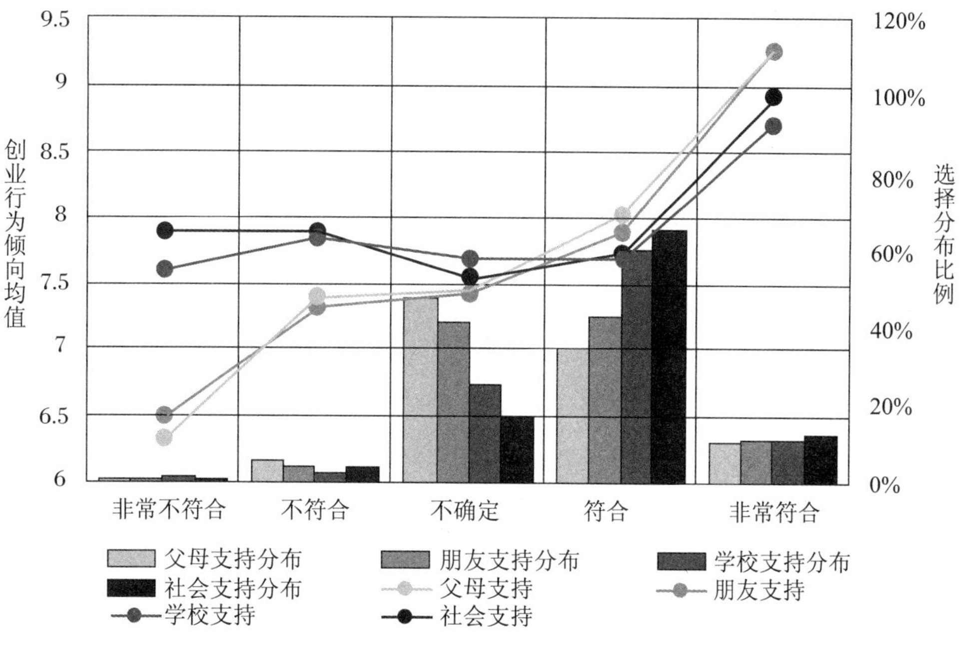

图3 大学生创业环境认知对创业倾向均值拉升折线图

注：折线图为大学生创业环境认知对创业倾向均值拉升折线图，簇状柱形图为创业环境认知的选择分布图

4. 关于大学生创业要素认知与其创业行为倾向调查和分析

关于大学生创业要素认知与其创业行为倾向调查和分析如表5所示。

表 5 创业要素认知与其创业行为倾向调查和分析

要素认知	选项	创业行为倾向得分均值	样本数	比例
我对大学生创业所需要的知识技能如团队管理知识、财务知识有了解	非常不符合	7.44	9	1.3%
	不符合	7.31	154	21.6%
	不确定	7.55	228	32.0%
	符合	8.07	270	37.9%
	非常符合	9.33	51	7.2%
我认为当前社会的商业环境适合大学生创业	非常不符合	7.00	10	1.4%
	不符合	7.54	83	11.7%
	不确定	7.49	283	39.7%
	符合	8.04	284	39.9%
	非常符合	9.02	52	7.3%
我认为政府和社会给大学生创业提供了较好的政策支持和氛围环境	非常不符合	7.86	7	1.0%
	不符合	7.81	48	6.7%
	不确定	7.61	191	26.8%
	符合	7.75	401	56.3%
	非常符合	8.91	65	9.1%

从统计图 4 可以看出,在大学生创业要素认知中,三个调查项目对创业行为倾向的拉升效果依强弱依次为知识技能、商业环境和政策氛围。知识技能对大学生创业行为倾向的拉伸效果表明,大学生对于创业中所需要的知识技能有着越来越清晰的认识,从前面的调查数据中显示,在校接受过创业方面的课程或培训的学生占总人数的 47.1%(见表 1),这其中主动接受了创业方面的课程或者培训的学生占了总人数的 30.2%(见表 2),大部分接受过课程培训的学生是主动地有意识地进行学习。政策氛围对创业行为倾向的拉伸效果不甚明显,反映出国家对大学生创业的鼓励和支持政策的宣传还没有深入到高校内部,在本调查的前期访谈中,多数学生对于具体的国家支持政策不了解,这也阻碍了学生创业行为的发生。

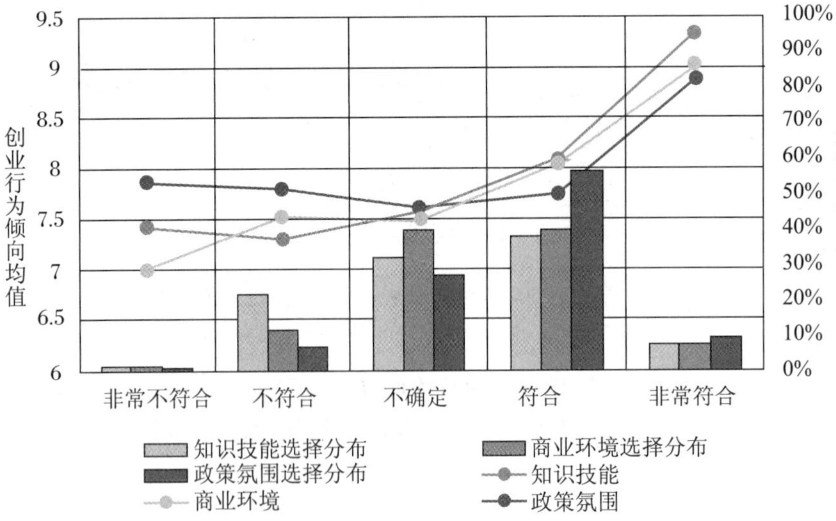

图 4 大学生创业要素认知对创业倾向影响

折线图为大学生创业要素认知对创业倾向均值拉升折线图,簇状柱形图为创业三要素认知的选择分布图

5. 高校第一课堂、第二课堂对于高校大学生的创业行为倾向影响

根据调查数据显示，创业课程培训、竞赛经历对于大学生创业行为倾向的拉升情况显著，其中，创业课程培训对大学生创业行为倾向的拉升更加显著，如表6所示。

表6 高校大学生的创业行为倾向研究

课程培训及竞赛经历情况	精神追求		环境认知		要素认知		创业行为倾向	
	均值	提升比例	均值	提升比例	均值	提升比例	均值	提升比例
无课程培训	4.077	3.26%	3.617	3.40%	3.322	7.98%	7.47	9.91%
有课程培训	4.210		3.749		3.587		8.21	
无竞赛经历	4.116	3.13%	3.662	1.80%	3.410	4.46%	7.64	9.69%
有竞赛经历	4.214		3.728		3.562		8.38	

根据表6可知，创业课程培训和创业竞赛经历对学生的创业精神追求、创业环境认知、创业要素认知均有提升作用，但相对来说，对于大学生创业要素认知有更好的提升效果，其中创业课程培训的提升效果尤其突出。

三、问题及对策

1. 社会、高校对于鼓励和扶持大学生自主创业的氛围营造脱节

调查显示，在大学生创业环境认知上，直接作用较强的是父母和朋友的支持，学校、社会直接作用效果较差。但是，对于鼓励和扶持大学生自主创业的宣传，主要集中在高校，针对大学生群体，尤其是在校大学生群体，而在校大学生群体缺少社会资本和资金支持。高校因其自身发展等多方面客观原因，对于大学生创业的宣传多停留在“口头”，缺少有效的扶持政策和激励措施，很难有效激发学生的自主创业热情。这也造成了现在鼓励和扶持大学生自主创业的宣传有“事倍功半”的效果。

本文认为，应在全社会范围内深入进行鼓励和提倡大学生创业的氛围营造。大学生创业的宣传对象的重点不能只局限于大学生，甚至于在校大学生，与他们直接相关的社会关系同样是宣传和发动的重点，应积极通过电视新闻媒体、网络等有效方式宣传大学生自主创业理念和创业优惠政策，让有想法的大学生从身边感受到支持创业的“暖度”，有利于创业行为的激发。

2. 政府对于大学生创业的政策扶持结构不对称

本次调查中，有8.29%的在校大学生目前正在创业，这一比例远高于1%的全国大学生创业率。而调研显示，虽然安徽省各地均出台了许多针对大学生创业的优惠扶持措施，如税收减免、小额贷款等，但多针对毕业未满5年的毕业生，针对在校大学生的创业扶持政策较少，且与学校对接不足。一方面，高校在鼓励和扶持大学生创业方面“有心无力”，另一方面，政府出台的政策却无法惠及很多有创业热情的在校大学生。

大学生创业具有热情高、创意多但缺少社会资源的特点，在大学生创业前和创业初期提供适当的创业指导和支持服务，是提高大学生创业参与率与成功率的有效保障。创业政策的支持和社会服务应有效延伸，政策的制定要考虑到在校大学生的创业服务保障和必要的资金支持，也要为即将离校的创业大学生提供良好的创业转化平台，这就需要地方政府和高校积极配合,形成合理的、连续的创业服务体系,这是激发大学生创业行为倾向的关键。

3. 高校创业教育课程结构僵化,程序化色彩严重

我国高校的创业教育起步较晚,2002 年 4 月教育部开始启动创业教育试点工作,10 多年以来,创业教育受到高校和社会的逐步重视。但当前高校创业教育重经营知识传授,理念教育、心理品质教育不足,各高校创业教育课程和分专业教学计划缺乏针对性,整体呈现出忽视实践探索、忽视能力培养的特点,僵化、毫无特色的教学模式难以唤起学生的学习兴趣,更谈不上培养出具有创新精神和创业理念的创业大学生。

创业教育课程体系既要有知识传授也需要理念教育,理念教育为基础,知识传授为保障。创业教育课程应组织学生以团队合作为基础,强调以任务为目标、以实操为导向,实行团队合作、实操指导与理论教学相结合,优化现有的高校创业教育课程体系,注重实训教学,促使个体在模拟创业的过程中观察、学习、体验。

参考文献

[1] 向春,雷家骕.大学生创业态度和倾向的关系及影响因素[J].清华大学教育研究,2011,32(5):116-124.

[2] 李永强,白璇,毛雨,等.基于 TPB 模型的学生创业意愿影响因素分析[J].中国软科学,2008(5):122-128.

[3] 颜中玉,姚金海,罗元.大学生自主创业认知调查及对策[J].湖南师范大学教育科学学报,2013,12(7):108-112.

[4] 范巍,王重鸣.个体创业倾向与个性特征及背景因素的关系研究[J].人体工效学,2005,11(1):33-35.

[5] 钱永红.创业意向影响因素研究[J].浙江大学学报,2007,37(4):144-152.

[6] 石巧君,周慧.农科大学生自主创业意愿及其影响因素[J].湖南农业大学学报,2012,13(1):78-82.

[7] 余福茂,曾鸣.大学生创业行为及其影响因素的实证研究[J].杭州电子科技大学学报,2010,6(3):66-70.

[8] 潘勇涛,王卉.基于环境视域的大学生创业意愿分析[J].曲靖师范学院学报,2013,32(1):15-18.

大学生创业成功要素影响因子研究

石志成

摘要:创业不仅有利于拓宽大学生的就业门路,为社会创造更多的就业岗位,而且有利于实现大学生的个人价值。通过问卷调查、座谈访谈、稿约等方式,调研、归纳、总结出大学生创业成功影响因子:创业欲望是大学生成功创业的内驱动力、自信是大学生成功创业的基石、把握最佳创业时机是迈向成功创业之路的前提、勇气与魄力是大学生成功创业的灵魂、个人奋斗是大学生成功创业的核心。

关键词:大学生;创业;成功要素;影响因子

党的十八大报告中指出,"就业是民生之本。要贯彻劳动者自主就业、市场调节就业、政府促进就业和鼓励创业的方针""鼓励多渠道多形式就业,促进创业带动就业""全党都要关注青年、关心青年、关爱青年,倾听青年心声,鼓励青年成长,支持青年创业""支持青年创业就是支持国家的发展,人民的幸福"。由此可见,党和国家已把促进就业摆在突出的位置上。通过采取"鼓励创业""创业带动就业""提升劳动者就业创业能力""支持青年创业"等途径,帮助更多的人成功就业。创业不仅有利于拓宽大学生的就业门路,为社会创造更多的就业岗位,而且有利于实现大学生的个人价值。创业教育是培养人的创业意识、创业精神、创业技能等各种创业综合素质,并最终使被教育者具有一定的创业能力的教育。

随着高等教育的逐年扩招,我国高等教育已进入大众化阶段,随之而来的是就业压力越来越大。2013 年中国高校毕业生达到 699 万人,被称为"史上最难就业季"。据最新资料显示,2014 年应届大学毕业生达到 727 万人,2014 年成为去年之后的"更难就业季"。就业之不易,使越来越多的大学生加入到创业的行列。创业已逐渐成为当今社会发展的大趋势。课题组通过问卷调查、访谈成功创业者、稿约杰出成功创业者等实证研究,探索影响大学生成功创业的影响因子,以期为更好地开展大学生创业教育提供有益的借鉴,帮助更多大学生实现创业梦想。

一、调查问卷设计思路、调查方法和调查样本概述

(一)调查问卷设计思路

所谓创业,就是不拘泥于当前的资源约束、寻找机会、进行价值创造的行为过程。也就是创业者通过对自己拥有的资源或通过努力能够拥有的资源进行优化整合,从而创造出更大经济或社会价值的过程。为了帮助更多应用型本科高校大学生成功创业,通过对 M 校杰

[作者简介] 石志成(1986—),男,安徽科技学院学生处讲师,研究方向:创新创业教育。

出创业成功校友、在校大学生创业园成功创业者、有创业意向的在校生进行约稿谈创业经历、问卷调查、座谈访谈,课题组围绕“创业意识、创业精神、创业能力”三个层面从创业心理、创业倾向、创业时机、职业兴趣、创业能力等不同视角来综合测评影响创业者的影响因子,探索大学生成功创业的优势和劣势,发掘大学生成功创业的核心影响因子。

(二) 调查方法

本次调查研究主要采用问卷调查、座谈访谈以及稿约谈创业经历相结合的方式,将定量研究与定性分析相结合的方法,针对 M 校杰出成功创业校友、在校大学生创业园成功创业者、有创业意向的在校生进行调查。

(三) 调查样本选择及发放情况

课题组通过发放调查问卷、座谈访谈以及稿约谈创业经历等方式共选取了 410 个调查样本,其中精心遴选了 244 名(依托有关职业测试软件,从农科、理科、工科、文科的四个年级学生中按比例筛选抽取产生,其中男性 180 名、女性 64 名,农科 44 名、理科 80 名、工科 80 名、文科 40 名,按年级平均抽取)有创业意向的在校生进行了问卷调查,座谈访谈了在校大学生创业园成功创业者 126 名(主要是近三年来 M 校大学生创业孵化基地内创业团队负责人,其中 110 名男性,16 名女性),成功稿约 40 名杰出成功创业校友(从 M 校创业辅导员办公室统计上报的近 15 年来学校创业校友 150 名中遴选产生,其中 36 名男性,4 名女性)谈创业经历,最后共收回 380 个调查样本,通过筛选及逻辑校验,排除种种情况造成的废卷,最终得到有效调查样本 356 份,有效率为 93.69%,符合调查研究的一般规律和标准,可以进行数据分析。调查结果在一定程度上具有推论价值。

二、调查样本分析

就业是民生之本,创业是就业之源。据有关调查数据显示,从整体来看大学生创业成功率偏低。根据教育部高教司的有关资料表明,我国大学生创业教育还处于起步阶段,没有形成系统、完善的创业教育理论与训练体系。目前,创业教育的形式主要以课堂讲授为主,辅以社会实践(企业实习、企业家讲座、创业计划大赛等第二课堂活动),普遍存在“理论性强、实用性低、重在培养学生的创业意识”等问题。鉴于此,课题组旨在充分调研大学生创业成功要素影响因子,把鲜活的事例用于创业教育的实践教学,在条件许可的时候还可以邀请成功创业者进行现身说法,充分发挥创业先进典型的模范带头作用和榜样示范作用,以提高大学生创业成功率,促进创业教育再上新台阶。调研结果如下。

(一) 创业欲望是大学生成功创业的内驱动力

有人说“欲望是创业的最大推动力”。欲望是指想得到某种东西或达到某种目的的要求。创业欲望是指创业者渴望自己能够干出一番属于自己的事业的强烈愿望。在“您为什么选择创业?”的调查中,有六成多(60.81%)的人选择“为实现个人理想而奋斗”,有 25.89% 的人选择“就业不理想,被迫创业”,还有 10.38%的人选择“响应国家号召”,而仅有 2.92% 的人选择“受家庭影响创业”。在“您认为影响大学生创业成功的核心因素来自于什么?”的调查中,有三成多(33.21%)的人选择“个人强烈的创业欲望”,有三成(30.09%)的人选择

“学校的创业培训和创业教育”，有两成多(20.15%)的人选择“国家政策支持”，有16.55%的人选择“个人的职业性格”。在“您认为大学生创业成功最应该具备的创业价值观是什么?”的调查中，有近四成(36.71%)的人选择“勇于创新精神”，有三成多(35.19%)的人选择“创业成功的欲望”，有14.88%的人选择“持之以恒”，有13.22%的人选择“承担风险的勇气”。由此可见，无论是六成多(60.81%)的人选择“为实现个人理想而奋斗”，还是三成多(33.21%)的人选择“个人强烈的创业欲望”和三成多(35.19%)的人选择“创业成功的欲望”，都充分说明源自内心的创业欲望在创业成功中的地位和作用。

在访谈中听到创业成功者谈得最多的是“自己想干一番事业”“成就自己的人生”“通过自己的努力奋斗来改变自己的命运”，字里行间蕴含着创业之心和强烈的创业欲望，助推着创业者在创业路上前行。心怀创业欲望的人，内心会产生一种方向感，引导其一路前行。在“您认为影响大学生创业成功的动机是什么?”的调查中，有六成多(63.41%)的人选择“挑战自我，实现自我价值”，有近三成(28.19%)的人选择“获取更多的财富”，有5.11%的人选择“兴趣爱好”，有3.29%的人选择“解决就业”。由此可见，创业欲望是推动创业者成功创业的内驱动力。

(二) 自信是大学生成功创业的基石

创业路上无坦途，唯有自信才能走向成功。莎士比亚说过“自信是成功的第一步”。自信在创业过程中表现在敏锐的商机识别能力、独到眼界与视角等方面。在“您认为大学生创业成功最需要的个人魅力是什么?”的调查中，有近四成(39.89%)的人选择“眼界”，有两成多(23.29%)的人选择“胆量”，有20.11%的人选择“谋略”，有16.71%的人选择“毅力”。在“您认为大学生创业成功最应该具备的创业意识是什么?”的调查中，有近四成(36.49%)的人选择“敏锐的商机意识”，有三成多(30.11%)的人选择“勇于担责意识”，有16.48%的人选择“敢于冒险意识”，有10.21%的人选择“战略意识”，有6.71%的人选择“勤奋敬业意识”。由此可见，无论是“眼界”“胆量”，还是“敏锐的商机意识”“勇于担责意识”都是自信的体现。在访谈中，有成功创业者用“怀揣梦想，野百合也有春天”“享受风险，做行业标杆”“百尺竿头更进一步”等来形容自己的创业之路，充分彰显了自信与从容。

自信还表现在勇于面对风险。创业有风险，想创业的人必须对自身各方面的能力有充分的认知与评估，并能针对自身能力制定切实可行的创业目标，既不可盲目冒险，也不可畏惧风险，更不可盲目自信。在“您认为大学生创业成功最应该具备的创新思维是什么?”的调查中，有一半以上(53.39%)的人选择“发散思维”，有近三成(26.49%)的人选择“逆向思维”，有20.12%的人选择“联想思维”。在“您认为影响大学生成功创业的个人因素中最主要的是什么?”的调查中，有三成多(36.32%)的人选择“缺乏社会关系”，有30.35%的人选择“缺乏启动资金”，有23.33%的人选择“缺乏经验”，有6.72%的人选择“专业知识不够”，有3.28%的人选择“缺乏家人支持”。然而，在对成功创业者的访谈中发现，当初开始创业实践时面临的问题正如上面的调查结果一样，在“发散思维”“逆向思维”“社会关系”“启动资金”“经验”等方面都有一定程度的缺乏，有的创业者还遭到家人的反对，但是正是创业者的自信与坚持，才真正做到“胜不骄，败不馁”，最终克服创业路上的困难和挫折。

(三) 把握最佳创业时机是迈向成功创业之路的前提

成功创业需要把握最佳创业时机。在“您认为大学生创业的最佳时机是什么?”的调查中,有近六成(56.79%)的人选择“工作几年,具有一定经验与资金资源之后”,有 23.13%的人选择“应届毕业之后”,有 20.08%的人选择“大学期间”。在稿约和访谈中,凡是创业的企业影响比较大的,多数是“工作几年且具有一定经验与资金资源之后”创业成功的;但是,随着时代的变化,在畜牧养殖、农产品加工、电子科技等行业,“应届毕业之后”和“大学期间”成功创业者不断呈上升趋势。

把握最佳创业时机需要有敏锐的眼光,对事物有不同于常人的思路和看法。思路决定出路,思路是人们思考某一问题时思维活动进展的线路或轨迹。在“您认为大学生创业成功最应该具备的创业行为能力是什么?”的调查中,有四成多(40.18%)的人选择“识别市场机会能力”,有近三成(26.52%)的人选择“管理企业能力”,有 23.16%的人选择“资源获取能力”,有 10.14%的人选择“策划能力”。在“您认为大学生创业成功最应该具备的创业资源条件是什么?”的调查中,有近四成(36.55%)的人选择“人才”,有 23.31%的人选择“资源”,有 20.08%的人选择“资本”,有 20.04%的人选择“信息”。由此可见,四成多(40.18%)的人选择“识别市场机会能力”和近四成(36.55%)的人选择“人才”,都从不同视角强调把握最佳创业机会需要具有独到的认识和思路,并能在实践中适时合理地驾驭。

(四) 勇气与魄力是大学生成功创业的灵魂

勇气是成功创业的一大法宝。勇气是指勇往直前的气魄,敢想敢干毫不畏惧的气概。创业者刚开始踏上创业之路时,需要极大的勇气,因为选择了创业也就意味着失去了其他择业机会,承担着来着家庭、社会、经济等多方面的压力。在“您认为大学生创业成功最应该具备的创业心理品质是什么”的调查中,有近四成(36.48%)的人选择“敢为性”,有三成多(30.32%)的人选择“坚韧性”,有两成多(23.28%)的人选择“合作性”,有 6.61%的人选择“独立性”,有 3.31%的人选择“适应性”。在“大学生创业遭遇挫折时,您认为具备什么样的能力才能战胜?”的调查中,有近四成(36.35%)的人选择“识别和评估市场机会的能力”,有三成多(33.35%)的人选择“心理调节能力”,有两成多(20.21%)的人选择“坚持不放弃”,有 10.09%的人选择“协调家庭、社会和企业的能力”。由此可见,无论近四成(36.48%)的人选择“敢为性”,还是近四成(36.35%)的人选择“识别和评估市场机会的能力”、三成多(33.35%)的人选择“心理调节能力”、两成多(20.21%)的人选择“坚持不放弃”,都体现了勇气在成功创业中的重要作用。在创业中勇气就像一个神奇的开关,只要拥有勇气并按下这个开关,成功创业之门就会向你开启,接着让勇气伴你穿越一切障碍,克服创业路上的一系列困难与挫折,方能到达成功创业的彼岸。

成功创业离不开魄力。魄力是指处置事情所具有的胆识和果断的作风,即敢想敢做,勇于承担责任。在“您认为大学生创业成功最应该具备的经营管理能力是什么?”的调查中,有一半以上(53.11%)的人选择“团队管理能力”,有近三成(26.78%)的人选择“决策能力”,有两成多(20.11%)的人选择“执行力”。虽然“决策能力”排第二位,但在创业实践中如果创业者魄力不够,就会导致“团队管理能力”得不到发挥,进而造成工作打不开局面,团队形不成合力,轻则对企业造成经济损失,重则有可能导致创业失败。在调研中发现,有很多大学生刚开始创业时遭到了家人或朋友的反对,但正是自己坚持自己的选择并不断努力奋斗,才创造了辉煌。调查发现，大多数成功创业者都在某种程度上具有“赌”的心理，有胆量、敢下注，想赢也敢于面对输，具有超强的忍耐力和强大的心理承受能力，展现了勇往直前的气魄和处事果断的作风。

（五）个人奋斗是大学生成功创业的核心

创业点亮人生，奋斗成就梦想。成功创业更需要个人努力奋斗。在“您认为您创业成功得益于什么?”的调查中，有七成多(70.11%)的人选择“个人努力奋斗”，有23.19%的人选择“学校的创业培训和创业教育”，有3.38%的人选择“国家政策支持”，有3.32%的人选择“其他”。在“您为什么选择创业?”的调查中，有六成多(60.81%)的人选择“为实现个人理想而奋斗”。在“您认为大学生创业成功最应该具备的能力是什么?”的调查中，有三成多(33.19%)的人选择“极强的创新能力”，有近三成(26.81%)的人选择“超强的学习能力”，有26.48%的人选择“娴熟的社交能力”，有13.52%的人选择“完善的管理能力”。由此可见，无论是七成多(70.11%)的人选择“个人努力奋斗”，还是六成多(60.81%)的人选择“为实现个人理想而奋斗”，都离不开创业者的努力奋斗才能实现。在稿约和访谈中，大家谈到最多的就是“勤奋”，有的创业者用“勤奋改变命运，坚持收获成功”“坎坷砥砺意志，勤奋铸就辉煌”“把握机遇动脉，圆自己创业之梦”等来概括自己创业经历，实践也证明创业成功离不开“个人努力奋斗”。

有人说“兴趣+努力+坚持=成功”，如果个人奋斗建立在自己所喜欢的事情之上，创业做自己感兴趣的事更容易走向成功之路。每个人都对自己感兴趣的事物给予优先的注意和积极的探索，在从事感兴趣的事情时可以感受到愉悦、快乐，而且表现出较高的积极性和自觉性。创业者在创业之前需静心思考，到底自己真正喜欢什么？只有做自己感兴趣的事才会积极主动，才能在工作中体会到生活的快乐和人生幸福。在“您认为大学生创业成功最应该具备的创业知识结构是什么?”的调查中，有近四成(36.58%)的人选择“完善的综合性知识”，有三成多(33.34%)的人选择“全面的经营管理知识”，有近两成(16.73%)的人选择“过硬的职业知识”，有13.35%的人选择“扎实的专业知识”。但无论是近四成(36.58%)的人选择“完善的综合性知识”，还是三成多(33.34%)的人选择“全面的经营管理知识”，都需要创业者通过努力奋斗才能获得。在稿约材料和访谈中发现，有相当一部分成功创业者的创业项目并不是自己读大学时所学的专业，而更多的是选择了自己所喜欢的方面，创造了属于个人的传奇。

三、结语

大学生创业成功不仅有赖于自身创业意识、创业精神、创业能力的培养，而且还有赖于社会整体环境、政府扶持政策、学校对创业教育的支持。社会整体的创业、创新氛围以及对大学生创业的舆论导向，直接影响着大学生的创业欲望与创业热情。培养大学生创业成功要素，需通过深化创业教育教学改革、开展走进成功企业活动、开展大学生科技创新和创业活动来培养大学生创业意识，激发大学生“想创业”的欲望；通过培养大学生创新精神、敢于冒险并敢于承担风险的精神、团队精神，来培养大学生的创业精神，点燃投身“敢创业”的激情；通过转变大学生就业观念，培养大学生“能创业”所应具备的能力，积极引导大学生投身创业实践。在全社会积极营造全民支持、鼓励大学生创业的社会氛围中，形成大学生自主创业光荣的舆论导向,对成就大学生的创业活动意义重大。在高等学校高度重视大学生创业教育的基础上,还需要各级人民政府、社会组织、企业等对大学生创业活动的支持与扶植,只有各部门齐抓共管,形成合力,才能更好地促进大学生创业活动走上良性发展之路。

参考文献

[1] 李家华.创业基础[M].北京:北京师范大学出版社,2013.
[2] 蒋德勤.当代大学生创业教育[M].北京:现代教育出版社,2009.
[3] 宋阳,王天凤.创业理论与技能[M].西安:西安交通大学出版社,2014.

近五年来国内高校就业指导队伍培训研究综述

龚　伟

摘要：近五年的研究资料表明：我国高校就业指导队伍组成相对稳定，就业指导队伍培训必要紧迫，具体培训实施的理论成果有待形成，在研究中存在队伍组成范围划分不清、培训缺乏实证研究、缺乏专门的研究学习团队等问题。今后应加强对于队伍构成的研究，提升调查的广度与深度，并努力提高研究学习型团队的建设，扩大师资基础。

关键词：就业指导队伍；就业指导培训；研究综述

近几年，大学生"就业难"现象不断升温。伴随着大学生的就业压力，高校就业指导工作的作用逐渐凸显。如何有效地解决大学生的就业问题，除了日常的教育管理之外，更有必要提升整个就业师资队伍的战斗力和凝聚力，通过培训不断加强这支队伍的综合素质。教育部《关于进一步加强普通高等学校毕业生就业指导服务机构及队伍建设的几点意见》指出"要把就业指导教师队伍建设摆到整个高校师资队伍建设的重要位置，努力提高就业指导队伍的专业化和职业化水平"[1]，这对于建立健全高校就业指导工作的长效机制，推动毕业生就业工作健康持续发展具有十分重要的作用。

一、主要研究成果

（一）就业指导队伍组成情况研究

就业指导教师的组成直接影响着就业效果，是否具备一支专兼合理的教师队伍是进一步实施就业指导课教学，开展就业咨询，进行就业管理的关键因素。国内多位学者都对这一问题进行了较为详细地分析，指出了目前就业指导教师的组成情况，张月铭、王奇峰在《高校就业指导人员培训模式初探》一文中指出"现有体系下，各高校大学生就业指导队伍主要是以就业管理人员为主，其组成中以就业事务管理人员、心理咨询人员和学生辅导员、班主任为主"[2]；杨淑辉认为"一般大学生就业指导师人员主要由各学院的辅导员、就业指导中心的老师、两课教师和心理咨询中心的人员构成"[3]；周峰在《关于构建普通高校大学生职业指导与就业服务工作队伍培训体制的思考》一文中指出"大学生职业指导与就业服务工作队伍，多为行政管理人员和大学生辅导员，少数为兼职教师"[4]；与此同时，卢建杰提出相对更为全面的论点，即"初步形成了由学校职能部门、院系领导、专业教师、辅导员、班主任共同组成的毕业生就业工作体系，专兼职相结合的、相对稳定的就业指导工作队伍"[5]；杜凤则在

［作者简介］　龚伟（1985—），男，博士研究生，讲师，教科院专职辅导员、团委书记，研究方向：大学生思想政治教育、大学生就业创业研究。

《试论大学生就业指导师资队伍建设与发展》一文中利用列表对“高校具有就业指导责任的相关部门、师资力量及主要职责”进行了说明,提出“应充分发挥各部门之间的积极配合作用”[6];除此之外,李海波、吴让汉等人利用调查的方式对就业指导队伍的组成情况进行了分析。虽然在提法上略有不同,但基本上可以肯定,目前就业指导教师主要包括“学校就业指导中心工作人员、院系分管学生工作的副书记、就业指导课专职教师、心理咨询人员、辅导员和班主任”,由他们共同组成整个就业指导教师队伍。这支队伍范围广、人数多,开展就业指导工作时,弥补了专职人员不足的局面;同时来自不同部门、不同专业的教师可以在管理、教学、咨询等方面因材施教,可以有针对性开展工作。

(二)就业指导队伍培训必要性研究

根据以上论点不难看出,目前的就业指导队伍总体上得以成型,但纵观整个队伍的建设情况仍然存在一些问题,而这些问题也为进一步加强培训内容的研究提供了前提基础。

1. 对于就业指导师资队伍培训重视程度不够

尽管目前教育部提出了加强就业指导队伍建设的重要性,各部门各地区也相继出台了一些政策与文件,但实际上就业指导教师队伍的建设与培养一直并未受到重视。高晓琴在《对高校就业指导师资队伍建设的认识》一文中指出:“高校对就业指导师资队伍的认识不深”[7],董晓青在《高校就业指导工作与就业师资队伍建设辩证关系研究》一文中也指出:“目前高校的就业指导工作,从理论研究到实践,都取得了阶段性的成果。但存在的共性问题之一,就是高校就业指导师资队伍建设不够重视”[8]。综合学者观点,不难发现原因:目前评价一个学校或学院的就业工作是否突出,仍然是以就业率为主,而就业率的高低主要还是根据专业建设的情况或者学校整个专业设置在市场的需求度来决定,专业课教师的作用巨大;从课程设置上也能够看出,目前多数学校仍然将就业指导课定位选修课,就业工作集中于管理和服务;辅导员和行政管理人员是整个就业指导队伍的主力军,但两者的主要精力都不可能放在教学上,这势必导致一种恶性循环:教学主体不能专心教学,教学质量不能凸显,师资队伍的培训也就很难得到关注。

2. 师资队伍整体质量上的薄弱是加强就业指导队伍培训的重要原因

教育部要求“专职就业指导教师和专职工作人员与应聘毕业生的比例保证不低于1∶500”[1],而实际上能够达到这一比例的学校很少。就业指导教师“数量逐年增加,但还不能满足需要”,“学校就业工作专职人员大多停留在管理层面,一线教育教学和咨询辅导的队伍相对缺乏”[5]。尤其“面对就业指导全程化的要求,原有的就业专职工作人员已不能满足全程就业指导工作的需要,就业指导师资十分缺乏”[7]。

国外的师资队伍水平要强于我国,这与国外的严格准入机制不无联系。例如美国“专职人员应有与其职位相关的学历,或具有与教育有关的学历背景和工作经验”,香港“所有的就业指导工作者都持证上岗,长期从事特定领域的工作,经验丰富”[9]。我国就业指导人员工作年限偏低,吴让汉等人的研究显示,天津部分高校“从业年限超过10年的只有10.53%”[10],蒋燕在调查中发现“工作5年以下占34%”[11],缺乏相应的工作经验,再加上“我国很多高校中缺少对就业指导专职教师相应的职称评定系列和待遇标准的规定,这也严重影响了就业指导专职教师的工作积极性”[12],教师流动频繁,很难持续性承担工作任务。

3. 教师队伍专业化和职业化水平较低,需要加强培训

实际上有关教师队伍的培训是否必要,归根结底还是要看专业化和职业化发展程度。

不难发现，这是目前整个就业指导队伍进一步发展的问题，也是我们要加大师资培训的重要原因。

在查阅的文章中，有多篇直接从专业性进行分析，但阐述方法或角度上略有不同。陈德明指出"应在机构、制度、学科、培训和实践等五个方面建设高校就业指导课教师专业化的支撑体系"[13]。吴让汉等人在"对高校就业工作人员和学生调查资料分析和研究的基础上，归纳出在高校职业指导教师专业化方面的具体问题和建议"[10]。张国磊、夏鑫、翟广运等人也以河北农业大学为例，通过调查，分析了河北高校毕业生就业指导队伍专业化建设。[14] 另外，董绿英和李庆原"以精品课程建设为依托、契机、目标、核心和样本"[15]，寻求就业师资队伍专业化的新途径。除专门性探讨这一问题之外，也有学者在研究中部分针对专业性问题进行了分析，杜凤从就业指导队伍缺乏专业性的特点出发，提出"师资来源的非专业性、知识结构的非专业性、工作方法的非专业性"[6]，戴汉良、朱智亮从理论与实践的角度出发，提出"专业理论有待加强""专业实践少"是专业化建设存在的问题[16]。李海波从学习型队伍建设出发，认为"高校就业指导队伍'专业化'程度较低；高校就业指导队伍'职业化'意识有待加强；高校就业指导队伍的'专家化'水平有待提高"[17]。王国良在《关于构建高校辅导员队伍专业化职业化专家型的思考》一文中指出，"普通职业发展成为专门职业，必须有一支稳定的专业队伍，其成员受过专门的职业教育或训练"[18]。纵观多位学者的成果，"调查数据"的运用使得针对就业指导教师培训的研究更加科学化，摆脱了"空到空"的尴尬局面，更加注重实证的具体性，但地域性较为明显，没有形成在整个社会范围内的广泛调查。与此同时，新的研究角度不断出现，有从专业结构也有从课程建设出发，形式新颖，但在注重"推陈出新"的同时应该在全面阐述专业性和职业性的基础上有针对性地进行分析，才能涵盖存在的种种问题。

（三）就业指导队伍具体培训研究

经检索发现，专门从培训角度进行的研究比较少，大部分研究成果涉及教师培训的内容，但比较零散。

1. 就业指导队伍培训、培养模式研究仍处于探索阶段

根据高校"按需培养"的原则，卢建杰提出"队伍培养工作应分层分类进行，主要包括基于培养对象上的分层分类和基于培养内容上的分层分类"[5]。这种方法一方面兼顾了不同岗位就业指导人员的具体职责，另一方面也根据不同对象的需求设定特定的培养内容。张月铭、王奇峰在论述高校就业指导队伍组成时提出了不同就业工作者的弊端，按照卢建杰的分层分类可以回答这一问题。当然这也不可避免地带来了一些新的问题和新的要求，即"缺乏专家师资、缺乏研究机制，缺乏社会实践"，因而，作者接下来针对性提出了就业指导培养模式的四个方向，即"项目推进模式""主体研修模式""职业模拟模式""信息互动模式"[5]，该文就河南省目前的就业指导教师队伍发展进行了调查，提出了具有建设性意见的培养策略，对培养对象进行分类的同时，安排了相适应的培训内容，对于培养模式也提出了方向性意见。较为遗憾的是文章并没有在全国进行抽样调查，势必带有地方性，而且作者没有将培训内容和培训模式有机结合起来，并且四项模式也仅仅处于探索阶段，还没有成果性结论，需要时间的佐证。可以进一步将四种模式联系起来共同使用，从而尝试新型模式的探索，例如将项目培训和团队学习相结合，将模拟培训和课堂教学相结合，将线上培训和线下学习相结合，做到四种模式的有机统一。

张月铭、王奇峰等提出了“近期目标和远期目标”[2]的说法,培训对象更为集中,主要是辅导员、班主任,这种划分虽然兼顾了不同年级学生的特点和招聘单位的要求,但是笔者认为仍然存在一些问题,首先这种划分并没有体现出专业性,也没有体现出全程指导和阶段指导的联系,并没有做到全面系统与重点突出相结合。同时作者提出了自己的培训体系,即“相关就业政策及就业技巧培训、理论知识学习、市场调研和体验交流”[2],从整体上说包含的面较为广泛,但仍然不能称之为体系或者模式,称为培训内容或方法更为合适。相比较而言卢建杰的文章则体现出横向和纵向的“多维化”,并且有针对可能存在的问题提出建设性意见,即“四种模式”。

2. 就业指导队伍培养体系研究较为单一

关于培训体系的研究主要集中于杨淑辉的文章,文章系统提出了就业指导师培训体系应该包含的三个方面,即“课程体系、培训体系、评价体系”[3],作者并未停留在“培训”这个狭义层面,而是用图表较为清晰地展示出体系框架和内容,为我们进一步理解“培训体系”提供了广阔的思路,兼具课程内容与方式方法,是较为系统和详细的分析。但是考虑到篇幅因素,作者并没有详细分析各部分内容,尤其是对于“培训体系”模块的分析内容较少,同时三个体系之间没有做到进一步的整合,相互脱节。为此,有必要在独立开展三大体系的同时兼顾彼此之间的联系,例如课程内容与培训流程之间的联系;培训过程与效果在培训体系中如何呈现等。应该确立三者之间的关系,即课程体系是做好就业指导教师培训的内容基础;培训体系是做好就业指导教师培训的形式框架;评价体系是做好就业指导教师培训的反馈保障。

3. 就业指导队伍培训体制研究不够系统

周峰从“体制”层面对就业队伍培训进行了个性研究,但从管理学角度来说,“体制”指的是国家机关、企事业单位的机构设置和管理权限关系划分及其相应关系的制度,而文章实际上是从开展培训的各个组成部分出发进行分析,分别包括“培训规划即重要前提,培训内容即坚实基础,培训师资即决定因素,政策支持即制度保证”[4],虽然没有杨淑辉文章那么系统,但是却从另一个角度为我们分析了培训得以实施的四大部分,思路清晰,尤其是对于培训规划的制定以及对于优秀师资的遴选介绍较为详细,为我们进一步完善培训体系提供了思路。除此之外谢贵兰提到的“开设职业发展与就业指导博士点进行试点招生培养”“制定符合实际的团队负责人考评体系”[19],也为丰富就业指导队伍培训提供了建设性指南。其他一些文章也提到了培训的方式方法,但是都没有脱离以上内容,或者说较为零散,不够全面系统。

不难看出,目前在具体针对就业指导教师培训的研究上尚处于理论探索阶段,实证研究并不全面,提出的观点和见解虽然较为新颖,但是缺乏数据支撑,形式丰富、内涵单薄,研究角度比较全面,但是没有分清不同研究方向的联系与区别,稍显混乱。

二、目前研究中存在的问题

(一)针对就业指导教师的组成范围的研究混乱不清

要想使得就业指导取得成效,教师培训至关重要,但是“给哪些人开展培训”是首先需要明确的。考虑到该工作岗位上人员调动较为频繁,就应当首先固定一批任课教师或者行政人员专门从事就业指导工作，并且通过政策文件的方式加以固定，这是目前各个高校都没有解决的，尽管教师人数和范围在扩大，其中专职教师比例仍然很低。只有在限定就业指导队伍的基础上，才能够保证开展培训的质量，尽管这样会带来短期的不达标现象，但只要专门性的工作成效得以显现，就会吸引更多教师加入到这支队伍，从而真正提高教育教学管理的实效性。因此，不解决这个问题，就业指导工作很难更好开展。

（二）针对就业指导队伍培训的研究缺乏实证性

尽管目前提出了很多培训模式和培训体系，但实际上并没有真正在普通高校中得以开展，缺少实证研究就不能发现“培训中存在问题”，即没有形成规模性的实践效果，构建体系和模式归根到底是需要运用于实践的，并且在实践中加以修改和完善，从而更好地开展培训，提高队伍的质量。目前能够查阅的基本上很少有从培训角度进行调查的，即使有也没有涉及培训的更多具体内容，而调查则多从课程角度或者队伍建设层面出发，例如就业指导课教学效果、就业指导课满意度、就业指导师资队伍构成情况（学历、年龄、职称），一般仅仅涉及培训意愿、培训内容的个人建议等，而对于像培训方式方法、培训体系构建、培训教师构成等，因为一方面缺少这样重视培训的学校，另一方面对培训的调查并没有引起人们的重视，因而很难形成规模性、有代表性的调查数据或者结果，没有可供参考的数据，可供借鉴的经验又太少，这直接导致了有针对性地提出解决办法地就更少了。

（三）针对就业指导队伍培训的研究缺乏专门团队

与发达国家相比，目前我国的就业指导研究仍然处于起步阶段，很多的理论都来源于国外，例如“职业生涯理论、创业教育理论”等，研究方向很广，但是研究深度却不够，尤其是对于队伍培训研究，内容少，高质量的研究成果不多，来源自核心期刊的文章不多。这与缺少一支专门的研究队伍有关，主要的研究人员基本上都是一线的就业指导管理人员或者兼职教师、辅导员，缺乏专业的理论修养和学科背景，而且都有本职工作，很难抽出专门时间进行就业指导的研究，即使可以研究也是各自为战，没有团体意识。缺乏一支立志于就业指导研究、学习的专业团队，就很难在这个领域有所建树。

三、今后研究的努力方向

（一）加强对于队伍构成的研究，建立健全就业指导队伍

队伍的专业化和职业化需要通过前期培训和后期培养来实现，但是“好的开始是成功的一半”，加强队伍构成研究，进一步分析队伍组成的情况，充分认识到各个成员的优势和劣势，从队伍质量和工作成效出发，剔除不利于就业指导长远发展的人员，遴选能够在这一工作岗位上长期工作的成员，保持队伍的和谐与稳定。为此，应继续加强就业指导队伍的年龄结构、学历结构、专业结构以及支撑结构的研究，进行进一步的分析、综合、概括和创造，构建大学生就业指导的独特队伍，这是今后一段时间学术界应该加以重视的研究方向。

（二）加强培训调查的广度与深度，将理论与实践更好结合

在条件允许的前提下，在学校开设培训试点工程，将培训模式和培训体系的理论付诸实

践,在实践中进行调查,重点开展"培训形式""培训内容""培训评价""培训保障"等方面的问卷和个案调查,以学校为单位,学校间联合调查,不断扩大范围,逐渐延伸到区、市、省乃至全国,着重分析不同地市、不同省份之间的示范点培训的差距,以数据为基础,有针对性地开展调研,寻求解决办法,通过对实际培训经验的概括总结,形成实证性强、操作性强的应用型理论体系,更好地指导培训工作的深入开展。

(三)加强研究学习型团队的建设,提高培训研究的师资基础

开展调查研究,进行理论概括必须具有一支理论过硬,能力强大的团体。为此,在今后的研究过程中要提倡开展学习研究性团队的构建,一方面建立就业指导教研室,将研究常态化和规范化,定期开展教学工作的交流学习,在学习中不断提高个人素质水平;另一方面要大力提倡学术研究,构建就业指导研究项目、研究课题,鼓励和引导青年教师从事该项研究,在提高教师工作兴趣的基础上加大研究深度与广度,发挥就业指导的功效,在学习中研究,在研究中工作。值得一提的是,除了要具备一支励志进行就业指导工作的队伍外,培养、挖掘和招募一批致力于开展培训的师资力量同样至关重要,没有专门开展培训的培训师,即使有愿意接受培训的培训员也是不能成功的。方伟在其主编的一书中提到"内部讲师和外部讲师"[20],并加以解释,这为我们搭建"教学相长"的师资平台介绍了经验。只有具备了这样一支拥有深厚理论基础和实践经验的师资队伍,并以此为保障,就业指导培训工作才能够顺利开展。

参考文献

[1] 教育部.关于进一步加强普通高等学校毕业生就业指导服务机构及队伍建设的几点意见[G]//教育部2002年18号文件.

[2] 张月铭,王奇峰.高校就业指导人员培训模式初探[J].中国大学生就业,2007(15):87-88.

[3] 杨淑辉.大学生就业指导师的培训体系[J].沈阳师范大学学报(社会科学版),2012(4):171.

[4] 周峰.关于构建普通高校大学生职业指导与就业服务工作队伍培训体制的思考[J].出国与就业(就业版),2010(1):39-40.

[5] 卢建杰.河南省高校就业指导队伍培养模式研究[J].河南教育学院学报(哲学社会科学版),2010(2):111-113.

[6] 杜凤.试论大学生就业指导师资队伍建设与发展[J].文教资料,2008(4),189.

[7] 高晓琴.对高校就业指导师资队伍建设的认识[J].江苏社会科学,2009(S1):119.

[8] 董晓青.高校就业指导工作与就业师资队伍建设辩证关系研究[J].河南财政税务高等专科学校学报,2010(4):68.

[9] 王玉婷.中外高校就业指导师资队伍的比较分析[J].中国电子教育,2011(2):6,8.

[10] 吴让汉,张燕燕,杨金梅.高校职业指导教师专业化调查与分析[J].天津工程师范学院学报,2009(2):45.

[11] 蒋燕.基于教师角度的就业指导师现状的调查和研究[J].南京中医药大学学报(社会科学版),2012(2):178.

[12] 王佳伟,职业化视域下高校就业指导师资队伍建设的研究[J].商业文化,2012(1):293.

[13] 陈德明.论高校就业指导课教师专业化支撑体系的构建[J].中国大学生就业,2008(13):6-8.

[14] 张国磊,夏鑫,翟广运.河北高校毕业生就业指导队伍专业化建设的思考:以河北农业大学为例[J].河北农业大学学报(农林教育版),2012(4):18-22.

[15] 董绿英,李庆原.以精品课程建设为平台,促进职业指导教师专业化发展[J].职业教育研究,2009(11):76-77.

[16] 戴汉良,朱智亮.高校就业指导师资队伍专业化建设若干思考[J].泉州师范学院学报,2012(4):103-106.

[17] 李海波.论学习型大学生就业指导队伍建设[J].湖北社会科学,2012(8):177-180.

[18] 王国良.关于构建高校辅导员队伍专业化职业化专家型的思考[J].湖北社会科学,2009(1):177-180.

[19] 谢贵兰.关于高校就业指导教学团队建设面临的困境与对策分析[J].河北农业大学学报(农林教育版),2011(3):317.

[20] 方伟.大学生就业工作教师培训教程[M].北京:高等教育出版社,2009.

高校毕业生考研辅导三维模式探索

——以安徽师范大学为例

左方敏

摘要:考研已经成为高校毕业生选择的一个重要渠道。本文从2011年开始,以安徽师范大学为研究对象,进行了4年的探究和实践,分析了考研辅导工作的重点环节,并结合自身实践经验和几年的考研率,总结出考研辅导工作的三个维度,即考研辅导阶段性特点、考研对象个体性差异、考研学生多重化关系。

关键词:考研;辅导;维度

目前,考研已经成为各地高校缓解毕业生就业压力的首选,也成了高校毕业生提升自身素质、拓展就业平台、缓解就业压力的重要渠道。安徽师范大学作为省属重点师范类院校,4年来近1/4的毕业生选择了考研,考研率分别为24.14%、21.28%、24.18%、23.99%。面对如此高的考研率,作为高校教育工作者如何做好学生的考研辅导工作呢?本文从2011年开始就如何做好高校毕业生考研辅导工作展开了研究,通过4年的摸索和实践,形成了考研辅导三维模式。

一、第一维度,抓住考研辅导阶段性特点

考研辅导工作是一项分阶段、分步骤、有计划、讲策略的系统工程。大体可分考研规划指导、考研过程指导、考研调剂指导三个阶段。其主要的阶段性特点和工作任务大不相同。

1. 第一阶段的考研规划指导阶段特点:动员一切可以动员的力量

主要是动员学生考研、摸底考研意向、统计考研学校、设计考研路径。辅导员要通过主题班会、集体谈话、个体约谈、朋辈教育等方式动员毕业生考研,做好学生考研意向摸底工作,及时掌握考研学生人数、比例等基本情况,便于做好进一步动员。在9月份,要做好考研报名学校的统计,梳理学生报考学校的基本情况,防止过于集中在一个学校一个专业,避免学生撞车现象。同时结合学生个人情况和往年考研情况,帮助其设计科学合理的考研路径,并注意建立学生考研档案,便于及时修正考研路径。

2. 第二阶段的考研过程指导阶段特点:争取一切可以争取的力量

主要是争取学院领导、专业教师、校友等资源,为学生提供学业指导、心理指导、生活关心、面试指导等。邀请学院专业教师有针对性地帮助学生做好复习迎考,邀请学院主要领导

[作者简介] 左方敏(1983—),男,硕士研究生,讲师,安徽师范大学学生处秘书,研究方向:大学生思想政治教育。

给学生送温暖，开展慰问活动，同时辅导员要及时关注复习期间的学生心理变化。通过多年的实践，作者发现考研学生中出现的“比时间”的现象较为严重，对其考研有很大的影响。因此辅导员老师一定要根据每个人的不同特点，帮助学生养成适合他们自己的生物钟，杜绝学生中的“比时间”现象。

3．第三阶段的考研调剂指导阶段特点：团结一切可以团结的力量

主要是帮助达国家线而未进入考研学校复试的同学调剂其他学校。在此阶段应做到如下3点：

（1）积极发挥学生主动性。辅导员要鼓励学生放眼于全国的高校，鼓励学生只要符合报考条件，就要积极尝试。

（2）积极发挥校友资源。鼓励学生联系校友，通过校友联系学校和导师，了解专业发展方向。

（3）积极发挥教师资源。利用学院教师们的专业眼光和影响力，帮助学生介绍高校和导师，推荐学生参加调剂。

二、第二维度，关注考研对象个体性差异

由于每个考研的个体之间会存在一定的差异，因此学生工作者们应该帮助学生寻找到适合自己的考研道路，在实际的学生工作中应关注考研对象的差异性，不宜一概而论。通过4年来的实践，作者发现在考研过程中，有以下4类考研对象最容易受到各种因素影响，最终会导致考研失败，需要辅导员及时予以关注。

1．平时学习成绩较差的学生

部分学生会因为自己平时学习成绩不太好，对考研没有信心。其实，考研成功与否和平时学习成绩没有直接关系。以安徽师范大学一个班为例，平时学习成绩排名在30～90的学生（其中有9人挂科）中，有19人报考，最终被全部录取，占全班报考人数的44.2%。鉴于此，作为学生工作者，务必要做好以下三方面的考研动员工作：第一，保证学习成绩较好的学生的考研报考率；第二，扩大学习成绩中等的学生的报考人数；第三，鼓励学习成绩的较差学生参加考研。

2．女大学生

大学生在考研过程中会因经济压力、情感因素、学习困境等产生一系列心理波动，这种心理波动对女大学生产生的影响尤其重大。女大学生的心理波动主要表现为自认为知识不够全面、不会的太多，学习时间不够多，特别是会将自己的各项指标和同班同学进行比较，总认为自己不如别人，从而产生焦虑症状。针对以上现象，可开展致广大考研生一封信，汇编“我的考研路”，集体个体谈心，心理放松运动、趣味运动会等一系列心理减负活动，还要发起思政工作人员下寝室、走教师、送温暖活动，力求做到及时关注学生新动态，最大程度减轻学生心理问题。

3．家庭经济困难的学生

这类学生一般是考虑家庭经济困难，想尽早工作给家里减轻负担，但是又不甘心放弃继续学习深造的机会。辅导员要做好思想指导工作，讲清国家关于研究生的相关政策，帮助学生“算算账”。同时要及时给予学生困难补助，组织慰问活动，这样不仅在经济上给家庭困难学生带去一定的帮助，也给学生送去了心灵上的温暖，有助于缓解学生焦虑情绪。

4. 倾向于考编就业的学生

考编就业是目前高校毕业生一个重要的选择。辅导员要对有意向考编就业的学生加以指导和鼓励，但是在有条件的情况下，可以动员学生积极参与考研大军。除此之外，辅导员还应帮助学生认清考研与就业各自的形势，帮助学生“算算时间”，考研一般是一年的12月底，考编就业最为黄金的时间是来年的3、4月份，两者不冲突或冲突不多。

三、第三维度，重视考研学生多重化关系

复习迎考阶段生活相对单一、枯燥、沉闷，必须帮助学生早日适应考研生活。具体实施过程中应重点关注四种关系，即寝室关系、研友关系、师生关系、男女关系。

1. 寝室关系

寝室是大家学习、生活、休息的场所。一个寝室往往会由于寝室成员间不同的毕业选择而产生各种矛盾，也可能会因为不同学习计划产生作息时间的不同，而这种作息时间的不同必然会导致个人睡眠时间与质量得不到保证，进而引发成员间更激烈的冲突。因此为了让同学们在考研期间保持充足的睡眠，拥有良好的寝室环境，辅导员应经常深入寝室，加强和学生沟通，帮助学生搞好寝室关系。

2. 研友关系

考研期间学生通常三五个人结成考研小团队，这种考研小团队会在成员们的考研过程中发挥积极的作用。但其存在的问题主要是，成员的生物钟基本类似，但若在考研过程中出现哪怕一个同学放弃考研或调整生物钟的情况，最终都可能会导致整个团队土崩瓦解。所以辅导员要及时摸清掌握考研团队的组成情况和分布情况，深入学生教室，开展谈心谈话等思想工作。

3. 师生关系

考研期间，学生的思想情绪波动较为明显，作为辅导员应该掌握科学的工作艺术，以理解、鼓励的教育方式处理学生问题。例如，当学生以寝室氛围不好、学习效果不好等一系列学生主观臆断上的问题为理由要求考研期间校外住宿时，辅导员要利用摆事实、讲道理、举案例等方法说服学生放弃这种要求，并注意加强对学生后续的一些情绪变化及行为举动的关注。

4. 男女关系

考研队伍中有一类群体属于恋爱群体。这类群体是考研队伍中较为特殊的一类群体，尤其是异地恋爱关系，往往因为生活单调、枯燥、学习暂时性停止不前，想寻求逃避、发泄和安慰，第一时间会想到异性朋友。这样你来我往，会耽误很多时间，严重耽误学习考研。辅导员必须深入学生中去，了解学生恋爱情况，特别是女大学生，通过生活上关心，情感上开导等方式帮助学生解决实际问题，缓解其心理压力，避免因恋爱关系而导致考研失败。

考研辅导的每个工作环节都会影响学生考研，确实要在方法上、路径上进行创新。以上工作步骤及方法是在近几年工作中摸索总结出来的经验。随着环境、学生群体的不断变化以及出现的新特点，高校毕业生考研辅导工作也应适时做出调整。因此作者将会继续对考研辅导工作进行深入研究，不断创新工作方法。

参考文献

[1] 吴伟伟. 女大学生考研热的冷思考[J]. 山东省农业管理干部学院学报，2010，26(1)：188-189.

[2] 孟佳，顾昭明. 山西省大学生考研动机的调查研究[J]. 中国健康心理学杂志，2011，19(7)：828-829.

民办高校毕业生就业质量现状及问题探析

——基于安徽某民办应用型高校的调查

江玲，洪园

摘要：就业质量是评价高校就业工作状况的重要指标。特别是民办高校，就业质量的高低一定程度上影响着学校的生存与发展。本文通过对安徽某民办应用型高校2014届毕业生就业调查情况进行分析，结合毕业生就业率、就业区域、就业行业、工资待遇等方面情况，从而对民办高校毕业生就业质量的现状与问题进行探析，提出应对策略。

关键词：民办高校；就业质量；就业调查；应对策略

2013年11月2日，教育部办公厅印发《关于编制发布高校毕业生就业质量年度报告的通知》（以下简称《通知》），决定从2014年起，高校要编制和发布本校毕业生就业质量年度报告。[1]这是教育部第一次明确要求建立高校毕业生就业质量年度报告制度，以此来督促高校充分重视毕业生的就业质量。高校毕业生就业质量不高，不仅影响毕业生个体就业满意度，也会对学校的声誉甚至整个社会的和谐造成不良影响。鉴于此，笔者试图以安徽某民办应用型高校毕业生就业现状为调查个案，就提高毕业生就业质量问题予以探讨。

一、调研背景

2014年高校毕业生达到727万人，随着高校毕业生人数的逐年增多，就业问题日渐突出。所谓就业质量，即指“就业过程中劳动者与生产资料结合并取得报酬或收入的具体状况的优劣程度”[2]。而高校毕业生就业质量是指“在符合高等教育基本规律的前提下，教育产品（高校毕业生）满足社会潜在需要的特征和特性要求的总和”[3]。具体而言，就业质量可概括为职业社会地位、工资水平、社会保障、发展空间四个方面。

民办高校按市场机制运行，普遍定位于培养面向社会一线的应用型技能人才。截至2013年，中国民办高校数量已达700多所，在校生规模有4168.37万人。[4]由于种种原因，与公办高校相比，民办高校毕业生在寻找就业岗位时往往处于不利地位。因此，民办高校一般都比较关注毕业生的就业问题，除了就业率，就业质量亦不可忽视。

［作者简介］　江玲（1978—），女，安徽三联学院教务处教师，研究方向：高等教育教学管理。

二、调查方法及统计分析

(一) 调查方法

1. 被试的选择

本研究选择了安徽某民办应用型高校 2014 届本科毕业生作为被试对象,对其进行了问卷调查和部分访谈。发放问卷 1294 份,回收 1294 份,有效问卷 1216 份,有效率达 93.97%。

2. 测试材料

根据研究目的和思路,设计编制《2014 届毕业生就业质量调查问卷》量表,调查毕业生的就业质量信息。本研究对毕业生就业质量测量问卷进行了信度分析,信度值为 0.823,这说明本研究采用的问卷具有较高的信度。

3. 结果的统计与分析

本调查采用自编问卷抽样调查的方法,全部数据采用 SPSS13.0 软件进行统计,以 2014 届全部本科生为研究对象,分别从就业单位属性、专业对口率、工作薪酬、工作稳定性、工作区域等方面对毕业生的就业质量状况进行调查。主要分析方法有描述统计和相关分析。

(二) 调查统计结果及分析

本次调研的某民办高校 2014 届本科毕业生 1294 人,截至 2014 年 8 月 31 日,初次就业率达到 90.96%,比较来看,该校就业率处于同类高校的中上游水平。就业率情况如此,但就业质量情况怎样呢? 在对该校 1294 名本科毕业生进行的问卷调查中,问卷内容涵盖了毕业生工作性质、专业对口率、工作单位所在区域、薪资待遇、就业途径、工作稳定性、就业满意度以及对学校教育、就业指导评价等方面。

1. 就业行业情况

在 1216 份问卷中,有 124 人分布在教育行业、20 人在科研部门、143 人在管理部门、253 人在技术部门、285 人在营销部门、还有 391 人在其他行业。毕业生行业分布情况如图 1 所示。

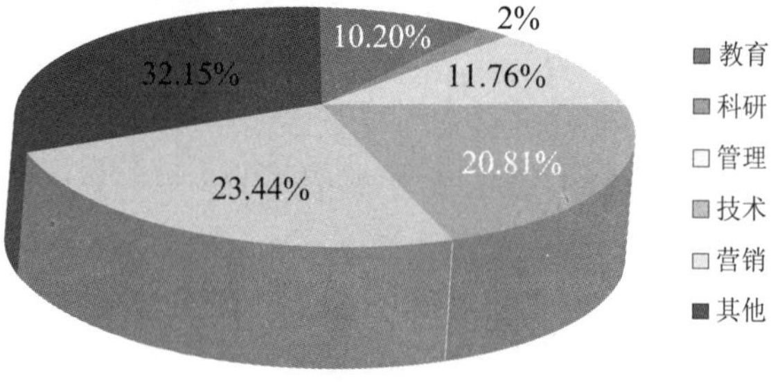

图 1　毕业生行业分布情况

2. 专业对口率情况

专业对口率是指毕业生的就业岗位与所学专业的相关度。毕业生在工作中能判断自己所学专业是否能运用在工作中。根据毕业生问卷调查数据的回收统计，毕业生就业与专业对口具体情况如图 2 所示。

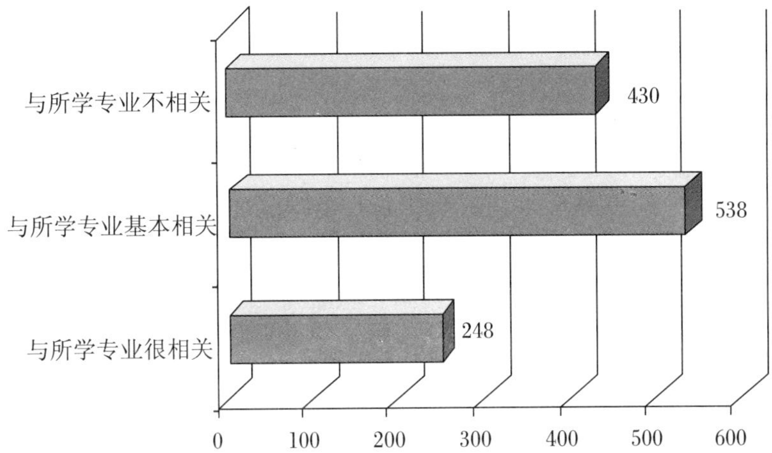

图 2　毕业生就业与专业对口情况

从图 2 可以看出在抽样调查问卷中有 538 人认为目前所从事工作与所学专业基本相关，有 248 人认为目前所学工作与所学专业很相关，有 430 人认为目前所从事的工作与所学专业不相关。具体对口率情况如图 3 所示。

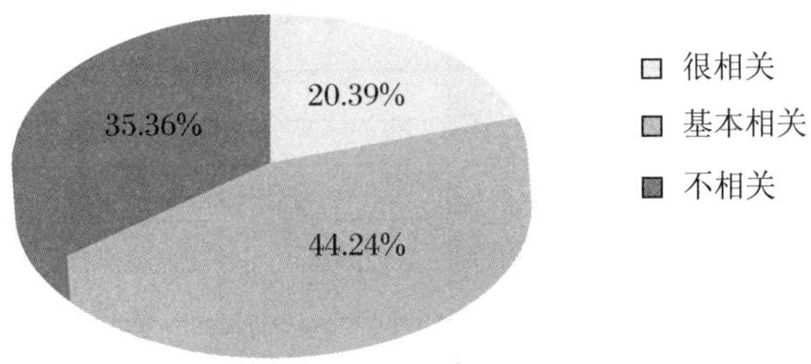

图 3　毕业生就业专业对口率

根据毕业生反馈的情况，该校毕业生就业专业对口率并不高，仅有 44.24%的毕业生从事的工作与自己的专业对口或相关。在访谈中了解到有少部分毕业生自愿放弃了所学专业，去从事行政管理或其他方面的工作，他们认为在就业竞争很激烈的情况下，只有采取妥协策略，先就业维持生活，等以后有机会再择业。这种选择在一定程度上提高了毕业生的就业率，但专业对口率却受到影响。由于用非所学，一些毕业生便认为大学所受教育的价值有限。也由此可见，毕业生的就业满意度并不高。

3．薪酬水平情况

薪酬水平是反映就业状况的关键指标之一，是大学生的就业能力、自身价值及其对社会、企业贡献能力的体现。

据调查数据，毕业生年薪 1 万～2 万占 23.44%，2 万～3 万占 39.31%，3 万～4 万占 26.15%，4 万以上占 11.01%。2 万～4 万是该校毕业生年薪的主要分布区间，占比 65.46%。而实际上，70.15%的毕业生期望月收入在 3000 元以上。可以看出，毕业生初始薪酬与期望值之间存在一定差距。

4. 就业途径情况

学校安排推荐的占27.88%,学校提供信息,自己应聘占25.25%,自己找或亲属帮忙的占46.87%。看得出,该校毕业生就业途径呈多样化,他们不再拘于单一的就业渠道,而是自身更加积极主动与外界联系。

5. 对学校就业工作满意度情况

在对该校就业工作满意度调查中,主要分成以下四个维度,如表1、图4所示。

表1　毕业生对学校就业工作满意度情况

调查项目	非常满意	满意	一般	不满意
对学校就业工作满意度	32.32%	45.48%	21.22%	0.99%
对就业指导课	24.59%	42.43%	31.41%	1.56%
对就业网站内容	22.62%	51.15%	22.94%	3.29%
对学校组织的招聘活动	25.99%	50.50%	21.22%	2.30%

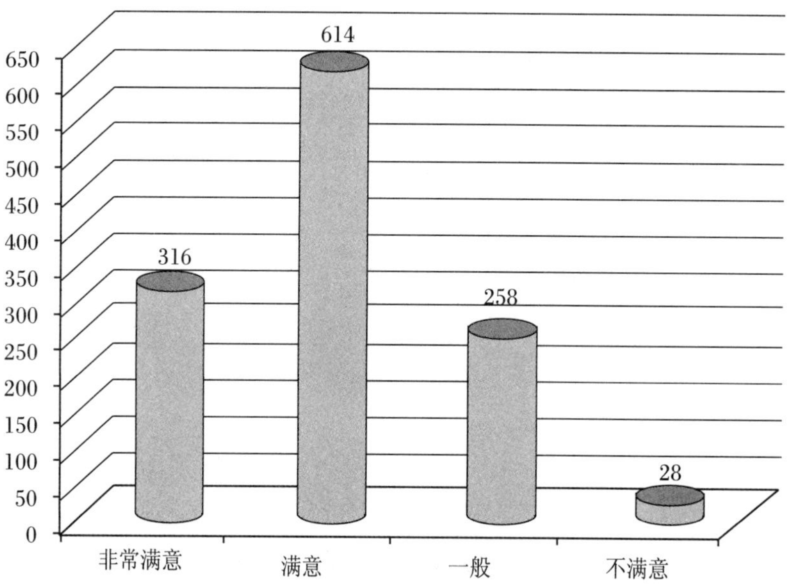

图4　毕业生对学校招聘活动的满意情况

针对2014届毕业生就业问题,该校举办大型招聘会2次,参加单位320家,提供岗位12000个;举办中小型招聘会110场次,提供就业岗位6500余家;举办用人单位宣讲会124场,共提供6236个就业岗位。

6. 对用人单位满意度情况

民营和个体企业一直是民办高校毕业生就业的主战场,大部分用人单位都和毕业生签订正式合同,购买各种保险,毕业生对用人单位比较满意。但有少部分单位存在着实际用工但不签正式用工合同,不缴、少缴或按最低标准为员工缴纳社会保险的现象,这在一定程度上影响到毕业生对单位的满意度。

7. 工作稳定性

稳定是高质量就业的基础。调查对象中有43.01%的有过换工作经历，其离职的原因中有22.37%是升职、17.19%是兴趣、33.55%是为了更高的收入、6.58%是因为家庭、还有20.31%是其他各种原因。在“先就业后择业”的思想指导下，首份工作被部分毕业生看做是工作经验积累的场所，这在一定程度上导致工作稳定性下降，离职率较高。

8. 工作的胜任度

在调查中，45.97%的毕业生认为自己胜任工作，48.68%的毕业生基本胜任工作。12.42%的毕业生认为在学校所学的知识完全能满足工作所需，59.21%的人认为基本满足。这说明该校毕业生专业知识和技能较扎实、做事做人方面能达到用人单位的岗位要求，但在访谈中，不少毕业生认为在实践和创新能力上还需加强。

通过对该民办高校的调查分析可以看出，毕业生就业总体比较乐观，但在就业率、专业对口率、薪酬水平、对学校就业工作满意度、对就业单位的满意度、工作胜任度等方面，仍有继续改进的空间。

三、影响就业质量的几点因素

（一）学校教育教学方面

该校是一所以工科为主的应用型本科院校，在社会转型发展中未能及时关注就业市场的需求，在专业设置、教学模式和人才培养模式上进行相应的改革，影响了毕业生的就业质量。

（二）学生的就业观念

目前，大众化的就业观念还是学历高的毕业生比学历低的毕业生在薪酬待遇、福利保障、工作环境、工作岗位等方面条件要好。这导致本科生在遇到就业受阻或与高职毕业生竞争同一份工作时，难以树立正确的就业观念。同时，“90后”毕业生从小吃苦少、不愿到基层工作，而希望有份舒适、轻松的工作。这无形中影响了他们的就业选择。另外，一些毕业生对就业的地点、工作环境、工资待遇、单位性质等过于看重，对个人职业缺乏远景规划。

（三）学校就业指导工作

目前，一些学校就业指导工作还存在着如下问题：一是形式单一，缺乏具体指导；二是就业指导课缺乏合理的课程安排，师资力量也难以得到保障；三是就业指导的内容落后于学生的实际需求。

（四）就业经费投入

民办高校的财务预算主要集中在招生、基建、教职工工资和日常经费。对于应用型人才的培养，需要更多的实验器材、实验场所、实验人员、社会实践基地等方面的投入，而这方面资源的不足势必会影响到人才培养质量。

四、提高民办高校毕业生就业质量的应对策略

(一) 加强“危机化”意识,强化教育教学规范化管理

高等教育是专用性人力资本形成的重要过程,承担这种职能的高等学校,无论是公办的,还是民办的,都应该为社会提供优质的专用性人才资本,否则,就会影响到其毕业生的就业质量。从可持续发展的角度来看,民办院校只有提供社会满意的人才,才能赢得良好的声誉,也才能在不断开放的高等教育竞争市场中站稳脚跟,进而在发展中争取优质办学资源。因此,民办高校一定要强化危机意识,强化教育教学管理,把“提高教育质量放在更加突出的重要位置”[5],民办高校要立足自己的办学定位和目标,规范教育教学管理,调整工作中心,从注重规模建设转向内涵和质量建设。

(二) 强化“市场化”观念,建立科学的人才质量评价体系

民办高校应从开拓就业市场的角度重新建立自己的质量认证体系,“建立市场化的人才质量观”[6],要适应社会经济发展和市场化的需要,从改革人才培养结构入手,加强对不同学科、不同层次、不同类型的人才结构的研究,研究未来市场的需求走向,探讨未来知识结构特点,注重能力和综合素质,将人才培养的基点放在适应性和创新能力上。

(三) 增设“职业化”教育,提升校园职业文化气息

1. 树立职业教育观念

从目前来看,一般高校从新生入学开始,就开始结合专业教育对学生开展有针对性的思想教育。开设职业生涯规划和就业指导课,采取到企业参观、专题讲座、请优秀毕业生做报告等方式,开展对学生的就业指导活动,帮助学生树立正确的择业观念,激发学生的热情,增强学生就业的自信心。

2. 搭建职业行为培训平台

在对学生应具备的素质进行研究与实践的基础上,针对学生应具有的思想政治素养、文化素养、专业素养、职业素养、科学素养和身心素质,构建学生素质生成的模型,创新学生职业行为训练的平台,提高学生的职业素养。通过训练平台,磨炼学生的职业技能,使学生形成较高的思想政治素养、科学文化素养和职业素养。

3. 实现校企文化融合

学校应有意识地将企业文化引进校园,在校园文化建设中,有意识地开展企业文化教育。建设模拟企业的环境或实训室,实施模拟企业或企业车间管理,用企业文化潜移默化地教育和熏陶学生,让企业文化成为学校对学生进行职业教育的载体,将企业职业规范引入课堂,让学生在上课、实习和休息时都能身临其境地感受到企业文化,使学生在未进入企业之前就已初步了解企业对人才的要求,从而使学生具备良好的职业道德素质,求职心态更加务实,就业选择更趋向多样化。

(四) 建立“开放化”师资队伍,提升毕业生综合素质

安徽地区工业的加快发展需要大规模技术人才,不少民办高校看准时机,把办学目标定

位为社会培养生产、服务、建设第一线急需的技术人才、应用型人才。其所设置的专业大多为工科类专业，并且都将实训课程作为理论教学以外的重要部分，其师资力量中“双师型”教师需求量占很大比例，而民办应用型高校中现有师资队伍是难以满足需要的，以至在访谈中有不少学生希望企业的专家、技术能手进课堂。因此，校企合作中可以建立一种“教师”与“员工”身份互认的机制，学校教师每年安排一定时间到企业参与生产实践，加强理论与实践的融合，企业的行业能手、专家也可到学校兼课，在校企合作中建立“开放化”的师资队伍，学生不仅掌握一定的专业知识，而且可以由专家能手面对面、手把手地教授技能，这对提高毕业生的就业质量也有促进作用。

五、结语

十八大报告中明确提出，要推动实现更高质量的就业，高质量就业是就业质量的提升，是社会发展和行业发展的需要。21世纪教育研究院副院长熊丙奇认为，“客观而言，相对于此前高校只统计公布就业率数据来说，统计并发布就业质量年度报告是一种进步”。这种“进步”不只关注毕业生的就业“量”，而更关注他们的就业的“质”。在时代进步的步伐中，我国民办高校有能力实现工作重心的调整和转移，在不断探索人才培养新模式过程中，“实现更高质量的就业”[7]，为社会培养更受欢迎的毕业生。

参考文献

[1] 教育部.关于编制发布高校毕业生就业质量年度报告的通知[R].2013.

[2] 刘素华.就业质量：概念、内容及其对就业数量的影响[J].内蒙古社会科学，2005(5)：125-128.

[3] 柯羽.高校毕业生就业质量评价指标体系的构建[J].中国高教研究，2007(7)：82.

[4] 中共中央、国务院.国家中长期教育改革和发展规划纲要(2010—2020)[N].人民日报，2010-07-30.

[5] 教育部高等教育评估中心.普通高等学校本科教学工作水平评估问答手册[M].北京：高等教育出版社，2007.

[6] 刘克宽.地方本科学院管理的选择与构建[M].北京：新华出版社，2008.

[7] 十八大报告(全文)[EB/OL].(2012-11-19).http://www.xj.xinhuanet.com.

浅谈新建本科院校毕业生就业工作

唐　凤

摘要：随着教育规模的不断扩大和经济发展的不平衡，加之地方本科院校在办学条件、办学经费、人才引进、政策倾斜等方面存在不足，以致该类院校的大学生综合素质培养方面还不够全面，导致地方性本科院校毕业生在就业上处于弱势的地位，这样就造成了新建本科院校的大学生就业面临着巨大的困难。在当前严峻的就业形势下，积极探索“四新”工作思路，即新建本科院校的转型发展的构思、构建新就业工作体制、新建本科院校应用型人才培养的方式、开拓新建本科院校实训就业新方式，形成“学校主管、部门协调、院系主抓、全员参与”的良好就业工作局面。积极鼓励毕业生到基层就业，加强毕业生就业指导等多种途径服务工作，希望在毕业生就业工作方面取得实效性进展。

关键词：新建本科院校；毕业生；就业工作

一、引言

近年来，高校毕业生就业竞争日益激烈，就业形势愈加严峻，已成为家庭学校和社会关注的热点问题。就业是人们生存必要保障，也是融入社会、共享社会发展成果的基本条件，特别是在全国普通高校招生规模逐年扩大，中国高等教育开始由精英教育向大众教育转变，中国高等教育大众化的时代背景下，大学生就业问题日益突出，就业矛盾越来越尖锐。1999～2013年陆续新增了几十所新建本科院校，新建本科院校升格时间短，办学经验少，办学特色不鲜明，大多都处于摸着石头过河的初级阶段。新建本科院校作为高等教育重要的组成部分，需要积极发挥人才培养基地重要作用，担负为地方经济发展提供优秀的人力资源保障的重要责任。有效提高毕业生就业竞争力是新建本科院校谋求生存与发展的重大课题，具有重要的现实意义。

二、新建本科院校就业工作现状

1999年以来，随着我国高等教育规模的扩张和体制改革的深化，多所不同层次、不同类型学校合并升格或专科学校独立升格成为新建本科院校。大部分新建本科院校实施的是应用型本科教育，培养的是实用型技术人才，与老牌本科院校相比，它更强调应用性和技能性，与专科院校相比，它又要求基础理论教育应达到本科水平，其培养的学生具有较强的后续发展能力。因而，在毕业生就业工作中，能够很好展示自我优势。但是，新建本科院校目前还

［作者简介］　唐凤，女，安徽三联学院创业就业处教师，研究方向：大学生创业就业教育。

存在一定程度的就业难的问题。[1]

新建本科院校要与地方经济社会发展的人才需要相结合，这样学校、学生才能拥有更广阔的就业市场，因此对于新建本科院校需要重新思考、定位毕业生就业与当地的企业需求相连接。新建本科学校的学生主要来自当地的农村，受到生活环境和应试教育的影响，学生自身综合素质不强。在毕业生求职时，大多期望值很高，就业观念还不能及时转变，总感觉别人招聘的岗位和薪资待遇不满意，并且通过调查发现很多学生对找什么类型的工作非常茫然。

三、新建本科院校就业工作存在的问题

1. 学校专业设置与人才培养模式不适应社会发展的需求，从而导致学生在就业时与企业需求脱节

前教育部长袁贵仁曾指出“高校的专业、课程结构和学生的知识结构，还不能很好地适应国家经济结构和产业经济结构的变化”，主要表现在：一是新建本科院校的专业设置还是过窄，学生在就业面上也会受到限制；二是专业及课程设置发展已跟不上时代的发展的需求，没有及时以市场为导向进行规划；三是新增专业适应市场性不强，导致学生在求职时不能与专业相符；四是课程的设置与专业调整不是面向市场需求，而是单纯的立足自身的师资需求。总结起来就是学校办学无特色、学生无特长，导致专业矛盾更加突出。[2]

2. 新建本科院校对就业工作认识不够全面

新建本科院校在就业指导工作方面力量比较薄弱，从而影响毕业生就业工作，因为新建本科院校成立时间短，经验缺乏，对于就业指导的师资队伍建设也很薄弱。从事就业指导工作的老师专业化、职业化水平还不够，造成无法适应市场竞争需求。由于就业指导方法旧、途径少，很多新建本科院校对于学生的就业指导课只开设一年或者过程中间穿插就业指导课程，这样没有给学生形成完整的职业规划设计与服务。[3]新建本科院校应当系统性安排学生进校时有一个清晰职业规划设计，加强就业指导课程的学习与设计。使今后学生在求职过程中有一个良好的自我职业的认识。

3. 毕业生对就业工作期望值过高

学生因受到精英教育的影响，依然认为自己是天之骄子，在选择工作时，认为薪资待遇高、良好的工作环境是首先。但学生对社会经济发展需求缺乏了解，视野不够开阔，缺乏创新精神。毕业生往往不能根据自己的实际情况合理定位，造成理想与现实的差距很大，不能适应社会，而不断跳槽。

4. 新建本科院校毕业生就业差异

新建本科院校与老牌院校就业相比还是处在弱势地位。新建本科院校基本上都是在专科的基础上升格为本科的，新建本科院校的学校名气、专业、就业渠道等都无法与老牌本科相比，远远达不到老牌本科的影响力。

（1）很多企业招聘时提出要重点本科院校的学生，老牌本科院校的毕业生更受到用人单位的欢迎。

（2）新建本科院校很多是处在不发达的地区，贫困生较多，与条件好的学生相比，贫困生的就业签约率不高，签约滞后，质量不高。这样就使得新建本科院校学生就业质量难以提高。

(3) 新建本科院校的学生自信心不足。面对市场激烈的竞争,新建本科院校的大学生在求职的过程中不能自信面对。[4]

四、对于新建本科院校就业工作的四点思考

(一) 新建本科院校的转型发展的构思

新建本科院校转型发展要顺应社会的发展、经济发展的转型趋势,因而当前对于新建本科院校如何转型发展这是重要课题。新建本科院校在毕业生就业转型发展上需要优化人才培养方案,推动人才培养的定位转型,新建本科院校培养的人才更需要转化为为地方服务的适用性人才需求,形成自己的特色和优势。在毕业生就业的过程中要体现实践教学课程的灵活性、多元化。要充分区别学术型和应用型,处理好能力与技能的关系。新建本科院校的整体的实践教学体系需要有开放性和适用性的特点,确保毕业生在就业时通过实践教学来验证自己的专业知识,紧紧联系市场需求。[5]新建本科院校毕业生就业工作应大胆创新,采用"嵌入式""订单式""整体合作式""校地企合作""冠名式""专业对接式""小组集中式"等方式,加大开放型的就业比重,确保新建本科院校的毕业生在走向社会时能够受到用人单位的欢迎,产生良好的社会效应。

(二) 构建新建本科院校的就业工作新体制

新建本科院校构建就业工作新体制,构建"校院两级,以院为主"的毕业生就业工作体制,学校设立毕业生就业指导服务中心作为就业指导服务职能部门,负责从宏观上制定并执行毕业生教育、管理与服务长期规划与年度计划,并指导、监督、协调、考核学院就业工作,各学院也应设立毕业生就业指导办公室,根据学校毕业生教育与管理、就业市场开发与建设、就业指导与培训等目标要求。建立以"领导负责、目标管理、权责统一、绩效考核、资金保障"为基本工作的新机制。[6]

(三) 新建本科院校应用型人才培养采用"开放性"在职培训方式

新建本科院校承担着服务地方区域经济社会发展的责任,需要培养大批高素质应用型人才。产学研则是新建本科院校培养应用型人才的重要措施,要充分利用学校与企事业单位的不同的教育资源和优势,学校与企业共同设计人才培养方案,共建实习基地。引导专业调整和建设,促进课程教学和教学方案,学校应对企业开放在职培训,以及校企合作进行校企联合开发,对于产学研能否形成长效机制,还需要进一步实践证明。[7]

(四) 新建本科院校毕业生就业工作探索

新建本科院校是重点本科院校一个非常重要的组成部分,需要探索如何在竞争激烈的新建本科院校中突出自我特色及优势。毕业生就业工作是学校的生命线,学生的就业背后都牵动着千万家长的心,开拓毕业生就业的新方式也是迫在眉睫的事情。[8]如目前所采用新的就业方式如下:

(1) 紧密结合当前国家就业政策的引导及扶持项目,引导大学生到基层就业。

(2) 根据市场需求,选择专业性强的毕业生与企业进行对接培养,即所谓"订单式培养"。

(3) 新建本科院校对毕业生可采用“尝试互动”的教学方式，帮助学生了解尝试工作的性质类型，有一个提前预知并接受的过程。

(4) 新建本科院校应当根据学校自身的专业设置进行研究，进行专业大类就业。

(5) 新建本科院校的毕业生就业可采用“团队式”“兴趣式”的就业方式，从而提高就业毕业生的就业质量，产生良好的社会效应。[9]

五、结语

当今的新建本科院校将在社会需求发展中进行转型，这也是历史发展的必然过程，新建本科院校应当从学校整体发展及人才培养模式出发，坚持以市场需求为导向。[10]保证新建本科院校的毕业生在专业知识及实践能力上不滞后、不脱轨。毕业生就业工作有个性化、差异化、创新化的突破。为毕业生提供专业性的就业服务，为每位同学打造完美的职业梦想。

参考文献

[1] 余新丽，费疏芳.构建新的高校就业工作评价体系[J].高等农业教育，2004(4)：79-82.

[2] 孙蕾.高等教育大众化我国大学生就业政策研究[D].南京：南京农业大学，2007.

[3] 龙献忠.高校扩招与大学生职业指导[J].高等探索，2002(4)：64-66.

[4] 袁铁铮.多种灵活就业方式的成因分析[J].中国劳动，2001(12)：41-42.

[5] 刘芳.大学生就业现状主要的原因分析与对策[N].知识青年报，2010.

[6] 姚琳.体验式教学在培养大学生就业能力中应用[J].湖北广播电视大学学报，2011，31(3)：56-57.

[7] 孙克美.关于提高大学生就业能力几点思考[J].才智报，2010(31).

[8] 邹松建.当前大学生就业难分析及对策研究[D].武汉：华中师范大学，2005.

[9] 邱毅.新建本科院校大学生就业问题分析[J].科教文汇，2010(4)：199-200.

[10] 李思静，孙小凯.浅谈当代大学生就业现状及其解决办法[J].出国与就业(就业版)，2011(16)：43.

大学生就业影响因素的实证研究

黄先伟，李焱森，陈明

摘要：了解影响大学生就业的因素，为后续就业指导工作提供帮助。使用大学生就业影响因素调查问卷，对在校大四学生进行问卷调查，使用统计软件进行统计分析。

从描述统计结果中发现参与调查的学生中，从不参加社会实践活动的男生为71人，女生为1人；从性别和家庭住址两方面分析各因素对就业影响方面的看法，除了在校努力与最终就业的显著性 P 大于0.05，其他因变量的显著性 P 值都小于0.05；学习成绩与预期薪酬之间的相关系数为0.864；通过聚类分析，根据调查者对就业影响因素看法的不同分为4类。

结论：性别与是否参加社会实践之间存在差异；性别、家庭住址各因素对就业影响方面的看法差异性显著；学生认为英语水平、计算机水平、社会实践经历对就业的影响非常大。

关键词：大学生；就业指导；方差分析；聚类分析

一、引言

1999年之后的数年里，我国高等学校招生规模连续扩大，全日制普通高等学校毕业生从2003年的145万猛增到2014年的727万。我国高等教育快速发展的过程中出现的大学生就业问题在很大程度上成为具有普遍性的社会问题。2009年1月19日，国务院办公厅发布了《国务院办公厅关于加强普通高等学校毕业生就业工作的通知》，通知要求尽一切努力做好高校毕业生的就业工作[1,2]。基于以上形势，研究者对学校大四学生进行相关调查研究，以发现影响学生就业的因素，从而为学校相关部门开展后续的就业指导工作做准备。

二、对象与方法

（一）对象

在安徽省合肥市某三本学院，随机选取大四在校本科生260人发放问卷。回收问卷233份，回收率89.6%，其中男生114人（占总回收份数的48.9%），女生有119人（占总回收份数的51.1%）。

［作者简介］ 黄先伟（1978—），男，安徽三联学院交通工程学院教师，研究方向：应用心理学。

（二）测量工具

选取大学生就业调查问卷、大学生就业认知评价问卷、大学生就业择业调查问卷，结合对部分同学的访谈，从以上问卷中选择部分题目，组成大学生就业影响因素调查问卷。问卷包括两部分，第一部分是个人情况，包括5小题，第二部分是对于就业的看法，包括12小题。对问卷进行信度和效度检验，符合要求。

（三）统计方法

采用SPSS 20.0进行描述统计、方差分析、相关分析和聚类分析。

三、结果

（一）性别与是否参加社会实践之间的关系

如表1所示，参与调查的男生中经常参加社会实践的有27人，偶尔参加社会实践的有16人，从不参加的有71人；参加调查的女生中经常参加社会实践的有64人，偶然参加社会实践的有54人，从不参加社会实践的有1人。

表1　性别与是否参加社会实践交叉表

<table>
<tr><th colspan="3" rowspan="2"></th><th colspan="3">是否参加社会实践</th><th rowspan="2">合　计</th></tr>
<tr><th>经常</th><th>偶尔</th><th>从不</th></tr>
<tr><td rowspan="6">性别</td><td rowspan="3">男</td><td>计数</td><td>27</td><td>16</td><td>71</td><td>114</td></tr>
<tr><td>性别中的百分比</td><td>23.70%</td><td>14.00%</td><td>62.30%</td><td>100.00%</td></tr>
<tr><td>是否经常参加
社会实践中的百分比</td><td>29.70%</td><td>22.90%</td><td>98.60%</td><td>48.90%</td></tr>
<tr><td rowspan="3">女</td><td>计数</td><td>64</td><td>54</td><td>1</td><td>119</td></tr>
<tr><td>性别中的百分比</td><td>53.80%</td><td>45.40%</td><td>0.80%</td><td>100.00%</td></tr>
<tr><td>是否经常参加
社会实践中的百分比</td><td>70.30%</td><td>77.10%</td><td>1.40%</td><td>51.10%</td></tr>
</table>

（二）性别、家庭住址各因素对就业影响方面的看法差异性研究

如表2所示，除了在校努力与最终就业的显著性 $P=0.153>0.05$，其他因变量的显著性 P 值都小于0.05，说明除了在校努力与最终就业因素在0.05的显著性水平上不显著外，其他变量都在0.05的显著性水平上显著。这说明，不同性别的被调查者在形象、性别、英语水平、计算机水平、资格证书、社会实践经历、成绩、就业形势、预期报酬、理想就业单位这些因素对就业的影响方面的看法存在着显著差异。

表 2　性别因素方差分析

影响因素	平方和	*df*	均方	*F*	显著性
形象影响	17.644	1	17.644	15.728	0
性别影响	17.644	1	17.644	15.728	0
英语水平影响	3.88	1	3.88	4.909	0.028
计算机水平影响	3.88	1	3.88	4.909	0.028
资格证书影响	88.443	1	88.443	83.689	0
社会实践经历影响	22.344	1	22.344	25.989	0
成绩影响	20.742	1	20.742	139.98	0
就业形势看法	20.486	1	20.486	23.109	0
预期薪酬	5.586	1	5.586	25.989	0
理想就业单位	101.9	1	101.9	85.66	0
在校努力与最终就业	0.357	1	0.357	2.059	0.153

如表 3 所示,除了在校努力与最终就业的显著性 $P=0.398>0.05$,其他因变量的显著性 P 值都小于 0.05,说明除了在校努力与最终就业因素在 0.05 的显著性水平上不显著外,其他变量都在 0.05 的显著性水平上显著。这说明,家庭住在农村或城市的被调查者在形象、性别、英语水平、计算机水平、资格证书、社会实践经历、成绩、就业形势、预期报酬、理想就业单位这些因素对就业的影响方面的看法存在着显著差异。

表 3　家庭住址因素方差分析

影响因素	平方和	*df*	均方	*F*	显著性
形象影响	45.389	1	45.389	45.313	0
性别影响	45.389	1	45.389	45.313	0
英语水平影响	4.764	1	4.764	6.057	0.015
计算机水平影响	4.764	1	4.764	6.057	0.015
资格证书影响	163.678	1	163.678	223.873	0
社会实践经历影响	55.978	1	55.978	78.385	0
成绩影响	47.098	1	47.098	1382.048	0
就业形势看法	58.002	1	58.002	80.102	0
预期薪酬	13.995	1	13.995	78.385	0
理想就业单位	65.331	1	65.331	48.469	0
在校努力与最终就业	0.125	1	0.125	0.719	0.398

(三) 对几个影响因素的相关分析

从表 4 可以看出,“学习成绩”与“资格证书影响”“预期薪酬”“理想就业单位”之间存在显著正相关,“学习成绩”与“社会实践经历影响”之间存在显著负相关;“资格证书影响”与“社会实践经历影响”“理想就业单位”之间存在显著正相关,“资格证书影响”与“预期薪酬”之间存在显著负相关;“社会实践经历影响”与“预期薪酬”之间存在显著负相关,“社会实践经历影响”与“理想就业单位”之间不存在显著相关;“预期薪酬”与“理想就业单位”之间不存在显著相关。

表 4 影响因素相关矩阵

	学习成绩	资格证书影响	社会实践经历影响	预期薪酬	理想就业单位
学习成绩	1				
资格证书影响	0.291**	1			
社会实践经历影响	−0.824**	0.197**	1		
预期薪酬	0.864**	−0.197**	−0.817**	1	
理想就业单位	0.222**	0.462**	−0.02	0.02	1

注:** 在 0.01 水平(双侧)上显著相关。

(四)聚类分析

第一类学生认为英语水平、计算机水平、在校努力与最终就业对就业的影响非常大;资格证书、社会实践经历、成绩对就业的影响一般;性别、形象对就业的影响较小;理想就业单位为外资企业;就业形势比较乐观,预期薪酬 2000~4000 元。第二类学生认为资格证书、社会实践经历对就业的影响非常大;性别、形象、英语水平、计算机水平及在校努力与最终就业对就业的影响比较大;成绩对就业的影响一般,预期薪酬 4000~6000 元;理想就业单位为事业单位;对就业形势比较悲观。第三类学生认为英语水平、计算机水平、社会实践经历对就业的影响非常大;性别、形象及在校努力与最终就业对就业的影响比较大;资格证书、成绩对就业的影响较小;预期薪酬 4000~6000 元;理想就业单位为国有企业;对就业形势比较悲观。第四类学生认为英语水平、计算机水平对就业的影响非常大;性别、形象及在校努力与最终就业对就业的影响比较大;资格证书、社会实践经历及成绩对就业的影响一般;性别和形象对就业的影响很小;预期薪酬 2000~4000 元;理想就业单位为政府部门;对就业形势比较乐观[3]。如表 5 所示。

表 5 最终聚类中心

影响因素	聚类			
	1	2	3	4
性别影响	4	2	2	4
形象影响	4	2	2	4
英语水平影响	1	2	1	1
计算机水平影响	1	2	1	1
资格证书影响	3	1	4	3
社会实践经历影响	3	1	1	3
成绩影响	3	3	4	3
就业形势看法	2	4	4	2
预期薪酬	2	3	3	2
理想就业单位	4	2	3	1
在校努力与最终就业	1	2	2	2

从表6中可以看出,聚类2包含样本数最多,为85个,聚类1包含样本最少,为36个。

表6 每个聚类中的案例数

聚类		1	36.000
		2	85.000
		3	66.000
		4	46.000
		有效	233.000
		缺失	0.000

四、结论

从以上所做的统计分析,我们可以得出以下值得进一步思考的结论:

(1) 从选取的样本中发现,女生在学校期间更愿意参加社会实践,而男生更不愿意参加社会实践。男女生的这种差异会对以后的就业产生什么样的影响,有进一步跟踪调查的意义,这里不能给出明确的解释。

(2) 男生、女生或城镇、农村的被调查者除了在"觉得自己在学校的努力与最终的就业情况之间"有一致的看法以外,在其他各影响因素上都有着不一致的看法。

(3) 研究发现,"学习成绩"与"资格证书影响""预期薪酬""理想就业单位"之间存在显著正相关;"资格证书影响"与"社会实践经历影响""理想就业单位"之间存在显著正相关;"社会实践经历影响""预期薪酬"与"理想就业单位"之间不存在显著相关。已有研究表明,这些因素对最终的就业都有很重要的作用[4]。

(4) 根据对就业影响因素看法的不同,把被调查学生分为4类。第一、三、四类学生都认为英语水平、计算机水平对就业的影响非常大,第二、三类都认为社会实践经历对就业的影响非常大。

综上所述,学校后续的就业指导工作的方向应该是:首先,鼓励男生在不耽误正常学习的情况下多参加社会实践工作。有针对性地对女生参加社会实践工作的质量进行监控,达到为以后就业服务的目的;其次,引导学生对"在校的努力与最终的就业情况之间"树立正确的观念;引导学生树立学习成绩、英语水平、计算机水平、资格证书对就业有积极影响的观念;引导学生理性预期薪酬,根据自身特点设定自己的理想就业单位[5];最后,注意到学生对就业影响因素看法的差异,在就业指导工作中,努力做到统一思想,纠正一些不正确的认识,确保每位学生顺利、满意就业。

参考文献

[1] 张建奇.关于大学生就业意识、能力准备与就业满意度之间关系的研究[J].河南社会科学,2011(4):103-106.

[2] 涂晓明.大学毕业生就业满意度影响因素的实证研究[J].高教探索,2007(2):117-119.

[3] 吴亚娟.基于因子:聚类分析的大学生就业满意度统计及预测[J].南京信息工程大学学报(自然科学版),2010,2(6):510-513.

[4] 成长群.大学生就业问题研究[D].武汉:武汉大学,2010.

[5] 李炜,岳昌君.2007年高校毕业生就业影响因素分析[J].清华大学教育研究,2009(2):88-94.

基于方差分析法的统计专业学生满意度分析

——以宿州学院为例

李壮壮,王北阳

摘要:大学生专业满意度综合反映了普通高校的整体办学水平和学生的学习态度,对未来的就业等起着重要的作用。本文在宿州学院数学与统计学院进行抽样调查并收回了208份有效问卷,运用SPSS(Statistical Package for the Social Science)软件建立了相应的数据库,在区分统计学专业和非统计学专业的基础上,对数据进行频数分析和方差分析,主要探索影响统计学专业满意度的原因。研究结果显示:志愿的选择、课程喜好、是否考研以及未来就业方向与专业的满意度都是显著相关的,提高专业认识,加强专业课程建设和进行就业指导都有助于提高学生的专业满意度。最后,结合分析结果提出了提高统计学专业满意度的对策建议。

关键词:抽样调查;专业满意度;频数分析;方差分析

一、引言

大学生专业满意度,顾名思义,就是大学生对自己专业的满意情况。我们可以通过了解大学生的专业满意度看出在校大学生对自己学习的态度,同时也可以很好地反映出学校相关工作的情况并有针对性的进行改进。可见对在校大学生的专业满意度的研究显得更加重要。本文主要研究宿州学院的专业满意度,并找出影响专业满意度的因素,针对性地提出对策。

二、数据收集与整理

(一)调查方案设计

本论文的研究总体是宿州学院在校的大学生,探讨的问题是提高在校大学生专业满意度对策研究,但由于总体的复杂性,我们只针对数学与统计学院进行调查,采用无记名方式进行问卷调查,重点抓住统计学专业和非统计学专业满意度的差异性,来更好地研究影响统计学专业满意度的原因。

[作者简介] 李壮壮(1984—),男,宿州学院统计调查咨询服务中心讲师,研究方向:经济统计与社会统计。

（二）问卷设计

调查问卷采用较为广泛的《专业满意度问卷调查》，并用5点计分，总分越低满意度越高。本问卷设置的变量有性别、户籍、年级、第一志愿、课程满意与否。本文主要研究这些变量对专业满意度的影响，针对这些因素提出相应对策，并同时从统计学未来去向、考研方向、就业方向等方面探讨统计学专业的前景。

（三）数据整理

收集问卷，在实际发出的208份问卷中，只丢失一份，收回207份有效问卷，回收率为99.52%，问卷设计得较成功，回收率也较高。根据问卷整理数据，建立数据集，主要用SPSS、Excel等统计软件分析。也查阅与统计相关的书籍，如《多元统计分析》《应用回归分析》。对数据主要进行的是 T 检验、卡方检验和方差分析。

三、基于调查结果的专业满意度影响分析

我们要研究的是性别、户籍、年级、第一志愿、课程满意度对专业满意度的影响。结果表明性别、户籍、年级对专业满意度没有显著性影响，而第一志愿和课程满意度对专业满意度有显著性影响。

（一）性别对专业满意度的影响

性别与专业满意度的 T 检验如表1所示。

表1　性别与专业满意度的 T 检验

<table>
<tr><td></td><td>性别</td><td>N</td><td>Mean</td><td>Std. Deviation</td><td>Std. Error Mean</td></tr>
<tr><td rowspan="2">专业满意度</td><td>男</td><td>101</td><td>2.72</td><td>1.050</td><td>0.104</td></tr>
<tr><td>女</td><td>106</td><td>2.77</td><td>0.680</td><td>0.066</td></tr>
<tr><td colspan="2"></td><td>t</td><td>df</td><td>Std. (2-tailed)</td><td>Std. Error difference</td></tr>
<tr><td rowspan="2">专业满意度</td><td>方差相等</td><td>−0.415</td><td>205</td><td>0.678</td><td>0.122</td></tr>
<tr><td>方差不相等</td><td>−0.411</td><td>170.055</td><td>0.682</td><td>0.124</td></tr>
</table>

从表1中的数据可以看出男生对专业满意度总体评价的均值是2.72，标准差是1.050，女生对专业满意度总体评价的均值是2.77，标准差是0.680，P 明显大于0.05，所以说性别对专业满意度没有多大影响。

（二）户籍对专业满意度的影响

户籍与专业满意度的 T 检验如表2所示。

表 2　户籍与专业满意度的 *T* 检验

	户籍	N	Mean	Std. Deviation	Std. Error Mean
专业满意度	农村	160	2.79	0.914	0.072
	城镇	46	2.63	0.741	0.109
		t	*df*	Std. (2-tailed)	Std. Error difference
专业满意度	方差相等	1.068	204	0.287	0.147
	方差不相等	1.199	88.168	0.234	0.131

从表 2 中的数据可以看出参加专业满意度问卷调查的学生中农村户籍的有 160 人，城镇户籍的有 46 人。其中农村户籍的大学生对专业满意度总体评价的均值是 2.79，标准差是 0.914，城镇户籍的大学生对专业满意度总体评价的均值是 2.63，标准差是 0.741，*P* 值大于 0.05，所以说户籍对专业满意度的影响不是很大。

（三）年级对专业满意度的影响

年级与专业满意度的 *T* 检验如表 3 所示。

表 3　年级与专业满意度的 *T* 检验

	年级	N	Mean	Std. Deviation	Std. Error Mean
专业满意度	≥3	26	2.88	0.864	0.169
	＜3	181	2.73	0.881	0.065
		t	*df*	Std. (2-tailed)	Std. Error difference
专业满意度	方差相等	0.843	205	0.400	0.184
	方差不相等	0.855	32.929	0.399	0.182

从表中的数据可以看出在问卷调查中是三年级及以上的只有 26 人，而一年级和二年级的就有 182 人，显然这次问卷调查主要针对的是低年级，但同样具有代表性。数据显示三年级及以上的学生对专业满意度总体评价的均值是 2.88，标准差是 0.864，一年级和二年级的学生对专业满意度总体评价的均值是 2.73，标准差是 0.881，*P* 值大于 0.05，所以说年级对专业满意度的影响也不大。

（四）第一志愿对专业满意度的影响

第一志愿与专业满意度的卡方检验如表 4 所示。

表 4　第一志愿与专业满意度的卡方检验

卡方检验＼专业	1	2	3	4	5
观察的 N	20	43	123	13	9
预期的 N	41.6	41.6	41.6	41.6	41.6
余值	-21.6	1.4	81.4	-28.6	-32.6

注:1 代表非常满意;2 代表满意;3 代表一般满意;4 代表不满意;5 代表非常不满意。

从表 4 中的数据可以明显地看出在问卷调查中对专业非常满意的有 20 人,满意的有 43 人,一般的有 123 人,不满意的有 13 人,非常不满意的有 9 人。我们可以清楚地看出,大多数学生对自己的专业的满意程度仅是一般。然而在对大学生所学专业是否是第一志愿的数据简单分析中(见表 5),我们也可以看到,是第一志愿的有 162 人,不是第一志愿的有 46 人,显然学生所学的专业绝大多数都是第一志愿。从卡方分析中,可以看到 P 值是 0.000,小于 0.05,所以第一志愿对专业满意度有显著性影响。

表 5　所学专业是第一志愿的数据分析

	第一志愿	非第一志愿
观察的 N	162	46
预期的 N	104.0	104.0
余值	58.0	-58.0
	专业满意度	第一志愿
Chi-Square	215.750	64.692
df	4	1
Asymp. Sig	0.000	0.000

(五)课程满意度对专业满意度的影响

课程满意度与专业满意度的方差分析与卡方检验如表 6 所示。

表 6　课程满意度与专业满意度的方差分析与卡方检验

	Sum of Squares	*df*	Mean Squares	*F*	Sig.
组间	16.849	4	4.212	5.988	0.000
组内	142.088	202	0.703		
总值	158.937	206			

	专业满意度	课程满意度
Chi-Square	212.879	117.758
df	4	4
Asymp. Sig	0.000	0.000

从方差分析表中可以看到组间平方和为 16.849,组内平方和为 142.088,总体平方和为

158.937,即总体平方和 = 组间平方和 + 组内平方和。F 值为 5.988,P 值为 0.000,小于 0.05,同样在卡方检验中 P 值也小于 0.05,综上所述,课程满意度对专业满意度有显著性影响。

四、统计学专业满意度对策分析

从上面的调查结果分析可以看出影响统计学专业满意度的因素主要是大学生选择的专业是否是第一志愿和大学生对专业开的课程的满意度,而性别、户籍、年级对统计学专业满意度没有多大影响。下面我们针对统计学的未来方向、考研方向、就业方向来深入探讨,以便于对影响统计学专业满意度的因素提出更好的对策。

(一) 统计学专业未来去向分析

统计学专业未来方向调查主要看大学生对统计学专业的未来方向清不清楚,是否迷茫,如表 7 所示。

表 7　统计学未来去向认识

	观察的 N	预期的 N	余值
清楚	74	102.5	-28.5
不清楚	131	102.5	28.5
总值	205		

从表 7 中的数据可以清晰地看出,大学生对统计学未来去向清楚的有 74 人,而不清楚的有 131 人,显然绝大多数学生对专业未来去向不清楚,也反映了学生对专业的迷茫性,同样也会影响学生对统计学专业的满意度。

(二) 统计学专业考研方向分析

面对就业的压力、生活的压力,越来越多的大学生选择考研,想学习更多的知识,想找到更好的工作。就统计学专业,我们了解到学生的考研方向,如表 8 所示。

表 8　大学生考研方向认识

卡方检验 \ 专业	1	2	3	4	5
观察的 N	51	22	5	3	14
预期的 N	19.0	19.0	19.0	19.0	19.0
余值	32.0	3.0	-14.0	-16.0	-5.0

注:1 代表经济类;2 代表管理类;3 代表工科类;4 代表计算机类;5 代表其他。

从表 8 中的数据可以看出,在问卷调查中统计学专业的学生愿意考研的人并不多,而就想考研的人来说,考经济类的有 51 人,管理类的有 22 人,工科类的有 5 人,计算机类的有 3 人,其他的 14 人。显然绝大多数人想考经济类的,其实这也是现在考研的趋势,学经济到社会上有更多的就业机会,有更好的发展前途。

(三)未来就业方向认识分析

我们先来谈谈目前统计学专业的就业形势。

时代在更新,社会在发展,然而竞争却无处不在,在这个充满竞争的社会,我们又该何去何从,高中生面临着专业的选择,大学生面临着就业的选择,可见专业对就业的重要性。在金融、会计、计算机、机械、建筑、医学等众多专业中统计学又面临着怎样的局面呢?统计学专业主要培养的是不仅具有良好的数学素养,还要有较高的经济学素养,能够熟练地操作SPSS、SAS软件并会精确地分析的人才。高难度且太专业化的要求使得统计学的就业方向狭窄,或者通过考公务员到统计局工作,或者通过再深造到各高校的统计系做大学教师。虽然统计学的发展趋势越来越蓬勃,包含的内容也越来越多,但统计学专业毕业的学生的就业需求却不太理想,统计学专业要求深度和高度,很少有学生能达到这样的要求,这就大大减少了择业机会,况且现在对人才的需求是“供大于求”,统计学专业毕业的学生主要从事人口、土地、国民生产总值、军事等方面的统计工作。我们都知道现在人才市场越来越饱和,也就无形中造成就业形势的严峻。而就业形势的严峻则会直接影响学生对专业的满意度。表9为问卷调查中大学生未来的就业方向。

表9 就业方向简单分析

就业方向	1	2	3	4	5
人数	21	37	21	21	12
所占比例	18.8%	33%	18.8%	18.8%	10.7%

注:1代表公务员;2代表事业单位;3代表国企;4代表外企;5代表民营企业。

从表9中数据可以看出学生的就业方向的大致情况,想考公务员的有21人,想在事业单位上班的有37人,想在国企的有21人,外企的也有21人,民营的有12人。显然许多人都想去好的单位,待遇好、福利好的铁饭碗成了众多人的追求,铁饭碗的高难度也加深了就业的严峻。

五、基于专业满意度调查结果分析的对策建议

(一)开辟多种渠道,为高中生提供健全完善的专业信息

为什么我们会经常听到大学生说自己的专业如何如何的不好,学习起来乏味又枯燥,一点兴趣都没有呢?笔者觉得这和高考填报志愿关系很大,好的专业,自己喜欢的专业才是最好的。第一志愿是很重要的,很多高校在本科是不可以再次选择专业的,而学什么专业直接关乎着我们的就业,这种情况下,第一志愿尤为重要。而从上面分析的原因我们也可以看出第一志愿对专业满意度影响的重要性。因为高等教育与中等教育之间存在着一定的漏洞,难以衔接得很好,高中生在填报志愿时缺乏有效的信息资源,填报志愿时存在一定的盲目性、跟从性,不能得到正确有效的指导,甚至有的人根本就是乱填,这是对自己的不负责。对于此,我们应该如何做呢?为了尽量避免这种种因素的影响,笔者认为高校应该争取开辟多种信息渠道,通过各种媒介向广大高中生传播最完善、最健全、最可靠的专业信息。除了网络、电视、报纸等媒介媒体外,高校还应该建立专门的专业宣讲小组,把信息扩散到技术相对

落后的地区，进行专业性的宣讲，并对高中生在如何选专业方面进行正确、有效地指导。同时我们要积极、密切、有效地关注外部信息，及时地把那些通过非正规渠道传播的虚假信息排除掉，以防高中生上当受骗，影响他们的前途和未来。世上是没有后悔药吃的，所以我们在人生的选择上要更加的谨慎。

（二）培养大学生的学习兴趣

我国现行的教育仍然是应试教育，学生在进入大学之前几乎所有的精力都放在分数上，太过于关注分数而忘了自己的兴趣所在，报考专业的时候也都是考虑所填报志愿的分数要求及以后是否能找到好的工作，而等到真正学习专业知识的时候，很多学生都会觉得学习的东西并不是自己喜欢的，觉得枯燥乏味，于是产生不满情绪，甚至产生厌倦心理，影响学习也影响专业的满意度。俗话说，兴趣是最好的老师，即使学生在选专业的时候由于对专业不了解而导致对所学专业满意度不高，高校仍可以通过开展与本专业相关的知识竞赛、课外活动等来调动学生的学习积极性，带领学生进行社会实践，使学生体会到知识的实用性。同时，学生自己也应该多努力学习专业知识，充分利用课外时间拓展知识面，尽快在专业知识的海洋中寻找自己的兴趣所在。

（三）优化师资力量，提高教学质量

对于学校来说，教学质量直接影响着学校的名声、生源，可谓至关重要；对于学生来说，教学质量直接影响着学生的学习兴趣，说的严重点，会间接影响着学生的未来。试想，教学质量不行，也就是老师胡任务，当然学生也跟着胡任务，怎么可能学到很多的知识，怎么可能在未来工作中运用自己学过的东西呢？这种种情况，更是说明了教学质量对提高高校质量和大学生专业满意度有着重要的作用。同时我们也看到大学的教学质量直接地影响着大学课程的满意度，从上面的分析结果我们可以清晰地看出课程满意度对专业满意度的重要性，同时也显示了大学生对课程满意度是较低的。因此学校应该更加重视对师资力量的重点培养，通过一定的激励措施提高教师整体的工作态度，丰富教学内容，科学地规划课程，同时也应该出资让老师不断地去进修，老师学得多，看得广，学生也会受益很多，见识也会增加，有利于其发展。

（四）在大学生转专业时，加强进行专业性的指导

尽管很多大学生有机会重新选择别的专业，但是由于他们对再次选择的专业了解程度不够高，在这种情况下转专业并未收到预想的效果，对于此，加强对大学生进行专业选择的指导也就势在必行了，显得更加重要了。对大学生进行选择专业的指导主要包括以下 3 个方面：

（1）可供选择的专业介绍，如专业的特点、性质、发展前途、就业方向、专业所需的学科基础、专业与性格的匹配性。

（2）帮助学生认真地了解自己，比如充分了解自己的兴趣爱好、性格、能力等，找到适合自己并很感兴趣的专业。

（3）加强学生选择专业的意识、能力和相应的责任感等。据了解，我国一些高校目前也在实施转专业计划及第二次选择专业计划，但伴随着大学生选择专业越来越自由化，这方面的工作更需要大大加强，才能更好地为学生服务。

六、结论

本文主要探讨在校大学生对统计学专业的满意度。通过一系列的问卷调查及数据分析,我们可以发现影响专业满意度的主要原因是课程满意度和第一志愿,而性别、年龄、户籍对专业满意度没有影响。我们可以从培养学生兴趣、提高教学质量等方面提高大学生的专业满意度。笔者相信在学校和学生自己两方面的共同努力下,大学生对自己的专业会越来越满意,相应地也会提高大学生的就业率,对自己的未来更加充满信心。

参考文献

[1] 冀文海.高等教育质量严重滑坡,八成大学生不满意[EB/OL].中国教育网,2003.

[2] 小柳佐和子.中国大学生对大学满意度调查[D].上海:复旦大学,2001.

[3] 张进.提升就业能力,缓解大学生就业难的重要选择[J].高等教育研究,2007,28(12):37-41.

[4] 王保义.大学生就业难问题与对策的深层次分析[J].黑龙江高教研究,2007,16(12):109-112.

[5] 卢雪松,杨倩,鲁烨,等.专业选择的影响因素与专业满意度关系的研究[J].文教资料,2008,10(5):202-203.

[6] 鞠文博.调查报告的写作技巧[J].秘书之友,2010,6(10):28-30.

[7] 许静涛.调查报告的写作技巧[J].新闻与写作,2008,13(5):58-60.

[8] 田喜洲,王晓漫.在校大学生满意度调查与分析[J].高教探索,2007,11(5):126-128.

[9] 韩玉志.美国大学生满意度调查方法评介[J].比较教育研究,2006,12(6):60-64.

[10] Lam T. On employee job satisfaction[J]. Tourism Management,2001,3(2):157-165.

附录　专业满意度问卷调查

(1) 你的专业是(　　)。

A. 统计学　　B. 非统计学

(2) 你的性别是(　　)。

A. 男　　B. 女

(3) 你的户籍是(　　)。

A. 农村　　B. 乡镇

(4) 你现在是(　　)年级。

A. 一　　B. 二　　C. 三　　D. 四

(5) 你所学专业是不是第一志愿(　　)。

A. 是　　B. 否

(6) 你对自己的专业(　　)。

A. 非常满意　　B. 满意　　C. 一般　　D. 不满意

E. 非常不满意

(7) 你对自己专业满意的原因是(　　)。

A. 能找到好工作　　B. 好就业

C. 比较容易考上研究生　　D. 能提高我各方面的水平

E. 其他

(8) 你对自己专业不满意的原因是(　　)。

A. 找不到好工作　　B. 难就业

C. 不容易考上研究生　　D. 能力得不到锻炼

E. 其他

(9) 你对自己专业开的课程(　　)。

A. 非常满意　　B. 满意　　C. 一般　　D. 不满意

E. 非常不满意

(10) 你对专业所开课程满意的原因是(　　)。

A. 对所开课程感兴趣　　B. 不同课程开设的时间合理

C. 所开课程有用　　D. 所开课程全面

D. 其他

(11) 你对专业所开课程不满意的原因是(　　)。

A. 对所开课程不感兴趣　　B. 不同课程开设的时间不合理

C. 所开课程用处不大　　D. 所开课程不够全面

E. 其他

(12) 你对统计学未来去向(　　)。

A. 清楚　　B. 不清楚

(13) 你的考研方向是(　　)。

A. 经济类　　B. 管理类　　C. 工科　　D. 计算机类

E. 其他

(14) 你未来就业方向是(　　)。

A. 政府行政机关　　B. 事业单位　　C. 国企　　D. 外企

E. 私企

地方新建本科高校体育教育专业大学生就业状况调查分析

——以宿州学院为例

张　娜

摘要：本文以宿州学院体育教育专业为例，调查分析了2011～2013年毕业生初次就业率和最终就业率、对口就业率、就业去向、就业单位性质。对如何提高体育教育专业就业率和就业质量提出了自己的观点和建议。

关键词：本科高校；体育教育；就业状况

随着国家经济和地方经济的发展，对各级人才的需求越来越大。地方应用型本科高校就是在这种经济发展大局势下，为适应地方经济发展及地方对高级人才的迫切需求逐渐建设和发展的。地方应用型本科高校的发展定位就是培养高级的应用型人才，服务区域经济发展。体育教育专业是一个具有悠久历史的专业，在很多地方应用型本科高校都设置了此专业。随着此类学校的转型发展，体育教育专业毕业生的就业状况一直以来是学校关注的问题，因为毕业生的就业状况为体育教育专业的发展和转型提供强有力的参考依据。本文以宿州学院体育教育专业为例，调查分析了2011～2013年体育教育专业的就业状况，对体育教育专业的建设发展提出了建议。

一、研究对象及方法

本研究的对象是2011届、2012届、2013届宿州学院体育教育专业毕业生，目的是分析体育教育专业毕业生就业状况，为适时调整专业培养方案和课程设置提供参考依据。采用统计学方法，依据学生提交的《就业证明函》《劳动合同》《普通高校毕业生就业协议书》等学校认定的就业证明材料，统计就业状况的各项数据，结果具有真实性、可信性、全面性、系统性。

二、就业状况调查的结果和分析

1. 初次就业率和最终就业率

就业率是指已就业毕业生数占毕业生总数的百分比。可以分为广义就业率和狭义就业率。广义就业率由安徽省教育厅界定，其界定的已就业毕业生数包含多种形式的就业，如自主创业、读研、应征入伍、参加国家或地方基层项目和出国(境)留学等。而狭义的就业率是由就业本身的概念所界定的，其界定的已就业毕业生数范畴较窄，其将学生毕业后读研、应

［作者简介］　张娜(1983—)，女，宿州学院体育学院讲师，研究方向：大学生教育与管理研究。

征入伍、参加国家或地方基层项目或出国(境)留学等排除在已就业毕业生数范畴之外。所以,广义就业率要大于等于狭义就业率。本文中采用的就业率统计口径为广义就业率。表1是2011～2013届体育教育专业毕业生的初次就业率的比较。总体来说,体育教育专业的初次就业率要低于学校总体的初次就业率,这一方面和体育教育专业自身特点有关;另一方面可能与就业宣传情况、学生的就业意识等有关。而从表2的结果可以看到,体育教育专业的最终就业率总体上要高于学校的最终就业率。这说明体育教育专业的设置是符合社会需要的。从表1和表2的结果对比来看,体育教育专业的学生就业还存在一些问题,主要表现在学生的择业还存在扎堆和滞后现象。

表1 宿州学院2011～2013届体育教育专业初次就业率和学校初次就业率比较

届　别	2011	2012	2013
体育教育专业初次就业率	79.41%	95.58%	84.81%
学校初次就业率	88.54%	89.08%	91.93%

表2 宿州学院2011～2013届体育教育专业最终就业率和学校最终就业率比较

届　别	2011	2012	2013
体育教育专业最终就业率	89.41%	99.45%	98.73%
学校最终就业率	94.36%	96.92%	97.27%

2. 对口就业率

对口就业率是指就业的工作与所学专业对口的毕业生人数占应就业毕业生数(概念的界定同前)的百分比。表3是2011～2013届体育教育专业毕业生的对口就业率和学校的对口就业率的比较。从结果分析可知:体育教育专业的对口就业率总体高于学校的对口就业率。同时体育教育专业的对口就业率逐渐升高,说明体育教育专业在专业结构调整上的优化、人才培养方案制定上不断完善的情况是成功有效的。

表3 宿州学院2011～2013届体育教育专业毕业生对口就业率和学校对口就业率比较

届　别	2011	2012	2013
体育教育专业对口就业率	52.35%	88.4%	90.65%
学校对口就业率	60.53%	85.38%	87.54%

3. 就业去向

毕业生就业去向是指毕业生毕业后的工作去向。本文将毕业生去向分为7种情况进行统计,分别为出国和出境、读研、基层项目、应征入伍、自主创业、其他就业及待就业。调查结果如表4所示,读研和其他就业方式是体育教育专业两个重要的就业去向,其中其他方式占较大比重。出国和出境、基层项目、应征入伍、自主创业的就业毕业生所占的比例较小。另外,待就业人数较2011年有了明显地减少。数据表明:体育教育专业的毕业生就业趋于多元发展,不再拘泥于传统固有就业观念,就业思想和意识展现出了明显地转变。

表 4　宿州学院 2011～2013 届体育教育专业毕业生就业去向

毕业生去向	出国出境	读研	基层项目	应征入伍	自主创业	其他就业	待就业
2011	0	27	2	0	0	123	18
2012	0	22	0	0	0	158	1
2013	1	18	0	9	3	125	2

4．就业单位性质

本文根据狭义已就业毕业生定义规定了就业单位的性质。根据安徽省就业管理系统的分类方法，结合宿州学院体育教育专业毕业生就业工作的实际，将就业单位性质分为党政机关、国有企业、事业单位、教育机构、其他企业、社区农村、其他 7 类。调查结果如表 5 所示。体育教育专业的毕业生中从事教育行业的毕业生所占比重较大，同时呈现多元就业的良好局面，其中在国有企业的毕业生有逐年下降的趋势，说明传统的就业观念在学生中逐渐改变，但也存在服务基层的比例偏少的问题。

表 5　宿州学院 2011～2013 届体育教育专业毕业生就业单位性质分布

届别	党政机关	国有企业	事业单位	教育机构	其他企业	社区农村	其他
2011	0.66%	6.58%	3.29%	24.34%	22.37%	0.66%	42.11%
2012	3.33%	2.78%	38.89%	21.11%	20%	0.56%	13.33%
2013	1.92%	0.64%	3.85%	38.46%	3.21%	0.64%	51.28%

三、对体育教育专业就业工作的建议

1．强化就业宣传教育，培养学生就业、择业意识

就业、择业意识是学生进行就业工作的先决条件，只有培养学生的自主就业、择业的意识，才能充分发挥学生的能动性。从体育教育专业的毕业生初次就业率和最终就业率的数据可以看出，学生的就业、择业意识不强，就业的时间的选择具有扎堆性和盲目性。建议体育教育专业的宣传工作从如下几点强化工作。一是加强大学生就业的全程教育，根据学生特点分阶段开展教育工作。如开学初的入学教育；学中的思想教育；毕业时的就业教育等。二是开展就业活动、讲座等，形成就业教育平台和载体。三是开展就业教育的主题班会，形成以辅导员(班主任)为教育主体，学院就业教育为教育环境，学生为就业教育客体的良性循环发展。建立“学生—辅导员—就业领导小组”三方联动机制，及时了解毕业生的需要，密切掌握当前毕业生的思想动态，开展主题鲜明、形式多样的毕业生教育活动。通过不同形式的教育，稳定毕业生思想，端正就业心态，改变传统就业观，引导学生树立正确的择业观，树立“先就业、后择业、再创业”的意识，增强到基层、到艰苦地方就业的主动性和责任感。

2．培养高水平就业指导老师，提高就业指导质量

古语有云：“师者，传道授业解惑也。”只有高水平的就业指导老师才有可能培养出善于就业的学生。从调查结果可以看出，目前在比较热门或者是竞争较大的单位，体育教育专业的就业人数还偏少，说明体育教育专业的学生就业竞争力还有待加强。据调查了解，目前高校的就业指导老师大多由专职辅导员兼任，但是很多辅导员在就业指导方面存在问题。一是其自身的专业可能和所带班级学生的专业不同,对学生专业的了解不够深入,无法进一步指导学生的就业工作;二是很多辅导员本身的就业知识、技能不够,不能达到预期的教育效果;就业指导老师进修、培训的机会较少,不利于就业指导知识的更新。因此,学校要精心选派就业指导老师,不可敷衍了事。同时要提高就业指导老师待遇,提供更多的培训、研修的机会,提高就业指导老师水平,从而提高学生的就业技能,提高学生的就业质量。

3. 构建多元化就业信息传递机制,拓展学生就业信息渠道

就业信息的获取直接影响毕业生的就业率,高效、多途径传递就业信息是学生尽快就业的关键因素之一。除传统的就业信息传递方式外,就业工作更应着眼于现代化工具的使用。随着网络技术的发展,各种传媒工具的更新,目前较常用的有"微信""微博""QQ"等。这为就业信息的传递提供了强有力的平台。同时,更应该发挥全体教师的能动性,采取有效措施,让每一位教师都动起来,为就业工作"添把力、助把火",多途径、多管齐下促进多元化就业信息传递机制的形成,从而帮助学生顺利就业。

4. 加强实践、创业教育,提高学生就业竞争力

实践教育和创业教育是培养学生实际动手能力和创业意识的重要途径。从调查结果可以看出体育教育专业的自主创业的学生数量偏少,甚至在 2011 年和 2012 年没有通过自主创业实现就业的同学。随着大学毕业生数量的逐年攀升和学校自身的限制,学生的就业竞争压力很大。自主创业是学生实现就业的有效途径,也将是今后一段时间学生就业发展的趋势之一。就业工作应该以学校的转型发展为契机,鼓励学生面向社会,利用假期参加社会实践活动,增加社会阅历;鼓励学生参加各类创业培训和创业比赛,培养学生创业意识。同时,结合宿州学院人才培养模式改革,实现专业教育、素质教育与就业教育、创业教育并举,努力提高人才培养质量和学生就业竞争力。

5. 关注就业特殊群体,解决待就业问题

就业工作中的待就业学生是就业工作的"特殊群体"。他们在就业的竞争过程中表现较差,处于劣势状态。因此在处理就业工作中,辅导员班主任老师要时刻关注这一群体。学校各级领导、辅导员老师一定要注重这一"特殊群体"毕业生的心理引导,经常与他们谈思想、谈就业、谈发展,减缓他们的就业心理压力,树立他们就业的信心,及时向他们提供就业信息,帮助他们顺利就业。

参考文献

[1] 张瑾.如何提高大学生就业能力[J].六盘水师范高等专科学校学报,2011,23(5):79-81.

[2] 邓梦霞.加强实践技能训练提高毕业生就业竞争力[J].高教研究,2004,2:51-54.

[3] 罗兆祥.基于就业核心竞争力的全程化就业指导研究[J].内蒙古师范大学学报,2011,24(9):79-82.

[4] 严安.大学生就业该如何提高自身的核心竞争力[J].学术论坛,2011,9:218-221.

药学院毕业生个性化就业指导的实施与思考

——以安徽中医药大学2014届中药、药物制剂专业为例

方清影，金晓琴

摘要：药学院毕业生个性化就业指导就是根据社会需要，针对所学专业、求职意向、个人特点及社会与家庭环境等条件，对毕业生开展的具有系统、针对、有效的就业指导方式。本文通过对安徽中医药大学药学院2014届中药、药物制剂专业毕业生进行的个性化就业指导，总结实施过程并对药学院毕业生的就业引导展开论述与思考。

关键词：药学院；个性化；就业指导

医药行业是国际标准划分的15类国际化产业之一，尤其是在《安徽省人民政府关于全面实施"861"行动计划的通知》(2012调整提升版)[1]下发后，明确提出将食品医药(含中药)作为我省"十二五"发展阶段八大重点建设产业之一，近年在我省可被誉为朝阳行业。

近年来，随着高教事业的发展，省属高校的办学规模亦在迅速扩大，这为区域高等人才培养和供给带来了新局面、新气象，安徽中医药大学药学院作为安徽乃至我国中部地区高素质人才的培育基地，意欲为产业发展及科技进步提供人才支撑和智力支持。然而另一方面，随着扩招的影响，学生规模日益壮大，在有限的教学资源的限制下，毕业生质量下降在所难免，如何解决毕业生与企业的"人-职"匹配供需矛盾，让供求双方相互满意也成为学生工作者亟待解决的重点工作。

对药学院毕业生的个性化就业指导，就是帮助学生了解医药行业的社会需求和有关人事与劳动政策法规，针对学生意愿、自身特点提供咨询、指导和帮助，实现人职合理匹配，引导他们较为恰当地确定职业定向、选择劳动岗位或者职业领域的社会活动。

一、近年药学院毕业生就业现状

药学院各专业毕业生主要是在药品(中药)生产、检验、流通、使用和研究开发领域从事生产、分析鉴定、研究开发、工艺设计、生产技术改进、质量控制、营销管理、临床合理用药等方面工作的高级技术人才。

近三年来，药学院初次就业率均在96%以上。以笔者所带的2014届药物制剂、中药专业为例，截至2014年8月31日，签约率分别为43.55%和28.30%，升学率分别为20.97%、33.96%，单位证明率为35.48%、36.79%，平均就业率在99.77%。其中，签约单位以医药、

［作者简介］　方清影(1984—)，女，硕士研究生，讲师，安徽中医药大学药学院教学秘书，研究方向：教学管理、药剂学。

金晓琴(1981—)，女，硕士研究生，讲师，安徽中医药大学药学院党总支副书记，研究方向：大学生思想政治教育。

中药生产类企业为主，岗位多为生产、质检及营销类；由于部分外企对应聘者的要求，故而没有签订三方协议而用单位证明代替；考研落榜学生中，均签订生产、研发工作，无营销类；毕业生对于营销类岗位签约速度较快，但与此同时毁约率亦较高；提供销售岗位的公司中除了药品企业外，医疗器械公司也占有一定比例。

二、药学、中药学类毕业生特点

1. 高校药学、中药学类人才培养目标

高校药学、中药学专业的人才培养目标是适应21世纪社会主义现代化建设需要的，德、智、体、美全面发展的，基础扎实、知识面宽、能力强、素质高、富有创新精神和系统的专业基本理论与实际工作能力的高级药学、中药学专门人才。我院药学、中药类专业人才培养主要立足地方，充分结合安徽中药、药学产业特点，不断输出适应产业发展需要，有较强的实践能力、创新能力及行业适应能力的应用型创新性高素质本科人才。

2. 毕业生专业能力掌握水平分析

中药、药学类专业均为二本专业，从人才培养方案上看，本科期间所涉及综合知识主要有中医药学、药学、化学等主干学科，期间教学容量大，涵盖科目多，总理论课时数均在3500学时以上，周学时在26～40学时之间。从课程设置上，一、二年级以化学、医学、中医药学等基础课、专业基础课为主，三、四年级学习专业课。矛盾之处在于，低年级课程门类繁多，学生刚经历过高考洗礼，求学思想和状态都有懈怠；进入高年级后，考研学生多集中精力在初试科目上，就业同学更关注求职信息，从而导致大多数毕业生专业知识掌握不牢，多为一知半解。多数毕业生的专业知识难以达到用人单位工作岗位要求。

3. 毕业生就业能力分析

据麦克斯(中国)2009～2011届大学毕业生需求与培养质量调查可知[2]，历届本科毕业生认为在与职业有关的能力中，沟通能力、学习能力等是基本的工作能力；在校期间所获得的会使其尽快适应工作的知识和能力分别是人际交往能力、实验操作能力等[3]。笔者以上述因素为基础向2014届中药学、药物制剂专业学生进行调查，受调学生共169名，其中男生86人、女生83人。结果如图1、图2所示。

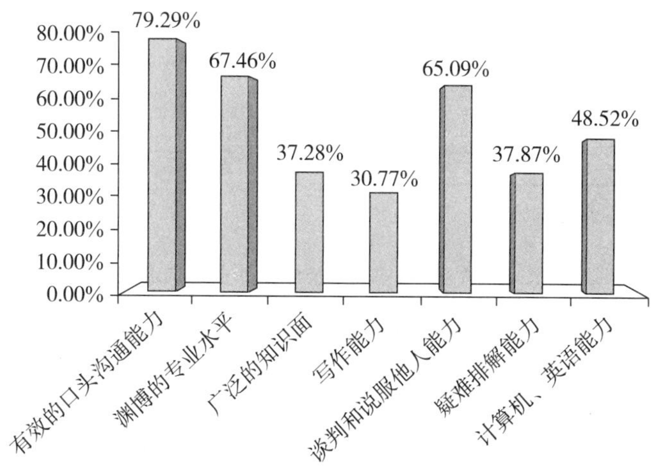

图1 药学、中药学类毕业生认为求职时最需要的技能(至少选择3项)

受调学生中,对于求职时所需要的技能,近8成的同学认为沟通能力是最重要的,其次分别是专业水平、谈判和说服他人能力及外语计算机水平等;在对自身在校期间获得能力评价中,半数以上同学认为已经具备人际交往和基本沟通能力,近半数受调同学掌握实验操作能力;但在知识面、专业水平、谈判和说服他人能力及外语表达和计算机操作上,同学普遍认为能力尚缺。

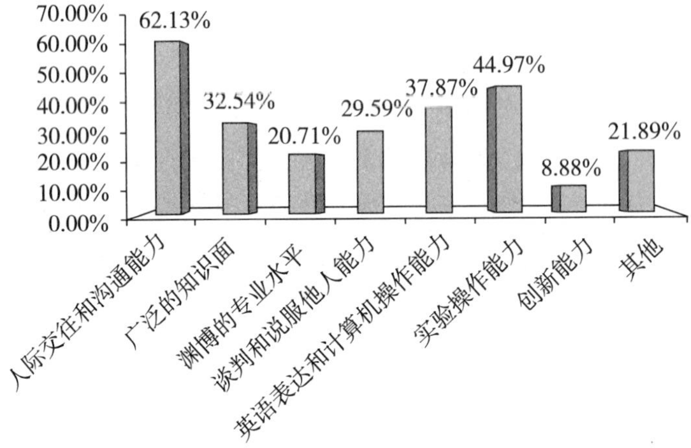

图2 药学、中药学类毕业生对自身在校期间获得的能力评价(至少2项)

4. 毕业生就业期望分析

笔者于第六学期末对中药、药物制剂专业同学做就业意向的调查,不同专业学生在毕业时的意向选择呈现出差异化态势,具体可由图3、图4所示。

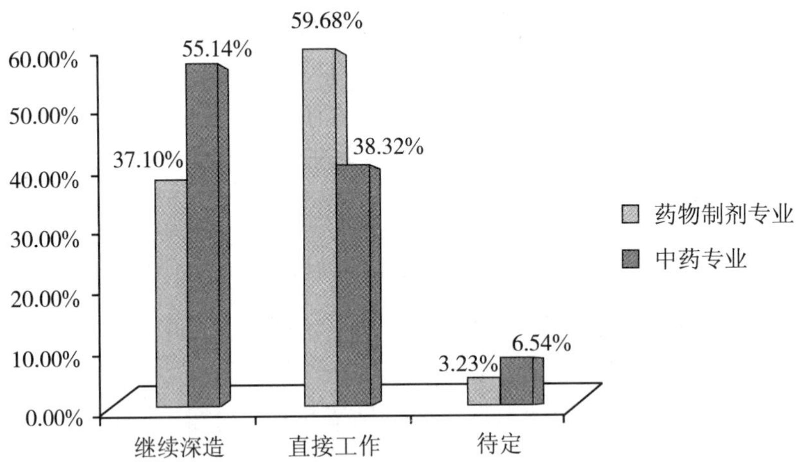

图3 对药学、中药学类学生毕业意向调查

结果显示,无论是药物制剂还是中药专业,有超过30%的同学选择继续深造,再次通过调查发现,大部分同学选择考研的原因是为了缓解本科毕业就业压力或不愿意从事低水平劳动;考研同学中,尤以女生居多,可能是由于部分用人单位对性别的要求导致;由于2014年秋季起,研究生将全部取消公费,致使很多家庭贫困学生放弃考研。在对欲就业毕业生意向岗位调查时,显示有近一半同学想从事销售岗位,其中大部分为男性,为数不多的女性里,均是平时表现活跃、社交能力较强的学生；在生产、研发类岗位中，各专业均以女生居多；对国企、事业单位等供职意向较明显的多为家庭条件较好的同学；中药专业有 2 名同学欲在毕业后进行创业。

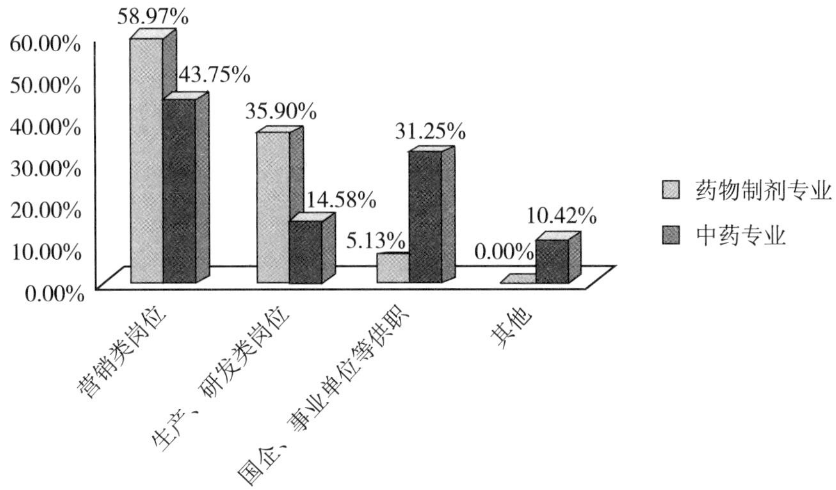

图 4　对欲就业毕业生意向岗位调查

三、毕业生个性化就业指导的实施

1. 建立“一对一”辅导模式，调整就业状态

“一对一”辅导模式是采用“辅导员一次对应一名学生”的方式，根据学生性格类型、职业倾向及实际能力，开展具有系统、针对及有效的就业指导方式。尽管就业指导课贯穿整个大学，但学生在临近毕业时，仍普遍存在不切实际、眼高手低甚至不能进行职业定位等现象。

笔者作为药物制剂和中药学专业辅导员，基于四年来通过课堂授课、课外活动、宿舍交流、私下谈心等各种方式，能够掌握学生性格特点、学习成绩、社会能力等基本情况。以此为基础进行“一对一”就业辅导，帮助学生调整就业心态，树立正确的求职观；结合学生意愿、学习成绩、家庭经济状况等因素帮助树立切合实际的职业和岗位定位；对于学生的简历，做到人人过关，即在“一对一”辅导时查阅并帮助改正；帮助学生梳理自身优势和不足，做到在面试中扬长避短；此外，做好对学生就业情况的关注和追踪，如在推荐学生面试后，了解其在就业过程中的问题，并帮助改正；对于考研同学，及时通过各类媒体平台、同学反馈等关注备考情况，做好沟通和情绪安抚，利用各类资源帮助学生调整状态。

2. 结合学生就业预期，提升就业能力

依照学生对就业岗位的预期，强化专项技能，提升毕业生的就业能力，针对就业市场的需求，做好共性教育与个性培养，提升毕业生的人-职匹配度，对于毕业生一次性就业十分必要。

根据调查，药学类学生就业流向主要包括药品的研发、生产、销售、管理等各环节岗位，因此，通过在课程教学中参观医药企业、各类见习实践等方式对医药企业的生产车间有所接触，已达到对医药企业生产环节的初步了解；以实习前的本科实验技能考核为平台，巩固和完善学生对大学阶段药学、中药学类各项基本实验技能的掌握,对学生下一步科学研究和继续深造大有帮助;鼓励意愿做销售和自主创业的同学,在三年级暑期跟随已毕业的校友,提前接触意向单位,了解、进入市场。此外,为使同学尽快适应即将到来的就业竞争,营造良好的就业环境,在班级内部组织模拟招聘和面试,在亲历企业面试官、硕士生导师、应聘者、复试学生等角色后,毕业生将发挥主动性,及早做好应对措施。通过以上实践,学生不仅可以对以后的工作内容和要领有一定的了解,还可以在有限时间内提高适应工作岗位的能力,此方式对于促进一次性就业率的提升及对学生就业的良性循环起到推动作用。

3. 针对专业特点,拓宽就业门路

笔者所调查的中药学和药物制剂专业为药学院办学较为久远、我省区域内辐射较广的专业,近三年一次就业率均在96%以上,但毕业后半年内离职和跳槽率亦较高,避免此类现象的方法之一是针对专业特点,拓宽就业门路,使毕业生从"能就业"向"就好业"转变。

在拓宽就业门路上,第一,与校就业指导中心保持密切联系,广泛收集和发布用人单位信息,积极学习政策法规,利用现代化技术手段,为毕业生提供就业技巧、信息等服务。第二,加强校企合作基地建设:我院分别于2012年和2014年成功申报安徽省质量工程项目"药学类校企实践教学基地建设"和"中药学类校企实践教学基地建设",目前合作的实践基地达到60余家。通过基地实践与学习,学生的专业技能和企业的毕业生满意度均有明显提高,目前这些基地已经逐渐成为药学类学生实习、就业"双基地"。第三,需要赢得学院领导、教师的支持,借助他们的专业社会关系,积极为学生推荐和介绍就业岗位。第四,充分挖掘校友资源:校友的工作单位可为毕业生提供大量的需求信息,同时鼓励毕业生在求职择业时,主动向各地各单位的校友了解信息。第五,鼓励和支持个别有意向学生自主创业。第六,帮助考研落榜学生,根据学生意愿,实现就业或协助联系参与科研项目中,在复习准备的同时落实工作。

4. 配合市场需求,实现实习与就业一体化

药学类专业毕业实习是教学过程中的重要环节,开展实践教学与实习、实训等是促进学生就业的必备措施。加强和提高学生的基本实验技能、分析和解决实际问题能力,培养具有竞争力的应用型人才是必然趋势。在毕业生实习阶段,在学校政策允许范围内,配合市场需求,发挥主动性,构建药学类专业多元化实习模式[4]。

首先,将实习与学生意愿相结合。做好对学生预期单位、生源地、考研等意向的搜集和调查,目前药学院建有实习单位70余家,涵盖国家政府机构、医药研究所、各级医疗卫生机构及药学、中药类等企业。在第七学期召开大会,将实习单位名单和实习名额提供给学生,由学生自主选择。对于部分已签订就业协议或已有就业意向,自行联系实习单位的同学,只要意向单位具备带教条件,将尽可能协助学生满足意愿,落实就业。其次,将实习与学生个性相结合。部分未能提前签约或落实就业意向的同学,将针对学生个性特点分配实习单位,例如,对于一些外向型、具有一定交际能力的学生,将安排至从事市场类工作实习。专业基础扎实、有继续深造意愿的同学,一般根据专业方向安排到学校实验室,甚至与拟报考的研究生导师一起做课题,使他们有更好的科研能力,有利于下一步的学习计划。这种把实习与就业相结合的模式能培养学生专业特长和科学兴趣,增加就业率和考研录取率。

四、总结

依据上述,笔者认为,近年医药行业的发展趋势不可小觑,在总体发展态势下,药学类毕业生就业不应是问题。然而教育工作者仍应从两个方面着手,首先为适应发展的需求,高校应适时调整人才培养方案和模式,避免人才培养的趋同,发展办学特色,做到"人无我有,人有我优";另一方面学生工作者应在以往经验和就业的基础上,解读不同形式下用人单位的需求,务必要根据毕业生的实际情况做到个性化推荐和引导,极大发挥学生能力,避免人才浪费的同时使供需双方满意。

参考文献

[1] 安徽省"861"行动计划[EB/OL].(2014-11-01). http://861jh.ahpc.gov.cn/ah861/indexnew.jsp?xxflid=10000426.

[2] 麦克思-中国2011届大学毕业生求职与工作能力调查报告[EB/OL].(2013-10-12). http://www.doc88.com/p-7445945346704.html.

[3] 付国柱,王媛.以大学生就业能力培养为核心的素质教育研究[J].高校辅导员学刊,2014,6(1):57-61.

[4] 王昊.构建药学类专业毕业实习就业一体化模式[J].新课程研究,2012,10:151-152.

试论多元化职业指导在高校的开展与实践

——以安徽农业大学为例

刘　柳

摘要：我国正处在经济结构转型期，提升大学生就业竞争力、促进大学生有效就业、实现就业稳定和职业发展已成为社会和高校共同关注的焦点，大学生职业指导显得尤为重要。本文从职业指导主体、内容、途径等多方面入手，浅析多元化职业指导在提升大学生就业竞争力及就业质量中的作用与意义。

关键词：多元化；职业指导；高效；实践

在大学生中开展职业指导，有助于大学生以社会发展和市场需求为导向，深入了解职场生活和社会环境，树立正确的择业观、就业观和创业观，帮助大学生进一步明确职场生活、社会人才需求、大学生生涯目标规划，不断修正并丰富自己的学习和社会实践活动。

一、正确理解"职业指导"

职业指导是随着经济社会和职业的发展应运而生的。《中国教育百科全书》中对"职业指导"是这样解释的："职业指导，亦称职业咨询或就业指导，指根据社会职业需要针对人们的个人特点以及社会与家庭环境等条件，引导他们较为恰当地确定职业定向、选择劳动岗位或者转到新的职业领域的社会活动，是沟通求职者和用人单位、教育部门和社会的有效途径。"

目前我国的高校职业指导可以从以下几个方面来理解：职业指导是一个教育过程，本质上属于思想教育的范畴，是学校教育的重要组成部分；职业指导的目标是让学生学会设计、学会选择，实现人职的科学匹配；职业指导的内容是给予学生职业意识、职业理想和职业道德教育；职业指导帮助学生了解职业信息，提供就业咨询和服务。

总之，职业指导就是帮助学生和社会求职者了解社会就业形势与当前就业状况，了解社会人才需求和有关人事与劳动政策法规，认识自己的职业兴趣、职业能力与个性特点，运用职业评价分析、调查访谈、心理测量方法和手段，依据市场人才供求，按照求职择业者个人条件与求职意愿以及单位用人要求，提供咨询、指导和帮助，实现人职合理匹配的过程。

职业指导的核心思想是"以人为本"。这种思想更加强调个体的职业发展与生涯规划，更加注重个体职业生涯的长期稳定性以及人尽其才，而不仅仅是局限于暂时或短期的就业。

［作者简介］　刘柳（1978—），女，安徽农业大学教师，研究方向：大学生就业指导。

二、职业指导在高校开展与实践的重要意义

高校职业指导是一项复杂而极其重要的系统工程，要从不同层面理解和把握高校职业指导的开展。

（一）从现实层面理解高校职业指导开展的紧迫性

1. 从目前高校的就业状况来看

据统计，2011 年全国高校毕业生超过 640 万，此数据 2012 年近 680 多万，2013 年毕业的大学生人数在 700 万左右，其中安徽省有 30 万，岗位供求矛盾将进一步凸显。如果这部分人不能尽快就业和发挥作用，不论是从国家和家庭的投资培养成本还是人力资源的开发和利用效率来看，都没有得到应有的收益回报。这是社会资源的严重浪费，也直接形成社会不稳定因素。

2. 从大学生不能充分就业原因来看

大学生不能充分就业的原因很多，一方面和中国经济结构体制和教育改革滞后有关，更和当今大学生就业观念的滞后有着密切关系。大学本科"精英"式培养模式已经不复存在，而大学生的"精英"化观念仍然存在。一方面培养模式向大众化、基础化转变，人才培养目标要求大学生必须适应社会不同层次需求，而另一方面大学生"天之骄子"的地位变化在其心理上产生了一定的落差，就业观念不转变、社会形势不了解、没有明确定位，所以，过高的就业期望值制约大学生的充分就业。

3. 从大学生的职业规划来看

大学生对职业规划、职业理想存在片面理解，职业理想是人们对自己未来所从事的职业获得成功的追求和向往。而职业理想的实现需要自己职业活动的实践通过不断的检验、调适、完善、升华才能实现。[1]大多数毕业生一走出校门就想找一个环境较好、收入不错、最好是较为稳定的工作，这种就业观念没有与职业发展、事业发展形成一致性。所以职业指导要为高校大学生做好职业发展的规划，以便做好从小企业、从蓝领、灰领干起，逐步实现职业发展、事业发展。

（二）从学校层面理解高校职业指导开展的必要性

1. 要形成重视职业指导的制度化、规范化建设的共识

大学生职业指导更多时候往往停留在关注毕业生如何找到一个工作岗位，忽略政策研读、信息采集、企业用人需求等，把就业率和签约率作为衡量高校大学生就业工作的重要指标，导致大量就业工作者和学生本人舍本逐末，不注重培养学生职业生涯发展的过程，忽视了学生职业发展这一核心任务，降低了学生就业质量和就业稳定性，也严重制约了人才资源的有效发展。

2. 要将职业指导课程纳入高校必修课程体系

尽管很多高校也在学生中开设就业指导课程，有专门的教材，但没有纳入学校课程教学统一模块，在学生个人选课系统和专业人才培养方案中没有明确，导致学生在理解和认识职业指导课程时认为其显得可有可无，对其重视程度不够。

3. 要注重高校职业指导师资队伍建设

绝大多数高校在就业管理与服务人员的职责分配上存在“缺斤少两”,在职业指导师的教学队伍中存在“鱼龙混杂”等现象,大多数职业指导人员是由就业管理服务人员、辅导员、班主任等兼任,在职业指导的知识结构、技巧方法、认识高度等方面缺乏系统学习和培训,在对大学生的职业指导过程中必然存在一定的局限性。

(三) 从理论层面理解高校职业指导开展的重要性

以心理学为基础的“人职匹配”理论认为,个体的特征与职业的需求越相一致,就越有助于激发个体的潜能和提高工作的成效,从而达到个体成才与职业发展的双赢目标。[2] 人职匹配理论作为职业指导的基础理论之一,对大学生个体发展具有重要意义。

(1) 职业指导有助于大学生在大学阶段根据个人兴趣特质科学、客观地策划自己的职业生涯。

(2) 职业指导有助于大学生开发潜能,提升就业质量和生存质量。

(3) 在学生升学与求职相对分离的状态下,职业指导帮助其清晰就业目标,选择未来职业,有助于职业生涯的成功。

(4) 职业指导帮助大学生建立合理的职业认知和改善知识结构,促进其适应社会,实现终身发展。

(四) 从职能层面理解高校职业指导开展的可行性

随着我国教育改革的深入推进,职业指导体系不断完善,不断渗透和融入了大学生思想政治教育、专业教学、实践开展、社团活动中。职业指导的职能已经超出了传统的就业服务范畴,更加强调大学生综合素质的培养和提升。

1. 服务功能

高校是用人单位和毕业生的连接点,是产品和市场的连接点。高校要为用人单位提供招聘服务,比如提供场地、设备,组织校内招聘会,为用人单位推荐优秀毕业生等,同时,高校就业指导中心还要为学生提供职业指导,包装“产品”以及培育“产品”。[3]

2. 教育功能

随着市场导向、政府调控、学校推荐、学生与用人单位双向选择的就业机制的建立,高校表现了较大的主动性,承载了更多的教育功能。比如加强转变毕业生的就业观念教育,树立先就业再择业的观念。再如,市场要求毕业生不仅专业过关,且综合素质较高。这就要求高校加强大学生诚信教育、团队意识培养等,做好这方面的思想政治教育。

3. 研究功能

国家就业政策、社会就业矛盾、用人单位的人才需求等都需要高校开展深入研究,指导和帮助大学生认清形势,根据社会所需高质量就业;不仅如此,高校还要面向市场,按照市场标准来研究“产品”、优化“产品”,从而推销合格、优秀的“产品”供市场挑选;高校的研究功能还体现在对毕业生就业情况的跟踪和调研,及时反馈毕业生就业过程存在的问题,以促进提升高校的教育职能。

三、多元化职业指导在高校的开展与实践[4]

“多元化”指事物的发展到了一个很丰富的境界,有多种分类。[5] 高校职业指导的多元化表明高校经历了由单一的人才培养,大学生就业管理、就业推荐,直到就业服务的职能转变,经历了由“掌舵者”向“划桨者”,由“就业指导”向“生涯辅导”,由“单一型”向“多功能”的转变。本文以安徽农业大学为例,阐述了多元化职业指导在大学生就业管理与服务工作中的开展与实践,也说明了安徽农业大学的就业管理与服务工作在社会发展和教育体制变革的过程中成功地实现了逐渐完善、逐步成熟的蜕变。以下从大学生职业指导过程中的指导主体、指导内容、指导途径三个方面展开。

(一)职业指导主体多元化

“主体”指事物的主要部分,哲学上指对客体有认识和实践能力的人。[6]本文的主体是指在就业过程对客体中发挥作用,进行认识和实践的人群。安徽农业大学从事大学生职业指导的主体主要有指导教师、学生、家长以及社会上的某些优秀资源。第一个主体是教师。首先,我们这里的教师指的是学校专门从事职业指导的专业教师、学院学生工作副书记、辅导员等,形成一支知识结构合理、工作内容覆盖面广、实践经历较为丰富的高校职业指导团队。首先教师在参与职业指导服务工作时,深刻理解职业指导的基本理念,了解职业指导的功能和作用,认真学习贯彻学校职业指导工作的统一部署与要求,主动将自己的工作与学生职业指导工作紧密结合起来,结合自身学习和实践经历创造性地、时效性地开展大学生职业指导工作。我校现有 30 多人已经参加人社部和教育部举办的职业指导师、创业指导师学习计划。我校现有创业指导师 11 人,职业指导师 29 人,参与职业指导的心理咨询师 41 人。第二个主体是学生。我校成立了学生组织——大学生职业发展协会,依托学生组织的桥梁作用,让学生主动参与职业指导,接受教学训练,接受职业指导的理念,接受职业体验训练,从而不断调整自己的职业观念,提高职业意识和就业竞争力。我校学生在全省职场模拟大赛、职业生涯规划大赛、创业大赛中均获得很好的成绩。第三个主体是家长。家长的主体作用往往容易被忽视或遗忘,认为进了学校大门,就业就是学校的事。让学生家长积极参与,通过宣传职业指导的意义和作用,发挥家长在就业信息采集、就业资源提供、辅助教师向学生本人开展职业发展理念、敦促学生参加就业指导课和实践体验训练等方面的作用,并与学校、社会等积极开展沟通反馈,提供建设性建议,促进学校职业指导的个性化、科学化、系统化发展。第四个主体是校友及社会资源。广大校友广泛分布在国内外各条战线、各行各业、各个地区,是一个蕴藏着极大资源的社会群体,学校与校友保持密切联系实质上就是和社会建立了广泛和密切的联系。学校只有及时把握社会主义现代化建设的需求,才能更好地为国家建设服务,在这方面,校友起着独特的不可代替的重要作用,他们是学校重要的社会信息资源,既能增强学校为社会服务的功能,又能扩大学校在社会上的影响,同时也为大学生就业拓宽了渠道,扩大了影响。学校成立了校友会,各学院也成立了校友分会,班级聘有校友联络员,从上到下的管理机制、常态化的校友联络为就业工作提供了“双翼”。

(二)职业指导内容多元化

大学毕业生属于首次进入劳动力市场的新成长劳动力,通过接受以就业为导向的职业指导教育,就业将更具针对性,也相对具有优势。

1. 课程建设到位

安徽农业大学在实践的基础上经过多渠道调查研究、总结经验,编著出版了全国高等农林院校“十一五”规划教材——《大学生职业发展与就业指导》,使大学生就业指导的内容更加体系化、规范化，也成为职业指导主体学习应用的蓝本。教材内容涵盖面广，集聚了全校来自校领导至辅导员及专业教师的理论与实践经验，包括职业基础知识、职业生涯规划、大学生就业制度与就业市场、提高大学生就业能力、大学毕业生择业程序、大学生求职择业的方法与技巧、大学生就业中的权利与义务、大学生自主创业、职业适应与发展等九个章节。开展集中备课，分年级规划授课内容，实现授课对象授课内容全覆盖。

2. 实践内容丰富

学校加大投入，建成了“安徽省创业模拟实训师资培训基地”和“安徽省创业模拟实训基地”，大力开展大学生创业意识培训和创业模拟培训。各学院与校友、企业等校企共建，成为大学就业、创业的重要实践环节。

3. 社会资源进校园

学校开设“神农大讲堂”“企业家进安农”“优秀人物专题讲座”等，有效拓展了职业指导的教育功能，增强学生的职业意识和职业理想。

（三）职业指导途径多元化

1. 发挥就业市场的调节功能

学校建立了“常设市场校园化、校园市场社会化”的毕业生就业市场。2012 年，学校共举办大型招聘会 3 场；学院主体专业招聘会 13 场；分主题、分层次、分类别公益性招聘活动 400 余场；与省人才市场、合肥人才市场、东方英才市场、浙江省人才市场等联合招聘数十场。

2. 探索无形就业市场建设

通过信息公告栏、手机短信平台、QQ、飞信平台等，始终发挥学校就业信息网的主阵地作用。2012 年网站发布招聘信息 1120 余条，来校招聘企业 1200 余家，全年提供就业岗位 1.7 万个，70%左右毕业生通过校园市场实现就业。

3. 宣传基层就业项目，引导和鼓励毕业生面向基层就业

学校积极宣传国家一系列基层就业优惠政策及配套措施，积极配合有关部门做好“选调优秀大学生面向基层就业”“选聘高校毕业生到村任职”“大学生志愿服务西部计划”“三支一扶计划”“农村特岗教师计划”“大学生义务服兵役”等项目招募，同时积极做好个性化职业指导。

4. 搭建平台提升大学生双创能力

学校设立了“大学生科技创新基金”，与安徽科大讯飞信息科技股份有限公司联合设立“科大讯飞”大学生创新创业基金，积极举办“爱农杯”“兴农杯”等创业计划大赛，各学院根据专业特点，每年举办各类学科类竞赛活动。学生的创新创业能力得到大幅度提升。

5. “1 对 1”强化职业心理，实现个性化发展

近年来，学校加强大学生就业心理健康宣传和教育，开设了就业工作坊和心理咨询室，接待就业困惑的群体或个体。对于就业困难的学生开展重点指导、重点服务、重点推荐，并做好登记、约谈、跟踪等帮扶工作。

四、结语

安徽农业大学就业指导中心开展多元化职业指导，为大学生就业率提高、就业质量提升等方面做出了大量实践工作，已经连续四年获得“安徽省就业工作标兵单位”称号，学生就业率和就业质量也名列全省前列，在服务地方农业经济发展中涌现了一批优秀的科技工作者和优秀大学生村官。随着社会发展、技术进步、经济结构转型的深入推进职业指导会不断变化和完善，在职能和服务内容等方面将不断更新升级，研究功能凸显。安徽农业大学将一如既往做好大学生就业服务工作，体现主动作为，积极参与和挑战社会就业服务体制的变革。

参考文献

[1] 王华丽.大学生职业发展与就业指导[M].北京：中国农业出版社，2008.
[2] 商光美.大学生职业指导教育模式创新研究[J].中国青年政治学院学报，2012(6)，115-118.
[3] 莫海兵.关于高校就业指导中心职能定位的深层次思考[J].中国大学生就业，2006(20)：39-40.
[4] 安徽农业大学 2012 年毕业生就业工作年度报告[R].安徽农业大学招生就业处，2013.
[5] 百度百科.多元化[EB/OL].(2012-12).http://baike.baidu.com/view/1161257.html.
[6] 360 百科.主体[EB/OL].(2013-08).http://baike.so.com/doc/6848223.html.

大学生就业信息传播渠道的研究

孙　伟

摘要：通过对大学生就业信息传播渠道的研究，发现结构性就业难的根本原因在于就业信息不对称和信息利用不充分；信息传播渠道的特点影响人们对其选择，而信息传播渠道选择的差异性加深了就业信息传播时的信息不对称，加剧了大学生结构性就业难。利用大数据，构建一体化信息平台；发挥自媒体的信息传播优势，可以实现就业信息高效传播，这将有助于解决大学生结构性就业难的问题。

关键词：就业信息；结构性就业难；自媒体；信息不对称

一、研究背景

当前，中国经济进入"新常态"发展周期，经济发展放缓必然带来社会就业岗位增速降低，而每年新增的就业人数仍在增加，其中大学生就业工作关乎社会的稳定、学校的生存、千家万户的希望，是重要的民生工程。促进大学生充分、高质量就业对推动国民经济发展具有重要意义。

在信息时代，大学生就业从一定程度上说就是就业信息的传递和使用过程，即就业信息的发布、收集、筛选和利用过程。就业信息传播和使用情况，直接决定了大学生就业工作的效率和质量。大学生就业时的"信息不对称"已成为大学生就业难的一个重要原因[1]。近年来，新媒体的快速发展和普及，正在改变人们生活、学习和工作的方式。如何利用新媒体来开展大学生就业工作，促进大学生充分和高质量就业成为学者、学生和用人单位关心的话题。为此，本研究试图通过对大学生就业信息传播过程的调查，了解大学生就业信息的传递和利用情况，并探析不同媒体，特别是自媒体在就业信息传播过程中的作用，推动大学生就业工作。

二、相关概念

（一）就业信息

就业信息有广义和狭义之分[2]。广义上的就业信息是指和就业有关政策法规信息、社会保障信息、社会职业信息、招聘信息和求职者信息等。狭义上的就业信息即招聘信息，它包括用人单位信息、岗位信息、薪资待遇和晋升空间等。本文所研究的就业信息即招聘信息。

（二）新媒体

关于媒体的划分比较复杂，何为新媒体目前没有统一的概念，国内大家比较认可的是以

［作者简介］　孙伟(1978—)，男，安徽农业大学动物科技学院教师，研究方向：大学生就业创业教育、大学生思想政治教育。

数字媒体为核心，通过数字化交互性的固定或移动的多媒体终端向用户提供信息和服务的传播形态[3]。它具有传播主体的多元性、传播内容和形式的多样性、传播渠道的扁平化、传播行为的主动性、交互性与异步性等鲜明特点[4]。

（三）自媒体

自媒体（We Media）又称"公民媒体"或"个人媒体"，是普通大众经由数字科技强化、与全球知识体系相连之后，一种开始理解普通大众如何提供与分享他们自身的事实、新闻的途径（美国，谢因波曼与克里斯威理斯）。简言之，即公民用以发布自己亲眼所见、亲耳所闻事件的载体，如博客、微博、微信、论坛/BBS等网络社区。

本研究在信息采集时，借用新媒体的概念代替自媒体，特指通过移动多媒体终端向人们提供信息和服务的传播形态，包括如QQ、微信、微博、Twitter等社交媒体和用于传播信息的特定APP软件等。

三、调查方法

（一）调查工具

本研究依据研究者实际工作经验，并参考相关文献，采用自编《新媒体在大学生就业工作中应用情况的调查问卷》。问卷共15个项目，包含受访者职业信息、就业信息传播渠道、就业信息的利用情况、受访者使用媒体偏好和自媒体使用情况等。

（二）调查方法

本研究采用电子问卷，通过微博、QQ群和微信向受访者推送问卷。调查历时5天（2014年10月21～25日），收回261份调查问卷，其中有效问卷260份，有效回收率99.62%。受访者为校毕业班学生、毕业5年内学生、高校从事大学生就业工作人员和用人单位负责招聘的工作人员等（见表1）。为了更好的考察大学生就业过程中的就业信息传播和使用情况，问卷在设计时将职业类型中"其他"人群利用问卷答题跳转的方式排除在外，即其他人群不列入本调查考查范围。故本次调查样本量为219。

表1　受访者分布

职业类型	人数
在校学生（毕业班）	82(34.54%)
已毕业5年内学生	98(37.69%)
高校从事大学生就业的工作人员	21(8.08%)
用人单位负责人事招聘的工作人员	18(6.92%)
其他	41(15.77%)
合计	260

数据收集完成后，利用SPSS 19.0软件，采用交叉分析的方法，考察不同群体对就业信息传播渠道的选择情况、对就业信息的利用情况、对自媒体认知，以及利用新媒体传递就业

信息的情况。

四、结果与分析

(一) 调查结果

1. 大学生就业过程中存在信息不对称现象

48.40%的受访者认为就业难的原因是“信息不对称”，其中职业A、职业B、职业C和职业D分别为54.88%、47.96%、38.10%和33.33%(见表2)。说明就业信息不对称现象在高校、学生和用人单位之间均有发生。

表2　就业难的原因

就业难原因	建立信息库				未建立信息库				合计
	职业A	职业B	职业C	职业D	职业A	职业B	职业C	职业D	
信息不对称	24	14	8	4	21	33	0	2	106
胜任力不够	12	13	6	8	15	22	3	2	81
就业岗位少	6	5	3	1	2	10	0	1	28
部门工作不力	2	0	1	0	0	1	0	0	4
合计	44	32	18	13	38	66	3	5	219

注:为便于文中表述,本文对有关名词进行简化,下同。

职业A:在校生(毕业班),简称“应届毕业生”;

职业B:已毕业5年内学生,简称“历届毕业生”;

职业C:高校从事大学生就业的工作人员,简称“高校工作人员”;

职业D:用人单位负责人事招聘的工作人员,简称“用人单位HR”。

2. 就业信息利用不够充分

调查显示,虽然有59.82%的受访者能够对“筛选就业信息,取自己所需,其他向第三方推介”,但仍有超过四成的受访者不能充分合理地利用就业信息,就业信息浪费现象明显(见表3)。

表3　就业信息的利用方式分布

就业难原因	建立信息库				未建立信息库				合计
	利用A	利用B	利用C	利用D	利用A	利用B	利用C	利用D	
信息不对称	12	35	3	0	27	26	3	0	106
胜任力不够	12	23	4	0	13	27	3	0	82
就业岗位少	7	7	1	0	2	10	1	0	28
部门工作不力	0	3	0	0	0	0	0	0	3
合计	31	68	8	0	42	63	7	0	219

注:利用方式A:筛选就业信息,取自己所需,其他不管不问;

利用方式B:筛选就业信息,取自己所需,其他向第三方推介;

利用方式C:筛选就业信息,取自己所需,其他废弃,防止第三方使用;

利用方式D:不筛选,直接遗弃。

同时，有 51.14%的受访者在求职或招聘时没有建立就业信息库（见表 3 和图 1），说明多数受访者，特别是历届毕业生把求职作为一次独立性的任务，没有认识到求职和招聘是一个系统性的任务，这就导致了重复工作和就业信息利用不充分。

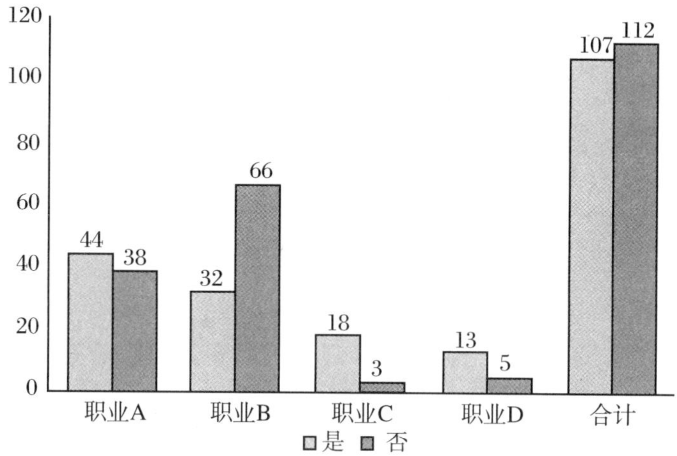

图 1　不同职业建立就业信息库的情况

3. 就业信息传播渠道的选择具有一致性

随着现代传媒的发展，信息传播渠道日趋多样。在众多的传播渠道中，人们所熟知的就业信息传播渠道是互联网、人脉关系和就业信息栏。互联网是人们公认的首选信息传播途径，92.24%的受访者使用互联网传播就业信息。受访者对就业信息传播渠道的选择呈现一定程度的一致性，如图 2 所示。

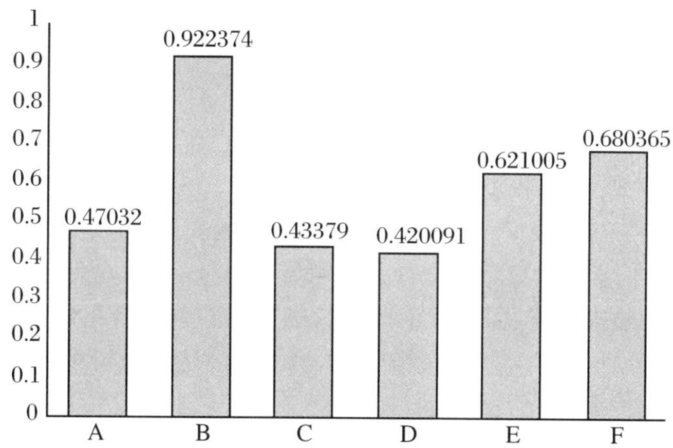

图 2　就业信息传播渠道

传播渠道 A：传统媒体（如报纸杂志、广播电视、户外广告、影视广告等）；

传播渠道 B：互联网（利用电脑在网上传播）；

传播渠道 C：社交媒体（如微博、微信、Twitter 等）；

传播渠道 D：特定的手机 APP（如智联招聘、前程无忧等 APP）；

传播渠道 E：就业信息栏；

传播渠道 F：人脉关系；

其中本研究中“传播渠道 C”和“传播渠道 D”合称为“自媒体”

(1) 如图3所示,"利用电脑在网上传播"成为就业信息传播的主渠道。60.27%的受访者选择互联网作为就业信息的传播渠道,其中四类受访者使用互联网传播就业信息的分别占52.44%、67.35%、57.14%和61.11%,均高于对其他信息传播渠道的选择。

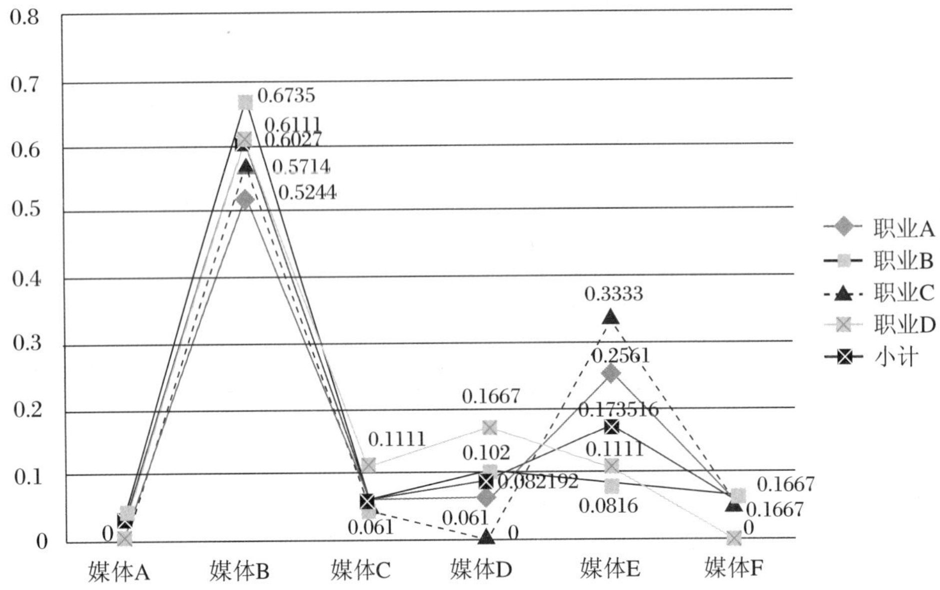

图3　不同职业对就业信息传播渠道的选择偏好

(2) 应届毕业生在求职过程中对就业信息传播渠道的选择与高校工作人员的选择一致性较高,而历届毕业生与用人单位HR则较为一致(见图2)。这说明高校在大学生就业过程中的就业指导和就业信息传递渠道是卓有成效的,而用人单位则更了解历届毕业生的求职需求,更擅长面向社会的公开招聘。

4. 就业信息传播渠道选择的差异性

(1) 信息传播渠道利用情况差异明显。调查发现,在所列的六大类信息传播渠道,互联网使用率最高,占60.27%,高校就业信息栏次之,为17.35%,社交媒体、手机APP等自媒体和人脉关系的使用率较低,均不足10%,传统媒体使用率最低,仅为3.20%。

(2) 人们对不同信息传播渠道的选择差异明显。相对于其他受访者来说,用人单位HR对自媒体的使用率明显高一些,而高校工作人员则较低。就业信息栏则为高校工作人员和应届毕业生所钟爱,分别为33.33%和25.61%,说明在信息传播相对独立的高校校园里,就业信息栏是就业信息传播的一个重要途径。人脉关系在就业信息传播中并没有发挥显著的作用,这与人们惯性思维差异显著。

(二) 结果分析

当前大学生就业难是不争的事实,大学生就业难的原因也较为复杂,其中供需不平衡、结构性就业难逐渐成为人们的共识。供需不平衡、结构性就业难的深层次原因,有学者认为是就业信息不对称。此次调查也验证了这一观点。

1. 就业信息的不对称和利用不充分是大学生结构性就业难的重要原因

就业信息的不对称和利用不充分,一方面造成就业信息资源的浪费,使得求职者的求职需求与用人单位的用人需求均得不到有效满足;另一方面导致了高校的专业设置和人才培养质量与劳动力市场需求脱节,满足不了用人单位的实际需要;也导致了学生专业选择的盲目性,脱离了市场需求,导致供需失衡,出现"学生找不到工作和用人单位招不到人"的背离现象。

2. 信息传播渠道选择的差异性加深了就业信息的不对称

在大学生就业市场,不同主体对就业信息传播渠道的选择存在差异性。以自媒体为例,因其传播速度快、易覆盖、成本低,逐渐为用人单位 HR 所青睐,多数用人单位均建立了"微信公共账号"等自媒体平台。但求职者和高校工作人员对自媒体的利用显然不够,多数高校没有建立,或刚刚建立自媒体平台;而求职者则很少关注用人单位的自媒体。这种对信息传播渠道选择的差异性直接导致信息不能有效传递,加深了就业信息的不对称。

3. 信息渠道自身的特点影响其作用的发挥

成本高、传播的滞后性和便捷性差已经使传统媒体丧失了在就业信息传播中的优势,让位于成本更加低廉、覆盖更为广泛的互联网。而优点更为突出的自媒体则受到"信息量大,筛选利用耗时"和"平台太多,易被忽视"的缺点制约,使其快速普及受到影响(见表 4)。

表 4 影响自媒体在就业信息传播中作用发挥的原因

职业	篇幅受限,信息传递不全	信息量大,筛选利用耗时	普及不够,发展不均衡	平台太多,易被忽视
职业 A	14.63%	48.78%	10.98%	25.61%
职业 B	10.20%	40.82%	20.41%	28.57%
职业 C	9.52%	38.10%	9.52%	42.86%
职业 D	22.22%	38.89%	11.11%	27.78%
小计	12.79%	43.38%	15.07%	28.77%

五、建议

不同信息传播渠道的特点和不同人群的选择偏好在人们选择信息传播渠道的过程中起着决定性作用。政府、学校和用人单位在就业信息传播渠道的选择和建设时,要加强顶层设计,构建就业信息一体化平台,实现就业信息的高效传播。

1. 加强就业指导,提高大学生就业信息的利用质量

高校在大学生就业指导过程中,要重视对大学生进行就业信息收集、筛选和利用方法的教育,教会大学生科学收集和合理利用就业信息。大学生要重视就业信息收集渠道的选择,要主动迎合用人单位传播就业信息时信息传播渠道选择的偏好,快速有效地接受就业信息。

2. 用好自媒体,实现就业信息资源共享

高校和用人单位要注重发挥不同信息传播渠道的优势,依据用人单位和求职者的使用偏好,合理选择和组合利用不同媒体,实现就业信息的有效传播。要特别重视自媒体的选择,充分发挥其扁平化传播、受众面广、传播速度快、传播成本低的优点,实现就业信息的资源共享。

3. 用好大数据,建立就业信息一体化平台

政府要利用好现有的大学生和社会就业数据,采用大数据处理技术,建设大学生就业和社会就业的大数据平台,掌握不同行业、不同区域、不同单位的用人需求,掌握不同人群的岗位需求,掌握高校和社会的人才供给状况,实现人职的智能匹配,做好就业信息的动态发布。高校和用人单位要主动参与,配合政府用好大数据,建立就业信息一体化平台。

参考文献

[1] 许文杰,金天星,郑曼.论新媒体视域下大学生就业信息的不对称[J].河北大学学报,2011(2):139-141.

[2] 王婉婷.高校毕业生就业信息的采集与利用[J].北京财贸职业学院学报,2012(6):46-49.

[3] 廖祥.何为新媒体[J].现代传播,2008(5):121-125.

[4] 周海英.新媒体探析[J].怀化学院学报,2008(7):84-85.

农业院校大学生创业教育的实证研究

姬惠惠

摘要：随着我国高等教育的不断发展，创业教育备受关注。本文采取问卷调查法，对案例高校——某校的创业教育现状进行了调查与分析，结果表明，学生对农业院校创业教育具有一定的认可度，但认为创业教育课程教学效果、创业实训和创业实践等的开展等方面有待改进。根据问卷调查，结合农业院校的发展，从营造氛围、课程建设、实务训练、强化师资、树立典型、整合资源等方面提出了对策，为推动我国高等农业院校全面开展创业教育活动提供一定参考依据。

关键词：农业院校；大学生；创业教育；实证研究

党的十八大报告提出，"促进创业带动就业，做好以高校毕业生为重点的青年就业工作""加强职业技能培训，提升劳动者就业创业能力，增强就业稳定性""加大创新创业人才培养支持力度"，全党都要"支持青年创业"。高校在大学生中开展创业教育工作，提升大学生创新创业能力，是高校服务于创新型国家建设的重大战略举措，是高校全面深化高等教育教学改革、培养学生创新精神和实践能力的重要途径，也是高校落实以创业带动就业、促进大学生充分就业的重要措施[1]。当前，大力开展创业教育已成为我国高校的普遍共识，创业教育已逐渐成为我国高等教育的一个组成部分[2]。

基于对高校大学生创业教育重要性和紧迫性的认识，以安徽省唯一的农业高校——某校为例，对我国农业院校大学生创业教育现状进行了调查与研究，为服务农业院校开展大学生创业教育、培养创新创业型农业科技人才提供参考依据。

一、调查方案

本次调查的调查对象为某校在校大学生，涉及的专业有 12 个，共发放调查问卷 300 份，回收 283 份，有效回收率为 94.3%。

针对农业院校大学生创业教育的问卷内容涵盖四个方面：对创业教育的认识和需求，学校创业教育课程设置和师资现状，创业教育活动的开展现状，创业教育和培训的完善途径。

〔作者简介〕 姬惠惠(1980—)，女，安徽农业大学招生就业处教师，研究方向：大学生创新创业教育与就业指导。

二、调查结果与分析

(一) 调查结果

1. 对创业教育的认识和需求

关于创业教育的主要目的,学生普遍认为可以“培养创业意识和创业精神”,能够“转变就业观念,拓宽就业渠道”,可以“教授创业知识、提高创业能力”,是“开展素质教育、提高学生综合能力”的有效途径。

针对“你目前对学校创业教育的态度”这一调查,选择“比较关心,但参与者较少”和“非常感兴趣,参与积极性高”的占55.5%,而选择“认为事不关己,缺乏积极性”和“没有必要”的分别为26.8%和17.7%。

2. 学校创业教育课程开设现状

对于“你认为目前学校创业教育指导课的教学效果”,40.99%的被调查者选择“说不清”,38.87%的被调查者选择“需改进”,选择“好”的仅为20.14%。

针对“你认为学校开设创业教育课程障碍”,被调查者选择的顺序依次为“提供创业实践或获得经验机会”“校内创业师资”“学校的创业文化氛围”“现教材的使用性或针对性”。

对于“你认为高校大学生创业教育,关于创业技能理论教育存在的问题可能是”,选择“创业教育师资缺乏”和“创业技能的教育理论不完善”的分别占被调查者的52.65%和48.76%,其后依次为“创业技能培训的等级认证工作未开展”“没有创业技能相关的理论教育活动”。

3. 学校创业教育活动开展现状

对于“你所了解的学校开设创业教育类课程及实训项目有”,大部分被调查者仅知道“大学生就业与创业指导”和“大学生创业教育指导”,41.69%的被调查者知道“大学生创业模拟实训”。

对于“你参加过学校组织的创业教育活动有哪些”,超过50%的被调查者参加过“创业讲座”或“创业教育理论课”,36.75%的被调查者参加过“创业模拟训练”,而被调查者中参加过“创业园实践”和“创业设计竞赛”的分别占31.45%和28.62%。

对于“你认为所在二级学院创业教育实践的开展情况如何”,被调查者的选择顺序依次为“开设了创业教育课程,理论与实践相结合”“学生工作部及共青团组织在创业教育中有所作为”“有专业教师指导鼓励学生参加教师科研服务活动”“积极组织学生参加学校开展的创业技能提升训练”。

4. 对创业教育课程开设的建议

对于“你认为大学生接受创业教育的理想阶段是在”,63.60%的被调查者选择在“三年级”。

对于“你希望学校开设的创业指导课程内容更注重哪些方面”,被调查者的选择项依次为“个性化辅导”“人际交流与沟通技巧”“创业机会和环境分析”“市场营销”“创业案例分析”“财政税收”。

5. 对创业教育活动开展的建议

对于“高校思想政治教育与创业教育结合路径有哪些”,被调查者的选择项依次为“营造深厚的创业校园文化”“思想政治教育内容要融入创业精神或创业意识培养”“思想政治教育工作模式与创业教育开展模式相匹配”“思想政治教育工作者担任创业导师”。

“你认为创业教育最有效的教育方式”的多项选择问卷中，选择“大学生创业实践基地的实践教育”和选择“举行创业模拟实训类培训”的被调查者分别占 88.70% 和 79.86%，其次依次为“大学生创业课程的理论教育”和“大学生创业实践活动或创业竞赛”。

“你认为学校开展创业教育的途径可以有”的问卷中，选择“加强社会实践，建立大学生创业实训基地”“将创业精神、创业技能的培养设计成学生喜闻乐见的活动形式”“加强课堂教育，将创业素质培养植入课堂行为规范”“开设了创业教育课程，课程体系比较完善”等四个选项的比例分别为 80.21%、72.08%、57.60%、54.77%。

对于“你希望通过怎样的方式获得创业的知识和技能”，被调查者的选择项依次为“活动+训练”“亲身实践”“老师授课”。

对于“你认为学校有关部门培养大学生创业的途径有哪些”，被调查者的选择项依次为“进行模拟创业情境下的行为训练”“建立创业实践基地”“提供创业政策指导、咨询”“开设创业教育课程”。

（二）调查结果分析

通过对问卷的分析研究，可以看出，某校已经逐渐形成一个良好的校园创业文化，并开设了创业教育相关课程、开展了创业教育相关活动，对学生获得创业知识、提升创业能力有一定积极作用，但总体上学校创业教育课程设置和创业教育活动开展还存在一定程度的问题。

(1) 被调查者普遍能够正确认识和评价高校创业教育的积极意义，并给予了正面的回应，但学校创业教育的整体氛围亟待进一步营造，学生参与创业教育活动的积极性、主动性还有待进一步调动。

(2) 被调查者对创业教育课程教学效果的满意度较低，认为仍需进一步改进，同时，被调查者认为创业实践或获得经验机会、校内创业师资、创业技能的教育理论等方面制约了创业教育课程的发展。

(3) 被调查者对学校就业与创业指导、创业教育指导、创业讲座等课程或创业教育内容知道、参与较多，但对大学生创业模拟实训、创业园实践等专门的创业培训和创业实践了解有限、参与度有待提高。同时，问卷调查结果表明，被调查者对二级学院创业教育实践的开展情况普遍予以认可。

(4) 被调查者希望创业教育课程的开设应以三年级为主，希望创业指导课程内容更注重个性化辅导，突出创业教育的实用性，应加强对学生的人际交流与沟通技巧教育，通过创业案例分析，教会学生进行创业机会和环境分析，教育学生了解市场营销、财政税收等基本创业知识。

(5) 被调查者肯定了思想政治教育与创业教育的相互结合，并认为大学生创业实践基地的实践教育和举行创业模拟实训类培训是最有效的创业教育方式，加强“社会实践、建立大学生创业实训基地”“将创业精神、创业技能的培养设计成学生喜闻乐见的活动形式”等是学校开展创业教育的有效途径。

三、农业院校大学生创业教育的实施路径

1. 转变教育观念,立足农字营造氛围

良好的创业教育氛围是培育大学生创业意识、提升大学生创业能力的外部推动力。为了进一步摆脱高等教育和就业教育的传统观念,把创业教育理念深入师生头脑,农业院校应加强创业教育的组织建设,建立创新创业教育多级组织架构,成立校级层面的创新创业管理中心,成立院级和专业层面的若干学科或专业特色的创新实践基地,成立学生层面的各种创新创业实践协会[3]。同时,农业院校要充分利用学校的报刊、广播、网络论坛、形势报告会、座谈沙龙等形式,积极面向大学生宣传国家和地方关于促进高校学生创新创业的政策、措施以及高校推动创新创业教育和促进大学生创业工作的新举措、新成效,宣传成功企业家和大学生创新创业的先进典型。

农业院校要立足农字做文章,深入念好"农字经"、唱好"爱农戏",在培养农趣、提高农技、激励农志上下功夫,打造具有鲜明特色的"兴农杯"大学生创业计划竞赛、"神农大讲堂"科技学术讲座、"兴农杯"大学生课外学术科技作品竞赛、"爱农杯"涉农实用技能竞赛、新农村规划设计大赛等系列品牌活动,引导学生牢固树立"学农、爱农、务农、富农"的思想,教育有创业意向的同学树立正确的就业观、择业观、创业观,激发学生在农业科技领域的创业热情。

2. 加强课程建设,构建农林特色课程体系

课程体系构建是创业教育的核心环节。作为以农业学科为特色的农业院校,学校应积极探索建立具有农林学科专业特色的创业教育课程体系,应结合专业建设、学科建设开展创业教育课程建设,构建具有创新特点和鲜明特色的人才培养方案,培养具有创业能力的适应地方经济社会发展需求的高素质农业科技专门人才,认真实施"卓越农林人才教育培养计划",积极构建卓越农艺师、卓越农业工程师、卓越农业经济师等卓越人才培养体系,要面向农林业生产一线以及现代农业和新农村建设需要,深化面向基层的农林教育改革。

在课程体系建设中,要突出学生实践能力和创新创业能力培养,应注重将行业标准引入专业标准,将执业资格标准引入人才标准,将技术标准引入课程标准;要强化实践育人环节,研究制定专业实践能力标准,完善实践教学体系,丰富和改革农学、畜牧、园艺等学科专业的实践教学内容与方法;加强农林专业大学生创新创业平台建设,积极创造条件让学生尽早参加科研和创新创业活动,鼓励学生参加各类学科知识竞赛、科技活动和创造发明。农业院校应充分考虑学生身心发育特点和对创业内容的阶段性需求,建立全程化、分阶段的创业课程内容与教学体系,拓展和加深学生的专业理论水平,积极开展创业模拟实训,培养学生的开拓精神和创业能力,为学生毕业后能立即适应社会并敢于自我创业、快速适应社会打下良好基础。

3. 突出实务训练,在服务"三农"上做文章

创业教育是实践性很强的教育活动。为使农业院校大学生尽快掌握创业过程的实质,农业院校应积极组织学生参加科技竞赛、社会实践、创业计划大赛、学生科研素质拓展训练、创业社团、大学生创业园、创业模拟实训等多种多样的创业实务训练,使大学生的创业综合素质在实践的过程中得到锤炼和固化。

同时,农业院校要紧扣专业、学科发展,积极建立以农业园、农萃园、教学生产实习基地

等为基础的创业实践基地和创业孵化园，为学生提供创业实践的机会，并在政策、财物等方面给予保障，营造良好的创业实践氛围，引导学生结合专业学习积极从事农业、林业、畜牧业等农业相关领域的创业实践活动。

4. 强化师资培训，建设有农业院校特点的师资队伍

建设具有创新能力的师资队伍是创业教育的基本保证。农业院校应针对当前创业教育师资，尤其是具有理论和实践相结合的“双师型”师资紧缺的局面，成立创业教育和创业指导服务的专职教师队伍，为学生提供专业的创业教育和全面细致的创业指导服务。农业院校应加强创业教育师资的培训力度，努力提高创业教育教师的创业教育意识和创业理论知识水平，加强创业教育师资的创业实践机会，增强教师自身的创业实际经验和实践感知，打造具备扎实创业教育能力和丰富创业经验的专业师资队伍。

同时，农业院校应加强同农林相关企业的联系，积极完善农业院校与科研院所、涉农涉林企业合作机制，聘请一批生产、科研、管理一线专家做兼职教师，优化创业教育师资队伍的知识结构，强化大学生创业教育的针对性，教育农业院校大学生能够懂得涉农涉林等农业企业的基本运行模式，提升学生在农业相关领域创业实践的能力。

5. 树立创业典型，突出农业战线的创业成就

创业典型的激励作用和榜样示范作用是创业教育活动中的重要内容。农业院校应积极挖掘学生创业典型，印发“创业校友风采录”或创业典型风采录，并积极利用报刊、广播、网络论坛等宣传创业校友的事迹，引导学生在实践中加强理论学习。

农业院校应深入挖掘农林牧副渔等农业企业的校友创业典型，发挥他们的引导效应，巩固学生的专业思想，强化学生的专业意识，让学生明白农业战线大有可为，教育学生树立坚定的在农业产业领域创业的信心，切实落实“学农、爱农、务农、富农”的农业高等教育目标，服务“三农”工作。

6. 整合教育资源，建立农业院校特征的资源利用体系

农业院校应充分挖掘自身潜力，积极整合校内资源，广泛寻求社会支持，充分利用社会优质资源，努力构建具有农业院校特征的大学生创业教育资源利用体系。

农业院校应充分利用校内的优秀人才资源。农林学科是农业院校的优势学科，但同时农业院校往往拥有理、工、经、管、医、文、教、法等多种其他学科。因此，各级各类高级专业技术人才是农业院校重要的人才资源。农业院校在大学生创业教育实践中应有效利用这批人才资源，努力发挥好全体教职员工的主动性，形成人人关心大学生创业教育，人人支持大学生创业教育，人人服务大学生创业教育的良好局面。

农业院校拥有的农作物新品种、优良畜禽新品种、林果新品种、新型农业技术等是优秀的农业科技成果，也是大学生创业教育重要的成果资源。农业院校应充分利用好这些科研技术和科研品种，在服务于大学生创业教育的同时，促进成果的推广转化，促进农村发展、农民增收。

农业院校应充分挖掘学校空间资源，有效利用农学、畜牧、园艺、茶学、环境工程等生产实习基地，为学生提供创业实践场所保障；同时，以校外实习基地和产学研合作基地为依托，建设覆盖农业产业方方面面的分散性大学生创业实践基地，为学生创业实践提供有效载体。

农业院校应积极发挥各级学生组织、各类学生社团的作用，促进大学生创业教育。各级团学组织、农业经济研究会、新农村发展研究会、园艺植物观赏协会、创业者协会等学生社团是农业院校大学生创业教育的重要力量和组织形式。农业院校应充分发挥学生组织等的

"自我教育、自我管理、自我服务"的功能,让它们在创业教育的实践活动中不断发展壮大,不断提高影响力,不断提升带动力,引领大学生创业教育不断深入开展。

农业院校应积极联系人力资源和社会保障部门、教育主管部门、银行和企业公司等设置各种类型的大学生创新创业基金,对有发展潜力的大学生创新创业项目给予舆论、资金和技术上的强力支持。农业院校应发挥自身办学时间较早,校友资源丰富的特长,在大学生创业教育中注重发挥校友资源的作用,将农业院校打造成校友创业的资本、人才信息集散中心。农业院校可以深入加强与政府、企业的密切合作,在关于工商注册登记、税务登记和其他大学生创业优惠政策落实等方面做好工作,加快对大学生创新创业成果的转化力度。

创业教育是项长期任务,培养创新型农业科技人才和提升农业院校大学生创业能力应是农业院校的重要工作内容。农业院校在推进创业教育过程中,要遵循农业高等教育和农业人才培养的规律,科学定位,结合学校自身的实际情况和专业特色,不断地进行创业教育实践探索,构建符合农业院校大学生发展需要的创业教育模式,培养符合时代要求的创新创业型农业科技人才。

参考文献

[1] 姬惠惠.高校创新创业型大学生培养的研究:以安徽农业大学为例[J].中国大学生就业,2013(6):50-54.

[2] 李伟铭,黎春燕,杜晓华.我国高校创业教育十年:演进、问题与体系建设[J].教育研究,2013(6):42-51.

[3] 胡桃,沈莉.国外创新创业教育模式对我国高校的启示[J].中国大学教学,2013(2):91-94.

如何做好高校毕业生“三大板块”工作

王　鹰

摘要：笔者认为，高校毕业生工作并不是单一的唯就业工作，而是全面性的、立体式的就业、创业、考研“三大板块”工作。本文用“3331”架构分别对就业、创业、考研等“三大板块”工作发表个人的观点和认识，以引起高校毕业生工作者的重视，将毕业生“三大板块”工作视为各项工作的“重中之重”，真正做到“情牵就业，心系学生”。

关键词：“三大板块”；创业模式；行动计划；服务机制

随着国内就业市场形势日益严峻化，就业这项民生工程逐渐成为社会普遍关注的焦点问题，而大学生就业更被人们视为“头等大事”。从传统意义上说，或是大家的习惯认识，大学生毕业就是就业——离开学校走向社会找工作。但近年来，高校或大学生自身改变了就业模式，说它因势而动也罢，与时俱进也罢，大学生就业逐渐趋向让政府、社会、家长理解与支持的一种创新模式。原本单一的就业模式转而形成立体式就业新模式，毕业生毕业不再是“一条道”式的唯就业，出现“就业新概念”：就业＝就业＋创业＋考研。

大学生毕业并不是非得马上找工作，立即进岗入职。大学生能不能考虑自主创业呢？而那些意欲“更上一层楼”、胸怀拼搏上进意识的大学生选择了继续升学——考研不是更好吗？大学毕业生尽管有着比社会其他人群更为优越的条件，比如说专业知识，但也不是百分百概率地即刻找到工作。这时，一部分毕业生自然想到创业，那些学习成绩优异的毕业生则选择考研。考研再升学，意在深造与提升，实现更大的自我价值，同时也为今后的就业储备更多的专业知识，创造更多的就业创业机会。

由此，笔者认为，就业、创业、考研，应被视为同等重要的毕业生“三大板块”工作，而不是单纯一的唯就业工作。作为高校各项工作的“重中之重”，专门从事毕业生就业工作的学工部门、领导与老师怎么做呢？这里，主要围绕就业、创业、考研——毕业生“三大板块”工作谈谈自己的拙见，姑且算作为毕业生工作进言献计。

一、就业：“3331”创新模式

近年来，高校工作中心逐渐转移，很多高校将就业工作纳入教学计划和大学生就业质量提升计划。各高校本着“一切为了毕业生”的工作理念，高度关注，全力以赴，重抓、强抓毕业生工作，具体体现在不断提高全体师生员工的重视程度、学校领导的关心程度、院（系）领导的落实程度以及专业队伍的促抓程度。以往存在的“头痛问题”比如就业工作经费问题，各

［作者简介］　王鹰，皖西学院毕业生就业指导中心教师，研究方向：高校毕业生就业指导。

高校均以项目形式划拨转款,而且还在逐年增加。而就业工作专职队伍建设(包括人员数、人员业务素质、人员结构)及就业招聘场地(比如就业招聘大厅)已被高校视为改革和发展的主要议题之一。就业工作的“内部环境”和“外部环境”得以完善。作为社会“外部环境”,出现更加喜人的局面:当地政府比如人社局主动为大学生就业出策出力,帮助大学生顺利就业,大大激活了就业市场,推动了就业工作的健康、稳定、可持续进行。

那么,如何更进一步做好毕业生就业工作呢?笔者在毕业生就业工作实践探索中总结出“3331”就业工作创新模式,作为做好就业工作的“试金石”“导航仪”“助推器”。若此,就业工作无疑会焕发出勃勃生机。“3331”就业工作创新模式包括领导团队、渠道平台、助推机制、凝练提升,如图1所示。

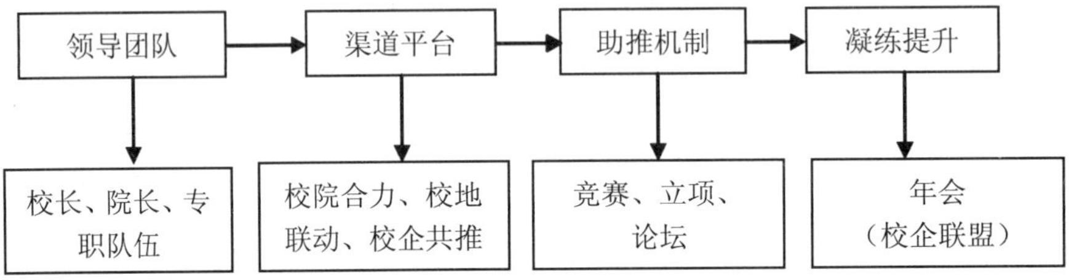

图1 “3331”就业工作创新模式

领导重视与团队协作对于就业工作而言,可谓关键之所在。领导是指校、院(系)行政“一把手”再加上专职就业工作队伍(校就业指导中心、院系联络员、辅导员和班主任),基本上形成校长、院长、专职队伍“三级”领导机构。有了“领路者”有了“导航”,就业工作一定会出现喜人的景象。这里团队自然是指校、院(系)、专职队伍“三级”式格局性团队。有了这样一个就业工作专职团队,就业工作一定会交出一份满意的答卷。第二个“3”就是渠道与平台。就业工作应重视渠道及渠道作用的建立与发挥。政府部门、社会企业、事业单位等可能是高校毕业生就业工作必须建立的三大渠道。作为高校专职就业工作队伍的工作者,理应时刻想着为毕业生搭建就业平台,帮助毕业生实现就业梦想。而为毕业生搭建的就业平台的具体做法,笔者认为就是校院合力、校地联动、校企共推,共同为毕业生创造就业机会,使每位毕业生都能够成功就业。无论是“渠道”,还是“平台”,均可视为就业工作的重要保障,这一点在我校毕业生就业工作实践中均得到充分证明。实际上,助推机制对于就业工作而言,不仅是工作中有力的抓手,更是促推就业的动力。我校所推行的助推机制为竞赛、立项、论坛。竞赛是指就业专业教师队伍系统内的竞赛活动。目前,各高校均开设了就业指导课,那么如何建设就业专业教师队伍以及如何将就业这门课带入“主课”,从不重视到重视,从副课到正课,从“随便带”到“专业化”呢?就业指导课竞赛这种方式无疑会给就业工作带来活力和动力。如果就业指导课能跃升为“主课”,立项便理在其中。我校的做法可以作为参考:校就业指导中心、校院(系)专业老师(包括就业联络员、辅导员、班主任)均可立项。若是就业部门组织(指导机构)和团队能够立项的话,自然列入学校就业工作质量提升计划。而作为就业指导课专业教师个人,其就业工作立项的话,可以与省级、国家级项目直接挂钩,也可以作为晋升职级的重要参考依据。发展是硬道理,就业工作不是一个人的事,也不是某个部门的事,更不是“学校(院)领导抓抓就行了”的事,而是全局的、全面的、全程的“头等大事”,并且应当在着力做的同时,应静下心来研究它、规划它,使之系统化发展、科学化发展、健康发展、长效发展。这时，举办就业工作主题论坛并非应时、应事、应势，而是就业工作应考的重点课题，在一定程度上会推动毕业生就业工作“更快、更高、更好”的发展。主题论坛可以办成沙龙(校内专业老师参加)，也可以办成联谊会(邀请校院、政府及企业领导参加)。合众人之力量，聚集体之智慧，“就业工作再上新台阶”便不会只是纸上谈兵。“1”就是一学年或每个学期进行一次总结，或谓其就业工作年会，或谓其校企联盟盛会。其目的在于历练锻打，思考提升。就业工作应注重不断总结、不断思考、不断创新，因为人才市场需求、社会形势需求、用人单位岗位需求等始终处在变化之中。面对新形势下的就业市场，思考研究，注重创新，方为就业工作之上策。

二、创业:“3331”行动计划

一谈到创业，那些“准创业者”毕业生便作热情澎湃状，觉着有使不完的劲儿。若问及如何创业，却一脸沉思。对于大学生创业，笔者建议推行“创业 3331”行动计划，如图 2 所示。

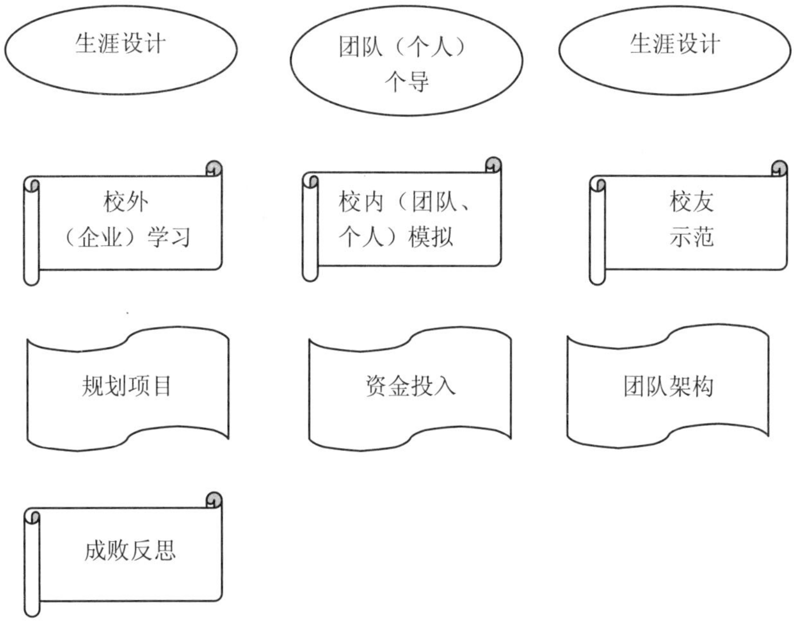

图 2 “创业 3331”行动计划

1. 第一个“3”——生涯设计、团队(个人)个导、制度推进

很多高校自新生入学后便对大学生开展职业生涯教育，为大学生职业生涯导航设计一系列活动。从某种意义上说，这种做法已在潜移默化地为大学生将来毕业走向社会如何创业作启蒙教育。我校结合校园文化科技活动、课外学术科技作品竞赛活动、大学生“创业计划”模拟活动，举办职业生涯设计与规划比赛。此举为提升在校大学生综合素质与创造创新能力提供了巨大的实践平台，学校从中发现和培养一批“准创业者”，继而形成学校“议程”，有计划地、有意识地为有创业意识的学生团队、学生个人导航，对他们进行“量身定做”。至于对学生团队(个人)个导能否采用“硕导”“博导”形式，一般而言，“硕导”和“博导”适应于研究生学科专业，笔者强调的是，这种培养方式完全可以适应培养大学生创业，面对面、个对个式地对学生团队(个人)进行指导,“因材施教”般地培养大学生创业。这样,专业老师和校、院(系)专业工作者为毕业生制订方案,帮助其设计职业规划,实现创业梦想。再好的行动计划也要靠制度来推进,比如毕业生创业指导性意见、推动办法、扶持性政策等激励制度。有了制度作保障,毕业生的创业计划终究会变成现实。

2. 第二个“3”——校外(企业)学习、校内(团队、个人)模拟、校友示范(即具体的做法)

学习要有针对性,要有目的性,要有实效性。深入多个企业学习,或“驻扎”某一个企业专门学习。可以带着问题有目标性地去学,也可以两手空空放下心来去学,甚至毕业生校外学习可以算作校内课堂学时学分。毕竟,校内学习才是学生学习的主要场所,而模拟实践对创业团队(个人)来说却尤显重要,这种创业模拟实践在大二、大三阶段即可尝试,并不是说学生到了大四才仓促而为之。不过,学生创业习惯养成教育应被视为素质教育的重要组成部分。大家可以欣喜地看到,近年来,由于学校对毕业生工作的重视,那些已有创业成就的校友纷纷回到母校为毕业生现身说法。面对面谈创业,手把手帮创业,真实体验,真情实感——这种“活教材”式的真榜样、真标杆的成功范例,可以说是对大学生进行创业教育与培养的最佳方法。俗话说,成事在人,要想创业成功,最终还得靠自己。

3. 第三个“3”——规划项目、资金投入、团队架构等创业问题只有靠自己来谋划,完成这份“创业答卷”

创业项目应根据市场需要情况、发展前景及预计所产生的收益等来进行规划,而不是凭着一时头脑发热“感情用事”,那样其结果只会成为“露水公司”,到头来成为“皮包公司”。至于资金投入可以多方筹措,再加上政府专项贷款(大学生创业资助)扶持。有的校友成功的创业做法可以借鉴,很多校友所谈心得最重要的一条就是:创业起步的时候,决不可以想着去搞“大投资、大公司、大场面”。

管理学告诉我们:企业的成功不在个人而在团队。作为初出茅庐的大学生能否带好团队,可算是一个问题。团队架构不仅仅是企业一个“总”的事,涉及内部各部门的向心力,更重要的是,这个团队能否带领整个团队共同致力于企业向前发展,使企业富有活力、富有动力、富有生命力。面对毕业生的创业热情、创业愿望,作为高校毕业生专门工作队伍的每一位工作者,最需要做的第一步工作是指导与服务。凡事都会有成败两种结果。创业如果失败了怎么办?这是大学生创业必须考虑的首要问题。国内外的著名企业知名品牌无不经历从失败到成功的艰难过程,所以,这里“1”所谈的是:大学生创业一年进行一次成败反思。特别是针对失败的企业,可以邀请地方政府分管创业专门人员、社会企业主管、成功创业的校友、学校老师,帮助企业找出失败原因,共同为企业把脉。

三、考研:“3331”服务机制

考研是结束四年大学学习生活之后的深造,是继高考之后的又一次大考。由于家庭、个人或其他种种原因,大多数同学一毕业便即刻选择就业或去创业,似乎形成一种习惯定势。但有一部分同学选择考研,而且考研队伍也在逐渐壮大。有的同学从大二就开始备战,甚至出现家长陪读考研。“考研热”“考研潮”“考研大军”成为各高校校园内一个充满正能量的“热议”话题。作为高校、作为专职毕业生指导中心的工作者,如何做好考研服务,自然成为毕业生工作中的重头戏。笔者同样用“3331”框架(见图3),可以称之为“3331”服务机制来谈谈自己的认识。

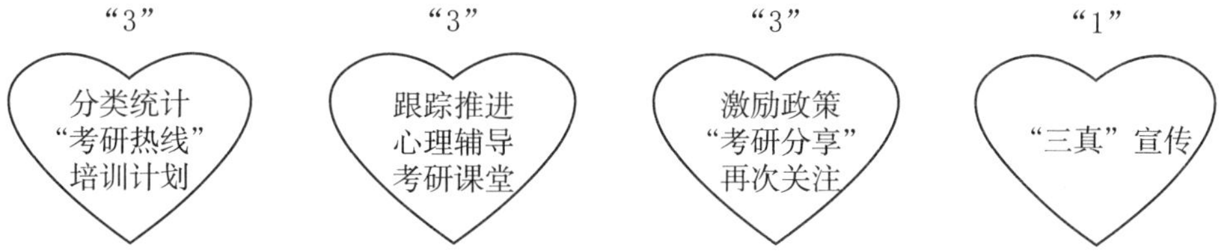

图 3　"3331"服务机制

1. 第一个"3"——分类统计、"考研热线"、培训计划

无论是就业、创业，还是考研，均需要做好统计工作，像统计全校就业、创业数据一样，对全校考研同学作全面统计，按照学科专业进行分类，同时对同学们的"意愿"（考哪类大学）也作分类统计。做好这一工作不仅有利于学校统一管理，而且能对同学们进行系统服务、分类指导。为了掌握考研动态，更好地为考研同学服务，学校需开设"考研热线"，包括专门服务电话、信箱、微信、某个群、某某在线等，通过"考研热线"做好一切考研服务工作。校院（系）还需要做的是：做好考研培训计划。目前，各高校对学生考研均出台了相关考研服务政策，采取一系列考研服务措施，开设英语、政治、数学等专门考研辅导班。学校可以与社会辅导班缔结合约，将这些辅导班"请"进来。可以适时邀请全国知名专家教授进校举办考研讲座，可以邀请校内专业教授定期性地对同学们考研遇到的困惑进行答疑。不难看出，这些一揽子考研培训计划将会有力推进同学们的"考研行动"。

2. 第二个"3"——跟踪推进、心理辅导、考研课堂

在"跟踪推进"方面，对考研同学采取周跟踪、月跟踪，以及班主任跟踪、辅导员跟踪。同时，推行院（系）领导督导、学校领导督导。目的在于全面、全程、全员性地掌握"考研进行时"。可能因为考研压力过大，考研同学难免出现心理问题。学校心理咨询中心可以为考研同学专门设立心理辅导"聊吧"，指定专门心理老师，根据跟踪记录档案所提供的"心理状况"，及时做好心理辅导。对于考研同学而言，"考研根据地"极其重要。这就是固定教室、固定座位。同学们在一个地方埋头学习，似乎离了那个教室、那个座位，学习就没有感觉了，没有劲儿了。为此，学校必须统一划分、统一管理、统一建设，学校图书馆、院（系）自习室、专业教室均可辟为"考研根据地"。

3. 第三个"3"——激励政策、"考研分享"、再次关注

考研同学一旦考取某大学某专业研究生，便成为校院（系）的最大骄傲。这时，作为学校，应及时跟进。我校的做法是：学校不但发文表彰，颁发荣誉证书——视为学校颁发的最高精神荣誉，而且予以一定物质奖励，奖励额度按照校内各类竞赛一等奖资金发放。"考研分享"可算是考研同学成功后最为兴奋的"获奖感言"时刻，校院组织推出考研分享团、分享组与在校同学共同分享考研心得，意在影响带动其他同学实现"考研梦想"，也为在校学生树立榜样，提供专业学习动力。而这些考取的研究生同学到毕业时，学校作第二次关注，为他们就业、创业提供服务，甚至与应届毕业生纳入校院（系）就业、创业计划。所谈这些是第三个"3"。

4. "1"——"三真"宣传

"1"就是考研宣传，谓其"真人、真事、真感受——三真"宣传。利用校内橱窗、广播、报刊和新媒体手段对在校生宣传,同时向社会宣传,向家长宣传。实行全员(所有考研同学)宣传、重点(重点专业、重点事迹)宣传、个人(典型案例)宣传。宣传与推广,在某种意义上说是校院(系)有关毕业生考研工作总结与思考,提升与完善,使考研成为校园内一种“精神力量”“学习动力”的正能量。

就业、创业、考研,此“三大板块”工作为高校专门学工队伍、就业指导中心、辅导员(班主任)所面临的但必须完成的“重点课题”。无先后之序,无轻重之分,无主次之别,应被视为同等重要的毕业生工作的主要任务。如果将“三大板块”工作分隔开来,高校毕业生工作只会做成“半拉子工程”。只有全面运筹,全面“出击”,全面提升,毕业生工作才会不断书写出精彩的新篇章。

提升高职学生就业能力的对策研究

王瑞兰

摘要:就业能力不足是造成高职学生就业难的重要原因。高职学生就业能力不足主要表现为职业精神缺失和职业能力不强两个方面。影响高职学生就业能力提升有社会、学校、家庭、学生等各种因素。提升高职学生的就业能力是一个系统工程,既需要高职学生自身的积极努力,同时也离不开政府的扶持、学校的正确引导以及企业的配合等各方面的共同努力和参与,多管齐下,发挥合力,才能取得实效。

关键词:高职学生;就业能力;提升对策

目前,高职学生就业难问题越来越受到人们关注。继2013年被称为史上大学生“就业最难年”之后,2014年又被称为“更难就业年”,相比于2013年的699万毕业生,2014年全国应届毕业生高达727万人。这种就业人数激增与就业市场达到超饱和状态的矛盾,使得学历层次较低的高职毕业生在激烈的就业竞争中更是处于劣势。除此以外,导致高职学生就业难的原因还在于用人单位与高职毕业生之间产生了巨大的“就业鸿沟”:一些高职毕业生因不能满足岗位需求而难以就业或就业质量不高,一些用人单位又因招聘不到合适的毕业生而存在职位空缺。[1]而高职学生就业能力的不足,正是出现这种“就业鸿沟”的最主要原因。因此,着力提升高职学生的就业能力,引导高职学生科学择业创业,是缓解高职学生就业难的重要举措。

一、高职学生就业能力的现状分析

就业能力是指高职毕业生在校期间通过知识的学习和综合素质的开发而获得的能够实现就业理想、满足社会需求、在社会生活中实现自身价值的本领。[2]它是一种与职业相关的综合能力,是高职学生在校期间通过学习和实践获得工作的一种能力。具体而言,高职学生就业能力应该包括职业精神与职业能力两个层次。[3]与此相对应,高职学生就业能力不足也主要表现在以下两个方面:

1. 职业精神缺失

百度百科对“职业精神”的解释为:是与人们的职业活动紧密联系、具有自身职业特征的精神,包括职业理想、职业态度、职业责任、职业纪律等多种要素。良好的职业精神是高职学生走向工作岗位的必备素质,同时也是用人单位挑选毕业生的首要标准。当前一些高职学生职业精神的缺失主要表现为:不守诺言,淡漠诚信,缺少爱岗敬业精神;不善于与他人协作共事,缺乏大局意识与团队精神;择业时拈轻怕重,嫌脏怕累,不愿意从基层干起,吃苦耐劳

[作者简介] 王瑞兰(1972—),女,副教授,安庆职业技术学院思政部,研究方向:中国特色社会主义、人文素质教育。

与脚踏实地精神不足;急功近利,心浮气躁,做事马虎,频繁跳槽,缺乏精益求精和认真负责精神;不思进取,职业理想模糊,职业目标不明等。如何培养学生职业精神已成为目前高职院校亟须解决的问题。

2. 职业能力不强

职业能力是就业者胜任岗位工作的能力,包括专业知识、职业技能、求职应聘能力等。职业能力是高职学生就业核心竞争力所在,也是用人单位选择毕业生必备的核心素质。在现实中,有不少高职毕业生不仅没有掌握相应的专业知识和职业技能,而且缺乏实际经验和最基本的行业常识,再加上在应聘及面试过程中表现出来的求职能力薄弱,导致在就业过程中往往遭遇困难和挫折。

二、高职学生就业能力不足的原因分析

高职学生就业能力是一种综合能力,受到社会、学校、家庭、学生个人等方方面面因素的影响。目前影响高职学生就业能力提升主要有以下 4 个方面的因素:

1. 高职教育人才培养体制的滞后

当前高职教育人才培养体制的改革并没有完全跟上经济体制改革的步伐,如高职教育与经济社会发展未能同步规划,教育教学改革与产业转型升级未能衔接配套,校企协同育人机制不够健全,就业市场环境不够完善,部分高职院校办学特色不够明显、办学定位出现偏差等,这些都导致高职院校培养出来的人才与社会需求存在一定差异,最终导致高职学生就业能力不足。

2. 高职院校传统教育教学模式的弊端

高职院校传统教育教学模式存在诸多弊端,如在教育教学活动中,只重视培养学生专业操作技能与实际动手能力,忽视学校在职业道德和人文素养教育方面的重要职责,导致学生知识面狭窄、职业精神匮乏;在专业课教学方面,专业教师又多数缺乏企业从业的实践经验,对学生的指导多为照本宣科,教学方法陈旧落后,理论与实践相脱节,导致学生专业功底不扎实,技能不精通。在成绩考核方面,理论考试的卷面分数仍是评价学生专业课程成绩的主要手段,致使学生学习兴趣不浓,不利于学生就业能力的发展。

在就业指导方面,高职院校就业社会化服务体系还不够完善,就业指导的方式和手段还很简单,主要采取单向课堂教学方式,很少开展模拟演练、参观、实践等活动。在教学过程中也多集中于理论讲解,缺乏对学生面试、口头表达等实践应用能力的培养和提高。就业指导教师大多是兼职或临时性的,且就业实践经验缺乏。就业指导工作部门和就业服务人员职责主要集中在发布就业信息方面,忽视了就业指导、职业开发与评价等服务内容。因此,很难根据学生发展各阶段的特征帮助他们正确认识职业和自身,选择理想的职业道路。

3. 家庭职业观念和择业倾向的制约

当代大学生多为独生子女,家长都有“望子成龙、望女成凤”的期望,他们往往忽视子女的身心特点及兴趣爱好,单纯以自己的想法为子女设定职业生涯;还有许多家长忽视“人职匹配”原则,以社会地位和经济收入作为子女的择业标准。这些都有可能造成高职学生就业心理、就业技能以及综合素质等方面的准备不足,导致一些学生职业精神缺失、不讲奉献只讲索取、不遵守职业规范和岗位规章等,并在很大程度上制约了高职学生的自我发展和就业能力的提升。

4. 高职学生就业观念误区的影响

受传统就业思想、就业方式及社会消极因素的影响，不少高职学生在就业观念中存在以下误区："一步到位"的观念，想一下找到终身的理想单位和工作；"专业对口"的观念，过于强调专业对口，忽视综合能力的展现，而用人单位一般更注重后者；就业趋向"功利化"，不能正确定位自己，期望值过高，想去大城市工作，想去环境好、条件好、待遇高的单位工作，不愿到中小城市或贫困地区就业，不愿到生产、建设、服务、管理一线工作，有的毕业生甚至宁愿闲在家里，形成"有岗不就"的现象，以致错失职业发展机遇；在职业选择上把起薪看得太重，而忽视今后的发展，错过许多就业和职业发展的机会；觉得创业太难，毕业后只想找现成的单位，追求工作的稳定，打算创业的特别少。这些观念误区也影响着高职毕业生就业能力的提升。

三、提升高职学生就业能力的对策

提升就业能力需要高职学生自身的积极努力，同时也离不开政府的扶持、学校的正确引导以及企业的配合等各方面的共同努力和参与，多管齐下，发挥合力，才能取得实效。

1. 构建完善的就业市场环境——提升就业能力的前提

在市场经济条件下，政府承担着促进教育公平、合理配置教育资源等职能。政府应切实履行发展高职教育的职责，把高职教育纳入经济社会发展和产业发展规划，促使高职教育规模、专业设置与经济社会发展需求相适应。[4]

同时，政府应采取有力措施和出台相关就业政策，切实保障高职毕业生就业市场的公正与规范，不断为高职毕业生就业提供优质高效的服务，如制定良好的就业政策、提供可靠的就业信息、为高职学生实习实训和教师挂职锻炼提供平台等，以构建完善的就业市场环境，为高职毕业生就业能力的提升提供必要前提。

2. 改革高职人才培养模式——提升就业能力的基础

高职院校应牢牢把握"服务发展、促进就业"的办学方向，建立灵敏的市场反应与调整机制，对就业形势及各专业人才需求趋势作出科学判断，紧跟经济体制改革步伐，深化体制机制改革。应以市场需求为导向，坚持产教融合、校企合作，坚持工学结合、知行合一，不断改革人才培养模式，推动专业设置与产业需求对接，课程内容与职业标准对接，教学过程与生产过程对接，毕业证书与职业资格证书对接，职业教育与终身学习对接。[5]

在注重学生专业技能培养的同时，还应全面实施素质教育，将职业精神、人文素养教育贯穿培养全过程，这是提升高职毕业生就业能力的基础。高职院校一方面要以课程为依托，增强学生对职业精神的认知，思想政治理论课程为职业精神的培育提供方向引领，就业指导等通识课程和专业课程也要渗透职业精神教育，另一方面要与实践活动相融合，深化职业精神体悟，通过实习实训，提升学生对职业精神的个性体悟，通过开展校园文化活动，培育学生良好的道德品质，打牢职业精神的基础。高职院校通过建立职业精神教育的课程体系、校园文化活动体系、社会实践体系，引导教育学生把职业精神融入到自己的职业目标中，把提升职业精神作为合格职业人必备素质，把职业精神和成长成才统一起来，以实现自身全面健康发展。

3. 完善高职院校就业服务体系——提升就业能力的保障

就业工作是高职院校工作的生命线。高职院校应加强就业指导工作，完善就业服务体系,并将就业指导工作贯穿学生在校全过程,做到全员化、全程化、专业化、信息化,这是提升高职学生就业能力的保障。

一是要保证机构、就业指导人员、经费"三到位",并坚持"部门联动"原则。高职院校应成立专门的就业指导中心;建立一支高素质和职业化的就业指导队伍,为就业与创业指导课程配备高素质师资,为就业指导中心配备专门的工作人员;同时保证就业指导机构和人员开展工作的必要经费。在开展就业服务工作时,要明确职能部门与各院(系)之间的责权关系,激发各部门就业工作活力,逐步形成"导教结合,部门联动"的就业工作机制与格局。

二是把高职学生就业能力培养纳入人才培养方案,加大教学改革力度。高职院校应在各专业人才培养方案中将就业指导课设为必修课程,从新生入学就开始指导其做好职业生涯规划;在课程中应大幅度增加实训环节,将就业能力的培养纳入课程体系;改革课堂教学模式,引入企业家、知名校友与职业指导专家,通过开设讲座、座谈会等形式拓展就业指导形式和内容;邀请用人单位参与课程标准的制定,使高职学生就业能力的培养更具针对性。另外,还应开设创业实务课程,通过创业教育,激发学生创业热情。

三是要完善高职学生就业信息系统。高职院校应定期开展毕业生市场调查,多方收集用工信息,并及时向学生发布,同时主动为用人单位提供详细的毕业生信息,保证"双向选择"活动的正常开展;定期开展校园招聘活动,吸引用人单位来学校召开岗位对接专场招聘会,锻炼提高高职学生的求职应聘能力;加强与用人单位的合作,为学生提供更多的见习和实习实训机会,使学生更好地了解用人单位的需求,从而调动学生培养就业能力的积极性。

4. 提升学生社会适应能力——提高就业能力的重心

现在许多高职学生在求职时遇到的"最大的门槛"就是缺乏工作经验,一些用人单位在挑选和录用高职毕业生时,在同等条件下,往往会优先考虑那些曾经参加过社会实践、具有一定工作经验的毕业生。因此,高职院校应着重培养学生适应社会、融入社会的能力,使学生学会做人做事,这是提升高职学生就业能力的重心之所在。

一是提高学生社会实践能力。通过指导学生参与学生社团和学生管理工作,组织学生参加职业生涯规划大赛等活动,增强学生自主意识和团队合作精神,提高学生组织协调与沟通能力,帮助学生积累工作经验。改革高职学生实习制度,让学生入学第一年就开始参与实习,实习时间随年级变化每年递增;加强校企校地深度合作,与企业共建社会实践基地,组织在校生进入企业顶岗实习,以此来丰富学生社会实践经验和培育学生职业精神;同时开展各种形式的社会实践活动,使广大学生在实践中受教育、长才干,拓展综合素质,增强社会责任感和社会适应能力。

二是培养学生创新创业能力。创新能力是用人单位最看中的能力。把所学知识运用到实践中去,也需要创新能力。知识经济时代呼唤勇于创新、善于创造的新型人才,培养创新能力是提升高职学生就业能力的核心。高职院校还应加强创业教育,如组织学生参加职业技能竞赛,举办创业培训班与创业设计大赛,举办创业成功人士讲座,创办大学生创业孵化基地等,对学生进行创业知识传授和创业能力培养,激发学生创业欲望,培养学生创业精神,让高职学生争取就业的主动权。

5. 树立正确择业创业观念——提升就业能力的关键

就业思想和观念有误,是高职学生提升就业能力和成功就业的最大障碍。针对高职学生存在的不良就业思想和观念,高职院校应采取积极对策,引导教育学生树立正确的择业创业观念,这是提升高职毕业生就业能力的关键。

一是尽快构建科学完备的创业教育体系，帮助学生树立较强的创业意识。党的十八大报告指出，为推动实现更高质量的就业，就要"引导劳动者转变就业观念，鼓励多渠道多形式就业，促进创业带动就业……加强职业技能培训，提升劳动者就业创业能力，增强就业稳定性"。这表明创业是我国目前解决就业难题的重要途径。高职院校应尽快构建科学完备的创业教育体系，通过创业课程的教育教学、创业信息服务网络的构建、创业孵化基地的建设等，使高职学生一入学就能形成较强的创业意识，并对自己毕业后的走向与发展有所规划。

二是加强就业形势教育，帮助学生树立正确的择业观。目前我国大学毕业生的就业形势十分严峻，就业压力非常巨大。从我国的就业形势和当前高职学生的实际情况来分析，要较好地解决目前的就业问题，固然需要党和政府为高职学生就业创造良好的条件和环境，但更需要高职学生树立正确的择业观。高职院校应从新生入学就开始进行就业观择业观教育，从专门的就业指导到学生思想政治教育，再到课堂教学、学生课余文化活动，形成一个立体的、全方位的、全程的渗透模式，并通过这种模式，引导教育高职学生树立普通劳动者观念，理性地面对现实和自我，树立"劳动光荣、技能宝贵、创造伟大""行行建功、处处立业"的成才就业观，扎根基层和中小企业建功立业；帮助学生调整好心态和就业期望值，正确衡量自己的专业价值和市场需求的关系，不断提高综合素质和修养，并积极投身实践，在实践中用所学的知识回报社会，在服务社会中成长成才，实现自己的人生价值。

参考文献

[1] 冯虹，汪昕宇.大学生就业能力开发现状及其对就业满意度的影响：基于北京地区高校的调查[J].北京工业大学学报(社会科学版)，2014(3)：71-78.

[2] 郑晓明."就业能力"论[J].中国青年政治学院学报，2002(3)：91-92.

[3] 梁嘉.大学生可持续性就业能力的培养探究[J].教育与职业，2014(18)：183，184.

[4] 中共中央，国务院.国家中长期教育改革和发展规划纲要(2010—2020年)[S].2010-07-30.

[5] 国务院.国务院关于加快发展现代职业教育的决定(国发〔2014〕19号)[S].2014-05-02.

高校多位一体的择业心理教育体系的构建

张　铮

摘要：在激烈的竞争和巨大的压力下，大学生的心理面临着一系列严峻考验。高校应构建多位一体的择业心理教育体系。在校内，应构建日常教育管理、专业教育、思想政治教育、心理健康教育、就业指导多位一体的择业心理教育体系；在校外，应积极寻求社会合作，探索集学校、社会、家庭、个人力量于一体的教育途径。

关键词：就业指导；择业心理；教育体系

一、高校构建多位一体择业心理教育体系的必要性

（一）高校择业心理教育的特殊性需要

择业是择业者根据自己的职业理想和职业能力，从社会许多职业中选择其中一种作为自己所从事的职业的过程[1]。择业心理是在选择职业的过程中呈现出来的一般心理特征。大学生择业心理深受其认知水平和能力、情绪以及社会环境的影响[2]。高校择业心理教育是指高校通过多种教育途径、教育方法，培养大学生择业过程中所需的良好心理素质，预防和解决择业过程出现的心理矛盾、心理冲突、心理障碍等心理问题的教育。

高校择业心理教育面向的是全体大学生，具有全员性。它关注大学生职业生涯教育，具有全程性；需要全校所有教职员工共同关心，具有广泛性。同时，因为影响大学生择业心理的社会因素、个性因素的多样性、复杂性，高校择业心理教育具有其特殊性。只有通过构建合理的多位一体的教育体系，建立健全相关教育机制，才能真正发挥其心理教育作用。

（二）国内外择业心理教育研究成果运用的需求

在国外，择业心理教育是随着职业选择与发展理论的成熟和职业指导实践的深入而随之产生、发展和逐步完善的。二战前后，许多社会学家和职业指导工作者将心理学的原理和方法广泛运用于职业问题研究，并逐渐形成众多的职业指导理论派别，如弗兰克・帕森斯(1909)的特质因素论，约翰・L・霍兰德(1973年)的个性与职业类型匹配理论，金兹伯格与萨伯的职业发展理论等。这些理论指导趋于系统化和多样化[3]。它们虽然见解各异，但各种理论之间有着纵向发展的延伸性和横向发展的互补性。它们或者强调个人因素，或强调社会因素，或者强调两者的综合因素。

［作者简介］　张铮(1971—)，女，安庆职业技术学院教师，研究方向：大学生就业指导、心理健康教育研究。

［基金项目］　安徽省教育科学规划2013年度立项课题“高职院校学生择业心理教育研究与实践”(项目编号：JG13074)。

国内择业心理教育的研究动态和发展趋势呈现出以下特点：一是普遍认识到择业心理教育应受到多方面的重视。如王小侠(2006)的论文《当代大学生择业与职业心理教育》论及择业心理是职业心理学的重要组成部分。我国当代大学毕业生在择业过程中产生的心理困惑、偏差和障碍，都必须通过加强和改善职业心理教育才能解决，家长、学校、政府和全社会都应给予高度重视[4]。二是大学生择业心理问题和心理调适受到普遍关注，择业心理教育成为大学生心理健康教育的重要内容之一。如王传旭、姚本先主编的《大学生心理健康教育概论》第12章分析了大学生择业的心理特点、心理冲突、心理误区，提出大学生要掌握心理调适方法，做好求职心理准备[5]。三是采用定性与定量相结合的方法，对大学生的择业状况进行研究。如宋涛(2009)的硕士学位论文《高校本科毕业生择业心理调查研究——以兰州大学为例》通过自编的择业问卷和《卡特尔16种人格因素量表》调查研究发现，当代大学生择业过程中的心理特征既有积极的一面，也存在择业期望值过高、择业主动性低、择业焦虑等不良择业心理。影响大学生择业心理的因素有社会、经济、学校、家庭以及大学生自身等多方面因素[6]。

综合分析国内外该领域研究发现：不能仅仅从静态角度研究个性与职业的匹配，还要从动态角度关注心理发展的过程性和职业选择的长期性；不能仅仅注重心理因素对职业选择的影响，还要注重心理因素与社会因素的并重和平衡。因此，要积极探索融学校、社会、家庭、个人多方力量为一体的多位一体大学生择业心理教育体系，有效解决当前大学生择业心理问题。

（三）当前就业环境的需求

改革开放30年来，高校毕业生就业制度改革经历了由“计划分配”到“供需见面”“双向选择”再到在一定范围内“自主择业”等几个发展阶段，已突破了国家“统包统分”的观念和体制，建立了“市场导向、政府调控、学校推荐、学生和用人单位双向选择”的就业制度，这些变化要求大学生从入学开始就必须对职业选择问题做出思考和决策。但是，面对激烈的竞争和巨大的压力，大学生的心理面临着一系列的严峻考验，由择业而产生的心理问题也从来没有像现在这样严重。它影响了部分大学生身心的和谐发展和职业前途，影响了部分高校的教育教学质量和培养目标的实现，也导致就业市场供需关系的结构化矛盾日益突出。

高校构建多位一体择业心理教育体系，从实践意义上看，是我国经济发展和建设和谐社会的客观要求，是高校教育发展的客观要求，是学生职业生涯发展的客观要求。它必将有力促进大学生的成长成才，促进高校的就业工作，推动高等教育的协调发展，有效解决当前就业市场供需关系的结构化矛盾。

二、校内多位一体择业心理教育体系的构建

构建高校多位一体择业心理教育体系，需要在校内构建集日常教育管理、专业教育、思想政治教育、心理健康教育、就业指导于一体的择业心理教育体系。

（一）在日常教育管理中发挥辅导员对择业心理教育的作用

辅导员是学生日常教育的一线管理者，也是最直接的心理教育者。择业心理教育的发展性目标决定了必须由辅导员参与学生的择业心理教育。

首先,作为学生日常教育的管理者,辅导员往往承担着沟通者和疏导者的角色。当学生产生择业心理困惑,或在专业学习上产生困难时,辅导员应在第一时间与学生沟通,并联系家长,与家长配合,把孩子的心理问题解决在萌芽状态。因此,学校如果对辅导员进行心理辅导专业培训,使辅导员在沟通时能更科学有效地对学生的心理、人格产生积极的影响,那么辅导员工作也会事半功倍。

其次,对于那些有心理问题、心理障碍的学生,在学校心理咨询室对其进行咨询的过程中以及咨询完成后,都需要辅导员再对其进行观察,并积极配合心理咨询服务机构对该学生继续施加积极的影响。同时,辅导员也需要和该学生的家长进行及时、有效地沟通,并在班级中营造有益于该学生恢复的班级环境,共同帮助该学生积极转变。

再次,辅导员还可以积极营造良好的班级心理氛围。良好的班级心理氛围对学生优良心理的形成发展具有潜移默化的功能,其社会助长作用和社会比较作用具有促进学生积极进取、奋发向上的激励功能。辅导员可以在班级中积极开展团体辅导活动,加强对学生择业心理教育。

最后,辅导员具有良好的心态、高尚的人格、爱岗敬业的职业精神,会对学生良好心理素质的形成和班级良好心理氛围的形成起到关键性作用。学生在班级中学习、生活,会在潜意识中把辅导员当成自己的榜样,会在不知不觉中倾向模仿辅导员的一举一动。因此,辅导员要发挥榜样的作用,培养心理委员作为学生助手,鼓励学生自己讨论建立班级制度,培养自我管理、自我教育能力,建立真诚、平等、合作的伙伴关系。要在日常学习、生活管理活动中提升心理素质,使之能为学生理性择业、成功就业打下良好基础。

(二)在专业课教学中渗透择业心理教育

首先,专业课教师应以自身的心理健康去影响学生,以对工作的热情和激情感染学生,以良好的职业道德和娴熟的职业技能成为学生学习的榜样、职业的楷模。其次,要根据专业课教学的特点,挖掘教学中的择业心理教育因素,关注学生的职业选择和职业发展,适时、适度地把择业心理教育渗透在教学中。教师要把成才意识和专业兴趣的培养融入到日常的专业课教学中去,提高学生择业效能感,培养、鼓励学生成为职业领域的能手。再次,在加强对学生的专业指导,培养职业技能的同时,结合教学情况反馈,减轻学习困难学生的心理压力,对这些学生及时进行心理疏导,化解学生的心理困境。最后,应积极进行专业课教学改革,探索既有利于学生专业技能培养,又有利于提高学生职业心理素质的教学模式。

(三)将思想政治教育与择业心理教育有机结合

思想政治教育者要充分认识到择业心理教育的意义,并把它作为学生思想政治教育的基础,以一种教育理念和教育方式接纳它。在大学生思想政治教育实践中,要真正转变观念,在思想政治教育中融入择业心理教育的因素,在择业心理教育中渗透、借鉴思想政治教育,将两者有机结合。思想政治教育者应当积极研究,寻找出适合学校特色和学生实际的途径。他们可在课堂教学中把理想信念教育和职业生涯规划有机地结合起来,把职业理想和社会理想结合起来,把个人价值实现与社会发展要求结合起来,提升学生择业心理素质和提高思想政治教育实效性。

（四）心理健康教育与就业指导相结合，落实择业心理教育

目前的大学生心理健康教育包含多项内容，如自我意识与心理健康、情绪管理与心理健康、学习心理等等，择业心理教育只是其中的一部分内容。与择业心理教育息息相关的职业生涯规划是当前就业指导课中一项重要的内容。2007 年，《教育部关于印发大学生职业发展与就业指导课程教学要求的通知》（教高厅〔2007〕7 号）文件要求将就业指导课用 3～5 年逐步过渡为高校各专业开满 38 课时的必修课。2011 年，教育部《普通高等学校学生心理健康教育工作基本建设标准（试行）》文件又将心理健康课确定为高校各专业必须开设的必修课。国家对这两门公共必修课非常重视。但是，对于部分高校来说却是一种负担。特别是对于学制较短的高职院校来说，由于高职学生在校学习的时间较短，且专业课任务繁重，本来应当受到重视的心理健康课和就业指导课就被有意或无意地忽视了。如果将高校的心理健康课和就业指导课结合起来，将择业心理教育作为两者有机融合的关键点，必将给高校的心理教育带来新面貌。

三、校外多位一体择业心理教育体系的构建

择业心理教育是一个系统化工程，需要全社会的大力支持，这种支持不只是舆论上的支持，更重要的是实际工作的支持。因为，仅凭学生在校短短三至四年时间的大学教育，是难以达到良好效果的。因此，构建高校多位一体择业心理教育体系，需要在校外积极寻求社会合作，探索集学校、社会、家庭、个人力量于一体的教育途径。

（一）促进大学生就业的社会保障立法工作

高校应发挥资源优势和科研优势，对本地区、本校大学生择业心理和就业情况分类进行调研，例如，可在分专业、分层次（研究生、本科生、高职生）、分性别、分生源地等调查研究的基础上，完成调研报告和科研论文，公开发表或提交相关部门，为国家制定促进大学生就业的法律法规提供合理有效的依据。

（二）协助政府加强对大学生就业市场的扶持和管理

《国务院关于进一步做好普通高等学校毕业生就业工作的通知》（国发〔2011〕16 号）文件规定："各级公共就业人才服务机构要按照就业促进法的规定，为已就业高校毕业生免费办理就业登记，并按规定提供人事、劳动保障代理服务。""要将就业困难的高校毕业生纳入当地就业援助体系，建立专门台账，实施一对一职业指导和重点帮扶，并向用人单位重点推荐，或通过公益性岗位安置就业。""鼓励各类职业中介机构为高校毕业生提供就业服务"。高校应协助政府在加大对各类大学生就业市场扶持力度的同时，规范管理制度。要建立健全大学生就业市场管理法律体系，制定合理的就业方针政策和大学生就业指导计划，明确各类就业市场的地位、性质、职能、责权利等，使其能够高效有序地运作。

（三）配合教育部、人力资源与社会保障部等相关部门共同推进大学生就业

高校要积极配合教育部、人社部、省市区各级政府，共同推进大学生就业。高校在通过

校园双选会、招聘会等形式做好自身毕业生就业推荐工作的同时,应及时将未就业毕业生的联系方式等信息报送省教育厅、人社厅等相关部门,形成合力,为未就业毕业生提供全方位就业服务。

为提高高校毕业生就业信息化水平,需加强就业供需信息的互通共享。按照教育部办公厅《关于使用全国大学生就业信息服务一体化系统的通知》(教学厅函〔2010〕30号)要求,教育部研制了"全国大学生就业信息服务一体化系统",2012年投入使用。该系统采用统一数据信息标准,建立教育部、省区市、高校三级网络架构,实现用人单位和毕业生一站式注册及信息合理有效共享。就业主管部门可依据该系统信息及时掌握就业动态,有效监测毕业生就业状况。这些举措如果落实得当,就会将几股力量形成合力,共同推进大学生就业工作。高校不仅要和长期合作的用人单位加强联系,积极参与建设"全国大学生就业信息服务一体化系统",还应组织全体毕业生及时上网注册,通过就业一体化系统投简历、找工作。要将毕业生就业情况分析总结反馈到大中专毕业生就业服务中心,以便进一步提升就业一体化系统的服务能力,同时结合系统的信息反馈,做好在校大学生的择业心理教育和咨询服务工作。

(四)发挥广大社会新闻网络媒体作用,做好大学生择业、就业的舆论宣传工作

高校应关注国家文化、宣传等部门出台的政策、法规、举措,主动和当地文化、宣传部门联系,寻求合作,出谋划策,正确引导广大社会新闻网络媒体做好大学生择业、就业的舆论宣传工作,要将最新的就业政策、法律法规和正确的择业、就业观念,融入电视、广播、网络信息平台、戏剧、艺术节目和其他文化作品中,形成一张立体的舆论导向网,为大学生提供成功择业的精神动力和判别是非的科学标准。同时,改变某些企事业单位陈腐的用人观念,促使他们积极主动地为大学生多提供合适的实习、见习和就业岗位,为优化高校毕业生择业、就业的社会生活环境创造条件。

(五)积极建立"学校—学生—家庭"的互助体系

高校有相当多的学生家长在子女入学以后就将教育孩子的主要行为放在提供经济支持上,而对孩子的心理成长关心不够。还有些家长存在一些择业、就业方面的偏颇观念,造成孩子不良的择业观念,导致心理问题的产生。大学阶段的家庭教育是以往各个阶段家庭教育的延续,家庭和谐、宽容、理解、支持的氛围对于孩子的心理成长至关重要。学校应积极主动地采取措施,邀请校内外专业人士或辅导员,通过参与活动、约谈、网络沟通等多种方式加强与家长的沟通,引导家长加强学习,积极发挥家庭教育的作用。要使家长认识到平时应多与孩子沟通,鼓励孩子正确认识社会环境因素和就业竞争的公平性,掌握自我调节方法,摆正择业心态。对于已产生心理问题的孩子,应配合学校深入了解孩子心理问题和行为问题产生的原因,积极配合制订与实施心理辅导和矫治计划。作为教育主体,学生本人应积极面对,主动配合,共同构建"学校—学生—家庭"的互助体系,提高自身认知水平和心理调节能力,积极主动地学习择业技巧,掌握职业技能,以更好地适应社会环境,成功择业、就业。

四、结论

高校的择业心理教育工作关系到大学生的职业发展和终生幸福;关系到高校的和谐进

步和良性发展;关系到国家就业政策的有效落实。在快速发展的当代社会,不能消极等待大学生由“毕业生”直接变成“失业者”,不能等到大学生面对纷繁复杂的职业世界出现了心理问题时,才去重视择业心理教育问题。高校不仅要构建集日常教育管理、专业教育、思想政治教育、心理健康教育、就业指导于一体的择业心理教育体系,还需要协同教育部门、人力资源与社会保障部门、医疗卫生部门、新闻传播及文化等部门共同建立更大范围的服务大学生的择业指导体系。要加大研究力度,既要从整体上系统研究,又能分层次做精细化研究,有效解决大学生择业的心理问题。

参考文献

[1] 林崇德.择业的艺术[M].北京:高等教育出版社,2004.

[2] 沈德立.发展与教育心理学[M].沈阳:辽宁大学出版社,1999.

[3] 曲振国.大学生就业指导与职业生涯规划[M].北京:清华大学出版社,2008.

[4] 王小侠.当代大学生择业与职业心理教育[J].教育探索,2006(12):101-102.

[5] 王传旭,姚本先.大学生心理健康教育概论[M].合肥:安徽大学出版社,2010.

[6] 宋涛.高校本科毕业生择业心理调查研究:以兰州大学为例[D].兰州:兰州大学,2009.

基于学习倦怠干预的就业竞争力提升路径

陈树，张玉平

摘要：为了解高职护生学习倦怠及其影响机制，以期探究提升高职护生就业竞争力的途径和方法，本文采用核心自我评价量表、大学生专业承诺量表及高职学生学习倦怠量表对566名高职护生核心自我评价、专业承诺和学习倦怠状况进行测查。结果发现高职护生核心自我评价和专业承诺可显著负向预测学习倦怠，专业承诺在核心自我评价与学习倦怠之间起着部分中介作用。表明核心自我评价可以直接负向预测高职护生的学习倦怠程度，也可通过专业承诺负向影响学习倦怠。提示教育者可采取措施提高护生的核心自我评价水平，强化其专业承诺度，从而有效干预高职护生学习倦怠，实现提升就业竞争力的目标。

关键词：学习倦怠；核心自我评价；专业承诺；就业竞争力

所谓倦怠，是指个体长期因工作压力得不到疏解而引发的心理和生理的疲惫，进而出现工作效率下降，对待工作与他人逐渐表现出冷漠、无成就感等负面的症状[1]。学习倦怠被理解为学生因对学业不感兴趣或缺乏学习动力，但同时又意识到不得不为之，所产生的一系列例如厌倦、疲乏、沮丧与挫折等心理和生理上的反应，并表现出一系列不恰当的逃避学习的行为[2]。学习倦怠主要由情绪耗竭、行为不当和低成就感3个结构组成，其作为反映学生消极学习心理的一项重要指标，目前被众多研究者所关注。张文娟等人研究得出某高校大三学生中学习倦怠者的比例为16.7%[3]，许国萍等人研究认为在校大学生学习倦怠水平较高，尤其行为不当最为严重[4]。这些研究结果从一定程度上表明，学习倦怠现象在我国大学生中较为普遍地存在。在高等职业护理教育发展重点从规模扩张转移到质量提升的背景下，研究当前高职护生学习倦怠状况及其影响因素，通过形成长效机制有效干预学习倦怠，对提高高职护理教育教学质量、深化教育教学改革和提升高职护生就业竞争力等都具有十分重要的理论和现实意义。

在与学习倦怠相关的影响因素研究中，研究者主要从个体特征因素、环境因素和人口统计学因素等方面开展了研究。其中，专业承诺和核心自我评价作为影响学习倦怠的个体特征因素引发了研究者们的普遍兴趣。专业承诺的概念来自对组织承诺和职业承诺的延伸和扩展，其是指个体在整个学习过程中，对自身所学专业应有的积极和肯定的态度，以及主动为之付出相当努力的正向行为[5]。在Meyer和Allen研究基础上，连蓉等人认为大学生群体的专业承诺应由情感承诺、规范承诺、继续承诺和理想承诺4个结构构成，并研究得出大学生的专业承诺是其学习倦怠的重要预测变量[2]。所谓核心自我评价，Judge等人认为是个体对自我、环境以及自我与环境关系进行评价的更高层的人格概念[6]。核心自我评价在预测工作行为方面的成效启发人们其可以有效预测学生的学业行为，因此相关学者将核心自

［作者简介］　陈树（1981—），男，铜陵职业技术学院心理健康教育中心讲师，研究方向：学校心理健康教育。

我评价的概念引入学业倦怠的研究。在已有研究中，核心自我评价被证明对学业倦怠有影响，如曾红等人得出大学生核心自我评价可以作为预测学习倦怠的显著变量[7]。与此同时，也有研究表明核心自我评价对专业承诺有显著的预测作用[8,9]。这提示，核心自我评价和专业承诺既然都可有效预测学习倦怠，且核心自我评价对专业承诺也存在预测作用，那么作为两个相关的个体特征变量又是如何同时影响学习倦怠的呢?

以往研究者们多只关注核心自我评价与学习倦怠的直接关系，而较少探讨其中的作用机制。为此，本研究以高职护生为研究对象，在分析其学习倦怠现状的同时，重点考察核心自我评价与专业承诺对学习倦怠的影响机制。根据现有研究结论，本研究假设专业承诺在核心自我评价与学习倦怠之间存在中介作用。

一、对象与方法

（一）对象

2014 年 3 月，在安徽省某高职院校护理专业随机选取 8 个班级学生进行问卷调查。共发问卷 592 份，回收 579 份，有效 566 份。其中男生 40 人，女生 526 人；大一 267 人，大二 299 人（大三在外临床实习）；学生干部 101 人，非学生干部 465 人；独生子女 97 人，非独生子女 469 人；生源来自市县 121 人，乡镇 105 人，农村 340 人；年龄 17～23 岁，平均年龄 21.1 岁。

（二）调查工具

1. 核心自我评价量表

采用杜建政等基于 Judge 核心自我评价量表翻译和修订的《核心自我评价量表》（Core Self-Evaluations Scale，CSES）[10]。该量表共 10 个项目，为单维度结构量表。项目使用 5 点计分，即从“完全不同意”至“完全同意”分别计 1～5 分，其中项目第 2、3、5、7、8、10 为反向计分项，对其得分进行反向处理。量表得分范围为 10～50 分，得分越高表明个体核心自我评价水平越高。本研究量表的 Cronbach's α 系数为 0.85，结构效度良好，验证性因素分析拟合指数为 $\chi^2/df=1.03$，$NFI=0.99$，$CFI=1.00$，$RMSEA=0.01$。

2. 专业承诺量表

使用连榕等编制的《大学生专业承诺量表》（Professional Commitment of Undergraduates Scales，PCUS）[11]。量表共 27 个项目，包括 4 个维度：情感承诺、规范承诺、继续承诺和理想承诺，各有项目数 9 个、7 个、5 个和 6 个。采用 5 点计分法，即从“完全不符合”至“完全符合”分别计 1～5 分。量表总分范围为 27～135 分，得分越高表明个体专业承诺水平越高。本研究总量表的 Cronbach's α 系数为 0.81，结构效度良好，验证性因素分析拟合指数为 $\chi^2/df=1.69$，$NFI=0.91$，$CFI=0.96$，$RMSEA=0.04$。

3. 学习倦怠量表

使用王翠荣等参照 Mashlach 倦怠问卷编制的《高职学生学习倦怠量表》（Learning Burnout Questionnaire on Vocational College Students，LBQVCS）[12]。量表共 31 个项目，包含 3 个维度：情绪低落、行为不当和成就感低，对应项目数分别为 11 个、11 个和 9 个。采用 5 点计分法，即从“完全不符合”至“完全符合”分别计 1～5 分。其中项目第 16、20、21、25 和 29 为反向计分项，对其得分进行反向处理。总量表得分范围为 31～155 分，得分越高表明学习倦怠程度越严重。本研究总量表的 Cronbach's α 系数为 0.91,结构效度良好,验证性因素分析的拟合指数为 $\chi^2/df=2.19$,$NFI=0.89$,$CFI=0.93$,$RMSEA=0.05$。

(三) 质量控制

经征得被试知情同意,由事先经过专门培训的心理学教师担任主试,通过班级集中、自填方式进行,现场填写然后回收,测查时间控制在 30 分钟内。采用 EpiData 3.1 对有效问卷原始数据进行双逻辑核对录入。

(四) 统计学方法

采用 SPSS 21.0 与 AMOS 21.0 进行相关数据的处理和分析。

二、结果

(一) 高职护生学习倦怠的现状

经描述统计,高职护生学习倦怠总均分为(2.27±0.53),情绪低落均分为(2.33±0.64),行为不当均分为(2.20±0.54),成就感低均分为(2.30±0.58)。在性别比较上,男女生在情绪低落及成就感低得分差异无统计学意义($t=-1.54$、-0.66、-1.10,均 $P>0.05$),行为不当得分女生低于男生且差异有统计学意义($t=-2.54$,$P<0.05$);在年级比较上,一年级和二年级护生学习倦怠及其 3 个维度得分差异无统计学意义($t=-1.30$、-0.33、-1.97、-1.44,均 $P>0.05$);在是否是学生干部比较上,学生干部与非学生干部学习倦怠及其 3 个维度得分差异无统计学意义($t=-1.45$、-0.61、-1.90、-1.58,均 $P>0.05$);在是否是独生子女比较上,独生子女与非独生子女学习倦怠及其 3 个维度得分差异无统计学意义($t=1.15$、1.11、1.19、0.79,均 $P>0.05$);对生源类别进行单因素方差分析显示,高职护生学习倦怠和行为不当得分存在差异且有统计学意义($F=3.81$,$P<0.05$),事后比较发现,在学习倦怠、行为不当得分上来自市县和乡镇的学生均高于农村学生。

(二) 高职护生核心自我评价、专业承诺与学习倦怠的关系

1. 核心自我评价、专业承诺与学习倦怠的相关

通过核心自我评价、专业承诺与学习倦怠的相关分析发现(见表 1),核心自我评价、专业承诺均与学习倦怠呈显著负相关($r=-0.64$、$r=-0.54$),核心自我评价与专业承诺存在显著正相关($r=0.40$)。

表 1　核心自我评价、专业承诺与学习倦怠的相关分析($N=566$)

项　目	$\bar{x}\pm s$	核心自我评价	专业承诺	学习倦怠
核心自我评价	3.58±0.59	1		
专业承诺	3.43±0.42	0.40**	1	
学习倦怠	2.27±0.53	−0.64**	−0.54**	1

注:* 表示 $P<0.05$,** 表示 $P<0.01$,*** 表示 $P<0.001$,以下同。

2. 专业承诺在核心自我评价与学习倦怠间的中介作用

为验证本研究假设，通过建立结构方程模型的方法进行检验。根据温忠麟、叶宝娟提出的新的中介效应检验流程[13]，以核心自我评价为自变量，专业承诺为中介变量，学习倦怠为因变量构建中介模型（见图1），模型各项拟合指数如下：

$\chi^2(12) = 24.22$，RMSEA = 0.04，CFI = 1.00，TLI = 0.99，GFI = 0.99，NFI = 0.99

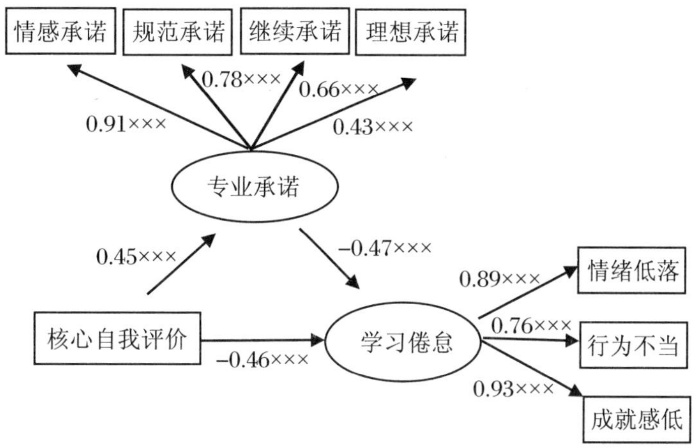

图1 专业承诺中介核心自我评价对学习倦怠影响模型图

表明该模型的各项拟合指标较合理。经对结构方程模型中的各条路径进行分析发现，核心自我评价对专业承诺的路径（$\gamma = 0.45$，$SE = 0.03$，$P < 0.001$）、专业承诺对学习倦怠的路径（$\gamma = -0.47$，$SE = 0.06$，$P < 0.001$）、核心自我评价对学习倦怠的直接路径（$\gamma = -0.46$，$SE = 0.04$，$P < 0.001$）都非常显著，说明专业承诺在核心自我评价与学习倦怠之间有中介作用，原假设成立。

为进一步检验专业承诺在核心自我评价与学习倦怠之间是起完全中介作用还是起部分中介作用，采用偏差校正的非参数百分位Bootstrap法[14]求取结构方程模型中核心自我评价对学习倦怠的效果量及其置信区间（见表2）。其中，核心自我评价对学习倦怠的直接效果点估计值为−0.46、置信区间[−0.54，−0.39]、$P = 0.001$，可以看出核心自我评价对学习倦怠的直接效果区间不包含0，并且核心自我评价对学习倦怠的直接效果显著，说明专业承诺在核心自我评价与学习倦怠之间只起部分中介作用。其中介效应的大小为$0.45 \times (-0.47) = -0.21$，中介效应占总效应的百分比为$(-0.21)/[(-0.21)+(-0.46)] = 32.34\%$。这同时也表明，核心自我评价对学习倦怠的直接效应大于核心自我评价通过专业承诺影响学习倦怠的间接效应。

表2 核心自我评价对学习倦怠的效果量及其置信区间

因变量	自变量	效应名称	点估计值	95%置信区间 CI Lower	95%置信区间 CI Upper	P
学习倦怠	核心自我评价	总效应	−0.67	−0.73	−0.61	0.001
		间接效应	−0.21	−0.26	−0.16	0.001
		直接效应	−0.46	−0.54	−0.39	0.001

注：重复抽取样本数为2000。

三、讨论

(一)高职护生学习倦怠的现状

本研究显示,在高职护生学习倦怠的性别差异方面,虽然男女生情绪低落及成就感低得分差异无统计学意义,但在行为不当得分上男生显著高于女生。男生更常表现出逃课、拖延作业、缺席实践操作等对学习的逃避行为。这与大学生学习倦怠无性别差异的结论不一致[15,16]。说明在高职护生群体中,由于自身基础和学校条件等原因,即使是"稀缺资源"的男护生,他们也难以从学习中获得较高的价值肯定,学习效率不高[17];而相对的,女生更倾向按照学校的规章制度行事,能够完成常规的学习任务,如按时上课、按时完成作业等。这也表明,当出现厌学情绪后,一些学生由于受到个体认知的调节作用,会选择继续坚持上课这一行为进行应对,厌学情绪并不直接导致厌学行为的产生,情绪与行为之间并不一定是一一对应的关系[18]。在生源地比较方面,来自市县和乡镇的学生学习倦怠和行为不当得分显著高于农村学生。究其原因,市县和乡镇的学生相对于农村的学生,家庭经济情况较好,教育资源相对丰富,更多接触到现代教育的手段和方法,但伴随着多种多样的学习活动的往往是繁重的作业,更少的休息时间,可能会更早出现学习倦怠现象,主要表现为拖延作业、逃避学习等不当行为举动。在另一个层面上,农村地区学生能够读高中又考上大学的一般都是相对聪明好学的学生,他们想通过学习改变自身命运和超越父辈的愿望特别强烈,所以从小就养成了刻苦学习的品质。相比之下,高职院校中来自市县和乡镇的生源其质量可能略逊于来自农村地区的学生,这也是高等职业教育教学过程中值得关注的一个问题。

(二)高职护生核心自我评价、专业承诺与学习倦怠的关系

本研究表明,高职护生核心自我评价、专业承诺与学习倦怠三者两两显著相关。大学生对所学专业的认识程度、热情高度以及学习动力强度,是影响学业倦怠的关键因素[19]。当前,在高职护理专业教学中部分学校更倾向于对学生实践技能的训练,而经常忽略培养学生对本专业的认同感,这些因素都可能成为影响高职护生学业倦怠的诱因,因此高职院校应通过教学改革提高学生对专业的认同感,增强学生的职业动机,可有效缓解大学生的学业倦怠,减少厌学现象的发生。另外,提高核心自我评价水平不仅能直接降低厌学情绪和减少厌学行为的发生,还能够通过端正学业态度和增加专业效能等提高专业承诺的方式,改善学生学业倦怠的问题,这是核心自我评价对学习倦怠的直接和间接影响机制。专业承诺在核心自我评价与学习倦怠间有部分中介作用,这是因为高核心自我评价水平的个体在专业学习中对自己更有信心,这种信心会促使护生在专业学习中投以更加积极的态度和行为,有形或无形提升了护生对自身专业的承诺水平,他们对在学习过程中遇到的困难和问题能够积极面对并努力寻求解决之道,从而有效降低了学习的倦怠感。同时,学习中问题的顺利解决对护生自我评价也起到了强化作用,促使护生在学习中形成一个良性循环[20]。即便原来专业承诺水平较低的护生,如果个体能秉持较高的核心自我评价,在专业学习中经常性体验到成功的快乐,也能提升个体对学习的兴趣,降低其学习倦怠的程度。

综上,高职护生学习倦怠处于中等水平,其核心自我评价可以直接负向预测学习倦怠程度,也可通过专业承诺的部分中介作用间接影响学习倦怠。这说明,在日常教育教学活动中

教育者可通过采取有效措施提高护生的核心自我评价水平，强化其专业承诺度，从而有效干预高职护生学习倦怠，实现提升就业竞争力的目标。

参考文献

[1] Freudenberger H J. Staff burnout[J]. Journal of Social Issues, 1974, 30(1): 159-165.

[2] 连榕，杨丽娴，吴兰花. 大学生专业承诺、学习倦怠的关系与量表编制[J]. 心理学报，2005，37(5)：632-636.

[3] 张文娟，赵景欣. 大学生学习倦怠与学业自我效能感的关系[J]. 心理研究，2012，5(1)：72-76.

[4] 许国萍，周秋红. 大学生学习倦怠的现状及其影响因素[J]. 内江师范学院学报，2011，26(4)：71-75.

[5] Meyer J P, Allen N J, Smith C A. Commitment to organizations and occupations: extension and test of a three-component model[J]. Journal of Applied Psychology, 1993, 78(4): 538-551.

[6] Judge T A, Erez A, Bono J E, et al. Are measures of self-esteem, neuroticism, locus of control, and generalized self-efficacy indicators of a common core construct? [J]. Journal of personality and social psychology, 2002, 83(3): 693-710.

[7] 曾红，李玮，杨晓峰，等. 内蒙古大学生核心自我评价与学习倦怠的关系[J]. 中国学校卫生，2010，31(9)：1073-1075.

[8] 苗路霞. 硕士研究生学业倦怠与其专业承诺、核心自我评价的关系[D]. 武汉：湖北大学，2011.

[9] 姚琼，黄卫明，马庆玲. 大学生核心自我评价与专业承诺、学习满意度的关系研究[J]. 安徽理工大学学报(社会科学版)，2010，12(1)：88-91.

[10] 杜建政，张翔，赵燕. 核心自我评价量表(Core Self-Evaluations Scale, CSES)[M]//王宇中. 心理评定量表手册(1999～2010). 郑州：郑州大学出版社，2011：133-136.

[11] 连榕，杨丽娴，吴兰花. 大学生专业承诺量表(Professional Commitment of Undergraduates Scales, PCUS)[M]//王宇中. 心理评定量表手册(1999～2010). 郑州：郑州大学出版社，2011：54-58.

[12] 王翠荣，周士勤，王增文. 高职学生学习倦怠量表(Learning Burnout Questionnaire on Vocational College Students, LBQVCS)[M]//王宇中. 心理评定量表手册(1999～2010). 郑州：郑州大学出版社，2011：71-74.

[13] 温忠麟，叶宝娟. 中介效应分析：方法和模型[J]. 心理科学进展，2014，22(5)：731-745.

[14] Taylor A B, MacKinnon D P, Tein J Y. Tests of the three-path mediated effect[J]. Organizational Research Methods, 2008, 11(2): 241-269.

[15] 徐云，李娇，张婷. 大学生学习倦怠的结构研究[J]. 中国健康心理学杂志，2010，18(5)：613-615.

[16] 吴水燕，李惠怡，彭蓉，等. 大学生自尊对师生关系与学习倦怠的中介作用[J]. 中国学校卫生，2010，31(8)：939-941.

[17] 张文娟，赵景欣. 大学生学习倦怠与学业自我效能感的关系[J]. 心理研究，2012，5(1)：72-76.

[18] 马利军，黎建斌. 大学生核心自我评价、学业倦怠对厌学现象的影响[J]. 心理发展与教育，2009，25(3)：101-106.

[19] 连榕，杨丽娴，吴兰花. 大学生专业承诺、学习倦怠的状况及其关系[J]. 心理科学，2006，29(1)：47-51.

[20] 赵隽. 大学生自我效能感与学习倦怠的关系：专业承诺的中介作用[J]. 内蒙古师范大学学报(教育科学版)，2013，26(7)：85-87.

大学生就业核心能力培养实践研究

齐　晗

摘要：高等教育作为人才培养的重要方式，对学生就业能力形成起到至关重要的作用。本文从就业能力构成出发，寻找当前大学生就业能力的影响因素，并提出就业核心能力培养的践行机制，以期提高毕业生的就业核心能力。

关键词：就业核心能力；培养；践行

高校扩招使得大学毕业生规模日趋增大，大学生就业问题日益受到社会各界的关注，我国政府也一直将大学生就业难问题作为工作的重点之一。高校作为培养大学生的主体，更应关注大学生就业核心能力的培养，积极改革课程设置及教学，大力推进就业指导工作，并发挥出政府、企业、学生之间的纽带作用，改变就业难的现状。

一、就业能力的国内外研究现状

就业能力的概念最初出现在英国，主要针对有劳动能力工人的可雇佣性提出的，主体内容是帮助就业者保持终身就业机会。随着时间的推移，主体内容也逐步发生迁移，这个过程可划分为三个阶段：第一阶段关注“个体”层面的就业指导；第二阶段对就业能力的研究视角转移至组织层面；第三阶段是指 20 世纪 90 年代至今，对就业能力的研究演变成一种综合的视角，其中的个体层面研究范围进一步扩大，将高校毕业生也纳入其中，并逐渐成为了热点研究的领域[1]。目前，就业能力的概念没有统一的表述，较常见的有就业力、通用能力、关键能力等，其内涵从不同视角看也有不同，但大家比较认可的是指个人获得并保持工作机会的能力（Harvey，2001）。对于大学生而言，就业能力是指个体获得与其资格水平相称的持续就业机会的能力（Andrew Rothwell，2008）。陈勇（2012）对国内外学者研究成果作了综述，提出大学生就业能力是一种获得工作、保持工作、取得工作进步的一种综合能力，也就是说大学生就业能力不仅仅是获得工作的能力，还包括保持工作的能力以及在工作中进一步发展的能力。

二、大学生就业核心能力的构成

大学生就业能力构成可从两个层面划分：一是基于能力理论的狭义的个人就业能力，二是基于就业结果的广义的就业能力。

［作者简介］　齐晗（1984—），男，讲师，安徽电子信息职业技术学院经济管理系，研究方向：物流管理。

（一）狭义的个人就业能力

一般就业能力包括：沟通能力、积极的人生态度、正直诚实、学习能力和团队合作能力、问题解决及决策能力、自我管理能力、规划和组织能力以及创新能力。据调查，用人单位普遍认为沟通能力、问题解决及决策能力、自我管理能力是当前学生较为欠缺的能力，而毕业生则认为影响成功就业最大的是沟通能力和人际交往能力，其次是解决问题和决策能力、学习能力和积极的人生态度[2]。综合来看，解决问题和决策能力、沟通能力以及自我管理能力三项将成为大学毕业生亟须提高的就业核心能力。

（二）广义的就业能力

就业能力的构成包括内部维度和外部维度，内部维度主要是指与个人和工作相关的知识与技能、持续学习的能力等，其内容可认为是狭义的个人就业能力范畴；而外部维度则主要是指影响就业结果的外部因素，其中最有代表性的是就业政策和劳动力市场的供需情况。

三、影响大学生就业核心能力因素

大学生就业能力影响因素可分为以下四个层面：第一层面是个人，大学生应从自身角度进行就业能力的开发，包括合理的职业生涯规划、锻炼出良好的心理和生理素质；第二层面是组织，高校应根据市场需求，积极调整专业设置、人才培养计划，促进理论和实践教育相融合，同时还应加强大学生就业服务工作；第三是社会对大学生就业能力开发的支持，包括建立校外实训基地、企业全程参与人才培养方案的制订、提供毕业实习的机会等；最后是政府，应通过就业政策的制定、就业服务平台的建立，支持大学生就业能力的提高。以上层面都可通过高校组织各种机制来实现。首先明确学生就业能力培养的目标，设定与社会需求相衔接的专业，并将能力培养嵌入到课程体系中去，鼓励大学生参与社会实践活动，积极与行业、企业相合作，为学生搭建专业实践的平台、注重对大学生职业选择和职业发展的指导工作。同时建立学生能力发展档案，及时进行过程反馈。

四、就业核心能力培养的践行

（一）就业工作中的德育教育

就业工作作为学校教育工作中的最后一环节，也是学生进入社会的第一环节，故本阶段的德育教育尤其显得重要。目前在学生就业过程中，简历弄虚作假、肆意违约和随意跳槽现象时有发生，给自己、学校和社会都带来了不好的影响，故这阶段的就业德育教育要注重以下几个方面。

1. 加强诚信教育

学校不仅要在思想政治课和就业指导课程中突出诚信教育，还应结合有效的诚信约束与激励，如开展征文、竞赛、主题班会等多形式的诚信教育活动，强化学生的诚信意识；建立个人诚信档案，开展个人诚信评比，并将个人诚信纳入到综合测评中去，固化学生的诚信意识[3]。

2. 加强法制教育和职业道德教育

高校辅导员和就业部门要对毕业生加强对就业协议书中的条款解读,明确告知毕业生从签订就业协议书时起,就有了相对应的权利和义务;通过法律讲座,强调法制观念,明确就业协议书对企业、个人双方的约束;引导学生爱岗敬业,树立平等意识、团队合作意识,帮助大学生顺利地走上工作岗位。

3. 加强心理健康教育

就业的巨大压力给不少学生造成了很大的心理负担,对于此,可邀请成功校友再进校园,给毕业生介绍求职技巧、分享工作心得体会,介绍可能出现的问题以及解决方法,有效缓解毕业生就业过程中可能存在的焦虑、自卑、迷茫感,增强就业信心和勇气。

(二) 深化"教与学"的改革,提升就业关键能力

尽管影响学生就业核心能力的因素呈现多样化,但根本因素仍然是学生的专业核心能力,笔者将其归类为解决问题和决策的能力。提升就业关键能力——专业核心能力,则需要从高校教育的教与学两个方面着手改革。

1. 教学改革

首先,高校专业的设置需要紧密结合市场需求,通过严谨的市场调研分析,及时增设和撤换专业。这方面美国高校的做法值得借鉴,美国许多高校根据市场对人才的需求反馈,新增设了护理学士、家政学学士、演讲学士等,毕业生深受市场欢迎,就业效果良好。故我们的高等教育也应该紧跟市场环境的变化,使学生的知识结构与社会需求始终呈现动态匹配状态,增加学生就业力。其次,注重基本知识与技能的培养,如美国的麻省理工学院开设开放式课程,为学生提供充实的科学、技术及人文基础知识,鼓励学生在发现与解决问题上要具有创造性,为将来的实践打下基础。故高校的课程教学应是是传道、授业与解惑并重,为学生的就业关键能力夯实基础。第三,教学内容应基于工作导向,课堂教学中应积极创设情境,增加学生的实践机会[4]。

2. 学习改革

开发适合学生、更高效、主动参与的学习方式,如自主性学习、体验性学习、合作式和反思性学习。注重学生学习质量的评价:依据典型工作任务设计开放性的学习工作任务,并以此为学习和评价内容的载体。被评价者在完成任务过程中,着重于"典型工件加工、作业项目评定、现场答辩、情景模拟"等环节的考核,在条件许可下,可以结合生产(经营)设计,在工作现场、生产过程中进行职业能力考核,促进学习质量的提高。

(三) 实施全过程的职业生涯规划指导

高校职业生涯规划指导工作应是全程性和分阶段性的,其过程为从学生进校开始至学生初次就业为止。职业生涯规划应分阶段进行,大致可分为三个阶段,第一阶段为职业兴趣探索,第二阶段为职业意向初步确定,第三阶段为职业意向的试行与稳定。每个阶段也应有明确的能力培养目标,以高等职业教育为例,第一阶段主要进行职业理想和职业观的教育,培养学生的自主学习能力、适应能力,尤其是培养起专业兴趣;在第二阶段,主要进行职业道德教育,引导学生全面拓展职业素质,组织学生利用假期开展多种与专业相关的社会实践活动,以此来帮助学生进行职业的初步定位;第三阶段的核心工作为就业实践教育,重点就就业技巧、就业心理、创业准备等开展工作,采取求职应聘模拟、成功校友再进校园开座谈会、

企业专家进校园开讲座等形式，进行准就业训练，培养学生人际交往和沟通能力[5]。

（四）学校、政府与企业三方联动，共同支持学生就业能力培养

借助社会力量，支持学生就业能力的培养，消除外部环境因素带来的不利影响。目前高校普遍采取建立校内外实训基地、开展“订单班”培养模式等，与企业建立长期合作关系，为学生提供了较好的专业实践平台。企业部门主管进入课堂，介绍企业的运营流程及对人才的需求，让学生直观感受职业，从而自觉地、有目标地培养自己的综合职业能力；同时，企业为学生提供实践平台，学生将所学知识与实践相结合，并以职业人的标准要求自己，有利于学生就业能力形成。政府也应制定相应的政策，支持学校大力进行教学模式改革，如实施弹性学制和提高课程设置的自由度等；出台相应的激励政策，让企业更愿意参与到学校教学改革中去；健全社会保障体系，保证毕业生去民营企业也能享受各种福利保险待遇，保障毕业生的合法权益，以消除因就业观导致的就业难问题，扩大就业市场范围。

五、总结

本文界定大学毕业生就业核心能力的范围，并指出了影响就业能力的内外部因素，提出从加强德育教育、深化“教与学”改革、全过程的职业指导以及学校政府企业三方联动四个方面着手，增强大学生就业核心能力。

参考文献

［1］ 陈勇.大学生就业能力及其开发路径研究[D].杭州：浙江大学，2012.

［2］ 刘丽玲，吴娇.大学毕业生就业能力研究：基于对管理类和经济类大学毕业生的调查[J].教育研究，2010(3)：82-89.

［3］ 曾丽，牛雅莉.大学生就业工作中的德育思考[J].湖北广播电视大学学报，2014，34(2)：58-59.

［4］ 陈均土.美国大学生就业能力培养机制及启示[J].教育发展研究，2011(19)：63-68.

［5］ 朱景平，朱中原.论高职生综合就业能力的培养[J].高校辅导员学刊，2010，2(4)：48-50.

高职院校毕业生就业难题破解初探
——基于安徽审计职业学院毕业生就业状况的分析

任丽娜

摘要：自1999年我国高等教育扩招以来，高等职业教育蓬勃发展，更是迅速成为高等教育的“半壁江山”。而随之而来的高等教育一系列问题也为社会所关注，大学生就业更是成为了社会关注的焦点。

关键词：就业能力；就业意识；就业指导

2003年全国高校毕业生有250万，而2004年达到413万，2009年达到610万，2011年660万，“十二五”期间仅应届毕业生年平均规模就将达到近700万人。我国高校扩张后，大学生就业难已经成为一个不争的事实。而具体的就业难，究竟难在何处？因何难？又要如何解决？这些都是高等院校一直在求解的问题。

一、高等职业学院的专业设置，应与社会需要挂钩

企业用人的时候，首选是相关专业的人，其次是高潜质的人，因为企业在发展期需要大量的人员补给。当经济危机到来的时候，企业普遍实行的保守的发展战略和紧缩财政战略，一方面人力资源的补给大幅减少，另一方面用于培养与培训的费用也大幅减少，在招聘的时候会对相关专业的大学生优中选优。以安徽审计职业学院（简称“我院”，下同）毕业生就业情况为例：

我院近三年各系截至毕业当年的初次就业率情况如表1所示。

表1　我院近三年各系毕业生初次就业率统计

系	2010届就业率	2011届就业率	2012届就业率
审计系	90.22%	91.70%	91.5%
经济管理系	84.92%	89.70%	90.31%
贸易经济系	97.79%	96.80%	94.60%

我院各系专业设置及2012届毕业生初次就业情况如表2所示。

［作者简介］　任丽娜(1981—)，女，安徽审计职业学院教师，研究方向：就业指导、职业教育。

表 2 各系专业设置及 2012 届毕业生初次就业情况

系	专业	初次就业率
审计系	会计与审计	93.30%
	内部审计	87.60%
	社会审计	93.80%
	基建审计	90.30%
	工程造价	92.0%
经济管理系	会计	94.20%
	财务管理	83.7%
	资产评估与管理	95.70%
	税务会计	80.40%
	商务管理	90.60%
贸易经济系	物流管理	92.80%
	市场营销	95.90%
	电子商务	96.10%
	物业管理	90.50%

以上表格中贸经系三年的就业率持续高出其他两个系。这和专业特征是分不开的。贸经系包含的专业都是近几年急速发展的商业类型，专业人才短缺，特别是基础的专业技术人才。

以物流管理专业来分析，我国物流业规模快速增长。2008 年，全国社会物流总额达 89.9 万亿元，比 2000 年增长 4.2 倍，年均增长 23%；物流业实现增加值 2.0 万亿元，比 2000 年增长 1.9 倍，年均增长 14%。2008 年，物流业增加值占全部服务业增加值的比重为 16.5%，占 GDP 的比重为 6.6%。物流业的迅速发展，也伴随着物流专业人才的更大的需求量。目前，物流专业人才已被列为我国 12 类紧缺人才之一。到 2010 年我国本科以上物流人才的需求量约为 30 万～40 万人，而目前各类大专院校物流专业年培养规模在 5000 人左右，物流规划咨询、物流外向型国际、物流科研这三种人才在业内最为缺乏。我院每届物流毕业生在大三初期开始，便有很多与公司签订就业协议。而截至大三下学期中旬，除个别暂时无就业意向的同学外，都与单位签订了就业协议。作为就业服务部门，我们仍然接到很多物流单位的招聘请求，但已无相关专业毕业生推荐。而与之相反，我院审计相关专业仍有许多毕业生在等待就业。

从整个高校毕业生就业情况看，大学生的供给量明显大于社会实际需求。但是，这种供大于求的状况不是总量的供过于求，而主要是结构性的供过于求，主要是培养的大学生的方向及大学生所应该学习的内容和社会的实际需求是脱节的。因此，要解决大学生就业难的问题，首先高校要先根据社会需要调节专业设置和课程计划，特别是“以就业为导向”为办学本质特征的高职院校。

二、树立正确就业观,纠正不利的就业心理

何为就业观?就业观是就业主体对选择某种社会职业的认识、评价、态度、方法和心理倾向等,它既是就业者职业理想的直接体现,也是就业者人生观、价值观的最直观表达。根据我院对近三年的毕业生就业跟踪调查发现,毕业一年后约有80%的毕业生对自己的就业单位不满。其中有30%的同学在毕业后仅工作几个月就提出辞职,并连续一年以上处在待岗中。毕业生就业意识的薄弱主要是就业观点不正确,存在各种不利就业的心理因素,体现在:

1. 盲目求高心理

该心理即就业期望值较高,理想与现实存在较大差距。部分大学生单纯考虑自己的就业理想,对薪水、福利待遇要求过高,忽视了单位能否真正适合自身发展。不客观衡量自己的才学能力与用人单位的匹配度,不进行合理定位而盲目求高,最终导致不少大学生与适合自己的用人单位失之交臂。

2. 区域选择不合理,片面追求热门职业

不少毕业生追求北京、上海、广州、深圳等大城市,不愿去一些小城市发展;对单位要求过高,"学而优则仕"非要去当官,看重国家机关、大单位等,对一些小企业不感兴趣,致使高不成低不就。

另外在专科毕业生就业过程中,缺乏职业忠诚度,跳槽率较高。以我院2012届税务会计专业毕业生为例,自毕业到2013年7月一年多时间内,全专业60人,2012年初次就业52人。而到2012年底,已经有24位同学跳槽,其中有不少毕业生已经超过两次。截至2013年6月30日,就业的59人中没有跳槽的同学仅有12人。

总的来说,大学生特别是高职院校毕业生就业观存在的主要问题是:重工资待遇,轻未来发展;就业选择随意性强,缺乏职业规划与发展意识;偏好舒适稳定,不愿艰苦奋斗、立足岗位成才。

因此,毕业生要树立正确的就业观,根据自己的实际情况,寻找适合自己的工作单位,选择合适的工作地点。不仅仅要考虑眼前的利益,更多的考虑以后的职业发展,准确定位,保持稳步发展。

三、充分发挥高校就业指导课程作用

在大学教学过程中,开设就业指导课程,积极主动地做好大学生的就业指导工作,无论是对大学未来的发展建设,还是对学生的培养都有着重要的推动和引导作用。然而高校中实际开展的就业指导课存在着各种问题,高校自身重视不够;教学计划缺乏系统性,教学内容缺乏针对性,教师队伍缺乏专业化水平;课堂教学模式单调,过于传统,对学生没有吸引力等。

为提高就业课程的质量和效果,首先要使教师拥有丰富的知识面和接受从事职业生涯规划教育的专业培训,切实了解学生需求、市场需求、就业形势和求职指导的方法与技巧。根据各院校的实际情况,采取包括小组讨论、参观访问、模拟面试等深受学生欢迎的多种形式开展教学。同时形成规范的课程内容,保证课程的系统性。对毕业生及单位进行就业指

导课的跟踪回访反馈，积极采纳各方意见，根据结果改进课程实践。目前笔者所在的院校每年都对毕业生就业单位进行反馈回访和总结，这对我院就业指导课的改革起到重要作用。

四、提高毕业生就业能力

国内外学者对大学生就业能力的研究均强调大学生通过各方面学习和锻炼而获得综合能力，帮助自身进行职业选择、实现就业目标和理想，并实现个人的职业发展。

英国学者 Hillage 和 Pollard 认为就业能力是获得最初就业、维持就业和必要时获得新的就业所需要的三种能力的整合。国内学者谢志远等人认为就业能力是一种与职业相关的综合能力，包括知识、技能、态度、个性、心理承受力等。曾湘泉则认为大学生就业能力就其本质而言，就是找到工作、保持工作与转换工作的能力。当前高职毕业生就业能力不足主要表现在以下几个方面：

（一）获取就业信息能力不足

为了帮助大学生就业，很多院校采用了大型校园招聘会、校园专场招聘会、校园就业网招聘信息发布、飞信平台信息发布等多种渠道帮助毕业生获取招聘信息，但是很多毕业生的获取信息能力不足，导致了与很多合适的岗位失之交臂。以我院实际情况分析，连续三年我院召开大型综合性招聘会每年不低于两场，每场可提供岗位近 1200 个，其中有不少是和我院专业对口的会计相关专业，但每场招聘会的参会毕业生仅仅占当年毕业生人数的四分之一，甚至更少。我院从 2009 年开始完善学院就业网，并发布就业招聘信息，点击率虽然有持续增加，但是至今为止最多的单位招聘点击数为 257，约为当年毕业生人数的 17%。跟踪调查部分毕业生分析原因，主要是毕业生对学院本身提供的招聘信息认识不够，更多的毕业生到自己喜欢的网站去寻找，如招聘门户网站和省市人才市场网站等。还有部分毕业生因更换手机号码，无法及时地收到老师发布的就业提示信息，由于信息搜集渠道单一，从而错失了许多就业机会。因此，准确有效的信息是毕业生获得好的工作的前提。机遇的掌握关系到以后的成功。

（二）实践经验不足，动手能力差

用人单位往往希望高职毕业生能够很快适应岗位工作，降低培养成本，但是实践经验不足，动手能力差，恰恰是造成高职毕业生就业难的一大瓶颈。在校期间参加实践较少，对工作环境的适应能力差，都是用人单位顾忌的问题。在用人单位回访中，拒绝毕业生的理由 80%是因为无实践经验。因此在校大学生除了学好本职的专业知识，也要注重实践操作能力、动手能力，让自己成为能用、可用之人。

（三）应聘面试能力不足

应聘面试是自我推销的过程，其能力的强弱直接影响着求职的成功率。高职毕业生应聘能力不足主要表现在以下两个方面：

1. 简历制作不到位

简历是用人单位了解毕业生第一手资料，第一印象的确定决定着毕业生是否能进入下一个面试环节。所以要充分重视简历的制作，要以招聘单位的工作人员角度去考虑简历的内容合理性。在接触校园招聘单位时,笔者曾查看过很多同学的个人求职简历,很多的简历过于简单,个人信息笼统,没有抓住招聘单位想看的重点;同时求职信缺失,或者求职岗位不明确,让招聘人员感觉不到毕业生的求职诚意。还有不少同学因缺失个人照片而错失复试机会。

2. 自我营销能力弱

一些学生在应聘时不敢于表达自己的观点,不知道如何承认自己的缺点,遇到单位对自己某项成绩不满时,立刻就自卑起来,不知如何强调自己的优点引起企业的共鸣。企业对求职者提出的各种问题,都有其特有的日的。所以在面试时,要先对企业有一定的了解,对其特有的企业文化加以分析,回答面试问题就有据可依,提高成功率。

高职毕业生就业能力关系到高职毕业生在就业市场的命运,提升高职毕业生的就业能力,有助于增强其就业竞争力。高职院校应以就业为导向,以能力为本位,在培养学生核心能力的同时,加强对学生就业技巧的培养,从简历制作到模拟面试,开展多方面的指导,以提高毕业生的就业求职能力,提高求职成功率。

高职院校毕业生就业问题的产生不是一朝一夕的,所以解决问题的过程也不会是一蹴而就的。需要从各个角度入手,不同的时间段有不同的侧重点,逐步来解决这一问题。我们要加快对高等职业教育的探索,加快对政府职能的探索,加强企业和高校的更深层次衔接。高校要将就业教育融入平时的德育课中,与德育一起作为一个贯穿于大学全过程的系统工程来进行,就业教育对学生的影响就不再只是一种表面的包装作用,而是一种从里到外的积淀。

参考文献

[1] 林辉.大学生就业能力提升的思考与对策[J].黑龙江高教研究,2011(9):122.
[2] 谢志远.关于培养大学生就业能力的思考[J].教育发展研究,2005(1):90-92.

加强高职学生专业技能培养，夯实就业"硬基础"

——以安徽机电职业技术学院为例

尤　佳

摘要：高职院校与本科院校相比，更强调对专业技能的培养。高职院校的培养目标、高职生的职业期待和用人单位的实际需求决定了专业技能的获得对于高职生的重要性。本文试以安徽机电职业技术学院为例，就加强和改进高职学生的专业技能培养途径做了深入探讨，并对培养过程中出现的问题提出三点建议，以期为我国高职院校的长远、健康发展提供一些参考。

关键词：专业技能；培养目标；专业对口；人才培养

职业能力包括专业技能和通用技能两个部分。专业技能是指将所掌握的专业理论知识综合运用于实践的能力。通用技能是指任何职业都需要的、具有普遍性的能力。对学生而言，通用技能是在校学习期间学到的所有知识的构成和体现方式，它与专业技能共同构成了职业能力。高职院校毕业生与本科院校毕业生相比，更需要提升专业技能，以弥补学历层次上的不足。

我们可喜地看到，近十多年来我国高职教育不论是外延还是内涵上均得到较快发展，招生人数已与本科院校平分秋色，大批急需的高等技术应用型毕业生作为"试金石"投放市场，在建设国家和服务社会中发挥了越来越大的作用。高职教育已经在学生技能培养上积累了一些经验，但仍存在一定的提升空间。笔者试以安徽机电职业技术学院为例，就如何加强高职学生的专业技能培养做一点探讨，以期为我国高职院校的长远、健康发展提供一些参考。

一、高职学生获取专业技能的必要性与重要性分析

1. 由高职院校的培养目标决定

在经历2013"最难就业年"之后，我们又来到2014"更难就业年"，如何提升高职学生的职业能力是摆在所有高职院校面前的现实问题。一般而言，企业招聘时重点考察应聘者的专业技能和综合素质。进校时的生源质量决定了高职院校必须在短暂的3年里从专业技能上寻找到突破口，从而为毕业生的顺利就业夯实基础。

为此，高职院校的培养目标从成立之初就十分明确——毕业生就业目标定位主体为今后主要在生产一线从事技术或技术管理的工作。如笔者所在院校，将"具有坚韧不拔的工作毅力，良好的职业道德和敬业精神、团队精神、创新精神；掌握一定的劳动技能，具备良好的

［作者简介］　尤佳(1984—)，女，硕士研究生，讲师，安徽机电职业技术学院学生处，研究方向：大学生创新创业研究。

人际交往能力和一线岗位适应能力”列入人才培养方案中。作为一所以工科为主的重点高职院校,毕业生的专业对口率非常高。

图1为该学院汽车系2012～2014届毕业生就业的对口率统计数据,高达90%的专业对口率数据实实在在说明了专业技能是工科院校毕业生未来就业择业的重要筹码。唯有专业化程度高,专业优势才会明显,可替代性就低,职业稳定性就高,未来职业发展竞争力才强。为此,所有高职院校都铆足了劲儿,加强对学生专业技能的培养。

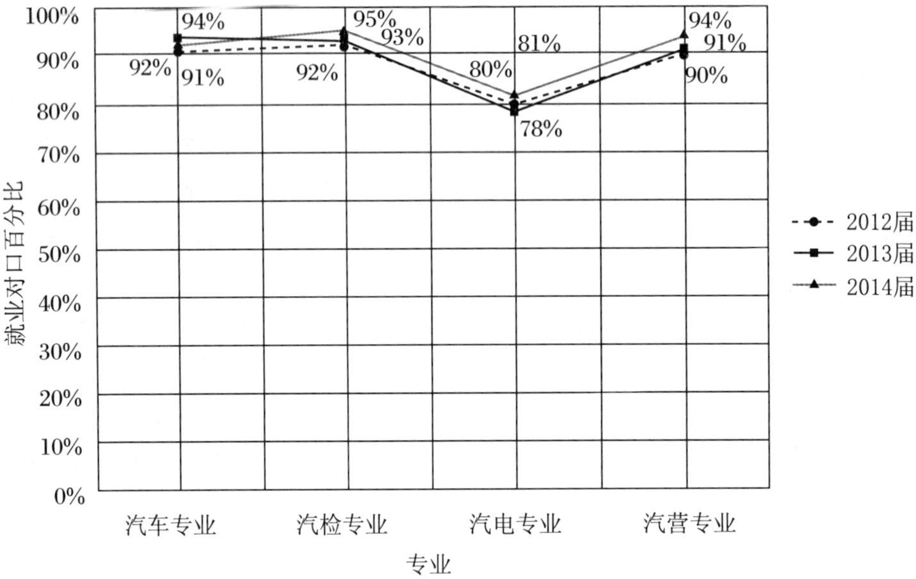

图1 汽车系2012～2014届毕业生就业的对口率统计

2. 由高职生的职业期待决定

在中国,很多学生是因为“连三本都没考上”才去读高职,指望学门技术好就业。在中国社会学历层次优先于职业技能的大环境下,观念鸿沟和酬劳体系很难在较短时期内发生重大变革,因此,职业教育社会认同度相对偏低。对绝大多数高职学生而言,内心深处往往认为自己只是被本科院校“遗弃”的“炮灰”。这样的生源结构决定了高职院校教育的起点较低,高层次的理想信念引导比本科院校开展起来难度更大。部分高职学生经历了高考失利,虽然来到了学校,但自信心受打击较大,他们的心态调整周期更长,学历追求不再成为学习重点,他们大多期望偏低,很多只是期望毕业后找份工作养活自己,因此对专业技能的学习兴趣远远强过对自身综合素质的全面培养。

3. 由用工单位的实际需求决定

笔者所在城市10月进入校园大型招聘会服务高峰期,在各大高职院校的招聘会现场,招工的企业提供的岗位多为生产加工、制造和服务业,开出的薪水一般为1500元保底,外加各类提成与福利,劳动时长承诺不超过10小时/天,应该说这与目前回暖的市场大环境有关,工作强度有所缓和,也使得毕业生选择余地变大。一般企业的招聘门槛不高,要求专业大类匹配即可,能适应企业即刻上岗工作的要求,能吃苦耐劳者为佳,并为其勾勒了职业生涯发展规划路线图。

这样的用工需求其实是一个宽进严出的漏斗型选人标准。看似宽口径的进入标准，专业技能似乎只是作为一个背景，但在实际入职后，专业技能突出、工作态度端正的毕业生很容易从实习生中脱颖而出，从而得到单位的重用。

由此可见，不论是培养院校、学生本人，还是用人单位，均对专业技能的获得抱有心理预期，作为高职学生"看家本领"的专业技能培养必须贯穿到整个3年的大学生活中去。

二、高职学生获取专业技能的主要途径与积极引导

重视学生专业技能的培养，可以从专业知识和理论的培养、熟练的动手操作技能的培养、专业拓展能力的培养着手考虑。为此，我们可以从以下3个方面10种途径进行有针对性的突破。

1. 努力掌握必要的专业理论知识

专业课程的学习是基础。现在部分学生在专业知识学习中存在错误认知，如有的学生片面信奉"能力比知识重要"，觉得专业课学的过细，今后工作未必用得上，不如逃课；还有的学生对市面上的"冷门"专业、"吃苦"行业抱有偏见，学习时存在抵触情绪，不想学习。这些错误认知容易导致专业知识的不牢固，基础打不扎实，会影响到技能的提升。因此，专业课程的学习作为专业技能形成的中心环节，是入行的知识门槛，作为学生应增强对专业的兴趣、重视宝贵的课堂理论学习时间。

2. 熟练掌握专业应用技能

高职院校的特色在于对实操的高度重视，因此学生在校期间专业技能的提升机会很多。

为培养学生实践动手能力，高职院校一般在课程设置时都安排了实训周或实训月，通过在校内外的实训基地的手把手专业实操，给学生一个综合练手的机会。有的学校还通过工学交替，将课堂教学与实践教学反复交错进行，不仅促使学生掌握相关知识、拥有正确的工作态度，还为用职业标准检验学生技能状态提供了机会，促使学生高度重视相关技能的掌握。如笔者所在院校，不论什么专业，都起码保证每学期1/3的时间为实训时间。

观摩性质的见习走访，可以增进学生对该行业的了解，通过对生产现场的直观感受，让学生对自己所学知识的前景意义产生价值感，对于培养专业兴趣能收到立竿见影的效果。笔者所在院校会经常组织学生进行企业观摩走访，在走访时要求学生大胆地多闻多问，从中了解企业一线员工的工作状态、企业实际的用人需求与用人标准，从而帮助学生预判当前就业形势，减少就业心理落差。

顶岗实习作为高职院校的重要教学环节，是在学校的保护下，进入真实的企业环境，一方面检验自身所学知识与技能，接触到最实用的技术，另一方面也是零距离感受企业文化和精神，逐步完成从"学生"到"社会人"的转变，心态上需要积极的融入。"生产流程—岗位责任—设备操作—技术维护—安全生产管理"等一系列具体业务内容的学习和锻炼，能加深学生对专业知识的理解和应用。

除了以上几个紧密结合专业人才培养课程设置的培养途径，我们还可以通过校内外丰富多彩的课余活动来强化对学生的专业技能培养。

勤工俭学作为一种在学生中认可度较高的课余锻炼形式，可以让学生在有偿服务过程

中磨炼自己的意志品质。但是通过问卷调查我们也注意到,供高职生选择的勤工俭学方式并不多,且内容庞杂,层次也不高。从服务类型看主要涉及散发宣传资料、送货、代理营销、学校流动教室清扫、食堂清洁工、超市收银员、饭店服务生、工厂一线操作工等,从事单纯体力打工的比例远远高于本科院校。为此,我们建议高职学生在勤工俭学时,不同年级学生应视自己的实际学习水平,选择内容不同的、层次有别的工作,尽量选择一些与本专业密切相关的工作岗位,这样才能发挥自身的专长和职业教育的优势,以达到学以致用的目的。因此,笔者作为一名就业指导教师,一直在授课班级鼓励学生在寒暑假找对口单位进行兼职锻炼,不重薪水,重实习经历。毕竟对于应届毕业生而言,求职时对口的兼职经历可以较好地弥补他们工作经验上存在的明显不足。

除了勤工俭学,带着明确目的进行社会调查也不失为一种了解社会、了解行业、了解专业的途径。如笔者所在院校的某学生团队就在指导老师的带领下,通过设计问卷、下发问卷、回收问卷、统计问卷、分析问卷,完成与自己专业相关的主题调研,并在2014年"挑战杯——彩虹人生"全国职业学校创新创效创业大赛全国总决赛中取得社会调研组好名次。

"于实处用力,从知行合一上下功夫",唯有如此,专业知识才能内化为学生的精神自信,外化为他们的自觉行动。笔者所在院校充分利用寒暑假及平日课余时间,广泛动员、精心组织了几十只大学生社会实践团队,深入街道社区、农村、厂矿等地,通过定期开展社区服务,如家电义务维修服务周、电脑义务维修活动、免费洗车保养等实践活动,利用同学们已经掌握的专业技能,服务社会的同时,也让学生从中了解了国情、增长了才干、历练了品质。

在如今市场经济形势下,想立足职场,仅仅具有专业操作技能是远远不够的,还需要具备一定的经济头脑。我们高职院校的职业目标定位决定了我们的毕业生在专业能力方面除了掌握操作技能外,如果能站在企业的角度考虑生产成本、进行市场调研、具备相应的技术改进能力,将会受到用人单位格外的青睐。始于2008年的全国职业技能大赛经过几年的规范与广泛动员,已经得到社会的高度认可。参与这种课外技能赛事,能在指导老师的帮助提点之下,较快树立起成本意识、质量意识、市场运作意识、技术改造能力,因此,对专业拓展能力的培养效果尤佳。据悉,笔者所在院校电气系2014届毕业生中多达23人获得省赛一等奖,符合我省2014年专升本免笔试的鼓励政策,其中7人选择继续深造,顺利被心仪的本科院校录取,另外16人坚定地选择了就业,并得到多家用人单位的录用通知。据悉,目前这16位同学均在对口行业工作,技能优势较为明显,进一步发展空间巨大。

笔者所在院校确立了"以人为本,实践为先"的教育理念,鼓励学生"下得苦功夫,求得真学问",把所学理论知识内化于心,并形成自己的见解,每年都通过社交礼仪展示、Cosplay动漫大赛、汽车营销技能大赛、企业沙盘模拟大赛等各类专业技能大赛,以赛促学,强化学风建设,将职业教育贯穿到学生三年求学生涯中。

除了各个级别的专业技能竞赛,对工科院校而言,多动脑,将好的创意及时记下来并进行专利申报,也不失为一个自我提高、专业拓展的好途径。

图2展示的是笔者所在院校组织学生参加芜湖市第二届专利大赛的获奖情况。创意虽好,贵在提炼,一次次设计上的小小调整与改进,到最终的成型,专利申报的过程就是专业技

能的提升过程。而申报专利的成功，一方面能激励学生专业学习的热情，另一方面也有可能为学生今后的物质提升（如出售专利使用权）打下良好基础。

奖　项	作品名称	作　者
一等奖	一种加热式饭盒	杨　娟
二等奖	一种汽车紧急制动警示器	李　哲
二等奖	一种多功能数控系统电气实训考核装置	陈在我
二等奖	老人防摔倒助行器	周　洁
二等奖	钥匙扣	肖　泽
三等奖	一种汽车扶手结构	彭贺庆
三等奖	一种无线鼠标	乔　杰
三等奖	一种手指静脉采集装置	祖忠龙
入围奖	一种换挡把手高度可调节挡杠结构	陈雪成
入围奖	一种新型防开裂凸焊螺母结构	何松军
入围奖	精密游标万能角度尺	路庆钊
入围奖	搬运小车	王　强
入围奖	太阳能帆板追光系统	赵　昌
入围奖	一种电动机润滑剂防泄漏结构	欧寿阳
入围奖	基于单片机汽车转向灯智能控制系统	张　玲
入围奖	椅子	周　洁

图 2　获奖情况

3．积极参加职业资格考试

当今社会的现实是：持有大学文凭和职业资格证书的“双证书”求职，求职成功率更高。文凭体现的是综合素质、通用能力，而职业资格证书则成为专业技能的“硬”通行证。随着国家职业资格考试的越来越规范，越来越多的职业资格考试采用了“理论笔试＋实际操作”的考核形式，既能筛掉一批只懂“纸上谈兵”的“纸老虎”，也为那些“浅尝辄止”的“思想懒汉”设置了拦路虎，从而提高了入职门槛，有利于整个行业的技能提高。作为高职院校，我们一直鼓励学生积极报考专业对口的相关证书，备考过程也演变为自身专业技能逐步提升的过程。

三、关于高职生专业技能培养的几点思考

1．高职学生的努力目标有时设定的过于功利

高职学生同本科学生相比，理论知识相对较为薄弱，强项是实操技能，学生在校期间更愿意花时间参加各类考工考证，而对非考证内容的基础性专业理论知识的学习提不起兴趣，功利主义思想较为明显。这样的思想苗头一旦出现，学生起先能从中获得“蝇头小利”，但往往走不远，路也越走越窄。长远看来，得不偿失。缺什么学什么的快速补差补缺，往往成为高职学生专业拓展能力培养时的瓶颈。因此，加强职业技能的普适性教育，需要从端正学生的学习态度入手。

2．高职学生专业技能培养有待形成合力

笔者在日常的工作中感受到，专业技能的培养需要多方合作，仅仅靠专业理论课教师和

实训师的教学把关是远远不够的。笔者所在院校从新生一进校的入学教育开始就进行职业生涯的引导,通过对专业的介绍让学生一步步亲近自己所选的专业,课下充裕的自由时间也应充分利用起来,仅凭团学活动老师的任务布置式的活动动员,有时很容易让一些有能力却懒于付诸行动的学生“埋没”在人群中,很是可惜。此时,迫切需要专业老师参与到活动中来,他们画龙点睛的一句点拨,有可能给陷于“思维死胡同”的学生打开一扇窗。如何充分调动他们的活动参与积极性是一个值得思考的课题。只有当整个学校思想统一,步调高度一致,对学生的培养才会达到通力协作、事半功倍的效果。

3. 企业的参与积极性如何更大程度的调动

应该说,近几年来,高职院校已经做了最大程度的努力,“双师型”教师的比例得到了快速提高,但是,培养的实际效果却不尽如人意。毕业后就直接走上讲台的年轻教师的一年或是半年的短暂“下企业锻炼”经历终归是无法取代有丰富工作经验和技能的老师傅的手把手传道。如何将表达能力较好的企业“双师型”教师引入校园参与教学和课外指导工作,成为高职院校亟待解决的问题。如何让企业放人,调动他们参与到学校人才专业技能培养的实际行动中去,需要学校和企业的共同努力。笔者所在院校近年来积极拓展与企业的合作力度,签订了几个大型的横向课题,通过教科研这个手段做出了与企业的深度融合,但校企合作因为双方的公益性和功利性的侧重点明显不同,因此合作渠道仍有待拓宽、畅通。

总之,高职学生的专业技能培养的重要性和必要性是不言而喻的,但培养的路径可以是多种多样的。高职学生的专业技能培养是一项系统而复杂的浩大工程。加强和改进高职学生的专业技能不是一蹴而就的简单工作,当各方面力量摒弃私心,朝同一个梦想——“中华民族的伟大复兴”狂奔时,最终受益的将是高职生本人及家庭、学校和企业三方,整个社会资源才会达到最佳配置。

参考文献

[1] 程艺.大学生职业发展与就业指导[M].合肥:安徽大学出版社,2013.

[2] 陈本炎.高职院校学生技能培养的问题及对策研究[J].重庆文理学院学报(自然科学版),2009(4):84-86.

[3] 王洋.职业技术人才:能否成为企业座上宾[N].中华工商时报,2014-3-21(A01).

[4] 杜晓哲,陈卯.专业提升+实习机会温大瓯江学院专业技能大练兵让学生受益良多[EB/OL].(2014-4-11)http://zj.sina.com.cn/edu/dzyx/2014-04-11/093215308.html.

[5] 练好专业技能硬功,破解大学生就业难题[EB/OL].(2013-19-23).http://news.ifeng.com/gundong/detail_2013_09/23/298139410.shtml.

刍议高职院校学生就业观问题与对策

郑　茂

摘要：近年来，高职院校培养的应用型、技能型毕业生受欢迎度虽日趋升高，但不少高职毕业生在工作岗位上却表现出种种不适，这些表现其实多与他们的就业观相关，高职院校学生的就业观有待进一步引导和教育。本文对高职院校学生就业观进行研究，通过问卷调查分析了解高职学生就业观的现状，探寻其深层次的原因，并从学生自身角度提出解决高职学生就业观的对策。

关键词：高职院校学生；就业观

随着高职教育的不断发展，高职院校学生的就业问题也备受社会关注。目前，社会急需具有较高层次的技能型、应用型高职人才，而高职学生在就业中却表现出多种问题，如就业心理预期高、不断跳槽、就业缺乏信心、急功近利、以自我为中心等，这种繁杂表象的背后，多与高职学生就业观相关。

一、高职学生就业观概述

1．就业观

就业观是建立在人生观、价值观基础之上的关于就业的职位、薪资待遇、地点、工作性质等问题的观点、想法和态度。就业观具体包括就业认知、就业价值取向、就业态度、就业意愿等。就业观决定了人们在就业过程中的行为倾向。人的就业观不是生来就有的，它是特定历史条件下的产物，随着社会经济的不断发展而变化。

2．高职学生就业观

高职学生就业观是指高职院校学生对就业问题的根本看法和观点，它是高职学生人生观、世界观和价值观在就业问题上的综合体现。它包括高职院校学生的就业认知、就业价值取向、就业意愿和就业态度等基本内容。

高职学生的就业认知是指高职学生对自身优缺点、性格特质、兴趣爱好、个人能力有较为清晰的认识，对自己所处的社会就业形势有较为理性的判断，对专业前景、家庭环境都有较为全面的了解。高职生就业价值取向是高职学生内心自我意识、价值观念的集中反映，具体表现为高职毕业生在就业过程中是以个人利益还是以国家利益为重，是向往大城市还是希望扎根农村，是看重工作的薪酬福利制度还是以职业发展为重等。高职学生的就业意愿是指学生在价值取向的指引下对工作的愿景，如高职毕业生在就业中希望有什么样的工作

［作者简介］　郑茂（1983—），女，硕士研究生，讲师，安徽机电职业技术学院人文系，研究方向：就业指导、社交礼仪、社会学等。

环境、工作性质，岗位是什么，薪资待遇有多少等。高职学生的就业态度往往受到就业价值取向的影响，高职学生的就业态度有的是比较消极的，有的是主动积极的；有的选择逃避就业现实，有的则是希望尽早进入社会，积累经验，为家庭分担。

二、高职院校学生就业观的调查分析

为了相对直观地了解当代高职院校学生的就业观现状，笔者于2013年12月对安徽省芜湖市高校园区的两所高职院校进行了问卷调查。

（一）调查问卷的汇总与分析

1．问卷设计

问卷在两个学校各发了100份，共回收172份。问卷设计了4个一级指标，即就业价值取向、就业态度、就业意愿与就业认知，下设15个问题。

2．被调查对象的情况

172个被调查对象中，男生104人，女生68人；城市户籍79人，农村93人。通过对172份有效问卷的整理分析，不难看出，高职学生的就业观有积极的方面，同时由于受到多重因素的影响，部分学生的就业观仍然存在不少问题。

3．问卷调查具体内容与数据

从表1可以看出，高职毕业生在面对就业时，有一定压力的学生人数是没有压力的学生人数的近乎三倍，而明确表示压力很大的人占被调查样本的一半多。就业的压力来源于多方。帮助学生树立正确的就业观念，加强对他们的就业观教育，可以在一定程度上帮助他们准确定位、缓解压力。

表1　面对就业有无压力的调查

问题1：面对就业有无压力？		
选　项	选项数(个)	占　比
没有压力	22	12.8%
有一定的压力，但能接受	60	34.9%
压力很大	90	52.4%

从表2可以看出，高职生对待就业很积极、有信心、很乐观的占到8.7%，比较积极、有信心、比较乐观的占了被调查对象大部分，达到52.3%，这说明有超过60%的学生对就业的态度还是积极主动有信心的。

表2　就业态度的调查

问题2：你的就业态度如何？		
选　项	选项数(个)	占　比
积极，有信心，很乐观	15	8.7%
比较积极，比较有信心，比较乐观	90	52.3%
有点消极，信心不足	54	31.4%
很消极，无信心，有些自卑	13	7.6%

从表 3 可以看出，高职生在对待就业与择业的态度上是比较理智的，76.7%的人选择了“先就业再择业”，只有 9.9%的人在找工作的问题上想要一步到位，打算在家待业的人为 0。这说明大部分高职毕业生能明确现在的形势，在找工作的态度上越来越理性。

表 3 对就业与择业的态度

问题 3：对就业与择业的态度是什么？		
选 项	选项数(个)	占 比
一步到位，有稳定收入	17	9.9%
先就业再择业	132	76.7%
升学	18	10.5%
创业	5	2.9%
待业	0	0.0

从表 4 可以看出，80.2%的高职生倾向于到民营或中小企业工作，与其说是“倾向于”，不如说他们已经认识到就业的现实，越来越理性，而不会再要挤破头要进事业单位。

表 4 个人倾向单位的调查

问题 4：你个人倾向于什么性质的单位？		
选 项	选项数(个)	占 比
事业单位	6	3.5%
国企	13	7.6%
民营或中小企业	138	80.2%
外资或合资企业	3	1.7%
其他	12	7.0%

从表 5 可以看出，66.9%的高职毕业生都决定依靠自己找工作，利用父母、亲戚及人脉资源的占到了 26.2%，希望政府或学校推荐的只占到 7.0%。

表 5 帮助自己就业的力量

问题 5：你准备依靠哪些力量帮助自己就业？		
选 项	选项数(个)	占 比
自己参加招聘会	115	66.9%
求助父母、亲戚、朋友等人脉资源	45	26.2%
政府或学校推荐	12	7.0%

从表 6 可以看出，57%的高职毕业生接受了专业与工作不对口的现实，24.4%的学生认为不一定要很对口，专业与工作之间有点关系更好。只有 18.6%的毕业生还是希望找到专业对口的工作。

表6 专业对口与工作的关系

问题6:你如何看待专业对口与工作的关系?		
选 项	选项数(个)	占 比
希望找到专业对口的工作	32	18.6%
不一定要很对口,但有点关系更好	42	24.4%
不对口是普遍现象,要学会接受	98	57.0%

表7显示出,30.8%的高职毕业生愿意去基层,但是47.1%的人是会采用退而求其次的原则,即"实在找不到再考虑去基层",更有22.1%的人明确表示不愿意去基层。

表7 去基层或生产管理服务一线工作的调查

问题7:你愿意到基层或生产管理服务一线工作吗?		
选 项	选项数(个)	占 比
愿意	53	30.8%
实在找不到更好的,可以考虑	81	47.1%
不愿意	38	22.1%

从表8可以看出,56.4%的高职毕业生认为在选择初次就业单位时,应该更看重个人的职业发展,其次是工资福利待遇,这说明现在毕业生在选择时首先考虑到个人发展问题,但同时也很注重待遇福利,考虑自己的兴趣的只占到12.8%。

表8 选择初次就业单位看重因素的调查

问题8:在选择初次就业单位时,你最看重什么?		
选 项	选项数(个)	占 比
符合自己兴趣爱好	22	12.8%
工资福利待遇	43	25.0%
地域	10	5.8%
个人职业发展	97	56.4%

表9显示,53.5%的高职毕业生希望月薪在3000~4000元,期望月薪在1000~2000元的毕业生只占到11%,期望月薪在2000~3000元的毕业生也占到26.7%,更有超过60%的毕业生期望月薪在3000元以上。说明毕业生对工资待遇的要求不低,期望较高。

表9 期望月薪的调查

问题9:你期望的月薪是?		
选 项	选项数(个)	占 比
1000~2000元	19	11.0%
2000~3000元	46	26.7%
3000~4000元	92	53.5%
4000元以上	15	8.7%

从表10可以看出,59.3%的高职生毕业后希望到离家近的城市工作,到中西部寻找机

会的仅有4.1%，选择到大城市发展的仍然有36.6%，他们认为可能那里的发展机会多，福利待遇好。

表10 工作地点的选择

问题10：工作地点选择：		
选　项	选项数(个)	占　比
北上广等大城市	63	36.6%
到中西部寻找机会	7	4.1%
离家较近的城市	102	59.3%

从表11可以看出，这个问题在设置时是希望了解到学生期望多长时间能自我发展，但同时也反映了高职毕业生对自己的期望是比较高的，他们渴望成功，希望自己半年能成长的占到26.2%，半年到一年能成长的占到了37.2%，也就是说期望自己一年内成长发展得到更好机会的占到了63.4%，预期自己两年以上能成长起来的仅有14%。

表11 职业发展的调查

问题11：你认为在一个单位工作多久，就可以得到发展提高？		
选　项	选项数(个)	占　比
半年	45	26.2%
半年到一年	64	37.2%
一年到两年	39	22.7%
两年以上	24	14.0%

表12显示，在面对理想与现实之间的差距时高职毕业生会如何对待，选择决定跳槽的有26.7%，看情况决定的虽然占到了51.7%，但是斩钉截铁要跳槽的仍然不在少数。

表12 跳槽的调查

问题12：如果实际中的工作与理想中的工作出现较大落差，你是否会选择跳槽？		
选　项	选项数(个)	占　比
是	46	26.7%
看情况而定	89	51.7%
否	37	21.5%

(二) 调查结果分析

1. 高职院校学生就业观的积极方面

(1) 就业态度积极主动。

问卷中设置的问题1、2、3、5都属于就业态度问题。从问题2可以看出，高职学生尽管面对就业有压力，但是大部分(52.3%)的就业态度还是比较积极、有信心并且是乐观的。从问题3可以看出，高职生对待就业的态度越来越端正理性，“先就业再择业”的比重达到了76.7%，这是符合社会需求也是符合个人利益的就业态度；而且在本题中选择待业的人数为0，这说明高职生不愿意宅在家“寄生”“啃老”，而是愿意用工作的方式走向社会、融入社会。

(2) 就业意愿更加务实。

问卷中设置的问题4、6、13、14都属于就业意愿问题。从问题4“初次就业单位的性质”可以看出,大部分高职毕业生都是很务实理性的,选择了接受毕业生最多的“民营或中小企业”,尽管有毕业生仍对事业单位、国企感兴趣,但毕竟是少数。问题6反映了高职毕业生如何看待专业与职业是否需要对口的态度,有57%的学生理性地选择了“不对口是普遍现象,可以接受”,这符合目前的就业实际。再如问题13、14,在被调查样本中,有57人打算创业,这其中仅有10%的人选择了毕业即创业,61.9%的人选择了“先积攒经验再创业”,这也说明了高职毕业生虽有创业意愿,但也不一定要急于实现,而是要等待时机成熟、经济条件允许才会创业,这也表明了他们就业态度的理性。

综上所述,高职生在面对严峻的就业现实时,他们理性选择“先就业再择业”,这未必就是大材小用,如果有真才实学,能在一个岗位上尽心尽力,把工作做得精益求精,就是才尽其用。毕业生可以先建立短期职业发展目标,再建立长期职业生涯,这是一条既符合当前利益又符合长远利益的发展之路。当然也不一定非要找到“铁饭碗”才能就业,其他性质的企业同样可以体现自己的价值、锻炼自己的能力、实现自己的理想;也不一定非要专业对口的工作,在非对口的工作中,也可以挖掘自己的潜能,寻找适合自己的职业发展路径。

(3) 有自主择业的就业意识。

从问题5不难看出,现在高职生在选择单位时,大部分都是自己意见做主导,父母亲戚朋友的意见只是参考,而且毕业生积极性很高,66.9%的人选择会自己投入到招聘会中,主动应聘,主动挑战自己适合的单位,寻求机会,实现理想,不再“坐、等、靠”。

2. 高职院校学生就业观存在的问题

(1) 功利化的就业价值取向。

从问题8可以看出,高职生在选择初次就业单位时,有56.4%的人看重个人职业发展,25%的人看重工资待遇。如今自主择业给学生带来了很大的选择空间,但同时也使部分毕业生只顾自己,忽视社会的需要,看重个人利益,忽视国家集体利益。另外,在选择就业岗位时,如问题7,有22%的学生明确表示不愿意去基层,还有相当一部分学生表示在实在找不到工作的情况下,才会选择去基层。高职毕业生都将基层与“条件不好”画上了等号,都认为基层条件艰苦,工作辛苦,自己经过十几年寒窗苦读,应该找份收入不错、条件优越的工作享受生活。这都显示出高职毕业生就业价值取向功利化的问题。

(2) 以自我为中心的就业动机。

随着80后、90后步入社会参加工作,独生子女适应性差、依赖性强、“以我为中心”的观念和作风逐渐被带入职场。刚毕业的高职生在面临工作理想与现实中的差距时,一部分通过不断的自我调整逐步适应,逐渐的自我成长;也有一部分人面对这种落差时急于选择跳槽,就如问卷中第12题“如果实际中的工作与理想中的工作出现较大差距,是否会选择跳槽”,有26.7%的人坚定地选择了跳槽。现实生活中,不少高职生在就业时往往以“自我为中心”,工作中自己不能吃亏,斤斤计较,希望受到别人照顾,过年过节不愿值班,只要自己舒服,不讲集体纪律和荣誉。这种不服从集体,不关心他人,只为蝇头小利的自我中心意识,严重影响毕业生的自我形象,不利于拥有良好的人际关系。

(3) 较高的就业心理预期。

问卷中的问题9、10、11都反映了这一问题。从第9题“高职毕业生期望的薪酬”上看,只有10%学生愿意接受2000元以下的薪酬，而对薪酬待遇的期望值集中在3000～4000元。这对刚毕业没有任何经验的大学毕业生来说，这一薪酬期望值与本地其他单位相比明显偏高，而且在回答第10题时，还是有不少希望到北上广大城市就业。这些一方面说明了高职生积极向上的要求，希望获取更高的报酬、到更好的城市体现自己的价值；但另一方面，说明他们对就业的现状认知不足，就业心理预期较高。从问题11不难看出，高职毕业生对自己职业发展前景预期也是比较高的，他们渴望快速成长成功，在某个单位工作半年到一年就觉得自己已经得到了很多，就希望有更广阔的空间、更好的发展机会。在较高的心理预期下，高职毕业生容易出现焦虑、怯懦、冷漠等心理问题，这些都是对待工作消极的心理反应，高职毕业生对就业要早做准备，积极适应。

三、高职院校学生就业观教育的途径

加强高职院校学生就业观教育，可以从四个方面即学生本身、高校、社会和家庭找出具体途径，共同来帮助高职生树立正确的就业观。本文主要从学生自身角度来探讨这个问题，高职院校学生只有树立了正确的就业观，才能发挥自己的专业优势，找到既符合自己又符合社会需求的职业。

（一）加强学生就业观的自我塑造

外因是通过内因起作用的。高职院校必须帮助学生重视自我塑造。不仅要帮助他们树立与时俱进的职业观，帮助他们做好自己的职业生涯规划，提升职业素养，还要培养高职生健康的就业心态。

1. 摒弃狭隘的就业观，建立“蓝领价更高”的新型职业观

毕业生从传统的被动就业到主动适应市场的就业，与国家就业政策的制定是分不开的。但是就业观念的改变往往滞后于政策的变化。在就业形势严峻的现阶段，随着国家及相关部门的一系列促进就业政策的出台，高职生就业渠道不断拓宽，就业选择明显增加，就业观也逐渐呈现出多样化。作为现代化高速发展下的高职毕业生，“白领诚可贵，蓝领价更高，为了能就业，两者皆可挑”的就业观应该提倡。其实只要高职生能认清形势，放下架子，深入基层，在岗位上认真用心，主动投入工作，不断充实自己，尽快地了解工作职责和内容，熟悉工作流程，学习工作技能，就能使经验增长、树立信心，就能发挥出自己的最佳水平。高职生要摆脱“找工作就要找铁饭碗”“学而优则仕”等传统的、狭隘的就业观念的束缚，现在蓝领技工也可以由基层技术层上升为技术管理层，从事蓝领技能发挥个人专长又能符合社会发展需求，这是现代社会正确的就业观。

2. 发挥自身专业优势，寻找合适的职业定位

随着经济的快速发展及社会对高素质高技能人才的需求，高职生有了更多的就业底气和信心，选择传统观念里的“冷”行业、到农村、到基层及自主创业的高职生也逐渐增多。高职生毕业后要发挥自己的专长，找到能学以致用、发挥自己优势的工作，脚踏实地，努力提升自己的业务水平，实现自己的职业梦想。另外，高职生在就业观念转变过程中，一定要找准定位，弄清楚几个不等式。第一，高职生不等于准白领，高等职业教育的培养目标与普通本科高校培养目标不一样，高职生要争做高素质高技能“蓝领”，要知道不同岗位只是社会分工不同，并无高低贵贱之别，高职生要以普通劳动者的心态和定位选择工作。第二，大城市不等于大作为,大城市人才济济,刚毕业的高职生即便能找到工作岗位,能崭露头角的机会也很少,而二三线城市人才匮乏,成长的周期会相对较短,发展机会更广大。第三,进民企不等于不成才,随着经济体制的转变,就业也已步入多元化的时代,无论是国有企事业单位还是民营中小型企业,只要能发挥自己的能力,实现自身价值,都是成才的表现。

3. 正确认识自我,合理调整就业期望值

对高职学生来说,在走入职场前,对自己能干什么会干什么,专业知识掌握多少,自身素质有多高,实际工作能力有多强,进入人才市场后,如何找寻自己生存和发展的空间,找到自己理想的职位,都要做到心中有数,而不应好高骛远。高职生在校期间总是对工作充满憧憬,希望毕业后可以成就一番事业,但在面对实际时,自己应该调整就业期望值,要知道大事业也是由许多小工作不断累积才能成功的。因此,初入职场要老老实实做人,踏踏实实做事,不要一心只想着做大事、做"有意义"的事,而对做杂事、做看上去不那么有技术含量的事感到很沮丧,觉得自己大材小用,要不怕做小事,在挑大梁之前学会积极的等待。当一个人用认真努力的态度将别人不愿意做的琐碎小事做得很好的时候、当自己出色地完成了本来不感兴趣的事情时,往往会得到同事的尊敬和领导的赏识。

(二) 做好职业生涯规划,提高自身职业素养

高职生的职业发展一般分为准备期、探索期和发展期。在校期间的前两年属于职业生涯的准备期,在大一时,高职生就应该做好自己的职业生涯规划,可以在进行专业学习的同时,通过咨询、调查、参与社会实践等途径,逐步了解自身专业与所对应的职业群的社会发展前景,对未来将要从事的职业有计划地进行选择和定位,逐步明确职业的发展方向,做好职业探索期与职业发展期的准备工作。许多高职生在刚入学时对未来职业的认识都比较模糊,很少有人能根据自己的兴趣、性格、特长、专业等方面综合来考虑未来的职业,对未来职业的选择通常都带有一定的盲目性和盲从性,属于被动就业。所以做好职业生涯规划,可以帮助高职生树立正确的就业观念,明确就业目标,合理定位,更好地积极就业。高职生在大二时期,应着重提升自身的职业素养。"职业素养是指从业者在一定生理和心理条件基础上,通过教育培训、职业实践、自我修炼等途径形成和发展起来的,在职业活动中起决定性作用的、内在的、相对稳定的基本品质。"职业素质是通过后天学习实践培养得来的,它是人才选用的第一标准。职业素养与外显化的职业技能不同,它是相对内隐的,它更多地体现在学生的自律性上,表现出由内而外、由心而发的高度责任感、诚实守信、勇于奉献等良好的品质。一名有着良好职业素养的高职毕业生能分清职业与业余的不同,在扮演职业角色时,能克制自己,克服弱点,约束自己的行为,而不会放纵自己的情绪,用个人的心态来对待学习与工作,对待单位与同事。

(三) 保持良好的就业心态,增强心理承受能力

如前文所述,学生容易出现焦虑、急躁、攀比、嫉妒等就业心态。高职生的焦虑、急躁是因为他们不了解就业市场,没有社会实践经验,只懂心烦不懂就业。这时高职院校不仅要对他们进行心理健康教育,更要从就业指导方法上帮助学生了解就业市场,正确认识社会环境,获取正确、准确的就业信息,理智地找清自己在社会中的定位。在准确分析自己、了解社会环境以后,要将这两者联系起来,正确处理个人价值与社会需求之间的关系,在就业以及职业生涯中发挥自己的才干。

面对攀比与嫉妒的就业心态，应教育高职毕业生找工作要以自己的实际情况出发，每个人的能力、素质、机遇都不一样，不要盯着别人好的而自己暂时不如别人的地方看，要从长远角度看待自己的职业发展，不能自卑，但也不能盲目自信，要敢于竞争，但又不能好高骛远、盲目乐观。

除了要保持良好的就业心态，还要正确对待挫折，增强心理承受能力。在激烈的就业竞争过程中，碰到失败和挫折是必然的，部分高职生应对挫折的能力较差，一旦遇到问题，容易出现悲观、失去信心等情绪，有些甚至出现行为上的偏差。高职生要正视挫折和失败，要学会分析原因、总结教训，要从容面对挫折，把挫折、失败化为前进的动力，借此磨炼意志、锻炼能力。

参考文献

[1] 罗映梅.当代大学生就业观教育研究[D].重庆:重庆工商大学,2013.

[2] 杨千朴.职业素养基础[M].南京:南京大学出版社,2009.

[3] 杨宜勇.就业理论与失业治理[M].北京:中国经济出版社,2008.

[4] 劳动和社会保障部培训就业司,中国就业培训技术指导中心.创新职业指导:新理念[M].北京:中国劳动社会保障出版社,2008.

[5] 陈遇春.高等职业教育学教程[M].西安:西北农林科技大学出版社,2003.

[6] 涂恒汉.创新教育评价[M].上海:东方出版中心,2001.

[7] 吴冰.高校毕业生首份工作的纵向生存研究[M].北京:光明日报出版社,2011.

[8] 诸丁斯业生就业工作委员会办公室.2013年安徽省普通高校毕业生就业年度报告[R].2014.

[9] 麦可思.就业蓝皮书:2014年中国大学生就业报告[R].北京:社会科学文献出版社,2014.

[10] 段颖.当代大学生就业教育问题探析[D].兰州:兰州理工大学,2011.

[11] 郭蓉.当代大学生就业观存在的问题及对策研究[D].太原:中北大学,2012.

浅析如何建立高职院校、毕业生与就业单位的三方互信机制

姚烨，韩辉

摘要：高职院校毕业生每年都有一定数量学生，因求职过程中弄虚作假而在就业市场屡屡碰壁。而一些用人单位同样在招聘过程中，提供虚假公司材料，骗取毕业生信任，然后廉价利用其劳动力。那么对于学校来说，如何建立一种机制来对双方进行监督，从而促进就业工作良性开展，这是摆在各高职院校就业部门和工作人员面前的一个难题。

关键词：高职毕业生；就业单位；互信机制

近年来，许多用人单位对高职院校培养出来毕业生持续热需。相比本科毕业生，高职高专院校培养的人才更加紧贴地方经济社会发展的实际需要；高职学生自我认知清晰，就业心理期望与社会需求吻合；加上当前我国经济社会转型发展对技能型人才需求量相对较大，综合这些因素使得很多公司更加青睐高职高专毕业生。

但是，在良好的就业形势和较高的用人单位评价背后，我们也看到不在少数的公司和企业认为相当一部分数量的毕业生缺乏诚信，在招聘中弄虚作假，随意跳槽，缺乏对公司的忠诚。另一方面，不少毕业生也反馈诸如用人单位所给待遇与宣讲招聘的不符，单方面加长工作时间，增加工作强度等。这些评价阻碍了用人单位和毕业生的对接，降低了用人单位对学校的信赖程度，容易挫伤毕业生的就业信心和热情，直接影响后续的就业招聘工作开展。

就业招聘工作原本应该是毕业生、学校和招聘单位三赢的结果，究竟为何毕业生和用人单位互不信任，甚至继而形成势同水火的局面？学校在毕业生和用人单位之间应该采取何种策略来搭建就业桥梁，有效地促进毕业生和用人单位互信？笔者认为应当从学生和企业两方面分头着手开展工作，建立起一套有效的互信机制，来保障企业校园招聘有效开展和毕业生的可靠就业。

一、针对高职高专毕业生正确引导观念，加强思想教育

根据调查，毕业生在招聘活动中弄虚作假情况主要有证书造假、成绩造假、实习经历造假这三种。缘由自然是在校学习期间未能努力完成学业，未能取得各类职业资格证书和技能证书，未按照要求完成毕业实习等。

因此问题关键还归结到学校身上。高职院校在"育人"以知识的同时，也不能忘记"育

［作者简介］　姚烨（1982—），男，本科，讲师，安徽工业经济职业技术学院电气工程学院院长助理，研究方向：自动化技术。

韩辉（1979—），男，本科，政工师，安徽工业经济职业技术学院教务科科长，研究方向：教育教学管理。

德"。尤其在当前社会风气普遍浮躁,人与人之间关系淡漠,缺乏诚信的环境中。大学生虽然身在象牙塔中,亦或多或少的受到这种不良风气的影响。高校辅导员要加强思想引导,并通过开设课外讲座和"德育"课堂逐步对大学生进行潜移默化的影响。

正如苏霍姆林斯基所说:"大学不同于其他组织,它的基本功能是发展知识,造育人才。"高校里培养高素质的人才,掌握理论知识和实践技能固然重要,然而学会如何诚信做人才是立足社会的根本。

二、针对用人单位严格招聘流程,规范用人制度

根据统计,截至2013年12月,省内高职院校毕业生最主要的流向是私营企业,占到就业单位类别的45%左右。这其中,又有过半的公司和企业是属于中小规模性质。对于大型企业,因为政府的监管力度较大,故而用人制度的各方面均较为正规;而对于中小型企业,因为数量多、变化快,政府相关部门监督约束起来较为困难。因此,为高职毕业生寻找就业机会、拓宽就业渠道、铺设就业桥梁不能够仅仅依靠政府行为,高职院校也应该出台相应政策和措施。

1. 应考虑校企合作培养模式

根据绝大多数院校的校企合作模式,无论是冠名班或是订单班,学生在校期间都需要去合作公司和企业实习。这样做的好处是显而易见的:毕业生对该公司和企业文化、福利待遇等较为了解,熟悉岗位的流程,实习经历则使得他们与合作企业之间互相树立良好的印象。对于校方和企业来说,前者将企业的技术和管理引入学校,促进教学改革和人才培养,后者则获得了宝贵的人才资源并会花大力气培养新人,毕竟对于企业来说有潜力成长为公司骨干的毕业生是无形的财富。校企合作的双方如果能够携手发展,则对于毕业生、院校和企业是三赢的局面。

2. 根据用人单位的口碑由第三方征信机构建立用人单位"白名单"和"黑名单"

一部分用人单位因为追求短期利益,随意地将毕业生当"机器人"使用,压榨其廉价劳动力,不支付或仅支付很少的报酬。这样的公司和企业之所以能够"一而再,再而三"的故伎重施,跟缺乏监督和征信制度没有建立或完善有重要关系。为了公平公正,高职院校应该携手聘请或建立第三方机构,对用人单位做出评级。在毕业生就业岗位、劳动强度、劳动待遇福利、岗位发展等方面全面而公正地做出评估。此评估材料作为毕业生就业的参考依据,各院校在毕业生就业推荐时,进入"白名单"的公司优先推荐,并且享有优先录用优秀毕业生的优势;进入"黑名单"的公司属于不受欢迎对象,各院校将集体抵制"黑公司"的招聘。长此以往,此类"黑公司"如不改变其用人做法,公司发展必将走入死路。

3. 政府和社会形成多方联动的机制

在党和国家越来越重视大学生就业的情形下,对于严格履行就业合同和协议的诚信用人单位,应该由政府牵头,在税收、贷款、用人、招商等方面给予优惠政策;相反的,"黑公司"则无法享受该类优惠。从正面树立榜样,鼓励公司和企业用人制度往良性方向发展,逐步淘汰一批就业市场上通过"坑、蒙、骗"从毕业生身上捞取利益的"黑公司"。

三、多方位、多角度推进就业工作中互信机制建立

高职院校毕业生现阶段就业问题中的毕业生和用人单位双方缺乏互信,其原因是较为

复杂的,但原因归根到底在于人才的供需差距产生的矛盾。因此除了在就业中大做文章以外,还必须从多方位、多角度推进高职毕业生就业工作中的互信机制的建立,可以说这些问题解决了,互信机制自然而然就建立了。

1. 高职高专院校的人才培养模式亟待改进

省内高职院校培养学生模式现如今仍然基本沿用本科培养模式。这使得高职院校学生在就业市场上同本科院校毕业生发生冲突,工科类专业的高职高专毕业生为了同本科的理论培养区别开,走的是技能实践培养的路子,冲突略小一些;但是高职的文科类专业毕业生难免与本科院校毕业生同质化,冲突较大。这说明我国的高职高专人才培养体制已经制约学生的发展,改革势在必行。高职高专人才培养的改革不仅仅是课程的改革、教学方式方法的改革,更重要的是跳脱出传统的课堂教学和"老师教、学生学"的方式,从人才培养的根本上解决定位、培养模式和培养侧重点等关键问题,这样才能够给毕业生就业市场注入一股新鲜的空气。

2. 用人单位用人思路亟待转变

综观毕业生就业市场,90%以上公司要求有相关行业一至两年工作经验。对于很多毕业生来说,原本心仪的公司仅此一条招聘要求就将其拦在大门外。

在这样的招聘环境下,毕业生为了能够得到理想的工作岗位,难免就要采取弄虚作假的手段,而高职院校为了追求就业率,往往对学生弄虚作假的行为"睁一只眼、闭一只眼",看到了也当作没看到。

因此,用人单位要摆脱以往功利的用人思路。在考虑公司运行成本的前提下,将招聘员工的培养和发展作为公司工作的重点。公司的管理人员和人事部门应能够慧眼识珠,留住素质好、品质优、好学肯干但是起点未必高的高职类优秀毕业生。说到底,从用人公司和企业角度,只有将心比心以真诚打动毕业生,才能让其真心诚意的为公司发展努力奋斗。

3. 针对每年推行的高校就业率考核指标,应该做出重大调整

2013年安徽省内高职院校毕业生人数为15.8万人,2014年更是达到16.3万。单看就业人数在毕业生中所占比率没有丝毫意义,既不能够体现毕业生的就业质量和就业满意度,也不能体现用人单位满意程度,政府有关部门想从就业率中获取当年的就业数据是想当然。高校就业工作的考核和数据申报应由第三方机构作抽样调查,并结合当地工业经济发展状况作出客观评价。采集的数据除了就业率以外,还应包含就业岗位数据、就业薪资数据、就业劳动强度和休假数据;只有完善地采集到这些就业数据才能准确地获知各院校的就业情况。

综上所述,高职院校毕业生就业工作任重而道远。毕业生、用人单位和院校三方建立互信互助的机制对于现阶段高校就业工作有着重要的意义,为未来扩展就业渠道、构建新型的校企就业直通车模式打下良好基础。

参考文献

[1] 朱一清,韩尚峰.香港大学生就业工作对内地高校的启示[J].重庆科技学院学报(社会科学版),2009(9):94-95.

[2] 耿俊茂.地方高校就业指导工作大学生认可度调查与分析[J].高教论坛,2013(9):121-123.

[3] 陈熙.高职院校毕业生就业难的原因分析与对策研究[D].济南:山东大学,2010.

高职大学生创业现状分析及对策探讨

王　振

摘要:本文通过对安徽工业经济职业技术学院2013届毕业生创业意识及创业相关情况的调查,侧重分析目前高职在校生有否创业打算、创业想法的来源、创业主要障碍、创业形式、创业具备的素质、创业失败后的选择等问题,进而从创业观念的转变、创业能力的创新、创业环境的优化等方面针对性地提出有关高职院校大学生创业能力培养的若干思考。

关键词:创业现状;大学生;对策

一、引言

为了深入贯彻落实国家关于高职院校以创新创业为导向的文件精神,及时了解高职毕业生创业状况,进一步完善和改进高职院校创新创业指导工作,推动创新创业教育教学改革,本研究系统调查了我院2013届毕业生创业意识及创业相关情况,并进一步从创业观念的转变、创业能力的创新、创业环境的优化等方面针对性地提出高职院校大学生创业能力培养的若干措施建议。

二、研究分析

(一) 调查方法

调查主要采取了书面问卷、电话调查、实地访问等方式,由安徽工业经济职业技术学院招生就业处组织实施,调查于2013年9月进行,发放问卷700份,回收有效问卷650份,有效回收率为92.86%。调查对象涉及我院2013届旅游管理系、电子信息技术系、商贸系、机电工程系、计算机科学技术系、艺术系、财经学院、地质学院等部分专业,主要针对高职毕业生在校期间和走向工作岗位后的创业意识以及对创业的实际想法等做了调查研究。调查内容设置了有否创业打算、创业想法来源、创业的障碍、创业主要形式、创业具备的素质、创业失败后的选择等6个方面。

(二) 问卷调查结果及分析

(1) 从问卷调查的结果看,大学生对于创业还是具有激情的,完全不想创业的毕业生所

[作者简介]　王振(1982—),女,硕士研究生,讲师,安徽工业经济职业技术学院就业办主任,研究方向:现代教育技术、大学生就业创业指导。

本文已发表在《赤峰学院学报》(自然科学版)2014年第3期。

占比重非常少，只有5%的学生不想创业，近76%的毕业生愿意创业，并且认真地考虑过，已经实际开始着手创业的也有116人。从2010年始我院即开设了GYB培训，每年有超过1000人的毕业生参加创业培训，学生对于创业热情的高涨也是在意料之中，如表1所示。

表1 问卷调查结果及分析

项目	有效问卷	完全没有		考虑过		已创业		成功创业	
是否产生创业打算	650	33	5.10%	492	75.70%	116	17.90%	8	1.30%
创业想法来源	650	家庭影响		朋友影响		传媒影响		其他	
		105	16.20%	407	62.68%	130	20.00%	7	1.12%
创业的障碍	650	资金不足		缺乏社会关系		经验不足		没有合适项目	
		222	34.12%	207	31.78%	208	32.00%	14	2.10%
创业形式	650	合伙创业		家庭创业		自主创业		其他	
		359	55.20%	92	14.22%	183	28.13%	16	2.45%
创业应具备的素质	650	较强组织能力		专业知识背景		良好沟通能力		其他	
		144	22.10%	268	41.30%	224	34.50%	14	2.10%
创业失败后	650	放弃		总结教训，继续二次创业		积累经验，另外寻求商机		其他	
		0	0.00%	223	34.30%	427	65.70%	0	0.00%

(2) 对于创业的障碍，学生的想法比较普遍的是资金问题、人际关系问题和经验问题，基本上各占三分之一，这些的确是刚毕业大学生在创业过程中首先遇到的三座大山。其中资金问题所占比重最多，为34.12%。

(3) 对创业主要形式，有14.22%的学生选择家庭式创业，在创业过程中，如果家庭能够给予前期的资助和支持，的确是创业成功非常大的保障。有55.2%的大学生选择合伙创业，他们认为朋友之间的互相激励、合作也是创业成功的良好催化剂。但是这部分大学生要给予一定的引导和帮助，使其学会如何领导创业团队，合伙人之间的关系和工作方式处理的好坏将是创业成功的一个重要分水岭。另外，有28.13%的学生选择完全靠自己打拼。

(4) 有超过的40%大学生认为在创业中专业知识背景最为重要，是创业者必须具备的素质。22.1%的人认为较强的组织能力比较重要，34.5%的毕业生认为创业过程中沟通能力很重要。

(5) 在创业失败调查中，我院学生表现出了良好的心理素质和锲而不舍的精神，在创业失败后放弃这一项没有一位学生选择，34.3%的人选择了总结教训，继续第二次创业；而65.7%的人选择了积累经验，另外寻找商机；表现出当代高职大学生对创业问题的理性看待和坚忍不拔的良好品质。

(三) 其他渠道的调查

为弥补问卷调查的不足之处，我们还通过电话、网络、毕业生座谈、现场访谈等方式对历届创业学生开展了调查。研究表明：

(1) 目前已经创业的大学生创业方向比较分散，与专业关系不大，倾向选择易于上手、操作简单的职业，其中女生集中在餐饮和广告行业，男生集中在电脑和销售行业。

(2) 有创业意愿的人的困难主要集中在经验和资金上，同时也有伙伴和项目的问题。

(3) 创业指导内容需求排名依次为信息、能力、政策，说明大学生创业最需要的是得到可靠有效快捷的创业信息，同时需要提高自己创业能力的指导。

(4) 大学生创业培训市场潜力巨大，目前已经创业或者准备创业的毕业生 100%愿意参加创业培训，除去希望得到免费培训的以外，有创业意愿的大学生能接受的培训价格集中在 50～200 元之间。

(5) 有创业意愿的学生对于高校创业类活动的积极性明显要高，在受访毕业生中 99%以上的人愿意积极参加高校活动，而不参加的主要原因是没有适合自己或感兴趣的项目。

(6) 绝大多数的学生更希望得到来自企业成功人士的创业指导意见，有近 1/3 的大学生希望得到已成功创业的学长们的意见。但必须指出的是：只有不到 1/10 的学生愿意从高校老师那里得到指导帮助。

(7) 不管有无创业意愿，高职大学生都非常愿意进入企业实习。相较而言，有创业意愿的大学生进行实习的意愿更强烈，占 90%以上。

(8) 所有的受访大学生提出没有常用的创业网站或论坛，超过 90%的大学生认为没有可信任的社会创业培训机构可以选择，并表示期望设立一个由政府、学校认证的创业类的信息和服务网站。

三、改善和促进高职大学生创业的对策和建议

目前大学生创业能力研究作为新兴交叉性的研究领域，创业能力虽然同时受到了政府、社会教育机构、财政部门、教育领域和经济管理领域等研究人员多方关注，但创业仍然面临下述诸多问题：我国高职大学生的创业能力该如何评价？如何促进高职院校学生的创业意识和创业能力？现行创业环境为更好地服务于高职大学生创业应如何进一步完善优化？这些问题的相关研究对改善和促进我国高职大学生的创业现状具有重要意义。

(一) 创业能力的评价

国内外学者对创业能力的评价进行了较为广泛的研究，但研究对象较少关注大学生创业群体。以“大学生创业能力评价”为关键词检索万方数据库，期刊论文共 6 篇，会议论文 1 篇。笔者依据有关文献分析，结合当前高职大学生创业存在的问题，总结细分出以下 20 项高等院校大学生创业所需要的能力及基本素质：创业意识、学习能力、灵感思维能力、逻辑推理能力、归纳总结能力、发现问题能力、信息获取能力、标新立异能力、创业实践能力、机会识别能力、机会开发能力、资源整合能力、宏观调控能力、策划能力、纠正偏差能力、领导能力、协作互助能力、表达理解能力、人际融合能力、风险管理能力。此外，创业者还需要具备以下个性因素：自信心、责任心、冒险性、抗压性、自控力、执行力。通过对创业能力评价的相关研究文献的梳理和总结可以发现，在教育学的框架内，研究者容易从认知心理学角度来分析衡量创业能力的标准，认为创业能力的培养过程是从显性知识到隐性知识的转化过程。经济管理类学者倾向于采用自我效能或自我评估，但各级指标很难具体落实到教育执行体系。

（二）创业观念的转变

高职院校的生源比较复杂，学生的各方面创业素质参差不齐，学校在鼓励创业的同时，不能提倡盲目创业，需要强调创业意识的理性，让学生明白创业成功不是一蹴而就的，需要具备多方面的素质和创业能力的不断培养。学院要把创新创业教育贯穿于人才培养的全过程，建立科学全面的创新创业教育人才评价体系，增设项目管理相关课程，以创业项目制带动创业实践，选拔有创业经验的老师指导开展创业项目，学院定期筛选有潜力的项目给予资金、技术、场地等支持，让学生意识到自主创业并不是遥不可及的，自主创业的成功案例就发生在他们的校园里，使学生所学的知识能够在创业实践中被充分利用，逐渐提高学生的创业意识。如我院旅游管理系以央财项目和省级示范项目建设为契机，新建6个校内创新创业实训室及1个校内瑞科宾馆，特聘23名知名酒店总经理为客座(兼职)教授定期举办“优秀酒店职业经理人成功之路”讲座，实现“任务驱动、项目导向、学做一体”的开放式创新教学模式，并将项目创新实践纳入学分制管理，成效明显；商贸系与淘宝大学网信电商学院合作，羚羊早安、紫木姚、港泰旗舰店、冰利服饰、真爱成品等淘宝网商共同协办大学生淘宝美工精英培训，针对学生需求制定创业教育的培养方案，鼓励大学生依托科技自主创业，培育技术创新人才，拓宽创业渠道。

（三）创业能力的创新

高职院校学生创业能力水平普遍不高，尤其是对创业过程影响较大的创业实践能力，主要表现为实践经验不足。一是专业经验不足，专业知识不能合理、灵活地运用于实践，不能将所学习的知识运用于创业过程中的各个项目管理阶段。二是人际经验不足，主要体现在处理团队内部人员之间关系，以及处理团队和外部环境的关系时，所表现出来的缺乏调控能力和领导能力。这些都严重阻碍着大学生创业能力的培养。三是管理经验不足，作为创业过程的领导者，大学生的宏观调控能力与领导能力的缺乏，会导致在配置资源和创建团队的时候不能很好地进行项目范围管理和人力资源管理，从而影响创业企业。从调查结果来看，不同专业的大学生在创业能力总体和各个指标层面上均没有显著差异，这说明大学生所学的专业对创业能力的影响并不是十分显著。从学校角度考虑，既然各个不同专业中开展创业能力培养方面的教育没有较大限制性，这就给学校广泛地开展创业教育卸去了障碍，提供了更大的可能性。我国的教育模式普遍为讲授法，学生被动地接受知识，不利于创造力的发挥，不利于创业能力的培养，高职院校要为学生创造社会实践活动的机会，积极鼓励社会实践活动，使学生们学以致用，在实践中不断完善自己的知识结构，以提高学生的创业能力，提高在创业过程中进行项目管理的效果。

1. 校企“联姻”

高职院校在实施创业教育的过程中，应与社会取得多方面、多渠道的联系，可在大中型企业建立创业教育实践基地，为大学生提供实践锻炼的机会，培养学生的创业能力。学院与校办产业生产单位签订经济合同，由学生自主经营、自负盈亏。学生在教师的指导下定任务、定产量、定成本、定奖罚，学生参与成本核算、生产经营和产品销售的全过程。这种模拟商战的创业实践，既锻炼了学生的能力，又获得了良好的经济效益。

2. 创建创业孵化基地

征集学生的创业建议，对其创业项目进行评估，将优秀的创业意向变为实体公司，提供必要的资金支持，完全由学生团队自主运营，使大学生在校期间就能够有充分的创业实践经验。鼓励学生组建创业社团，模拟创业演习，提高学生的把握机会能力、资源整合能力、组织管理能力、团队协作能力、风险管理能力等一系列创业需要的能力。

3. 举办和参与创业大赛

现在每年都会举办许多全国性的创业大赛、企业模拟竞争大赛，如GMC、BIG赛等，这些比赛形式多样，学生可以自己写商业计划书，也可以自己成立团队模拟企业运营，与其他同学经营的企业比赛，创业指导教师对各项目负责人进行创业管理、企业经营、财务管理、团队管理、市场分析、编写计划书写作等全程培训指导，并列出其创业过程中可能碰到的难题及其针对性的解决方案，提高学生的创业意识、创业精神、创业技能等综合素质。这些比赛可以充分发挥学生的自主思考和适应社会的能力，从而提高创业实践能力。

（四）创业环境的优化

政府要加大对基础研究的投入，加强政府在协调企业和学校、企业和企业之间联合研发的纽带作用。通过建立有利于创业能力培养的机制，不断改革和加强产、学、研相结合，推动并实现科技成果产业化。政府要制定相应政策与措施，尽可能保证大学生在创业成功后能够继续从事创业，予以一定的优惠政策，使大学生创办和扩展新企业的制约条件与管制性要求降到最低限度；积极鼓励和奖励创业大学生，对创业活动给予恰当的专利等知识产权方面的法律保护，并且对于成功的创业案例给予鼓励和大力的宣传；加大对高职院校大学生创业的资金支持。在政府创造创业社会环境的同时，学校要积极给予扶持，搭建创业绿色通道，创业教师全程陪同创业毕业生跑创业小额贷款项目，申请办理创业证、办理《就业失业登记证》、填写《促进就业小额担保贷款申请审批表》、寻找银行担保，到商业银行申请贷款等，减轻大学生创业初期的融资困难，提供必要的帮扶保障措施，为大学生创业消除后顾之忧。

参考文献

[1] 张鹏宇.我国高校大学生创业问题研究[D].大连：东北财经大学，2010.

[2] 麦可思中国大学生就业研究课题组.中国大学生就业报告[M].北京：社会科学出版社，2013.

[3] 木志荣.我国大学生创业教育模式探讨[J].高等教育研究，2006，27(11)：79-84.

高职院校毕业生就业跟踪调查及对策分析

——以版面编辑校对专业为例

叶海精，许朝晖，谈大勇

摘要：本文调查并分析我院版面编辑与校对专业毕业生就业现状和问题，用以指导毕业就业工作。采取设计问卷调查表，择取426名毕业生，覆盖面达到90%，通过五年的跟踪调查，采用SPSS 19.0对其进行统计分析，结果显示：其差异性具有统计学意义（$P<0.05$）。从中也发现：学校在就业指导工作方面应加大力度并采取有效措施，形成全程跟踪就业指导和帮扶工作，促进学生真正就业。

关键词：就业；跟踪调查；差异性；对策

近年来，在严峻的就业压力面前，安徽新闻出版职业技术学院毕业生就业工作按照统一部署，多方共同参与的方针，积极稳妥开展指导工作，获得了较好的成效，于2010、2011年连续被评为省市普通高校毕业生就业工作先进集体，体现了该院在办学质量、人才培养、就业工作等方面取得的成绩。

教育部党组副书记、副部长杜玉波指出：党的十八大提出了“做好以高校毕业生为重点的青年就业工作”“鼓励青年创业”“推动实现更高质量的就业”等一系列新任务、新要求，为高校就业工作当前和未来一段时期指明了工作方向[1]。同时为了进一步提高高职院校的办学水平，提升办学层次，探究人才培养新模式，拓展教育教学新思路，更好地服务于区域经济建设的发展，促进毕业生更好就业，笔者以发放问卷调查的形式，组织开展2008～2012届毕业生跟踪调查[2]。本文在省级教学质量与教学改革工程项目（《安徽新闻出版职业技术学院专业综合改革试点项目》）研究背景下，为更好地做好专业建设与改革，特以本专业毕业生为研究对象，对调查的基本情况进行统计分析、形成结论和对策分析，用以指导和修订专业人才培养目标体系。

一、调查对象及方法

（一）调查对象

调查问卷发放形式：采取无记名形式对2008～2012届版面编辑与校对专业的毕业生开展学生就业情况调查，回收有效调查问卷426份。此次调查的426名毕业生中，男生96人，占毕业男生总数的84.2%；女生330人，占毕业女生总数的90.4%。

［作者简介］ 叶海精（1977—），男，安徽新闻出版职业技术学院教师，研究方向：大学生就业指导、纸盒包装设计。

本文于2013年5月发表在《绍兴文理学院学报》。

（二）调查问卷内容设计

本次调查采用问卷形式开展，内容主要包括以下 3 个方面：

(1) 专业与就业之间关系，主要为毕业生就业与专业紧密性、专业与岗位技能需求等同性、就业工作岗位性质。

(2) 就业单位基本信息，主要为就业工作区域、就业单位性质、毕业生薪酬。

(3) 综合素质与就业的关联性分析，主要为专业学习侧重点、毕业生就业四个重要性等八个方面[3]。

（三）统计分析方法

采用 SPSS 19 进行数据分析。

二、跟踪调查结果分析

（一）专业与就业之间关系

1. 毕业生就业岗位、岗位技能需求与专业紧密性

在调查的 426 名毕业生中，与专业相关和基本相关的就业人数为 286 人，占 67.1%，其中不同性别岗位与专业之间构成差异有统计学意义（$\chi^2 = 20.757$，$P<0.01$）、不同性别专业与岗位技能需求之间构成差异有统计学意义（$\chi^2 = 43.378$，$P<0.01$），如表 1 所示。

表 1　岗位及技能需求与专业关联性调查统计表

分组变量		相关或符合		基本相关或基本符合		无关或不符合		合计	
		人数	百分比	人数	百分比	人数	百分比	人数	百分比
岗位与专业	男	38	39.6%	21	21.9%	37	38.5%	96	100.0%
	女	207	62.7%	63	19.1%	60	18.2%	330	100.0%
专业与岗位需求	男	32	33.3%	29	30.2%	35	36.5%	96	100.0%
	女	231	70.0%	38	11.5%	61	18.5%	330	100.0%
均值合计		254	59.6%	75	17.6%	97	22.8%	426	100.0%

2. 就业工作岗位性质

在调查的 426 名毕业生中，就业岗位为技术服务 111 人，仅为 26.1%；管理岗位 57 人，占 13.4%；主要在一线操作 128 人，占 30%。其中 2008 届不同性别岗位性质构成差异有统计学意义（$\chi^2 = 41.535$，$P<0.01$）、2010 届不同性别岗位性质构成差异有统计学意义（$\chi^2 = 8.150$，$P<0.05$）、2012 届不同性别岗位性质构成差异有统计学意义（$\chi^2 = 12.609$，$P<0.01$）[5]，如表 2 所示。

表 2 岗位性质调查统计表

分组变量		技术服务		管理岗位		一线操作		其他		合计	
		人数	百分比	人数	百分比	人数	百分比	人数	百分比	人数	百分比
2008 届	男	10	45.5%	1	4.5%	1	4.5%	10	45.5%	22	100.0%
	女	1	3.2%	14	45.2%	16	51.6%	0	0.0	31	100.0%
2009 届	男	3	33.3%	1	11.1%	3	33.3%	2	22.2%	9	100.0%
	女	15	20.0%	16	21.3%	15	20.0%	29	38.7%	75	100.0%
2010 届	男	0	0.0	1	16.7%	4	66.7%	1	16.7%	6	100.0%
	女	13	50.0%	5	19.2%	4	15.4%	4	15.4%	26	100.0%
2011 届	男	4	23.5%	2	11.8%	6	35.3%	5	29.4%	17	100.0%
	女	16	20.3%	10	12.7%	30	38.0%	23	29.1%	79	100.0%
2012 届	男	16	38.1%	5	11.9%	13	31.0%	8	19.0%	42	100.0%
	女	33	27.7%	2	1.7%	36	30.3%	48	40.3%	119	100.0%
合计		111	26.1%	57	13.4%	128	30.0%	130	30.5%	426	100.0%

(二)就业单位基本信息

1. 就业地区

作为安徽合肥地区院校,我院更多的是服务区域经济,在调查的 426 名毕业生中,在安徽就业的有 314 人,占 73.7%。其中 2008 届不同性别就业地区构成差异有统计学意义($\chi^2=8.590, P<0.05$)、2011 届不同性别就业地构成差异有统计学意义($\chi^2=12.170, P<0.05$)、2012 届不同性别就业地区构成差异有统计学意义($\chi^2=13.743, P<0.01$),如表 3 所示。

表 3 就业地区调查统计表

分组变量		安徽		长三角		珠三角		北京地区		其他		合计	
		人数	百分比	人数	百分比	人数	百分比	人数	百分比	人数	百分比	人数	百分比
2008 届	男	16	72.7%	3	13.6%	2	9.1%	1	4.5%	0	0.0	22	100.0%
	女	10	32.3%	12	38.7%	5	16.1%	4	12.9%	0	0.0	31	100.0%
2009 届	男	8	88.9%	1	11.1%	0	0.0	0	0.0	0	0.0	9	100.0%
	女	49	65.3%	13	17.3%	3	4.0%	6	8.0%	4	5.3%	75	100.0%
2010 届	男	4	66.7%	2	33.3%	0	0.0	0	0.0	0	0.0	6	100.0%
	女	16	61.5%	9	34.6%	1	3.8%	0	0.0	0	0.0	26	100.0%
2011 届	男	12	70.6%	1	5.9%	3	17.6%	1	5.9%	0	0.0	17	100.0%
	女	75	93.6%	2	2.5%	1	1.3%	1	1.3%	1	1.3%	79	100.0%
2012 届	男	26	50.9%	18	30.1%	2	4.8%	3	7.1%	3	7.1%	42	100.0%
	女	98	82.4%	4	3.4%	5	4.2%	9	7.5%	3	2.5%	119	100.0%
合计		314	73.7%	65	13.3%	22	5.2%	25	5.2%	11	2.6%	426	100.0%

2. 单位工作性质

在调查的 426 名毕业生中,近三分之一的学生进入了私营民营外资企业。其中不同性别单位工作性质构成差异有统计学意义（$\chi^2=9.515$，$P<0.05$），如表 4 所示。

表 4 单位工作性质调查统计表

分组变量		国有企业		国家事业单位		私营民营外资企业		其他		合计	
		人数	百分比	人数	百分比	人数	百分比	人数	百分比	人数	百分比
性别	男	29	30.2%	19	19.8%	44	45.8%	4	4.2%	96	100.0%
	女	54	16.4%	73	22.1%	191	57.9%	12	3.6%	330	100.0%
合计		83	19.5%	92	21.6%	235	55.2%	16	3.8%	426	100.0%

3. 收入水平

在调查的毕业生当中，超过三分之二的学生工资收入在 1000 元到 2000 元之间。其中 2009 届不同性别收入水平构成差异有统计学意义（$\chi^2=13.217$，$P<0.01$）、2011 届不同性别收入水平构成差异有统计学意义（$\chi^2=10.307$，$P<0.05$）、2012 届不同性别收入水平构成差异有统计学意义（$\chi^2=11.325$，$P<0.05$），如表 5 所示。

表 5 收入水平调查统计表

分组变量		1000 以下		1000～1500		1500～2000		2000～2500		2500 以上		合计	
		人数	百分比	人数	百分比	人数	百分比	人数	百分比	人数	百分比	人数	百分比
2008 届	男	5	22.7%	6	27.3%	2	9.1%	6	27.3%	3	13.6%	22	100.0%
	女	6	19.4%	10	32.3%	11	35.5%	3	9.7%	1	3.2%	31	100.0%
2009 届	男	2	22.2%	5	55.6%	0	0.0	2	22.2%	0	0.0	9	100.0%
	女	43	57.3%	26	34.7%	5	6.7%	1	1.3%	0	0.0	75	100.0%
2010 届	男	3	50.0%	1	16.7%	2	33.3%	0	0.0	0	0.0	6	100.0%
	女	13	50.0%	11	42.3%	1	3.8%	1	3.8%	0	0.0	26	100.0%
2011 届	男	1	5.9%	5	29.4%	6	35.3%	2	11.8%	3	17.6%	17	100.0%
	女	4	5.1%	26	32.9%	45	57.0%	2	2.5%	2	2.5%	79	100.0%
2012 届	男	0	0.0	7	16.7%	24	57.1%	7	16.7%	4	9.5%	42	100.0%
	女	2	1.7%	48	40.3%	54	45.4%	12	10.1%	3	2.5%	119	100.0%
合计		79	18.5%	145	34.0%	150	35.2%	36	8.5%	16	3.8%	426	100.0%

（三）综合素质与就业的关联性分析

1. 专业学习侧重点分析

通过对 426 名毕业生的问卷调查，可以发现学生对实践技能课程学习尤为重视，232 名学生对此提出了自己的看法，占半数以上。其中不同性别专业学习侧重点构成差异有统计学意义（$\chi^2=11.787$，$P<0.05$），如表 6 所示。

表 6　专业学习侧重点调查统计表

分组变量		公共课		专业基础课程		专业理论课程		实践技能课程		其他		合计	
		人数	百分比	人数	百分比	人数	百分比	人数	百分比	人数	百分比	人数	百分比
性别	男	12	12.5%	14	14.6%	17	17.7%	43	44.8%	10	10.4%	96	100.0%
	女	43	13.0%	28	8.5%	48	14.6%	189	59.3%	12	4.6%	330	100.0%
合计		55	12.9%	42	9.9%	65	15.3%	232	56.5%	22	5.4%	426	100.0%

2. 毕业生就业四个重要性

在问卷调查中,就学习成绩、个人能力、专业学习和家庭及社会背景四个方面的重要性对 426 名毕业生进行了调查,结果发现:认为个人能力重要;认为学习成绩、专业学习和家庭及社会背景比较重要[6]。其中不同性别学习成绩重要性构成差异有统计学意义($\chi^2=10.640, P<0.05$)、不同性别个人能力重要性构成差异有统计学意义($\chi^2=10.038, P<0.05$)、不同性别专业学习重要性构成差异有统计学意义($\chi^2=12.185, P<0.01$)、不同性别家庭及社会背景重要性构成差异有统计学意义($\chi^2=9.243, P<0.05$)[7],如表 7 所示。

表 7　毕业生就业重要性调查统计表

分组变量		重要		比较重要		一般		不重要		合计	
		人数	百分比	人数	百分比	人数	百分比	人数	百分比	人数	百分比
学习成绩	男	20	20.8%	50	52.1%	22	22.9%	4	4.2%	96	100.0%
	女	99	30.0%	186	56.4%	37	11.2%	8	2.4%	330	100.0%
个人能力	男	67	69.8%	18	18.8%	11	11.5%	0	0.0	96	100.0%
	女	264	80.0%	53	16.1%	12	3.6%	1	0.3%	330	100.0%
专业学习	男	39	40.6%	42	43.8%	11	11.5%	4	4.2%	96	100.0%
	女	83	25.2%	147	44.5%	71	21.5%	29	8.8%	330	100.0%
家庭及社会背景	男	27	28.1%	40	41.7%	28	29.2%	1	1.0%	96	100.0%
	女	84	25.5%	137	41.5%	75	22.7%	34	10.3%	330	100.0%
均值合计		171	40.1%	168	39.4%	67	15.7%	20	4.7%	426	100.0%

三、对策分析

1. 以服务地方经济建设为导向,转变学生就业观,探究德育为先的办学之路

调查的 426 名毕业生中,有 314 人在安徽地区就业,占调查对象的 73.7%;有 235 人在私营民营外资企业工作,占 55.2%;有 168 人从事技术服务和管理工作岗位,占调查对象的 39.5%;有 195 人收入在 1000～2000 元范围,占 69.2%。作为地方区域性院校,应当及时关注国家和安徽地区文化产业大发展最佳时期,与本地区企事业单位,尤其是私营民营外资企业进行无缝对接,进行深入交流和互动;改变或打破学生就业与择业观,树立良好的就业环境[8]。

2. 以科学发展观为引领,以人为本,优化资源,全面提升学生综合素质

调查结果显示:占调查对象的 79.5%,共 339 名毕业生认为综合素质直接影响学生的就业。院校在实现培养人才目标的同时，如何确立“以就业为中心”的发展观，提升大学生的就业能力，实现可持续的就业指导工作，关键是落实以科学发展观引领就业指导工作，把专业学习、个人能力、学习成绩、沟通能力、组织能力等贯穿于人才培养体系中，将日常的校园文化社团建设和专业兴趣团队建设相结合，努力培养一批又一批适应生产、建设、管理、服务第一线需要的数以千万计的高素质、技能型、复合型、综合型人才，为国家和区域经济建设服务[9]。

3. 以校企深度合作为平台，调整专业课程体系，改革教学方法，造就“企业人”

在专业学习侧重点调查分析中可以发现：专业学习侧重点构成差异有统计学意义（$\chi^2 = 11.787, P < 0.05$），其中232名，占调查对象54.5%的毕业生认为实践技能课程重要。我院在与南京展望文化传播有限公司的校企合作中，成立订单班，以企业需求改革创新课程体系，由企业技术骨干和专家来校授课，落实“三心”专业教育目标。并把这种教学理念运用到其他专业，做到与企业人才需求无缝对接，让毕业生在学校由“学生”转变成长为“企业人”。

4. 以就业跟踪调查为手段，全程跟踪就业指导和帮扶工作，促进学生真正就业

通过毕业生跟踪调查，既掌握到毕业生的就业状况，同时也了解了就业市场，根据几年的毕业生就业反馈信息，在每一轮的人才培养方案修订时体现其主导作用，实现“以就业导向”的人才培养模式[10]。目前基于毕业生就业跟踪调查、企业认可度分析、人才培养质量三位一体的评价体系正在积极研究中，将通过互联网平台，以校对专业为平台，映射全院所有专业，零距离与学生、企业亲密联系和交流，真正促进毕业生的充分就业。

参考文献

[1] 教育部. 2013年全国普通高校毕业生就业工作网络视频会议召开[EB/OL].(2012-11-22)[2013-01-06]. http://www.ncss.org.cn/syzd/271492.shtml.

[2] 喻静昭，胡昌军. 某医学专科学校毕业生就业情况调查分析[J]. 中国医学教育杂志，2011(12)：828-831.

[3] 杨碧珍. 从毕业生质量跟踪调查引发的思考[J]. 宜宾学院学报，2010(11)：105-107.

[4] 熊兴吾. 高等学校如何做好大学毕业生就业工作[J]. 教育纵横，2009(7)：4-6.

[5] 付姝兰，陈维. 高职毕业生就业质量调查分析报告：以台州职业技术学院毕业生为例[J]. 中国科技信息，2008(12)：160，162.

[6] 雷燕群. 基于校企合作基础的高职就业工作研究[J]. 新课程研究，2012(5)：168，169.

[7] 汪敏，葛浩，曹玉. 高校毕业生就业跟踪调查及对策分析：以安徽教育学院为例 [J]. 安徽教育学院学报，2006(9)：98-102.

[8] 陈燕慧，徐新贵. 毕业生质量跟踪调查对高职院校人才培养的启示[J]. 实证研究，2012(8)：25-29.

[9] 翁桂鹏. 从毕业生跟踪调查谈高职专业课程设置的改革[J]. 中国成人教育，2008(3)：121-122.

[10] 陈明虎，蒋小燕，周奕. 关于建立高职院校毕业生跟踪调查长效机制的思考[J]. 科技信息，2009(11)：24-25.